Wissenschaftliche Zeitschrift
des Europäischen Instituts
für postgraduale Bildung
an der Technischen Universität
Dresden e. V.
– EIPOS –

Herausgegeben von
Günter H. Hertel,
Günter Lehmann,
Volker Oppitz

Wissenschaftliche Zeitschrift des Europäischen Instituts für postgraduale Bildung an der Technischen Universität Dresden e. V.
– EIPOS –

Wissenschaftliche Originalbeiträge
zu Regionalmanagement sowie
Wirtschaft, Finanzen, Führung
Rezensionen

Herausgegeben von
Prof. Dr.-Ing. habil. Günter H. Hertel,
Prof. Dr. paed. habil. Günter Lehmann,
Prof. Dr. rer. oec. habil. Volker Oppitz

Jahrgang 3 (2010) Heft 1

Bibliografische Information Der Deutschen Bibliothek

Die Deutsche Bibliothek verzeichnet diese Publikation
in der Deutschen Nationalbibliografie;
detaillierte bibliografische Daten sind im Internet über
http://dnb.d-nb.de abrufbar.

Bibliographic Information published by Die Deutsche Bibliothek

Die Deutsche Bibliothek lists this publication
in the Deutsche Nationalbibliografie;
detailed bibliographic data are available on the Internet at
http://dnb.d-nb.de .

ISBN 978-3-8169-3018-1
ISSN 1868-3517

Einband und DTP-Satz: EIPOS e.V.

Bei der Erstellung des Buches wurde mit großer Sorgfalt vorgegangen; trotzdem lassen sich Fehler
nie vollständig ausschließen. Verlag und Autoren können für fehlerhafte Angaben und deren Folgen
weder eine juristische Verantwortung noch irgendeine Haftung übernehmen.
Für Verbesserungsvorschläge und Hinweise auf Fehler sind Verlag und Autoren dankbar.

© 2010 by expert verlag, Wankelstr. 13, D-71272 Renningen
Tel.: +49 (0) 71 59-92 65-0, Fax: +49 (0) 71 59-92 65-20
E-Mail: expert@expertverlag.de, Internet: www.expertverlag.de
Alle Rechte vorbehalten
Printed in Germany

Das Werk einschließlich aller seiner Teile ist urheberrechtlich geschützt. Jede Verwertung außerhalb
der engen Grenzen des Urheberrechtsgesetzes ist ohne Zustimmung des Verlags unzulässig und
strafbar. Dies gilt insbesondere für Vervielfältigungen, Übersetzungen, Mikroverfilmungen und die Ein-
speicherung und Verarbeitung in elektronischen Systemen.

Vorwort

Die *Wissenschaftliche Zeitschrift* erleichtert Akademikern (vor allem im Berufsleben) das lebenslange Lernen – heute mehr denn je ein Muss!

Die *Wissenschaftliche Zeitschrift* der EIPOS e. V. ist ein Forum für

- Akademiker, die in der Berufspraxis Führungspositionen einnehmen: Zur Darstellung der Herausforderungen, mit denen sie konfrontiert sind und zur wissenschaftlichen Erörterung ihrer Problemlösungen;
- erfahrene Wissenschaftler, die jungen Akademikern und der wissenschaftlichen Gemeinschaft grundsätzliche wissenschaftliche Ergebnisse vermitteln;
- Kenner der Wissenschaftspolitik und der europäischen Hochschullandschaft, die über neueste Entwicklungen informieren;
- Rezensenten, die Nachwuchs- und Seniorwissenschaftler über hochwertige Publikationen informieren und ihnen wichtige Quellenhinweise und -bewertungen vermitteln.

Das Spektrum der *vorliegenden Ausgabe der Wissenschaftlichen Zeitschrift* konzentriert sich auf die brandaktuellen Themen des Managements der

- Wirtschaft,
- Finanzen,
- Führung,
- Region.

Die Herausgeber fühlen sich geehrt, dass ihrem Aufruf zur Disputation der Wirtschafts- und Finanzkrise, ja mehr noch, der Sinnkrise renommierte Wissenschaftler des In- und Auslands gefolgt sind.

Im Rahmen des *Regionalmanagements*, das sich in einem Umbruch von Administration zu strategischem Management befindet, werden neue Herausforderungen des Wettbewerbs innerhalb der Marktwirtschaft verdeutlicht. Das Regionalmanagement muss sich zunehmend als strategisches Management verstehen. Damit hat es sowohl die Unwägbarkeiten der Prognose als auch strategische Methoden ins Kalkül zu nehmen.

Aber mehr noch, der oftmals aus der Politik adressierte Vorwurf an Banker und Manager über deren mangelnde Ehrbarkeit ist wie der Stein, der aus dem Glashaus geworfen wird. Er trifft nicht, kehrt sich um wie ein Bumerang oder er zerstört. Wie aus historischer, wirtschaftlicher und philosophischer Sicht dargestellt wird, ist „Der ehrbare Kaufmann" sowohl Erfolgskriterium der Wirtschaft als auch immerwährende Herausforderung aller Akteure im Markt, incl. der Politik.

Der EURO-Rettungsschirm des Jahres 2010 ist eine dramatische Fortsetzung einer krisenbehafteten *Wirtschafts- und Finanzpolitik*. Dass sie sich nunmehr auch auf den juristischen Bereich ausdehnt, ist kein Zufall. Dass nicht alle EURO-Länder ihm zugestimmt haben, wird gelegentlich als Mangel an europäischer Solidarität bewertet. Nüchtern betrachtet, sieht es anders und mindestens komplexer, ja sogar viel schlimmer aus. Dem Thema widmen sich in Anschluss an die in der vorigen Ausgabe publizierten hervorragenden Titel mehrere Artikel in Breite und Tiefe.

Die Herausgeber werden versuchen, die Themen Management, Wirtschaft, Finanzen, Führung, Region, deren Herausforderungen und wissenschaftlichen Zugänge auch in der nächsten Ausgabe der *Wissenschaftlichen Zeitschrift* vorzubereiten.

Insbesondere seien alle Leser jetzt schon gebeten, wissenschaftliche Beiträge, Kommentare, Rezensionen einzureichen zu den Themen

- „Der ehrbare Kaufmann",
- „Sinnkrise in Wirtschaft und Finanzen",
- „Kreditrisiken",
- „Soziale Netzwerke",
- „Regionalmanagement, Regionale Entwicklung, Regional- und Wirtschaftsförderung",
- „Zukunftsfähigkeit, Nachhaltigkeit, Prognose".

Das Herausgeberteam
Prof. Dr.-Ing. habil. Günter H. Hertel
Prof. Dr. paed. habil. Günter Lehmann
Prof. Dr. rer. oec. habil. Volker Oppitz

Beiträge von Teilnehmern an Promotionsstudiengängen werden nur mit der Befürwortung durch die Betreuer an der entsprechenden Universität innerhalb des Promotionsstudienganges veröffentlicht. Name und wissenschaftlicher Grad des befürwortenden Betreuers werden dem Beitrag vorangestellt. Eine redaktionelle Einflussnahme seitens EIPOS e. V. findet grundsätzlich nicht statt. Insofern drücken die in der Wissenschaftlichen Zeitschrift veröffentlichten Beiträge keine wissenschaftlichen Standpunkte oder Gütesiegel für den Inhalt des Beitrages durch ein Gremium von EIPOS oder einen seiner Gremienvertreter aus. Allerdings behält sich die Herausgeberschaft vor, über die Aufnahme oder Ablehnung von eingereichten Beiträgen ohne jedwede Begründung zu entscheiden.

Inhaltsverzeichnis

Wissenschaftliche Originalbeiträge – Regionalmanagement

Regionalmanagement = Ehrbares Strategisches Management?
Versuch einer Disputation und Einleitung zu nachfolgenden Fachartikeln zum Regionalmanagement
im Allgemeinen und zur Ehrbarkeit des Regionalmanagements und -managers im Spezifischen 7
Günter H. Hertel

Insbesondere Region Österreich: Unternehmensgeschichte & Tradition 15
Jana Geršlová

Netzwerkanalysen als Basis für ein innovationsorientiertes Regionalmanagement 31
Josef Fröhlich, Philipp Piber, Thomas Scherngell

Worauf sich Regionalmanagement (RM) in den nächsten Jahren einstellen sollte 52
Dietrich Fürst

Zukunftsvorsorge und strategisches Handeln (mit Hintergrund aus der Automobilindustrie) 65
Günter H. Hertel

Indikatorgestützte Standortanalysen und kreatives Milieu 82
Klaus Wollenberg

Der ehrbare Berater – ein Versuch gegen die öffentliche Meinung 109
Harald Kunze

Der ehrbare Regionalmanager 117
Michael Rösler

Wissenschaftliche Originalbeiträge – Wirtschaft, Finanzen, Führung

Hinführung zu den Aufsätzen über Wirtschafts- und Finanzkrise, Kreditausfällen,
Euro-Rettungsschirm 127
Günter H. Hertel

Die Bedeutung des Gewährleistungsgesetzes für Deutschland und Europa 130
Hans-Werner Sinn

Rechtsbruch durch Bail-out-Darlehen
Zu den Beschlüssen der Finanzminister der Euro-Staaten vom 11. April und vom 16. April 2010 144
Thiemo Jeck, Bert Van Roosebeke

Nach dem Sündenfall: Was jetzt zu tun ist
Die elf notwendigen Vertragsänderungen zur Wiederherstellung der Währungsstabilität nach dem
Beschluss der EU-Finanzminister vom 10. Mai 2010 147
Thiemo Jeck, Bert Van Roosebeke, Jan S. Voßwinkel

Termini in der Kredit- und Risikowelt – eine vergleichende Erörterung – 151
Günter H. Hertel

Stabilitätsgrenze der Kreditfinanzierung 170
Volker Oppitz

Social networks – new place for sociotechnics 182
Jaroslava Kubátová

Zeitverteilung von Goldvorkommen 205
Volker Oppitz

Juristische Interpretation in Theorie und Praxis und juristische Argumentation in der
Tschechischen Republik 221
Tomáš Hulva

Rezensionen zu Büchern und Dissertationen mit Bezug zu den Themen dieser Zeitschrift

Rezension zum Buch „Risikoorientiertes Lieferantenmanagement – Eine empirische Analyse"
des Autors Thomas Zawisla 239
von Elmar Bräkling

Rezension zum Buch „Erneuerbare Energien. Einsatzmöglichkeiten – Technologien
– Wirtschaftlichkeit" des Autors Jörn Krimmling 250
von Manfred Schmidt

Rezension zur Dissertation „Modellanalyse der verbrauchsorientierten Bedarfsprognose und
Entwicklung der Methode der Bedarfsprognose mit Änderungsraten" des Autors Volker Oppitz 252
von Werner Weichelt

Rezensionen zum Buch „Eine kurze Geschichte der Spekulation"
des Autors John Kenneth Gailbraith 257

Rezension der Dissertation „Kundentypologie im Reisegeschäft – Qualitative empirische
Untersuchung" des Autors Uwe Lorenz 259
von Ulrike Stopka

Publikationen des EIPOS e. V. 269

Autorenverzeichnis 283

Wissenschaftliche Originalbeiträge

– Regionalmanagement –

Regionalmanagement = Ehrbares Strategisches Management?

Versuch einer Disputation und Einleitung zu nachfolgenden Fachartikeln zum Regionalmanagement im Allgemeinen und zur Ehrbarkeit des Regionalmanagements und -managers im Spezifischen.

Günter H. Hertel

Regionalmanagement will eine Unterstützung für die **Entwicklung einer Region** geben. Regionalmanager wollen wichtige Akteure dieses Entwicklungsprozesses sein.

Ausgangspunkte für eine aktive Regionalentwicklung waren und sind sowohl in selbstorganisatorischen Initiativen der Bürger wie in zentral gesteuerter Regionalplanung zu finden. Identitätsfindung einer Region, ihr wirtschaftlicher und demographischer Strukturwandel waren und sind ebenso wie übergeordnete regionale Ziele eines Landes oder der Europäischen Union Katalysatoren einer aktiven Regionalentwicklung.

Manche Autoren sehen Regionalmanagement als eine Weiterentwicklung der Regionalplanung, manche sehen beide Aktionsfelder als sich ergänzend, aber nicht substituierend an.

Während die Regionalplanung eher hierarchische Planungsprozesse zu realisieren hat – etwa die Umsetzung übergeordneter landesplanerischer Ziele in spezifisch regionale Ziele – soll Regionalmanagement stärker eine querschnitts- und umsetzungsorientierte Dienstleistungsfunktion wahrnehmen, etwa als Ideengeber, Berater, Moderator und Promotor, weil nunmehr unterschiedliche Interessen der Akteure auszubalancieren sind. So gibt es Interessen von übergeordneten Akteuren auf EU-, Staats- und Landesebene, insbesondere verbunden mit inhaltlichen Zielvorstellungen und finanziellen Druck- und Lockmitteln für die Entwicklung der Region A relativ zur Region B, andererseits ist die Region ebenso nicht durch einen, sondern eine Reihe von Akteuren präsent. Hier spielen Bürger, Bürger- und Wirtschaftsverbände, Kammern, Vereine, Kirche und Diakonie usf. eine inhomogene Akteurslandschaft.

Abb. 1: Maier, J.; Seibert, O.; Geißendörfer, M.; Rahn, Th; Stoiber, M.: Handbuch „Regionalmanagement"; Forschungsgruppe Agrar- und Regionalentwicklung Triesdorf / Universität Bayreuth; April 2003. Internetquelle: http://www.stmwivt.bayern.de/fileadmin/Web-Dateien/Dokumente/landesentwicklung/Handbuch_Regionalmanagement.pdf; Zugriff 100816

In dieser Akteurslandschaft muss der Regionalmanager auf verschiedenen Instrumenten, in Dur und Moll, harmonisch und melodisch, manchmal mit Dissonanzen, oftmals leise spielen, aber auch ein ganzes Orchester dirigieren.

Immer geht es um Entwicklung der Region zum Besseren. Auf hoher Aggregationsebene gibt es einen gemeinsamen Nenner: INNOVATIONEN für die REGION!

Der Begriff **„Regionale Innovation"** wird bislang kaum verwendet. Setzt man ihn in den Vergleich zur Innovation und zum Innovationsmanagement in Wirtschaft und Industrie, kommt man leicht auf verschiedene adaptierbare Begriffe, wie

– Paradigma, Werte, Leitbilder, Kultur
– Politik und Ziele
– Strategien und Entwicklungsgrade
– Projekte und Meilensteine
– Organisationsstrukturen (Hierarchie vs. Netzwerk)
– Prozesse und
– Regionale Produkte.

Diese Folge von Begriffen ist interessanterweise (fast) identisch mit der Vorgehensweise zur **Etablierung eines strategischen Managementsystems** zur Erlangung von Exzellenz im Management.

Der Regionalmanager wird diese Welt der Innovationen kennen müssen, sonst wird er nicht erfolgreich sein. Somit sind die Anforderungen an seine Kompetenzen, Fähigkeiten und Fertigkeiten sehr hoch, nicht nur in Einzeldisziplinen, sondern inter- und transdisziplinär.

Somit ist es gut, wenn Hochschulen und Weiterbildungseinrichtungen sich der Ausbildung und Weiterbildung zum Regionalmanager widmen.

Die in der folgenden **Rubrik „Regionalmanagement"** dieser Ausgabe der Wissenschaftlichen Zeitschrift aktiven Autoren sind durchweg in Forschung sowie Aus- bzw. Weiterbildung tätig:

* * *

Jana Geršlová führt den Leser in die Welt dreier in der Kultur Österreichs sesshafter weltbekannter Unternehmen. *„Erfolgreiches Wachstum braucht Wurzeln", „Geschichte, Herkunft und Tradition eines Unternehmens oder einer Institution stellen einen Schatz dar".* Es wird deutlich, wie stark Persönlichkeiten, familiäre, regionale und organisatorische Kultur und Tradition für den Erfolg eines Unternehmens ausschlaggebend sind. Jedoch auch umgekehrt: Eine Region lebt und entwickelt sich mit lebendigen „Leuchttürmen", die ausstrahlen, die von ihrer Wärme abgeben, die sich heimisch fühlen können, die im dichten Netzwerk einer Region und zugleich überregional, sogar global agieren.

So spannend die Lektüre ist, so viel wissenschaftliches Neuland beackert wird, so viel entstehen naturgemäß auch neue Forschungsfragen, z. B.:

- Wenn die österreichische Unternehmenskultur solche starken Marken, Namen und Produkte hervorgebracht hat wie Manner, Meinl und Swaroski, welche Wirkungen haben sie auf diejenigen Unternehmen, die (noch) nicht eine solche Stärke ausweisen können oder die Lieferanten dieser Unternehmen oder die Nachbarn sind? Wie kann man die Proliferation von Unternehmenskultur messen?
- Wenn diese starken Marken, Namen und Produkte nicht ohne Kontext zum Unternehmensgründer denkbar sind, welche Wirkungsnetzwerke sind in der Gründungs-, später Expansionsregion zu finden, die die Gründungsidee zum Erfolg brachten und immer wieder bringen?

- Wenn die dargestellten Unternehmen durch so starke unternehmerische Authentizität geprägt sind, wie können sie beitragen zur regionalen Authentizität und vice versa?

Josef Fröhlich, Philipp Piber, Thomas Scherngell untersuchen die Möglichkeiten regionaler Netzwerksanalysen und -visualisierungen. Regionen werden maßgeblich neben Landschaft, Geographie, Authentizität, Individualität usf. durch Akteure geprägt. Wirtschaftsakteure bestimmen einen hohen Anteil der wirtschaftlichen Prosperität einer Region. Moderne netzwerksanalytische Methoden können scheinbar verborgene Aktivitäten der Akteure ans Licht bringen. Die Autoren nutzen in diesem Beitrag einen Ausschnitt der Methodenvielfalt des Data Mining. Mittels *biometrischer Analyse* von Daten der Europäischen Union werden vorwettbewerbliche Forschungskooperationen (im EU-Rahmenprogramm) bezüglich ihrer vektoralen Ausprägung analysiert. Interessante regionale Symmetrien und Asymmetrien, Haupt- und Nebenakteure, Wissenschafts- und Wirtschaftszentren werden entdeckt. Vorwettbewerb mündet allerdings nicht in eine ebensolche Dichte und Ausprägung in der nächsten Stufe des Produktentstehungsprozesses – bei Inventionen!

Somit entstehen neue Forschungsfragen, etwa,

- ob es Muster langfristiger Interaktionen in Kooperations- und Patentnetzwerken gibt?
- ob solche Muster auf kulturelle Aspekte der Unternehmungen und Regionen zurückzuführen sind?
- ob es zwischen vorwettbewerblichen Forschungspartnern einerseits und Ko-Patent-Kooperationspartnern andererseits nachhaltige Beziehungen gibt und welche Muster liegen vor?

Dietrich Fürst verdeutlicht die Anforderungen an das zukünftige Regionalmanagement durch dessen Handlungsfelder sowie die Anforderungen an das Verhalten der Regionalmanager der Zukunft infolge der Komplexität dieser Handlungsfelder.

„Regionalmanagement ist zunehmend Strategisches Management!"
„Der Regionalmanager wird immer stärker aus der Rolle „neutraler" Moderation herausgedrängt und zum ergebnisorientierten Management gezwungen".

Mit dem Lesen steigt die Spannung, denn vom Regionalmanager der Zukunft werden ähnliche Kompetenzen verlangt wie vom strategischen Manager in der Wirtschaft:

- Agieren in komplexen Welten: Fehlertoleranz und Lebenslanges Lernen sind nötig.
- „Networking" in offenen Wissensnetzwerken: Kognitiv-mentale Prozesse und Strukturen sind zu managen.
- Eliten zum Mitmachen gewinnen: Bedeutsames erreichen wollen und selbst ausstrahlen.

Wenn der Regionalmanager der Zukunft diese Fähigkeiten, Fertigkeiten und Kompetenzen erlangt hat und ständig verbessert, dann wird er ein in der Wirtschaft nachgefragter Manager sein. Fürst fragt, ob die Kommune darauf vorbereitet ist.

Forschungsfragen stellen sich:

- Welche Struktur, Organisation, kognitive und mentale Weiterbildung braucht das Management der Kommune, damit es den Regionalmanager der Zukunft akzeptiert und integriert?
- Welche inhaltlichen, kognitiven und didaktischen Erfordernisse stellen sich an Aus- und Weiterbildung des Regionalmanagements?
- Welches Methodengerüst (das heute in der Forschung existiert) kann für die operative Applikation identifiziert und adaptiert werden?

Günter Hertel dringt in komplexe Welten über die Frage ein, in wieweit sie vorhersagbar sind. Sie sind es NICHT. Andererseits hat die Beschäftigung mit Zukunftsalternativen (Plural!) keine sinnvolle Alternative. Dennoch wird immer wieder versucht, mit einfachen Mitteln (meist Statistiken), komplexe Welten zu prognostizieren. Selbst bei relativ gering komplexen Systemen erfolgen Fehlprognosen großen Ausmaßes, weil Umbrüche und Diskontinuitäten in den verwendeten Techniken nicht vorkommen dürfen.

Gerade aber das Studium historischer Innovationspfade zeigt, mit welchen Innovationshürden, -zweifeln, -komplexitäten, -diskontinuitäten zu rechnen ist. Deshalb ist Gegenwart zwar geronnene Vergangenheit und kann studiert werden, und Zukunft wird ebenfalls geronnene Vergangenheit sein, aber sie kann erst studiert werden, wenn sie eingetreten ist. Gleichwohl können mögliche Zukünfte modelliert, simuliert, analysiert, verglichen und bewertet werden, wie es mit Beispielen aus der Automobilindustrie gezeigt wird.

Dennoch entstehen neue Forschungsfragen:

- Gibt es Zusammenhänge zwischen Unternehmerpersönlichkeit, Unternehmenskultur und regionalem Milieu sowie Inventionshöhe und Innovationswahrscheinlichkeit?

- Gibt es Zusammenhänge zwischen der Fähigkeit, im strategischen Management Zukunftsszenarien (für ein Unternehmen oder eine Region) zu entwickeln und dem Erfolg dieses Unternehmens oder der Region?
- Welche didaktischen Methoden sind in der Aus- und Weiterbildung zu nutzen, um „Zukunftsfähigkeit" zu trainieren?

Klaus Wollenberg macht deutlich, dass „Globalisierung erst in Kombination mit zunehmender Dezentralisierung effizienzsteigernd (wirkt), so dass die Beobachtung und Analyse von wirtschaftlichen Geschehnissen in Regionen und Kommunen notwendig ist. Er stellt eine von ihm entwickelte und knapp ein duzendmal angewendete Regionen-Analyse vor, die volks- und betriebswirtschaftliche sowie weiche und harte Indikatoren eines Standortes oder einer Region identifiziert und bewertet. Neuartig scheint nicht nur die Fülle und Komplexität der verwendeten Indikatoren und deren interagierende Funktionen zu sein, sondern auch die Konsequenz, mit der Gewinne für die auszubildenden, aktiv mitwirkenden Studenten, Kommunen und Unternehmen entstehen. Ist das vielleicht eine Antwort auf die oben formulierten Forschungsfragen zu Aus- und Weiterbildung?

Trotzdem provoziert die applikative Annäherung an das Thema geradezu natürlicherweise neue Fragen:

- Welche aggregierten Ergebnisse sind aus den bisherigen umfassenden empirischen Analysen zu gewinnen?
- Welchen Beitrag kann die empirische Analyse zur Theoriebildung, insbesondere zur Neuen Ökonomischen Geographie, zur Theorie der Regionalen Authentizität, zur Pfad-, insbesondere Kulturabhängigkeit einer Region, zu Kulturdimension der Wirtschaftsgeschichte leisten?

Der Herausgeber hatte im letzten Heft der Wissenschaftlichen Zeitschrift aufgerufen, das Thema **„Der Ehrbare Kaufmann"** aufzunehmen – nicht nur, aber auch wegen des Vertrauensverlustes in Akteure der Politik und Wirtschaft, Kirche und Wissenschaft, Parteien und Vereinigungen, kurz in den „Markt". Der ehrbare „Kaufmann" steht als Platzhalter für alle Berufssparten. Große Kongresse werden zwischenzeitlich zum Thema „Corporate Social Responsibility" abgehalten. Oft bleibt es bei Appellationen.

Harald Kunze schreibt mitten aus dem Leben des Regionalberaters - ein ehrbares Statement für den *„ehrbaren Regional-Berater"*. Der Begriff „Berater" klingt nach Einbahn. Weit gefehlt – der Regionalberater befindet sich oftmals in einer Sandwich-Position: Zwischen Ehrlichkeit und Wettbewerb, zwischen Halb-Wahrheit und Voll-Akquise, zwischen Kurz-Fristigkeit und Nach-Haltigkeit usf. Im Autor zeigt sich, wie gut es ist, selbstreflexiv unterwegs zu sein – eine Eigenschaft und Fähigkeit, die in der Aus- und Weiterbildung zu kurz kommt. Selbst-Erfahrungswissen zu systematisieren ist mindestens genau so viel Wert wie Theoriewissen.

Auch hier stellen sich Forschungsfragen:

- Kann man empirisch nachweisen, dass sich Ehrbarkeit „lohnt"?
- Kann man Ehrbarkeit (auch) über Ehrenkodex „erzeugen"?
- Welche kulturellen Wurzeln hat die täglich „gelebte" Ehrbarkeit?
- Welche „Bedeutung" hat Ehrbarkeit für eine Region? (analog Pünktlichkeit wie die Uhr für die Schweiz?)
- Kann Selbstreflexivität des Regionalmanagers/-managements ein Markenzeichen werden? („Lernende Region"??)

Michael Rösler erörtert Hintergründe, warum das Thema „Ehrbarkeit" aktuell erscheint. Er sieht den Regionalmanager bei näherem Hinsehen vor „vergleichbaren moralisch-ethischen Problemen" wie die vielleicht von ihm gescholtenen Banker. „Mit einer abstrakten Marktschelte ist niemand geholfen", da bei ihrer Gültigkeit unterstellt werden müsste, der Markt habe menschliche Eigenschaften. Dabei sind es jedoch die Marktakteure, die individuellen wie juristischen Personen, in jedem Falle Menschen, die ehrbar oder unehrenhaft handeln.
Noch interessanter ist Röslers Feststellung, dass der Vorwurf gegenüber dem Markt vielmehr einer Skepsis gegenüber dem Wettbewerb entspringt, denn den Markt gab es bereits in frühen Austauschgesellschaften und ebenso in der Zentralwirtschaft. Damit wird dem Regionalmanager allerdings eine Herausforderung externalisiert, die ihm wahrscheinlich zunächst fremd, ja vielleicht sogar feindlich erscheint. Allerdings entscheiden sich hieran die Geister, *die Region entwickelt sich prosperierend oder zum „Schlafmützenwettbewerb"*.

Rösler stellt zum Teil die offenen Forschungsfragen selbst; hier werden sie zugespitzt:

- Da sowohl durch die ethische Herausforderung an den Regionalmanager als auch in seiner Einbindung in die öffentliche Verwaltung einerseits Chancen und andererseits das große Risiko zum kleinsten, allerdings unbrauchbaren gemeinsamen Nenner besteht, sollten alternativen wissenschaftlich untersucht werden, z.B. „Regionalma-

nagement ‚out-sourcen' oder „Regionalmanagement als unternehmerische Dienstleistung in der Behörde ausprägen"
– Wenn das Regionalmanager zukünftig nur bestehen kann, wenn er unternehmerische Kompetenzen mit- und einbringt, dann fragt sich, ob die heutige Aus- und Weiterbildung bereits diesen Überlebensaspekt genügend inhaltlich und didaktisch berücksichtigt.

Einige der hier publizierten Artikel basieren auf Vorträgen der Fachtagung „ZUKUNFTSORIENTIERTES REGIONALMANAGEMENT" der Hochschule für nachhaltige Entwicklung Eberswalde (FH) und dem 2. EIPOS - REGIONALMANAGERTAG in Eberswalde am 27. Mai 2010.

Die Herausgeber bedanken sich ausdrücklich für die Möglichkeit, diese Vorträge in der Wissenschaftlichen Zeitschrift des EIPOS e. V. publizieren zu können.

Insbesondere Region Österreich: Unternehmensgeschichte & Tradition

Jana Geršlová

Einleitung

Erfolgreiches Wachstum braucht Wurzeln. Und diese Verankerung, das Geschichtsbewusstsein, ist ein Wert, in dem großes Potential steckt. Geschichte, Herkunft und Tradition eines Unternehmens oder einer Institution stellen einen Schatz dar. Es wird zunehmend schwieriger und auch fragwürdiger, die Forschungserträge auf dem Gebiet der Unternehmensgeschichte nach Staatszugehörigkeit zu ordnen und daraus Folgerungen abzuleiten. Ohne Zweifel kommt dem regionalen Aspekt im Wissenschaftsbetrieb auch der Unternehmer- und Unternehmensgeschichte nach wie vor große Bedeutung zu. Die Mehrzahl der heute interessierenden Fragen findet jedoch in den nationalstaatlichen Grenzen keine ausreichenden oder zwingenden Rahmenbedingungen mehr. Die einzelstaatlichen Sonderwege in Wirtschafts- und Sozialpolitik nähern sich einander an, ohne jetzt nur an die Staaten der Europäischen Union zu denken.

„Gibt es Firmen/Unternehmen/Unternehmer, die für Sie typisch österreichisch sind?"

Es würde wohl zu weit führen, auf allgemeine Zusammenhänge an dieser Stelle einzugehen; hingegen ist es sehr wohl möglich und notwendig, die Frage zu stellen, ob es *spezifisch nationale Wirtschaftskulturen* gibt, aus denen sich Unternehmenskultur[1] gewissermaßen ableitet. Das ist auch für die Betriebswirtschaftslehre von Bedeutung, geht es doch darum, inwieweit ihre Theorien generelle Gültigkeit beanspruchen dürfen, also über alle kulturellen Grenzen und

---

1 MATIS, H., STIEFEL, D. Unternehmenskultur in Österreich. Ideal und Wirklichkeit. Wien: Service – Fachverlag an der Wirtschaftsuniversität Wien 1987, S. 103 ff.

Besonderheiten hinweg nur aus der Logik der kapitalistischen Unternehmung abgeleitet werden können. Oder einfacher ausgedrückt: Gelten Managementmethoden, die anhand amerikanischer Unternehmungen ausgebildet wurden, ohne größere Modifikation auch für europäische Länder? Unternehmen haben – so wie auch Menschen – ihre ganz besondere Biographie. Es handelt sich dabei um eine Art von kollektivem Gedächtnis, um Spuren, die in der Vergangenheit gemachte Erfahrungen und gemeinsam bewältigte Aufgaben im Bewusstsein der Mitarbeiter hinterlassen haben. Im Laufe seiner Geschichte erwirbt ein Unternehmen ein eigenständiges Profil, eine besondere Eigenart, die sich im inneren ‚Klima' und in der ‚Kultur' der Firma widerspiegeln.[2]

Auf dieser Suche nach – in unserem Fall – einer spezifisch österreichischen Wirtschaftskultur führt, wie so häufig, der einfachste Weg sicher in eine Sackgasse. Es geht nicht darum, die „Mentalität" des Landes Österreich oder seiner Bevölkerung zu erfragen. Sicher könnte man leicht eine Reihe von Vorurteilen auflisten, die ebenso verbreitet wie in dieser generellen Aussage falsch sind. Kultur ist nicht rückführbar auf angeborene individuelle oder kollektive Eigenschaften, sondern sie ist primär ein Gruppenphänomen der Anpassung. So erweisen sich Österreicher im Ausland häufig als erfolgreiche Unternehmer oder Top-Manager. Das „zehnte Bundesland" – die Auslandsösterreicher – dürfte nicht nur das wohlhabendste, sondern auch das wirtschaftlich erfolgreichste Bundesland sein. So werden etwa das amerikanische Erfolgsdenken und die Werte der Reagan-Ära geradezu exemplarisch durch den Steirer Arnold Schwarzenegger personifiziert. Beispiele ließen sich noch viele finden. Um den Begriff der „österreichischen Wirtschaftskultur" näher zu kommen, braucht man nicht die „österreichische Seele" ergründen, sondern muss auf die Wirtschaftsgeschichte des Landes eingehen. Zu diesem Zweck seien nur zwei strukturprägende Merkmale der österreichischen Wirtschaft herausgehoben: Das Tempo der wirtschaftlich-industriellen Entwicklung und die Größe des Marktes.[3]

Bevor wir aber auf diese Fragen eingehen, bleiben wir bei dem Thema „typisch österreichisch". Mit dieser Frage wurden 1.000 Österreicher vom Marktforschungsinstitut Fessel-GfK konfrontiert, das im Juli und August 1998 eine Erhebung zum Thema „Österreichs lieux de memoire"[4] durchführte. Keinerlei Vorgaben schränkten die Antwort ein, auch Mehrfachnennungen waren möglich.

- 18 % der Befragten erwähnten die Vereinigten Österreichischen Eisen- und Stahlwerke, besser unter der Abkürzung VOEST geläufig.

---

2 MATIS, H., STIEFEL, D. „Mit der vereinigten Kraft des Capitals, des Credits und der Technik..." Die Geschichte des österreichischen Bauwesens am Beispiel der Allgemeinen Baugesellschaft – A. Porr Aktiengesellschaft. 2 Bände. Wien, Köln, Weimar: Böhlau Verlag 1994, Band I., S. 11.
3 MATIS, H., STIEFEL, D. Unternehmenskultur in Österreich, S. 104.
4 Deutsch: Gedächtnisort, Erinnerungsort.

- An den Fahrzeughersteller Steyr-Daimler-Puch erinnerten sich 14 %.
- Immerhin 10 % dachten an die Julius Meinl AG, die ausgehend von der Ware Kaffee zu einem Konzern anwuchs, der den Handel und die Produktion von Nahrungsmitteln vereinte.
- 6 % führten den Erzeuger von Kristallglasprodukten Swarovski an.
- Je 5 % entsannen sich des Süßwarenherstellers Manner und der Österreichischen Mineralöl Verwertung (ÖMV).
- Auf den weiteren Plätzen folgten mit 3 % Nennungen so unterschiedlicher Firmen wie das Elektrotechnikunternehmen Elin und die Handelskette Spar sowie mit je 2 % der Skierzeuger Atomic, das noble Hotel Sacher, die Lauda Air, die im Bereich Nahrungs- und Genussmittel tätige Mautner-Markhof AG und die Salzburger Firma Mirabell, bekannt vor allem für ihre Mozartkugeln.[5]

Die Frage nach dem „österreichischen" soll lauten: *Welche Elemente der Unternehmensgeschichte und ihrer Rezeption durch die österreichische Gesellschaft sind den Menschen erinnerlich und weshalb?* Eine Antwort gab der Autor eines französischen Projektes, Pierre Nora, für sein Forschungsvorhaben über die Nation Frankreich: *„Nicht die Ereignisse an sich, sondern ihre Konstruktion in der Zeit, die Tilgung und das Wiederauftauchen ihrer Bedeutungen; nicht die Vergangenheit, wie sie sich ereignet hat, sondern ihre dauernden Wiederverwendungen, die Formen ihres Gebrauchs und Missbrauchs, ihre Wirkung auf die folgenden Gegenwarten; nicht die Tradition, sondern die Weise, in der sie sich konstituiert hat und weitergegeben wurde."*[6] Aktuelle Forschung, die sich der Entschlüsselung der ökonomischen Leistung von Unternehmen verschreibt, kann allerdings aus der Betrachtung der symbolischen Ebene wichtige Hinweise beziehen. Wirtschafts- und Unternehmensgeschichte wurden lange vor allem als Produktions- und Angebotsgeschichte betrieben, in der letzten Zeit nimmt die Berücksichtigung von Unternehmenskultur zu.[7] Die Beschäftigung mit den Unternehmenskulturen wird in der Betriebswirtschaftslehre heute „als Teil einer Antwort auf die Frage nach den Gründen für Erfolg oder Misserfolg von Firmen"[8] betrachtet.

---

5 BRIX, E., BRUCKMÜLLER, E., STEKL, H. (Hrsg.) Memoria Austriae III. Unternehmer, Firmen, Produkte. Wien: Verlag für Geschichte und Politik Ges.m.b.H. 2005, S. 9 ff. Die Streuung der Namen in großem Maße durch die Medien verursacht: z. B. 998 feierte Manner mit erheblichem Aufwand das hundertjährige Jubiläum seiner berühmten Haselnussschnitten. Die intensivierten Werbeanstrengungen, die von zahlreichen Medienberichten über das Traditionsunternehmen und sein populärstes Erzeugnis ergänzt wurden, rückten den Österreicherinnen die Firma mit Sicherheit stärker ins Bewusstsein. Mit Recht wird man eine Auswirkung auf die Zahl der Nennungen von Manner in der Umfrage vermuten. Meinl stand wiederum gerade im Sommer 1998, als Fessel GfK seine Erhebung realisierte, im Mittelpunkt des öffentlichen Interesses, denn die Eigentümerfamilie veräußerte das Filialnetz ihrer Handelskette an den Konkurrenten Billa, den seinerseits zwei Jahre vorher der deutsche Rewe-Konzern erworben hatte. Die Medien thematisierten aus diesem Anlass breit die Sorge um den Ausverkauf heimischer Betriebe an das Ausland und speziell den „großen Bruder" Deutschland. Wer nicht wusste, dass Meinl ein österreichischer Mythos sei, wurde nun daran erinnert.
6 Übersetzung aus seinem Artikel Comment écrire l' histoire de France? Ebenda, S. 40.
7 In der letzten Zeit widmen sich dem Thema zunehmend viele Historiker, z. B. PIERENKEMPER, T.: Was kann eine moderne Unternehmensgeschichtsschreibung leisten? In: Zeitschrift für Unternehmensgeschichte 44 (1999), 17-31, S 21; NIEBERDING, A., WISCHERMANN, C.: Unternehmensgeschichte im institutionellen Paradigma. In: Zeitschrift für Unternehmensgeschichte 43 (1998), 35-48; SCHREYÖGG, G. Unternehmenskultur: Zur Unternehmenskulturdiskussion in der Betriebswirtschaftslehre und einigen Querverbindungen zur Unternehmensgeschichtsschreibung. In: Jahrbuch für Wirtschaftsgeschichte 2 (1993). 21-35.
8 BERGHOFF, H. Moderne Unternehmensgeschichte. Eine themen- und theorieorientierte Einführung. Paderborn, München, Wien, Zürich: Ferdinand Schöningh Verlag 2004, S. 147.

Historische Wurzeln

Unternehmenskultur ist nicht zeitlos, sondern unterliegt Veränderungen. Die Wirtschaft veränderte sich schnell und beeinflusste auch die Meinungen der Österreicher und eine „kollektive Meinung".

Die österreichisch-ungarische Doppelmonarchie lag im europäischen Industrialisierungsprozess nicht auf einem Spitzenrang. Sie konnte zwar aus ihrer vorindustriellen Phase auf ein beachtliches Wirtschaftspotential verweisen – in Gewerbe, Landwirtschaft, Bergbau –, doch im Zuge der Industriellen Revolution verlor sie in der ersten Hälfte des 19. Jahrhunderts den Anschluss an die mittel-westeuropäische Entwicklung. Erst ab den 1870er Jahren konnte Österreich das Wachstumstempo der anderen Industrieländer erzielen, blieb aber absolut gesehen in der Entwicklung zweitklassisch. Diese Situation hatte wesentliche Auswirkungen auf die Wirtschaftsstruktur und das wirtschaftliches Verhalten aller Akteure. Da die Industrialisierung nicht in ausreichendem Maße autonom erfolgte, bedurfte es der Unterstützung durch zentrale Institutionen. Dies erklärt zum einen die überragende, fast wirtschaftslenkende Bedeutung der Banken in Österreich, indem etwa die großen Wiener Banken ganze Industriekonzerne aufbauten, aber zum anderen auch die führende Stellung des Staates in der Wirtschaft Österreichs. Der Staat griff seit dem 19. Jahrhundert schützend, regelnd, fördernd und bestimmend ein, um die industrielle Produktion und Entwicklung gegenüber einer überlegenen ausländischen Konkurrenz zu ermöglichen. Den freien Wettbewerb kannte man daher in Österreich vielfach nur aus Lehrbüchern, denn auch die Unternehmungen selbst schlossen sich im s. g. „organisierten Kapitalismus" zu Kartellen, Trusts und Oligopolen zusammen, und die Unternehmen begehrten Zollschutz und Regierungssubventionen. In der Praxis eines relativ rückständigen Landes waren Einschränkungen des Marktes die Regel, und es gab eine weitgehende Übereinstimmung zwischen Wirtschaft und Staat, so dass Schutzzölle, Kartelle, Preisabsprachen usw. wichtig und notwendig für die Wirtschaft waren. Die fehlende wirtschaftsliberale Tradition ist daher bereits aus der industriellen Entwicklung der Monarchie zu verstehen. Ihre zentrale wirtschaftliche Bedeutung haben die Banken im 20. Jahrhundert zumindest beibehalten, der Staat hat seine sogar noch ausgebaut. Vor allem aber wurde dieser Einfluss durch ein System von Interessensvertretungen erweitert, die praktisch jede wirtschaftliche Tätigkeit einem Bewilligungsverfahren unterwerfen. Die Märkte waren daher in Österreich stärker geregelt und wirtschaftlicher Erfolg konnte hier stärker von hoheitlichen Entscheidungen abhängen als in vielen anderen westlichen Ländern.[9] Es zeigt sich, dass das Jahrzehnt vor dem Ersten Weltkrieg die wirtschaftlich erfolgreichste Zeit Österreichs im 20. Jahrhundert war. Damit leistete die Wirt-

---

9 MATIS, H., STIEFEL, D. Unternehmenskultur in Österreich, S. 105; EIGNER, P., HELIGE, A. (Hrsg.) Österreichische Wirtschafts- und Sozialgeschichte im 19. und 20. Jahrhundert. Wien, München: Brandstätter Verlag 1999.

schaft einen zusätzlichen, meist nicht bewusst wahrgenommenen Beitrag zur Mythisierung der Kaiserzeit, umso mehr als in der darauf folgenden Etappe der Zwischenkriegszeit.

Die Phase zwischen den beiden Weltkriegen muss als Zeit der Krise bezeichnet werden. Österreich wurde nach dem Zerfall der Donaumonarchie 1918 zu einem Kleinstaat geschmolzen, dessen Industrie sich über Nacht dem scharfen Wind der internationalen Konkurrenz ausgesetzt sah.[10] Die relative Kleinheit des Marktes war eines der prägenden Merkmale der „österreichischen Wirtschaftskultur" in der Zwischenkriegszeit. Es war einer der wesentlichen Gründe für das wirtschaftliche Scheitern der Ersten Republik, dass man mit den neuen strukturellen Verhältnissen nicht zurechtkam und nach dem Zusammenbruch der Monarchie, als der Inlandsmarkt von 52 Millionen auf nur 6,5 Million Menschen zusammenschrumpfte, sich die „österreichische Wirtschaftskultur" diesen Strukturänderungen nicht anpasste. Vielmehr versuchte man mit allen Mitteln, den alten wirtschaftlichen Einflussbereich zu halten. Erst nach 1945 akzeptierte man die neuen Größenverhältnisse auch im wirtschaftlichen Denken und produzierte innerhalb eines kleinen, relativ geschützten Marktes, der sich aber im Rahmen der europäischen Integration der internationalen Konkurrenz öffnete.[11]

Nach 1945 war also die Zeit der stärksten wirtschaftlichen Dynamik, die Österreich je erlebt hatte. In der folgenden Zeit hat das Land nicht nur das allgemeine Tempo des „Wirtschaftswunders" mitgestalten können, sondern auch seine Position im Verhältnis zu anderen Ländern verbessert. Diese „Erfolgsstory" Österreichs prägte die heutige „österreichische Wirtschaftskultur" in einer Weise, die man vielleicht als „doppelten Generationskonflikt" bezeichnen könnte.[12] Einmal geprägt durch die spezifische Erfahrung der Wiederaufbaugeneration (Rekonstruktionsphase), mit der Erinnerung an die Inflation und Wirtschaftskrise der Zwischenkriegszeit und dem Stolz auf die eigene Leistung des Wiederaufbaus nach dem Zweiten Weltkrieg, wurde der Wiederaufbau gefühlsmäßig als eine „Pionierzeit" erlebt. Viele Top-Manager gehörten aber der „Erfolgsgeneration" nach dem Kriege an, geprägt durch die weitaus komplexere Welt der gesättigten Wohlstandsgesellschaft. Diese zwei Welten waren als Generationskonflikt in vielen Unternehmen anzutreffen. Der zweite „Generationskonflikt" betraf zwar teilweise dieselben Personengruppen, war aber in noch weit größerem Maße in die historische Entwicklung Österreichs eingebettet: *Das Entwicklungsschema* – beschleunigte Industrialisierung, Krise der Zwischenkriegszeit, Nachkriegsboom – *hat auch seine Spuren in der Art der Unternehmensführung hinterlassen.*

---

10 WEBER, F. Die wirtschaftliche Entwicklung. In: Handbuch des politischen Systems Österreichs. Wien: Manz Verlag 1997, S. 20-36.
11 MATIS, H., STIEFEL, D. Unternehmenskultur in Österreich, S. 107.
12 Ebenda, S. 108.

In Österreich gab es noch in der letzten Zeit zahlreiche Unternehmen, die die Phase des patriarchalischen Führungsstils von vor dem Ersten Weltkrieg aufrechterhalten konnten. Dagegen fand in der Zwischenkriegszeit, in der die „rationale" Unternehmensführung insbesondere in den USA Eingang fand, dieses Konzept in Österreich relativ geringe Resonanz. Die neuen Organisations- und Führungsmethoden wurden daher nur in geringem Maße übernommen. Dies hing nicht zuletzt damit zusammen, dass seit Mitte der 20er Jahre in Österreich kaum neue Unternehmen gegründet worden. Die neuen Managementtechniken begannen sich in Österreich erst ab den 1960er Jahren durchzusetzen. Daher gab es noch jüngst in Österreich wenige größere Unternehmen mit einem gewachsenen Konzept „rationaler" Unternehmensführung, da diese Entwicklungsphase in der Zwischenkriegszeit weitgehend versäumt wurde. Viele österreichische Unternehmen befanden sich noch vor einiger Zeit erst im Übergang von einem patriarchalisch-familienorientierten Führungsstil zum rationalen Managementunternehmen. Es war ein Prozess, der etwa in den USA bereits vor Jahrzehnten stattgefunden hat. Auf der anderen Seite bewirkte aber der starke Nachkriegsboom eine rege Gründungstätigkeit. Diese relativ jungen, stark wachsenden Unternehmen, die insbesondere auch in den Bundesländern außerhalb Wiens entstanden sind, organisierten sich ohne traditionelle Belastung.

Die österreichische „Wirtschaftskultur" ist daher durch zwei widersprüchliche Phänomene gekennzeichnet:

- Einerseits durch einen relativ hohen Anteil von patriarchalisch geführten Familienunternehmen, die zur Zeit mehr oder weniger rasch Elemente der „rationalen" Betriebsführung in sich aufnehmen, und andererseits
- durch eine wachsende Anzahl von erfolgreichen Klein- und Mittelbetrieben, die nicht nur technisch, sondern auch organisatorisch modern, d. h. an einem Leistungsbegriff orientiert sind, wie er in fortgeschrittenen Industrieländern als Norm gilt.[13]

Österreich und Konsumgesellschaft

Die Konsumgesellschaft ist ein Phänomen des 20. Jahrhunderts. Sie zeichnet sich dadurch aus, dass die Mehrheit der Bevölkerung an neuen Konsumformen teilhat und der Konsum herausragende kulturelle, soziale und ökonomische Bedeutung besitzt.[14] Der Alltag ist über weite Strecken durch Konsum geprägt, und zwar nicht nur im unspezifischen Sinn des Verbrauchens,

---

13 Ebenda, S. 112. Siehe auch BERGER, P. Kurze Geschichte Österreichs im 20. Jahrhundert. Wien: Facultas Verlags- und Buchhandels AG WUV 2007, S. 54 ff.
14 KÖNIG, W. Kleine Geschichte der Konsumgesellschaft. Konsum als Lebensform der Moderne. Stuttgart: Franz Steiner Verlag 2008, S. 1; SIEGRIST, H., KAELBLE, H., KOCKA, J. (Hrsg.) Europäische Konsumgeschichte. Zur Gesellschafts- und Kulturgeschichte des Konsums (18. bis 20. Jahrhundert). Frankfurt/Main, New York: Campus Verlag 1997.

sondern als Marktentnahme durch Kauf. Die allmähliche Transformation der westeuropäischen Gesellschaften zu Konsumgesellschaften setzte im letzten Drittel des 19. Jahrhunderts ein.[15] Gasbeleuchtung, Elektrizität, Fahrrad, Automobil, Schreibmaschine, Telefon sind nur einige markante Erfindungen, die als Massenprodukte den Alltag zu erobern begannen. Obgleich viele der neuen langlebigen Konsumgüter zunächst nur für die Oberschicht erschwinglich waren, machte der kräftige wirtschaftliche Aufschwung, den das Habsburgerreich um die Jahrhundertwende verzeichnete, auch hierzulande erstmals breiten Schichten die Früchte der industriellen Revolution zugänglich. Kaffee, Zigaretten, Schokolade und andere Genussmittel rückten in Reichweite.[16] Ab welchem Zeitpunkt können wir aber von voll ausgebildeten Konsumgesellschaften sprechen? Die anhaltend gute Konjunktur nach dem Zweiten Weltkrieg, in Deutschland und Österreich als ‚Wirtschaftswunder' gefeiert, schuf die materiellen Grundlagen.

Über die Manner-Schnitte heißt es in einer Ausgabe der „Wiener Zeitung" (5. Mai 1995), dass sie das „süße Wahrzeichen Wiens" sei.

Was sagt uns diese Behauptung? Es ist ein Zeichen von besonderem Gewicht, in seine Etablierung wird viel Anstrengung investiert. Sein besonderer Status impliziert einen breiten Konsens über seine Bedeutung und verlangt nach Kontinuität seines materiellen Trägers. Flüchtigkeit vertrüge sich schlecht mit seinem Anspruch, einen Ort, seine Bewohner, eine Nation zu symbolisieren. Wer Eiffelturm oder Louvre sagt, muss Paris denken – und umgekehrt. Die Verknüpfung ist stabil, darin bestehen die Funktion und die privilegierte Stellung des Wahrzeichens. Es ist eben eine Art „Superzeichen". Dass eine Haselnussschnitte ein Wahrzeichen Wiens sein soll, mag überraschen und zunächst als journalistische Übertreibung abgetan werden.

Hingegen zweifelt mit Sicherheit niemand daran, dass der Stephansdom, den Manner auf den Schnittenpackungen abbildet, diese Rolle spielt. Was hat nun ein Dom von riesigen Ausmaßen, gewidmet der religiösen Erbauung der Gläubigen und auf viele Jahrhunderte Geschichte zurückblickend, mit Schnitten gemein, die uns üblicherweise in handlichen Zehnerpackungen begegnen und allenfalls in kulinarischer Hinsicht erbaulich sind, das aber erst seit einer vergleichsweise kurzen Zeit von ca. hundert Jahren? Als Antwort sei nicht primär auf den durch die Verpackung hergestellten Zusammenhang von Schnitten und Stephansdom verwiesen, sondern schlicht darauf, dass erstere zur Gattung der Markenprodukte zählen.[17] Zwar transportieren alle Güter Bedeutungen, doch die Marken stellen sie auf Dauer und erhöhen dadurch die

---

15 BORSCHEID, P., WISCHERMANN, C. Bilderwelt des Alltags. Werbung in der Konsumgesellschaft des 19. und 20. Jahrhunderts. Stuttgart: Franz Steiner Verlag 1995, S. 65.
16 Wie ein Krimi liest man die Publikation SANDGRUBER, R. Bittersüße Genüsse. Kulturgeschichte der Genußmittel. Wien, Köln: Böhlau-Verlag 1986.
17 BRIX, E., BRUCKMÜLLER, E., STEKL, H. (Hrsg.) Memoria Austriae III., S. 38.

Effizienz der Kommunikation. Marken sind Wahrzeichen des Konsums und als solche keineswegs triviale Erscheinungen in vom Konsum geprägten Gesellschaften.

Deshalb ist es *nur logisch, dass auch die Nation Markenprodukte als Identifikationsfiguren rekrutiert. Wahrzeichen geben Orientierung.*

In der unübersichtlichen Vielfalt von kulturellen Artefakten, die eine Industriegesellschaft herstellt, schaffen Marken Orientierungssicherheit, sowohl in funktionaler wie in symbolischer Hinsicht. Marken gewinnen an Gewicht auch als Mittel zum Ausdruck von Identität und Differenz. Sie dienen dadurch der Bildung von überschaubaren Gruppen und helfen auch, imaginierte Gemeinschaften zu konstruieren, die jenseits der Ebene eines konkreten zwischenmenschlichen Kontakts liegen. Eine *Palette von Konsumgütern fungiert als Gedächtnisort einer Generation – einer Generation von Bewohnern Österreichs*. Denn trotz der Internationalität vieler Waren stand ihr Konsum oft in einem nationalen Bezugsrahmen Die Markenprodukte, die innerhalb dieses nationalen Raums produziert und konsumiert werden, erfüllen ihn mit Leben, und zwar um einiges wirkungsvoller als manche traditionelle Herrschaftszeichen wie Hymnen oder Fahnen.[18]

Fallbeispiele – Meinl, Manner, Swarovski

Meinl[19]

Der Gründer der Firma stammte – wie es sich für einen typischen Österreicher gebührt – aus Westböhmen. Am 10. April 1824 erblickte er das Licht der Welt in Kraslice (Graslitz) als Sohn eines Bäckermeisters. Mit 21 Jahren begann er eine Lehre beim Prager Kaufmann. 1849 erwarb er den Gesellenbrief und wurde Kaufmann in Wien. Hier realisierte er den Traum, ein eigenes Unternehmen zu gründen. Am 5. April 1862 eröffnete er sein erstes eigenes Geschäft, in dem er Kaffee verkaufte. Der Aufschwung des Unternehmens wird gemeinhin auf eine neue Verkaufsidee zurückgeführt: Meinl bot Kaffee in bereits geröstetem Zustand an. Dadurch ersparte er seinen Kunden eine lästige Arbeit. Außerdem bemühte er sich durch Mischung von Kaffeesorten um gleichbleibende Qualität. 1891 erwarb die Firma in der Neustiftgasse im 7. Bezirk ein fünfstöckiges Haus, um Bohnen-, Feigen- und Malzkaffee en gros herstellen zu können. Ab 1894 beherbergte das Gebäude eine erste Filiale und 1896 wurde ein weiterer Laden in der Mariahilferstraße eröffnet. 1899 übersiedelte das Stammgeschäft in ein eigens zu

---

18 Ebenda, S. 39.
19 BRIX, E., BRUCKMÜLLER, E., STEKL, H. (Hrsg.): Memoria Austriae III. , S. 45 ff.; LEHRBAUMER, M.: Womit kann ich dienen? Julius Meinl. Auf den Spuren einer großen Marke. Wien: Pichler Verlag 2000; PROKSCH, I.: Das Haus Julius Meinl. Die Entwicklung eines österreichischen Unternehmens von 1862-1937, Phil. Diss. Univ. Wien 1970; GERŠLOVÁ, J.: Julius Meinl: Im Kaffeerausch einer alterwürdigen Firma. In: WINKELBAUER, T. (Hrsg.) Kontakte und Konflikte. Böhmen, Mähren und Österreich: Aspekte eines Jahrtausends gemeinsamer Geschichte, hg. von Thomas Winkelbauer, Waidhofen/Thaya 1993, S. 355-362.

diesem Zweck am Fleischmarkt errichtetes repräsentatives Haus, dem unverkennbar bereits die Rolle einer Unternehmenszentrale zugedacht war. Treibende Kraft war aber bald nicht mehr Julius I., sondern bereits sein 1869 geborener Sohn Julius II. Bis zum Ersten Weltkrieg konnte Meinl auf dem Weg zum Einzelhandelskonzern enorme Fortschritte verzeichnen. 1900 besaß das Unternehmen in Wien elf Geschäftslokale. Bis 1914 erhöhte sich ihre Zahl auf 44. Schon 1900 hatte Meinl Filialen in Budapest, Brunn [Brno] und Mährisch Ostrau [Moravská Ostrava] gegründet. Insgesamt besaß Meinl im Jahr des Kriegsausbruches 115 Filialen. Da Kaffee durch lange Transportwege an Qualität verlor, schien es dem Wiener Unternehmen geraten, in zentralen Orten der Monarchie Röstereien zur Deckung des regionalen Bedarfs einzurichten. Daneben weitete die Firma die Produktpalette aus. 1900 wandte sie sich erstmals kaffeeverwandten Erzeugnissen zu: Sie nahm die Schokoladen- und Kakaoherstellung auf. Einen großen Erfolg bedeutete die Errichtung der neuen Unternehmenszentrale im 16. Bezirk. 1912 wurde der riesige Gebäudekomplex fertiggestellt. Hier fanden Lagerung, Versand und Verwaltung Platz, außerdem die Röstung von Bohnenkaffee, die Malz- und Feigenkaffeeherstellung, die Marmeladenfabrikation und ab 1913 die Kekserzeugung. 1912 schuf Julius II. ein eigenes Importbüro in London. Nach dem Zweiten Weltkrieg konzentrierte sich das Unternehmen, ab 1919 eine Aktiengesellschaft, auf die Belieferung des österreichischen Marktes. Zwischen 1919 und 1933 richtete Julius II. pro Jahr durchschnittlich elf bis zwölf Geschäfte auf dem Gebiet der Republik Österreich ein. Das Spektrum der Eigenerzeugnisse erweiterte er um Essig, Senf, Bonbons, Teigwaren, Spirituosen, Margarine und anderes mehr. Von 1927 bis 1930 zog Meinl ein ambitioniertes Rationalisierungsprogramm durch: Die Produktion wurde durch Fließbandarbeit, neue Maschinen, etc. effizienter gestaltet, der Personalstand im Gegenzug um 35 % vermindert.

Abb. 1: ehemaliges Logo der Firma Julius Meinl aus dem Jahre 1924, Quelle: www.meinl.com. Zugriff: 100818

Wichtig waren für das Haus Meinl auch die Filialen im Ausland: nicht nur in den Nachfolgestaaten (dort gründete man die Tochtergesellschaften, die vor allem in Ungarn und der Tschechoslowakei erfolgreich waren), sondern auch z. B. in Berlin (ab 1927, in der deutschen Hauptstadt brachte es Meinl immerhin auf 20 Filialen). Meinl kam mit den neuen Verhältnissen in Mitteleuropa ausgezeichnet zurecht. 1937 war das Unternehmen in acht Staaten tätig, verfügte über 493 Filialen und hatte seinen schon vor 1914 ansehnlichen Produktionsapparat wesentlich ausgebaut. Es beschäftigte über 3.000 Arbeiter und Angestellte, ca. die Hälfte davon in Österreich. Die Auswirkungen der Weltwirtschaftskrise waren ziemlich stark, die Periode nach dem Anschluss an das Deutsche Reich bedeutete für das Unternehmen einen neuen Start: Die Umsätze stiegen wieder an. Diese Entwicklung setzte sich nach Kriegsbeginn fort, da Meinl die Wehrmacht belieferte. Überhaupt konnte Meinl auf der Welle der deutschen Großraumwirtschaft eine gewaltige Expansion erreichen: 1943 besaß der Konzern 687 Filialen; das war gegenüber 1937 eine Steigerung um fast 40 %.

Der Wachstumsschub, den Meinl während der NS-Zeit erlebte, endete 1945. Das Unternehmen verlor seine Besitztümer in Ungarn, der Tschechoslowakei, Polen, Rumänien und Jugoslawien; aus Berlin zog sich das Unternehmen 1951 zurück. Insgesamt soll der Konzern durch die Umwälzungen infolge des Zweiten Weltkriegs mehr als zwei Drittel seiner Substanz verloren haben. Es galt nun, wenigstens den österreichischen Besitz des geschrumpften Konzerns zu festigen. Dieses Ziel erreichte Meinl – 1968 rangierte die Aktiengesellschaft, gemessen an ihrem Umsatz, an elfter Stelle aller österreichischen Unternehmen und war nach wie vor die bedeutendste Handelskette. Geführt wurde das Unternehmen nun bereits von der dritten Meinl-Generation. Julius II. war 1944 verstorben; ihm folgte sein Sohn nach, der denselben Namen wie schon sein Vater und sein Großvater trug: Julius Meinl III. Neue Anforderungen, die auf dem Markt herrschten, wollte er mit überkommenen Erfolgsrezepten bewältigen. Allerdings verspielte die Julius Meinl AG ihre dominierende Stellung im Handel mit Kaffee, nachdem 1961 der deutsche Konzern Jacobs in den österreichischen Markt eingestiegen war. Während Meinl daran festhielt, den eigenen Kaffee nur in den eigenen Geschäften zu verkaufen, belieferte Jacobs Supermarkte ebenso wie Discounter, partizipierte so an deren Wachstum und überrundete seinen alteingesessenen Konkurrenten. Andere Unternehmen boten vergleichbare Produkte wesentlich günstiger an, auch wenn man dies bei Meinl als „Verschleuderung" sehen wollte. Lebensmittelketten wie Billa und Spar erzielten auf diese Weise zunehmend höhere Umsätze, die sich letztlich in größeren Profiten niederschlugen. Nach und nach liefen sie Meinl den Rang ab. Die Versuche, mit dem Einstieg in die Welt der großen Verbrauchermärkte (PamPam-Markt in Wien und Discounter Renner) scheiterten, die Meinl Produkte konnten sich nicht gegen Konkurrenz behaupten. Dagegen erfolgreicher war die Firma in den ehemaligen Ländern, wo Meinl schon vor 1945 zu Hause war – in Ungarn (1989 Czemege-Julius Meinl AG) und Tschechien (Ende 1995 verfügte der Konzern hier über 50 Filialen und schon zwei Jahre später hatte er auf 90 Geschäfte aufgestockt). Erfolgreich war die Familie Meinl auch auf dem Gebiet der Finanzen – mit der hauseigenen Bank. Schwierigkeiten, die die Firma schon in den 80er Jahren im österreichischen Lebensmittelgeschäft hatte, endeten 1998 mit dem Verkauf des gesamten Filialnetzes an den Billa-Konzern (die Brüsseler Kartellbehörde genehmigte den Verkauf nicht im vollen Umfang – Billa durfte nur 162 von den 341 Filialen der Meinl-Gruppe erwerben), Schließung der meisten Erzeugungsbetriebe und das Ende kam 2000: Die Firma gab alle Filialen mit Ausnahme des „Meinl am Graben" (in Wien) an den Konkurrenten Spar ab. Das Ende der Firma unter der „Regierung des Julius Meinl des V." erzeugte viele Emotionen. Zwar spielte die Julius Meinl AG eine viel kleinere Rolle im heimischen Lebensmittelhandel, doch ihr Symbolwert war ungleich höher – *oft stand in den Zeitungen, dass es um den Ausverkauf der österreichischen Identität geht.*

Manner[20]

Weder der Beruf seines Vaters noch sein eigener hätten vermuten lassen, dass der Gastwirtsohn Josef Manner jemals zu einem der größten Schokolade- und Zuckerwarenfabrikanten in Österreich werden sollte. Er betrieb ab Mai 1889 ein Geschäft am Stephansplatz in Wien, verkaufte Schokolade und Feigenkaffee. Später erwarb er noch ein Geschäft für Schokolade samt der Gerätschaft zu ihrer Erzeugung. Manner tat damit den Schritt vom Handel zur Produktion, auf die er sich bald ganz konzentrierte. Die eigentliche Unternehmensgründung ist auf 1890 datiert. Josef Manner errichtete in Hernals eine Schokoladenfabrik (im Haus seiner Eltern), die dank rascher interner Expansion schon bald nach der Jahrhundertwende die Grenze zum Großunternehmen überschritt und 1913 rund 1.000 Mitarbeiter zählte (in diesem Jahr wurde das Unternehmen in eine Aktiengesellschaft umgewandelt). Inzwischen waren Johann Riedl als Gesellschafter und die Anglobank als Kapitalgeber in die Firma eingetreten.

Der Zerfall Österreich-Ungarns im Jahre 1918 versetzte Manner einen harten Schlag: Die Firma büßte etwa 35 % ihres Umsatzes ein. In der Zwischenkriegszeit konnte zunächst ein Beschäftigtenstand von circa 1.500 Personen gehalten werden, bevor die Weltwirtschaftskrise auch bei Manner die Belegschaft auf nur noch 800 Mitarbeiter im Jahre 1937 sinken ließ, ein Stand, der auch in den 50er und 60er Jahren beibehalten wurde. Erst die fusionsweise Aufnahme der „Napoli" Schokolade-, Waffel- und Zuckerwarenfabriken im Jahre 1970, die ihrerseits kurz zuvor die traditionsreiche „Casali" Likör-, Schokolade und Backwarenfabrik erworben hatte, bewirkte einen neuerlichen, allerdings nur vorübergehenden Anstieg der Belegschaft auf über 1.000 Personen; 1979 zählte man rund 950 Beschäftigte. Nachdem Manner selbst bereits 1966 einen Zweigbetrieb im oberösterreichischen Perg errichtet hatte, verfügte die Gesellschaft mit den beiden Napoli-Fabriken in Wien-Favoriten und Himberg nunmehr über vier inländische Betriebsstätten.

Auch im Ausland suchte das Unternehmen Fuß zu fassen, doch war der Anfang der 50er Jahre in Nordirland geplanten Fabrik ebenso wenig Erfolg beschieden wie der 1973 in Brasilien begonnenen, deren Fertigstellung durch einen Regierungswechsel vereitelt wurde. Erfolgreicher entwickelte sich dagegen die in den 60er Jahren in München errichtete Verkaufsniederlassung, von wo aus mehrere Auslieferungslager in anderen deutschen Städten beliefert wurden. Einige Jahre stand im oberösterreichischen Doppl auch eine eigene Holzstoff- und Papierfabrik in Betrieb, die jedoch 1968, nachdem Pappe in zunehmendem Maß von anderen Verpackungsmaterialien abgelöst worden war, aufgelassen und verkauft wurde. Der Charakter des Eigentümer-Unternehmens blieb insofern gewahrt, als die um die Familie Endres als einstige Napoli-

---

20 BRIX, E., BRUCKMÜLLER, E., STEKL, H. (Hrsg.) Memoria Austriae III. , S. 97 ff.; MATHIS, F. Big Business in Österreich. Österreichische Großunternehmen in Kurzdarstellungen. Wien: Verlag für Geschichte und Politik Wien 1987, S. 196-197 ; ANDRES, H. P. Historische Analyse der österreichischen Süßwarenindustrie am Beispiel der Firma J. Manner & Comp. AG, Diplomarbeit an der WirtschaftsUniversität Wien 1986; Josef Manner, unveröffentlichte Familienchronik (Autorin besitzt ein Exemplar vom Autor);

Besitzerin erweiterten Gründerfamilien Manner und Riedl rund drei Viertel des Aktienkapitals besaßen und nach wie vor aktiv an der Unternehmensführung mitarbeiteten. Heute stellt sich Manner als Unternehmen mittlerer Größe dar. Die Schätzung – Manner ein Mythos mit einer 97 % Bekanntheit bei der Umfrage in Österreich – verdankt das Unternehmen allein seinem populärsten Erzeugnis, der Neapolitanerschnitte, die in der unverkennbaren rosa Zehnerpackung mit dem Stephansdom als Markenzeichen verkauft wird. Nach einem Zeitschriftenartikel zum Thema Manner-Schnitten: „*Sie zählen zur Grundausstattung jedes Zuckerlgeschäfts, jeder Schihütte und jeder Hotel-Minibar. Sie stehen in den Vitrinen der Landgasthäuser und Stadtbeisln ebenso wie den Büffets der meisten Theater, Kinos, Schulen und Sportplätze. Im Viererpack sind sie praktisch in jedem Supermarkt erhältlich, auch beim Greißler ums Eck, in den Kantinen der österreichischen Betriebe und auf immer mehr Tankstellen.*"[21] In vielen Kontexten tritt *Manner als Symbol Österreichs und des Österreichischen* auf. So schrieb man über Manner-Schnitten als „Schnitten der Patrioten" – weil, wie die Werbung sagt – „Manner mag man eben".

Abb. 2: Firma Josef Manner – Logo der Napolitaner-Schnitten, Quelle: http://www.manner.com/index.php?idp=122&lang=1. Zugriff: 100818

Swarovski[22]

Der aus dem nordböhmischen Georgenthal (Jiřetín pod Bukovou) – nahe Gablonz (Jablonec) – gebürtige Glasschleifersohn Daniel Swarovski konnte bereits selbst auf einige Jahre Erfahrung im Glasschleifen zurückblicken, als er sich 1895 im tirolischen Wattens niederließ, um in einer aufgelassenen Lodenfabrik die bisher in Handarbeit ausgeübte Bearbeitung von Glas zu Schmucksteinen – dank eines von ihm erfundenen und patentierten elektrischen Antriebs einer Glasschleifmaschine – maschinell und damit in großem Stil zu betreiben. Als Geldgeber hatte er seinen bisherigen Pariser Kunden Armand Kossmann gewonnen, der auch die kaufmännische Leitung der Glasschleiferei A. Kossmann, D. Swarovski & Co. übernahm, während die technische Leitung bei Swarovski selbst lag. Swarovski verbesserte nicht nur ständig seinen Maschinenpark, sondern versuchte auch, von den böhmischen Glaslieferanten unabhängig zu werden, wofür er auf eigene Kosten eine Glashütte einrichtete, die ab 1913 die Glasschleiferei mit Rohglas belieferte. Obwohl er seine Schmucksteine in mehrere der damaligen Industrielän-

---

21 BRIX, E., BRUCKMÜLLER, E., STEKL, H. (Hrsg.) Memoria Austriae III. , S. 100.
22 MATHIS, F. Big Business in Österreich. Österreichische Großunternehmen in Kurzdarstellungen. Wien: Verlag für Geschichte und Politik Wien 1987, S. 307-309; 22 BRIX, E., BRUCKMÜLLER, E., STEKL, H. (Hrsg.) Memoria Austriae III. , S. 131 ff.; SWAROVSKI, D. KLUGHART, B. A. Die Persönlichkeit des Firmengründers als Erfolgsfaktor für ein Unternehmen: Ein Fallbeispiel. In: Unternehmer und Unternehmen. Festschrift für Alois Brusatti. Wien: Norka Verlag 1989, S.69-77;

der exportierte, dürfte er in diesem Jahr in Wattens erst etwa 100 bis 200 Mitarbeiter beschäftigt haben. Die Nachfrage war stark, doch Swarovski konnte nicht auf ein Reservoir an qualifizierten Arbeitskräften zugreifen. Dieser Nachteil machte sich schnell bemerkbar. Aufgrund der starken Nachfrage produzierte die Firma in Tag- und Nachtschichten, was die Belegschaft ebenso wie die Schleifapparate zu sehr beanspruchte. Mit der intensiven Schulung aller Arbeiter in jedem einzelne Produktionsschritt entstand damals ein Bestandteil der Firmenkultur – Siegel „S-Qualität" (S-Superior) als Standard bei allen Produkten: Swarovski kombinierte einen Know-how-Vorsprung mit dem Anspruch, im Bereich der Glasschmucksteine das beste Produkt zu bieten. Von Anfang an orientierte sich Swarovski außerdem am Export, am Bestehen auf dem Weltmarkt. Ab 1913 konnte er die Schleiferei mit Glas in entsprechender Qualität versorgen – aus seiner eigenen Glasfabrik.

Die Geschäftsverbindungen mit dem Westen rissen jedoch durch den Ausbruch des Ersten Weltkrieges ab, so dass die Wattener Betriebe – auch infolge der Einberufungen – sogar kurze Zeit stillstanden, bevor sie die auf Kriegsmaterial umgestellte Produktion wieder aufnahmen. Dazu gehörte auch die Erzeugung von Schleifscheiben, die gemeinsam mit der Glasproduktion von Swarovski selbst unter der Firma D. Swarovski Glasfabrik und Tyrolit-Schleifmittelwerke betrieben wurde und zu einem Erfolgsprodukt bis heute (unter der Marke Tyrolit geworden sind). In diesem Werk fanden schon bald nach Kriegsende rund 400 und um 1930 circa 600 Personen Beschäftigung, bevor die Weltwirtschaftskrise auch hier zu Rückschlägen führte und den Mitarbeiterstand auf nur 200 Beschäftigte sinken ließ. Seit etwa 1920 war Daniel Swarovski dazu übergegangen, in seinem eigenen Betrieb auch Glasschmucksteine billigster Art herzustellen, deren Produktion Kossmann abgelehnt hatte. Der Erfolg gab Swarovski Recht und als Kossmann 1935 starb, übernahm Swarovski auch den pachtweisen Betrieb der alten Glasschleiferei. Glasproduktion, Schleifmittelherstellung und Erzeugung von Glasschmucksteinen erholten sich relativ rasch von der Depression der frühen 30er Jahre, so dass bereits 1937 in Wattens insgesamt rund 1.000 Mitarbeiter beschäftigt werden konnten. In der Zwischenkriegszeit übertrug Daniel Swarovski, der erst 1956 im hohen Alter von 94 Jahren verstarb, zunehmend den Söhnen Wilhelm, Fritz und Alfred die Führung in verschiedenen Bereichen des Unternehmens. Er befasste sich aber nach wie vor mit der Entwicklung neuer Produkte (viele Patente konnte die Firma dann sehr erfolgreich realisieren).

Die Aufwärtsentwicklung der Swarovski-Betriebe wurde im Zweiten Weltkrieg erneut unterbrochen, als die Schmucksteinproduktion bereits zum zweiten Mal aufgelassen werden musste. Wie schon im Ersten Weltkrieg, als aus der Umstellung auf die Kriegserfordernisse die in der Folge so erfolgreichen Schleifmittelwerke hervorgingen, führten auch diesmal die geänderten Verhältnisse zur Aufnahme eines neuen und bis zuletzt florierenden Produktionszweiges: Die Erfahrung auf dem Gebiet des Glasschliffs ermöglichte die Erzeugung optischer Geräte wie Feldstecher und Brillengläser, die sich nach 1945 zu einem wesentlichen Bestandteil der

Swarovski-Gruppe entwickelte. Inzwischen waren die Söhne Daniels, die schon seit Jahren in der Leitung der Betriebe mitgewirkt hatten, auch als Mitbesitzer in die Firma eingetreten, die um 1960 endgültig mit dem ursprünglichen Unternehmen zur Glasschleiferei D. Swarovski & Co. verschmolzen wurde, und die damals bereits an die 3.000 Mitarbeiter beschäftigte. Andererseits waren bereits einige Jahre zuvor die Schleifmittelproduktion und der optische Betrieb eigenen Tochtergesellschaften übergeben und in neue Fabriken in Schwaz und Absam ausgegliedert worden. Die Tyrolit-Werke in Schwaz stiegen in der Folge selbst unter die österreichischen Großunternehmen auf, der Absamer Tochtergesellschaft wurden später drei kleinere optische Betriebe in Wien, Innsbruck und Mainz angeschlossen. Nur vorübergehender Natur war dagegen die Übernahme eines Betriebes in Flirsch im Jahre 1970, der bereits fünf Jahre später wieder aufgelassen wurde. In der Glasschleiferei selbst wurde die Produktpalette ständig erweitert und unter anderem die Produktion von Rückstrahlern, Besatzschmuck- und Lusterartikeln aufgenommen. Der Intensivierung des Absatzes sollte die schon um 1950 in Linz eröffnete Niederlassung dienen, weitere Außenstellen entstanden in Wien und schließlich in Innsbruck. Die Swarovski-Werke, die seit Jahren das größte Tiroler Industrieunternehmen darstellen –1979 waren in Wattens, Absam, Wien und Innsbruck nach einem stärkeren Rückschlag um die Mitte der 70er Jahre wieder rund 2.900 Personen beschäftigt –, erhielten sich bis zuletzt den Charakter des Eigentümer-Unternehmens, wenn auch von der großen Zahl mitbesitzender Familienmitglieder nur wenige – inzwischen bereits in der dritten Generation – aktiv an der Unternehmensleitung beteiligt waren.

Abb 3: Motiv aus Swarowski-Kristallwelten, Quelle: Swarowski AG

Swarovski wurde aber auch zum „Tiroler Mythos", das betonte die Firma mit der Eröffnung des Areals „Kristallwelten" – im Sitz der Firma in Wattens – im Jahre 1995.

Ein Firmenmuseum ganz seltsamer Art:

- Firmengeschichte mir der modernen Gegenwart.
- Treffpunkt nicht nur des gesellschaftlichen Lebens, aber auch Touristen aus aller Welt.

Der *Swarovski-Themenpark* erwies sich rasch als gutes Geschäft – die Investitionskosten waren schnell zurück, es wurde zum *„Wallfahrtsort für eine Weltmarke"*.

* * *

Gerade bei Firmen wie Meinl oder Swarovski, deren Geschichte bis ins 19. Jahrhundert zurückgeht, hat sich im Laufe der Zeit um den ökonomischen Kern unternehmerischen Handelns eine Vielzahl von Bedeutungen angelagert und stabilisiert. Sie bieten Anreiz, eine emotionale Beziehung zum Unternehmen aufzubauen, die über das dürre Faktum „Ort des Geldverdienens" hinausweist. Sie erzeugen zugleich sozialen Druck, indem sie gegenüber Angestellten und Arbeiter auch die Forderung nach einer Identifizierung mit der Firma formulieren. Dass einem solchen Anspruch von Seiten der Unternehmer ein reelles Angebot korrespondiert, sollen oft betriebliche Sozialleistungen belegen und auch wieder auf symbolischer Ebene ausdrücken.

Neben den verstaatlichten Firmen der Zweiten Republik haben sich vor allem patriarchalisch geführte Unternehmen in diesem Punkt stets hervorgetan. Meinl, Manner, Swarovski und die Skifirmen gehörten eindeutig über viele Jahrzehnte hinweg in letztere Kategorie. In Festschriften, deren Existenz schon auf eine gezielte Arbeit an der Unternehmenskultur verweist, darf die Erwähnung der betrieblichen Wohltaten nie fehlen. Die berechtigte Kraft der Aufzählungen von Firmenbibliothek bis Werkskantine, vom betrieblichen Unterstützungsfonds bis zur Feier für die lang gedienten Mitarbeiter ist offensichtlich.

Jana Geršlová
Prof. PhDr., CSc.

bis 1979: Studium Geschichte/Germanistik, Philosophische Fakultät der Palacký-Universität Olmütz (Olomouc)

1979–1984: internes Forschungsstudium, Tschechoslowakische Akademie der Wissenschaften, Schlesisches Institut zu Troppau (Opava)

1982: Dr. der Philosophie, Philosophische Fakultät der Palacky-Universität Olmütz

1984: Wissenschaftliche Mitarbeiterin des Schlesischen Instituts der Tschechoslowakischen Akademie der Wissenschaften

1987: Verteidigung der Dissertation (Geschichte des Steinkohlereviers von Ostrava-Karvina nach dem Jahre 1945, Prag), Erteilung des Titels: Kandidat der Wissenschaften (CSc.)

1990: Fakultät für Management der Schlesischen Universität in Karviná, Lehrbeauftragte für Unternehmensgeschichte der Tschechoslowakei im 19. und 20. Jh.

1995: Fakultät für Wirtschaftswissenschaften der Technischen Universität (VŠB) Ostrava, Lehrbeauftragte für das Fach Wirtschaftsgeschichte

1996: Verteidigung der Habilitationsarbeit (Entwicklung der Industrie- und Unternehmenstätigkeit in den böhmischen Ländern bis 1938), Wirtschafts-Universität Prag, Erteilung des Titels: Dozentin

1998–2008: stellvertretende Chefredakteurin der wissenschaftlichen Vierteljahrzeitschrift Ekonomická revue (Herausgeber VŠB–TU Ostrava, Wirtschaftswissenschaftliche Fakultät)

seit 2004: Professorin für Ökonomie an der VŠB–TU Ostrava

seit 2006: Ordentliches Mitglied der staatlichen Akkreditierungskommission der Tschechischen Republik für Hochschulstudiengänge und Vorsitzende der Arbeitsgruppe Wirtschaftswissenschaften

seit 2008: Mitglied des Wissenschaftlichen Beirats des promotionsbegleitenden Weiterbildungsangebots des EIPOS – Akademisches Europa-Seminar (AES) und Dozentin im AES

Netzwerkanalysen als Basis für ein innovationsorientiertes Regionalmanagement

Josef Fröhlich[+], Philipp Piber[*], Thomas Scherngell[+]

[+] Foresight & Policy Development Department, AIT Austrian Institute of Technology GmbH, Donau-City-Straße 1, A-1120 Wien, Österreich
[*] Institut für Außenwirtschaft und Entwicklung, Wirtschaftsuniversität Wien, Augasse 2-6, A-1090 Wien, Österreich

Abstract

Effiziente intra- und interregionale Netzwerkstrukturen sind essentieller Bestandteil von erfolgreichen regionalen Innovationssystemen. Eine der Aufgaben von Regionalmanagement ist es daher, solche Netzwerkstrukturen zu gestalten und zu stimulieren sowie entsprechende Rahmenbedingungen dafür zu schaffen. Bis heute werden jedoch kaum avancierte netzwerkanalytische Methoden und Verfahren im Regionalmanagement verwendet. Dieser Beitrag stellt einfache Methoden der Netzwerkanalyse vor, die in einem modernen Regionalmanagement verwendet werden können. Es werden als Fallbeispiel F&E-Netzwerke in Österreich analysiert: Kooperationsnetzwerke aus dem präkompetitiven Bereich, gemessen an der Beteiligung von Organisationen am fünften Rahmenprogramm (RP5) der EU, und Ko-Patentierungsnetzwerke von in Österreich lokalisierten Organisationen. Die Ergebnisse der Netzwerkanalyse verdeutlichen die Unterschiede der beiden Netzwerke und bringen interessante Schlussfolgerungen für ein modernes Regionalmanagement. Im RP-Kooperationsnetzwerk weisen die Akteure eine deutlich höhere Verbundenheit und geringere Distanzen zueinander auf als im Ko-Patentierungsnetzwerk. Dies impliziert ein höheres Potenzial zur Verbreitung von Informationen im RP-Kooperationsnetzwerk. Für das Regionalmanagement würde sich bei einer derartigen Ausprägung der beiden Netzwerke ein erhöhter Bedarf für die Diffusion der regionalen Kompetenzen ergeben. Während durch die höhere Verbundenheit bei RP-Kooperationen ein hohes Inventionspotenzial zeigt, bedarf die Umsetzung von Ideen und Erkenntnissen in Innovationen erhöhte Aufmerksamkeit und Aktivität.

1   Einleitung

Regionale Innovationssysteme und Regionalmanagement rückten in den letzten Jahren zunehmend ins Zentrum des Erkenntnisinteresses der Innovationsökonomie, aber auch von politischen Entscheidungsträgern auf europäischer, nationaler und regionaler Ebene (vgl., beispielsweise, COOKE, HEIDENREICH und BRACZYK 2004).

Dies hängt *erstens* damit zusammen, dass in Modellen der Neuen Wachstumstheorie Wissensproduktion und Wissensdiffusion als die wesentlichen Triebkräfte von nachhaltigem ökonomischen Wachstum, und damit einhergehend ökonomischer Wettbewerbsfähigkeit, betrachtet werden (vgl., beispielsweise, KRUGMAN 1991)[1]

Zweitens, spielen Regionen aufgrund der Bedeutung von räumlicher Proximität bei der Übertragung von Wissen eine wesentliche Rolle für die erfolgreiche Realisierung von Innovationen (vgl. SCHERNGELL und BARBER 2009).

Regionen stellen die natürliche ökonomische Basis für Unternehmen dar, die von externen Effekten (Spillovers) profitieren und eine dynamische Spezialisierung innerhalb von Netzwerken anstreben (Scherngell 2007). Solche Unternehmen erlangen ihre Wettbewerbsfähigkeit durch den Zugriff auf die lokale Wissensbasis und den lokalen Arbeitsmarkt sowie durch die enge Kooperation mit anderen Unternehmen, Universitäten und außeruniversitären Forschungseinrichtungen.

In diesem Kontext kommt dem Regionalmanagement eine wichtige Rolle zu. Eine der *zentralen Aufgaben des Regionalmanagements ist die Institutionalisierung und Koordination von Interaktionen* zwischen allen für die regionale Entwicklung wichtigen Akteuren, sowie die Planung und der Entwurf von dafür notwendigen infrastrukturellen Investitionen. Nicht nur die infrastrukturelle Ausstattung der Region ist von zentraler Bedeutung, sondern auch die Qualität des sozialen Umfeldes im Hinblick auf die Etablierung von gegenseitigem Vertrauen zwischen Kooperationspartnern, das zentral für Innovation und Lernen sowie die Herausbildung von stabilen Netzwerkstrukturen ist (vgl., beispielsweise, LAGENDIJK 2001). Die Einbettung des Unternehmens in lokale Netzwerke hilft diesem die Komplexität und Unsicherheit beim Wissensproduktionsprozess zu reduzieren und erleichtert den Austausch von nicht-kodifiziertem Wissen (MASKELL und MALMBERG 1999). Effiziente intra- und interregionale Netzwerkstrukturen sind daher essentieller Bestandteil von erfolgreichen regionalen Innovationssystemen.

---

[1] Jüngere empirische Befunde über den positiven Zusammenhang von Wissensproduktion und ökonomischem Wachstum auf der Ebene von europäischen Regionen finden sich etwa bei FISCHER, SCHERNGELL und REISMANN (2009).

Vor diesem Hintergrund sollte die Gestaltung und Koordination solcher Netzwerkstrukturen in einem modernen, innovationsorientierten Regionalmanagement eine wichtige Rolle einnehmen. Als Voraussetzung dafür müssen jedoch die bestehenden Netzwerke entsprechend analysiert sowie deren Strukturen verstanden werden. Hierfür können *Methoden der sozialen Netzwerkanalyse als geeignetes Instrumentarium* herangezogen werden. Bis heute werden jedoch kaum avancierte netzwerkanalytische Methoden und Verfahren im Regionalmanagement verwendet. Dieser Beitrag knüpft an diesem Punkt an und wendet einfache Methoden der Netzwerkanalyse, die für ein modernes Regionalmanagement geeignet sind, an konkreten Fallbeispielen an. Es werden zwei Arten von F&E-Netzwerken in Österreich analysiert:

- Kooperationsnetzwerke aus dem präkompetitiven Bereich, gemessen an der Beteiligung von Organisationen am fünften Rahmenprogramm (RP5) der EU, und
- Ko-Patentierungsnetzwerke von in Österreich lokalisierten Organisationen.

Beide Netzwerke werden hinsichtlich ihrer Netzwerkstruktur, Netzwerktopologie und räumlichen Verteilung analysiert und visualisiert. Die Ergebnisse werden im Lichte eines modernen innovationsorientierten Regionalmanagements interpretiert.

Kapitel 2 beschreibt zunächst den theoretischen Rahmen von regionalen Innovationssystemen vor dem Hintergrund der Weiterentwicklung der Innovationsökonomie aus historischer Perspektive, bevor Kapitel 3 auf Netzwerke als konzeptioneller Rahmen für das Regionalmanagement eingeht. Kapitel 4 identifiziert und beschreibt die Netzwerkstruktur und -topologie von RP-Kooperationsnetzwerken und Ko-Patentierungsnetzwerken in Österreich. Der Beitrag schließt mit einem Resümee in Kapitel 5, das die wichtigsten Ergebnisse und Schlussfolgerungen im Kontext eines innovationsorientierten Regionalmanagement im Überblick darstellt.

2 Regionale Innovationssysteme und Innovationsökonomie – theoretischer Hintergrund und Entwicklung

Ein regionales Innovationssystem besteht aus der Gesamtheit aller privaten und öffentlichen Organisationen und Personen in einem subnationalen Territorium, deren Aktivitäten und Interaktionen auf die Schaffung und Ausbreitung (Anwendung) von Technologien und technologischem Wissen ausgerichtet sind. Als Organisationen werden hier typischerweise Produktionsunternehmen mit ihren F&E-Abteilungen, private und öffentliche Forschungseinrichtungen, Universitäten, Produzentendienstleistungen sowie staatliche Akteure und Institutionen, die die Innovationsfähigkeit und Wettbewerbsfähigkeit von Unternehmen durch ordnungspolitische Rahmenbedingungen und wirtschaftspolitische Maßnahmen beeinflussen subsummiert. Das *Konzept des regionalen Innovationssystems* (RIS) hat in der wissenschaftlichen Diskussion in den letzten Jahren gegenüber dem etwas starren Konzept der nationalen Innovationssysteme (NIS) an *Bedeutung gewonnen* (vgl. FISCHER, REVILLA-DIEZ und SNICKARS 2001).

Der Etablierung des Begriffs des regionalen Innovationssystems liegen maßgebliche Weiterentwicklungen in der Innovationsforschung im vorigen Jahrhundert zugrunde. Die ökonomische Forschung hat sich lange trotz der hohen Bedeutung technischer Artefakte für die langfristige wirtschaftliche und soziale Entwicklung bei der Analyse der Ursachen für den nachhaltigen Wandel der Wirtschaft vorwiegend auf die Allokation von finanziellen Mitteln oder das Funktionieren der Märkte konzentriert. Es ist dem österreichischen Ökonom Joseph Alois Schumpeter zu verdanken, dass er die *wirtschaftliche Entwicklung* durch einen kontinuierlichen Veränderungsprozess charakterisierte, der *durch immer neue Kombinationen bestehender Ressourcen getrieben* wird und damit zu einer stetigen Veränderung historischer Zustände führt (SCHUMPETER 1934). Unter derartigen neuen Kombinationen subsumierte Schumpeter:

- die Herstellung eines neuen, den Konsumenten noch nicht vertrauten Produkts oder einer neuen Qualität eines Produkts,
- die Einführung einer neuen Produktionsmethode,
- die Erschließung eines neuen Absatzmarktes,
- die Erschließung einer neuen Bezugsquelle von Rohstoffen oder Halbfabrikaten oder
- die Durchführung einer Neuorganisation, wie die Schaffung einer Monopolstellung.

Für die Durchsetzung dieser „neuen Kombinationen" wählte Schumpeter den Begriff Innovation. Den Motor für das Auslösen von Innovationen fand Schumpeter im so genannten Entrepreneur (SCHUMPETER 1943). Mit dieser Forschung war ein Grundstein für die Innovationsökonomie gelegt. Der überproportional hohe Stellenwert, den Schumpeter dem Entrepreneur für Innovationen zumisst, führte dazu, dass sich die Aufmerksamkeit der Forschung vorwiegend auf Erstinnovationen und deren Entstehung zuwandte. Dem Diffusionsprozess von Innovationen, von dem man heute weiß, dass er einen weiteren wesentlichen Beitrag für wirtschaftliche Veränderungen leistet, wurde bei Schumpeter keine Bedeutung beigemessen.

Beobachtet man die Entwicklung der Forschung zu Innovationsprozessen, so zeigt sich, dass sowohl in Bezug auf die Auslöser von Innovationsprozessen unterschiedliche Vorstellungen entwickelt wurden, als auch in Bezug auf die Abfolge unterschiedlicher Phasen in Innovationsprozessen ein kontinuierlicher Wandel im Verständnis zu erkennen war. Aus der heutigen Perspektive unterscheiden können mindestens fünf unterschiedliche *Modelle von Innovationsprozessen* unterschieden werden. Sie reichen vom so genannten „Technology Push" Modell der 50er und 60er Jahre über das „Market Demand" Modell der 60er und beginnenden 70er Jahre bis hin zum in den 90er Jahren entwickelten Modell der Systemintegration. Im letzteren Modell geht die Wissenschaft davon aus, dass der Innovationsprozess ein Interaktionsprozess ist, in den nahezu alle Bereiche eines Unternehmens involviert sind. Diese interagieren in unterschiedlicher zeitlicher Abfolge miteinander, wobei die Interaktion sich im Wesentlichen als Austausch von Informationen und Wissen darstellt. Darüber hinaus verschwimmen die Unternehmensgrenzen in Innovationsprozessen, indem ein wesentlicher, wenn nicht zentraler Bestandteil dieser Prozesse durch die Interaktion mit anderen Organisationen wie anderen Unternehmen, Forschungseinrichtungen oder Universitäten gegeben ist. Der Innovationsprozess ist spätestens im Modell der Systemintegration nicht mehr als linearer Prozess beschreibbar sondern als komplexer Prozess, in den die unterschiedlichsten Akteure innerhalb und außerhalb eines Unternehmens involviert sind.

Die Entwicklung dieser unterschiedlichen Modelle von Innovationsprozessen mit den dabei erzielten Erkenntnissen beschäftigt die Wissenschaft und Forschung bis heute. Wichtige Sprünge in der Erkenntnis gelangen durch das Öffnen des Innovationsprozesses, der in der klassischen Ökonomie als „black box" betrachtet wurde. Zu diesem Öffnen der „black box" trugen die unterschiedlichsten Wissenschaftsdisziplinen maßgeblich bei, sodass die heutige Innovationsökonomie als eigenes „cross-disziplinäres" Forschungsfeld betrachtet werden muss. Wichtige Beiträge zum Verständnis von Innovation leistete dabei beispielsweise der Bereich der Management Sciences, in dem sich ForscherInnen dieses Gebietes mit konkreten Fragen und empirischen Analysen des Forschungs- und Innovationsmanagements bzw. deren organisatorischer Verankerung im Unternehmen befassten. Die Industrieökonomie und -soziologie legte den Fokus in der Innovationsforschung auf die so genannte „Meso-Ebene", indem einzelne Branchen und Industrien und das Zusammenspiel wirtschaftlicher und industrielltechnologischer Faktoren analysiert wurde und wird. Wichtige Forschungsbereiche steuerte auch die Techniksoziologie zum Verständnis von Innovationen bei. Ihre Forschungsschwerpunkte liegen im Bereich der Gestaltung neuer Technologien durch das Zusammenspiel gesellschaftlicher Akteure und ihrer (Macht-)Interessen (social shaping of technology) bzw. in der Rolle gesellschaftlicher Institutionen für die Ausrichtung von Innovationsprozessen. Im Technology Assessment werden Fragen gestellt, die über eine ökonomische Betrachtung hinausgehen, diese aber mitbeachten. Sie betreffen insbesondere die Bewertung neuer und zukünftiger Technologien entlang gesellschaftlicher und ökologischer Parameter. Diese Beschäftigung des Technology Assessments (TA) mit dem Bereich von Innovationen hat nicht nur die Innovationsökonomie befruchtet, sondern auch zu einer Weiterentwicklung des TA unter dem Begriff der Innovations- und Technikanalyse geführt. Ähnliche Fragen wie das TA beschäftigen auch die ForscherInnen der Wissenschaftsdisziplin „Umweltökonomie". Der Fokus liegt hier in der Analyse der Vereinbarkeit von Wachstums und Umwelt-/Nachhaltigkeitszielen im Rahmen von Innovationsprozessen. Zusätzliche Einblicke in Innovationsprozesse liefern die Politikwissenschaften, indem sie sich der politischen Beeinflussung/Steuerung von Innovationsphänomenen einerseits und der Bedeutung von institutionellen Innovationen und Politikinnovationen als

Ergänzung zu technologischen Innovationen widmen. Mit räumlichen Aspekten von Innovationsprozessen befasst sich die Wirtschaftsgeographie. Hier werden Fragen der Bedeutung geographischer Distanz für die Innovationsintensität ebenso analysiert wie Fragen der Auswirkungen von Innovationen auf die Entwicklung von Regionen.

Eine neue Richtung in der Innovationsökonomie wurde 1982 von Freeman, Clark und Soete aufgeschlagen. Ihr Buch „Unemployment and Technical Change" führte einen systemischen Zugang in der Innovationsökonomie ein und schuf die Basis für die Konzepte und Heuristiken urbaner, regionaler, nationaler und sektoraler Innovationssysteme. Trotz verstärkter Globalisierung wirtschaftlichen Handelns sind deren Basisprozesse, nämlich die Produktion von Wissen, häufig lokalisiert. Dies begründet sich u. a. damit, dass sie nur im Kontext mit bestimmten Technologien, einschlägig qualifizierten und erfahrenen Beschäftigen und unter Produktionsbedingungen in einem spezifischen Unternehmen bzw. der Interaktion mit ausgewählten Forschungsorganisationen oder Universitäten realisiert werden können. Damit ist die *Wissensproduktion im Innovationsprozess in großem Ausmaß standortabhängig*. Konzeptionell führt dies dazu, dass nicht nur formelle und informelle Institutionen auf nationalstaatlicher Ebene, die die Begründung für Nationale Innovationssysteme sind (LUNDVALL 1992; NELSON 1993) die Wissensproduktion beeinflussen sondern zusätzlich so genannte Regionale Innovationssysteme (vgl. hierzu FRITSCH ET AL. 1998). Letztere erleichtern durch die geographische Nähe der Akteure nicht nur regelmäßige face-to face Kontakte, sondern schlagen sich auch in Konventionen nieder, die die Kommunikation wesentlich erleichtern können.

3   Netzwerke – Modelle für Regionale Innovationssysteme und konzeptioneller Rahmen für das Regionalmanagement

Die Heuristik regionaler Innovationssysteme beschreibt Innovationen als Ergebnis zahlreicher komplexer Interaktionen zwischen unterschiedlichen Akteuren (siehe z. B. LEITNER, WEBER, FRÖHLICH 2009). *Formal sind Netzwerke hervorragend geeignet, Innovationssysteme zu modellieren*. Netzwerke bestehen aus einer Anzahl von Knoten, die bei der Modellierung von Innovationssystemen selbstorganisierende Akteure darstellen. Diese Knoten sind durch Kanten miteinander verbunden, die für den Fall von Innovationssystemen nichttriviale Interaktionen zwischen den Akteuren beschreiben. Als Modell von Innovationssystemen sind Netzwerke gut geeignet, da sie es ermöglichen, Kooperationen von unterschiedlichen Partnern, die in der wissensbasierten Wirtschaft ein zentrales Phänomen darstellen, auch bei hoher Innovationsdynamik zu beschreiben (HELLER-SCHUH, PAIER 2009). In den neunziger Jahren starteten zahlreiche Untersuchungen, die sich mit Nationalen und Regionalen Innovationsnetzwerken befassten (siehe z. B. FISCHER, REVILLA DIEZ und SNICKARS 2001). Parallel dazu entstanden auch Arbeiten, die sich mit einer Weiterentwicklung der Heuristik von Innovationssystemen aus einer theoretischen Perspektive widmeten. Als Beispiel können hier Entwicklungen betrachtet werden, die sich mit Innovationssystemen aus der Perspektive komplexer Systeme auseinandersetzen (siehe z. B. FISCHER und FRÖHLICH 2001, FRÖHLICH, LEITNER und WEBER 2009).

Netzwerke stellen formal nicht nur ein ideales Bild für die Modellierung von Innovationssystemen dar, da sie ähnliche Eigenschaften wie komplexe Systeme aufweisen und ähnliche Entwicklungstrajektorien besitzen. Sie sind vor allem eine Koordinationsform wirtschaftlicher Transaktionen, die sich in ihrem speziellen sozial strukturierten Kontext deutlich von jener des Marktes und des Unternehmens unterscheiden. Netzwerke, als ein System von interdependenten Akteuren haben zahlreiche Vorteile für die Realisierung von Innovationen. Durch die wechselseitige Abhängigkeit der Akteure weisen Netzwerke eine höhere Stabilität als Markttransaktionen auf, während sie durch die Abwesenheit von hierarchischen Funktionsketten eine höhere Flexibilität als Unternehmen zeigen. Netzwerke können schneller als Unternehmen auf sich ändernde Umstände reagieren. Neben den Vorteilen in Bezug auf die Stabilität und die Flexibilität stellen Netzwerke zwischen Organisationen eine Möglichkeit zur Reduktion von Risiken und Kosten einzelner Akteure im Innovationsprozess dar (vgl. unter anderem POWELL, 1990; FRITSCH, 1992).

In der Literatur existiert eine Vielzahl von Ansätzen zur Erklärung von Netzwerken als eigene Koordinationsform. Einen bedeutenden Beitrag zur Beschreibung von Netzwerken liefert etwa die Transaktionskostentheorie (WILLIAMSON 1985), die annimmt, dass mit netzwerkartigen Strukturen interne und externe Transaktionskosten reduziert werden können[2]. FRITSCH (1992) konkretisiert das Potenzial von Netzwerken zur Reduktion von Transaktionskosten, insbesondere im Kontext von Innovationsprozessen. Netzwerke sind im Unterschied zu anderen Koordinationsformen durch „weiche" Beziehungen zwischen den Akteuren gekennzeichnet. Diese ergeben sich aus der Notwendigkeit einer höheren Flexibilität, da die Austauschbeziehungen in Netzwerken oft ex ante nur ungenau definierbar sind. Als zweiter Faktor für die Stabilität von Netzwerken wird die Redundanz genannt. Redundanz in einem Netzwerk bedeutet, dass den Akteuren für Transaktionen verschiedene Partner zur Verfügung stehen. Es handelt sich also um einen eingeschränkten Wettbewerb, der opportunistisches Verhalten einzelner Akteure im Hinblick auf ihre Reputation und zukünftige Transaktionen reduziert.

---

[2] Neben dem hier erwähnten Transaktionskostenansatz sind insbesondere der Ressourcenbasierte- (PENROSE 1959) und der Milieuorientierte Ansatz (POWELL 1990) zur Erklärung von Netzwerken von Bedeutung.

Für die FTI³- und Regionalpolitik sind Netzwerke auch ein sehr geeignetes Instrument für die Verbesserung der Performance von Nationalen und Regionalen Innovationssystemen (HELLER-SCHUH, PAIER 2009). Sie nützen die Potenziale der Selbstorganisationsprozesse der einzelnen Akteure ebenso wie die Möglichkeiten, Kreativität durch Kooperation von Akteuren mit z.T. komplementärem Wissen zu stimulieren und für die Diffusion von Erkenntnissen, die für Innovationen bedeutend sind zu sorgen. Ein wichtiges FTI-politisches Instrument für die Europäische Union im Technologiewettlauf mit Amerika und Asien sind beispielsweise die Europäischen Rahmenprogramme. Durch ihre Anforderung, dass europäische F&E-Förderungen im Wesentlichen nur für kooperative Forschung zwischen Akteuren aus unterschiedlichen Ländern gewährt werden, legt die Europäische Kommission F&E Netzwerke über Europa. Damit bewirkt sie, dass die nationalen Grenzen in Forschung und Entwicklung zunehmen an Bedeutung verlieren und stellt sicher, dass F&E-Kooperationen durch Bündelung geeigneter Kompetenzen und nicht beschränkt durch Ländergrenzen erfolgen.

In der Regionalentwicklung bildete sich in den letzten Jahren ebenfalls das Element der Kooperation heraus; dies führte dazu, dass *Regionalplanung der vergangenen Jahrzehnte durch Regionalmanagement ersetzt* oder *zumindest ergänzt* wurde. Ausschlaggebend für diese Entwicklung waren einerseits neue Aufgabenstellungen, die durch herkömmliche Ansätze der Hoheitsverwaltung nicht mehr zu bewältigen waren. Daher bedurfte es des Potenzials der unterschiedlichsten regionalen Akteure und deren Bündelung für die regionale Entwicklungsdynamik. Andererseits erzeugte die zunehmende Globalisierung von wirtschaftlichen Aktivitäten ebenso wie von Forschung und Entwicklung (DACHS 2009) den Bedarf, Regionen durch Konzentration ihrer Potenziale zu Wettbewerbsvorteilen gegenüber globalen Anbietern zu verhelfen. Dabei übernimmt das *Regionalmanagement eine Dienstleistungsfunktion als Ideengeber, Supervisor, Moderator und Promotor*. Es ist auf die Vernetzung von unterschiedlichsten Akteuren ausgerichtet und fungiert in Verbindung mit dem Projektmanagement auch umsetzungsorientiert (BÜHLER 2009).

Empirisch findet man, dass Regionalmanagement heute folgende Aufgaben wahrnimmt:

- Die Entwicklung von Visionen und Leitbildern,
- das Sammeln von Ideen,
- eine Impulsgeberfunktion,
- Verhandlung und (politische) Moderation,
- Koordination und Kooperation,
- Netzwerkbildung und Konfliktregelung.

---

3 FTI-Politik = Forschungs-, Technologie- und Innovationspolitik.

Eine wesentliche Voraussetzung für das Regionalmanagement ist damit die genaue Kenntnis der Potenziale der regionalen Akteure, Analysen der bestehenden Netzwerkstrukturen und eine Abschätzung der Dynamik der regionalen Entwicklung. Wenn es bei den Aufgaben des Regionalmanagement auch um die Frage geht, wie sich das regionale Innovationssystem weiterentwickelt bzw. dynamisiert werden kann, bedarf es der Analyse von Netzwerken, die für Innovationsprozesse bedeutend sind. Dies können einerseits Netzwerkanalysen zu Forschung und Entwicklung sein und andererseits Analysen der Struktur von Inventionsaktivitäten, d. h. Patentierungsnetzwerke.

4 Identifikation und Beschreibung von Netzwerkstruktur und -topologie von RP-Kooperationsnetzwerken und Ko-Patentierungsnetzwerken am Beispiel Österreich

Zur Illustration des Potentials von Netzwerkanalyse für ein modernes, innovationsorientiertes Regionalmanagement werden in diesem Beitrag real-weltliche F&E Netzwerke analysiert. Als Fallbeispiele werden F&E-Netzwerke von in Österreich ansässigen Organisationen herangezogen. Zum einen werden Netzwerke der präkompetitiven Forschung, zum anderen der kompetitiven Forschung analysiert. Die Identifikation von Netzwerken im Bereich der präkompetitiven Forschung erfolgt über die gemeinsame Beteiligung von in Österreich lokalisierten Organisationen an Projekten des fünften EU-Rahmenprogramms (RP5, 1998-2002). Kompetitive Forschungsnetzwerke werden mit Hilfe von Ko-Patentierungen gemessen. Ko-Patentierungen sind definiert als die gemeinsame Anmeldung (2000-2004) eines Patents von mindestens zwei unterschiedlichen Organisationen beim Europäischen Patentamt (EPA). Die Daten für RP5 stammen aus der sysres EUPRO-Datenbank des AIT, den Ko-Patentierungsnetzwerken liegen Daten der OECD REGPAT-Datenbank zugrunde.

Für die **Strukturanalyse von Netzwerken** werden graphentheoretische Kennzahlen herangezogen[4]. Ein Graph ist definiert als eine Menge von Knoten, im vorliegenden Fall Organisationen, und eine Menge von Kanten zwischen diesen Knoten, im vorliegenden Fall Kooperationen. Im Falle des RP-Kooperationsnetzwerks existiert zwischen zwei Knoten eine Kante, wenn die betreffenden Organisationen gemeinsam an einem RP5-Projekt teilgenommen haben. Im Ko-Patentierungsnetzwerk sind die Kanten zwischen den Knoten auf zwei Arten definiert: Erstens existiert eine Kante zwischen zwei Organisationen, wenn diese im Beobachtungszeitraum gemeinsam ein Patent beim EPA angemeldet haben. Zweitens werden jene Organisationen mit einer Kante verbunden, die im Beobachtungszeitraum mit demselben Erfinder zusammen Pa-

---

4 Eine formale Definition der verwendeten Maße findet sich in WASSERMAN und FAUST (1994) und BRANDES und ERLEBACH (2005).

tentanmeldungen vorgenommen haben. In beiden Fällen wird davon ausgegangen, dass zwischen den betreffenden Organisationen ein Informationsfluss stattgefunden hat.

Die *Größe der Netzwerke* wird in diesem Beitrag durch die Anzahl an Knoten (Organisationen) und die Anzahl an Kanten (Kooperationen) gemessen. Zur Messung der *Kohäsion und Verbundenheit* werden Netzwerkdichte, Clustering-Koeffizient und durchschnittliche Distanz berechnet (vgl. Wassermann und Faust 1994 zur genauen Definition). Neben den Maßzahlen für die Kohäsion in einem Netzwerk bilden *Zentralitätsmaße* eine wichtige Gruppe von Kennzahlen. Die Zentralität ist in diesem Beitrag als die Anzahl der Verbindungen eines Knotens zu anderen Knoten definiert[5]. Knoten, also im vorliegenden Fall Organisationen, mit einer hohen Zentralität sind für die Verbreitung von Informationen in einem Netzwerk von Bedeutung, da sie mit einer hohen Anzahl an Akteuren direkt kommunizieren kann (vgl. beispielsweise SCOTT 2000, WASSERMAN und FAUST 1994). Die Zentralisierung des gesamten Netzwerks gibt schließlich Aufschluss darüber, wie stark ein Netzwerk auf einzelne zentrale Knoten konzentriert ist. Dieser Beitrag verwendet einen Zentralisierungsindex, der die relative Zentralität des zentralsten Akteurs im Verhältnis zur durchschnittlichen Zentralität aller Akteure ausdrückt (vgl. WASSERMANN und FAUST 1994).

Tabelle 1 fasst ausgewählte Kennzahlen für die Beschreibung der Größe und Fragmentierung des RP- Kooperations- und des Ko-Patentierungsnetzwerks in Österreich zusammen. Die Ergebnisse verdeutlichen Unterschiede hinsichtlich der Größe der beiden Netzwerke. Während im RP-Kooperationsnetzwerk insgesamt 395 Akteure vorhanden sind, ist die Anzahl im Ko-Patentierungsnetzwerk mit 1018 Akteuren deutlich höher. Im Verhältnis zu den vorhandenen Knoten weist das Ko-Patentierungsnetzwerk deutlich weniger Kanten als das RP-Kooperationsnetzwerk auf. Es kann also für das RP-Kooperationsnetzwerk eine höhere Netzwerkdichte festgestellt werden. Diese Differenz in der Verbundenheit der Akteure in den beiden Netzwerken wird auch aus dem Vergleich der Anzahl der Akteure in der Hauptkomponente deutlich. Die Hauptkomponente ist das hinsichtlich der Anzahl der Akteure größte Subnetzwerk eines Gesamtnetzwerks. Beide Netzwerke weisen eine etwa gleich große Hauptkomponente von 280 bzw. 281 Knoten auf. Im RP-Kooperationsnetzwerk sind somit etwa 71 % der Akteure entweder direkt oder indirekt miteinander verbunden, während es im Ko-Patentierungsnetzwerk nur etwa 27 % sind.

---

[5] Diese Definition wird in der Literatur als Grad basierte Zentralität bezeichnet. Andere Zentralitätsmaße wären die Intermediärs-, die Nähe basierte- oder die Eigenvektor-Zentralität (vgl. WASSERMAN und FAUST 1994).

	RP-Kooperationen	Ko-Patentierungen
Gesamtnetzwerk		
Anzahl der Knoten (Akteure)	395	1018
Anzahl der Kanten (Kooperationen)	746	973
Anzahl der Komponenten	47	294
Hauptkomponente		
Anzahl der Knoten (Akteure)	280	281
Anzahl der Knoten in % der Gesamtanzahl	70,89	27,60
Anzahl der Kanten (Kooperationen)	649	413
Anzahl der Kanten in % der Gesamtanzahl	87,00	42,45

Tabelle 1: Kennzahlen zur Bestimmung der Größe und Fragmentierung des RP-Kooperations- und des Ko-Patentierungsnetzwerks, Quelle: Eigene Berechnung, Daten: REGPAT (OECD) und sysres EUPRO (AIT); RP = 5. Rahmenprogramm der EU

Weiters sind im RP-Kooperationsnetzwerk insgesamt deutlich weniger Komponenten enthalten als im Ko-Patentierungsnetzwerk. Durchschnittlich sind im präkompetitiven Netzwerk acht Akteure in einer Komponente, im Ko-Patentierungsnetzwerk nur dreieinhalb. Letzteres weist also eine deutlich höhere Fragmentierung auf, d. h. das Potenzial für die Verbreitung von Information über eine hohe Anzahl der teilnehmenden Akteure ist deutlich geringer als im RP-Kooperationsnetzwerk. Dies unterstützt die Annahme aus diversen theoretischen Literaturbeiträgen, dass im kompetitiven Bereich eine niedrigere Interaktion zwischen den Akteuren gegeben ist als in der vorwettbewerblichen Phase.

Tabelle 2 enthält wesentliche Kennzahlen zur Erfassung der *Kohäsion in beiden Netzwerken*. Eine wichtige Kennzahl in Bezug auf die lokale Dichte ist der Clustering Koeffizient. Netzwerke mit einem hohen Clustering-Koeffizienten werden in der Literatur als cliquish bezeichnet. Dies beschreibt das Phänomen, dass sich in einem Netzwerk Subgruppen (Cliquen) bilden, deren Akteure eine hohe Interaktion untereinander aufweisen. Innerhalb dieser Cliquen ist von einer starken Interaktion auszugehen, während die Interaktion zu anderen Akteuren geringer ist. Der Clustering-Koeffizient nimmt für beide Netzwerke einen vergleichsweise hohen Wert an. Dies bedeutet, dass in den betrachteten Netzwerken eine ausgeprägte Cliquenstruktur vorliegt, d. h. es gibt eine Vielzahl von Cliquen, die untereinander zahlreiche Verbindungen, jedoch weniger Verbindungen zu anderen Akteuren aufweisen. Diese Struktur ist für die Interpretation des Informationsflusses in einem Netzwerk von Bedeutung. In Netzwerken mit einer ausgeprägten Cliquenstruktur kann von einem intensiven Informationsfluss innerhalb der Cliquen, jedoch von einem geringen Informationsfluss zwischen den Cliquen ausgegangen werden (vgl. z. B: ROEDIGER-SCHLUA und BARBER, 2006).

Kennzahlen	RP-Kooperationen	Ko-Patentierungen
Clustering-Koeffizient	0,815	0,726
Durchschnittliche Distanz (Hauptkomponente)	3,466	6,084
Mittelwert der Zentralitäten	4,582	2,666
Variationskoeffizient[6]	1,697	1,477
Zentralisationsindex	15,36 %	0,33 %

Tabelle 2: Kennzahlen für die Kohäsion und die Zentralisierung des RP-Kooperations- und des Ko-Patentierungsnetzwerks für ganz Österreich, Quelle: REGPAT (OECD) und sysres EUPRO (AIT), eigene Berechnung; RP = 5. Rahmenprogramm der EU

Die durchschnittliche Distanz ist im RP-Kooperationsnetzwerk deutlich geringer als im Ko-Patentierungsnetzwerk. Die durchschnittliche Distanz beschreibt die durchschnittliche Anzahl der Akteure, die zwischen einem beliebigen Paar von Akteuren in einem Netzwerk lokalisiert sind. Je kürzer die durchschnittliche Distanz, umso schneller kann Information in einem Netzwerk verteilt werden. Netzwerke, die eine geringe durchschnittliche Distanz und einen hohen Clustering-Koeffizienten aufweisen, werden in der Literatur als *small-world-Netzwerke* bezeichnet (vgl. WATTS und STROGATZ, 1998 BRINKMEIER und SCHANK, 2005; BAUMANN und STILLER, 2005). *Die Kombination aus einer hohen Interaktion innerhalb von Cliquen und einer kurzen durchschnittlichen Distanz wird als Potenzial für eine effiziente Verteilung von Information innerhalb eines Netzwerks interpretiert* (vgl. z. B. BRESCHI und CUSMANO, 2004). Für die betrachteten Netzwerke kann festgestellt werden, dass beide eine *small-world-Struktur* aufweisen, die jedoch im RP-Kooperationsnetzwerk aufgrund der signifikant niedrigeren durchschnittlichen Distanz deutlich stärker ausgeprägt ist (vgl. Tab. 2).

Auch hinsichtlich der durchschnittlichen Anzahl an Kooperationen jedes Akteurs in beiden Netzwerken zeigen sich deutliche Unterschiede. Im RP-Kooperationsnetzwerk ist der Mittelwert der Kooperationen (Mittelwert der Zentralitäten der Akteure) deutlich höher im Ko-Patentierungsnetzwerk, jedoch wird für beide eine hohe Varianz festgestellt. Daraus kann ge-

---

6 Der Variationskoeffizient ist der Quotient aus der Standardabweichung und dem Mittelwert

schlossen werden, dass eine relativ hohe Ungleichverteilung der Akteure im Hinblick auf ihre Interaktionsintensität vorliegt. Die relative Streuung um den Mittelwert ist – gemessen anhand des Variationskoeffizienten – im RP-Kooperationsnetzwerk größer als im Ko-Patentierungsnetzwerk.

Eine deutlichere Aussage hinsichtlich der *Konzentration der Netzwerke auf einzelne Akteure* kann *mit Zentralisationsindizes* getroffen werden. Im RP-Kooperationsnetzwerk kann eine deutliche höhere Konzentration des Netzwerks auf einige zentrale Akteure festgestellt werden (vgl. Tab. 2). Es existieren demnach mehr Akteure, die eine deutlich höhere Anzahl an Kooperationen und eine geringere Distanz zu anderen Akteuren aufweisen als die übrigen. Diese Akteure nehmen eine besonders wichtige Rolle als Intermediäre im RP-Kooperationsnetzwerk ein und haben ein hohes Potenzial für die Kontrolle von Informationsflüssen zwischen anderen Akteuren.

Abbildung 1 visualisiert das RP-Kooperations- und das Ko-Patentierungsnetzwerk in Österreich nach dem Kamada-Kawei Algorithmus[7]. Die Knoten des Netzwerks stellen Organisationen, die Kanten Kooperationen zwischen den Organisationen dar. Die Größe der Knoten ist proportional zur Anzahl an Kooperationen der jeweiligen Organisation, wobei alle rot dargestellten Knoten miteinander verbunden sind (Hauptkomponente), während grau dargestellte Knoten Teile einzelner unverbundener Gruppen sind.

Die Visualisierung verdeutlicht klar die erheblichen Unterschiede in den Strukturen der betrachteten Netzwerke. Während im RP-Kooperationsnetzwerk (Abb. 1A) der Großteil der Akteure miteinander verbunden ist, zeigt sich das Ko-Patentierungsnetzwerk (Abb. 1B) deutlich fragmentierter. Weiters ist für beide Netzwerke ein wesentlicher Unterschied der einzelnen Akteure in der Anzahl ihrer Kooperationen ersichtlich.

---

[7] Kamada Kawei ist ein Algorithmus zur Anordnung von Knoten im Raum (vgl. BATAGELJ und MRVAR, 2002)

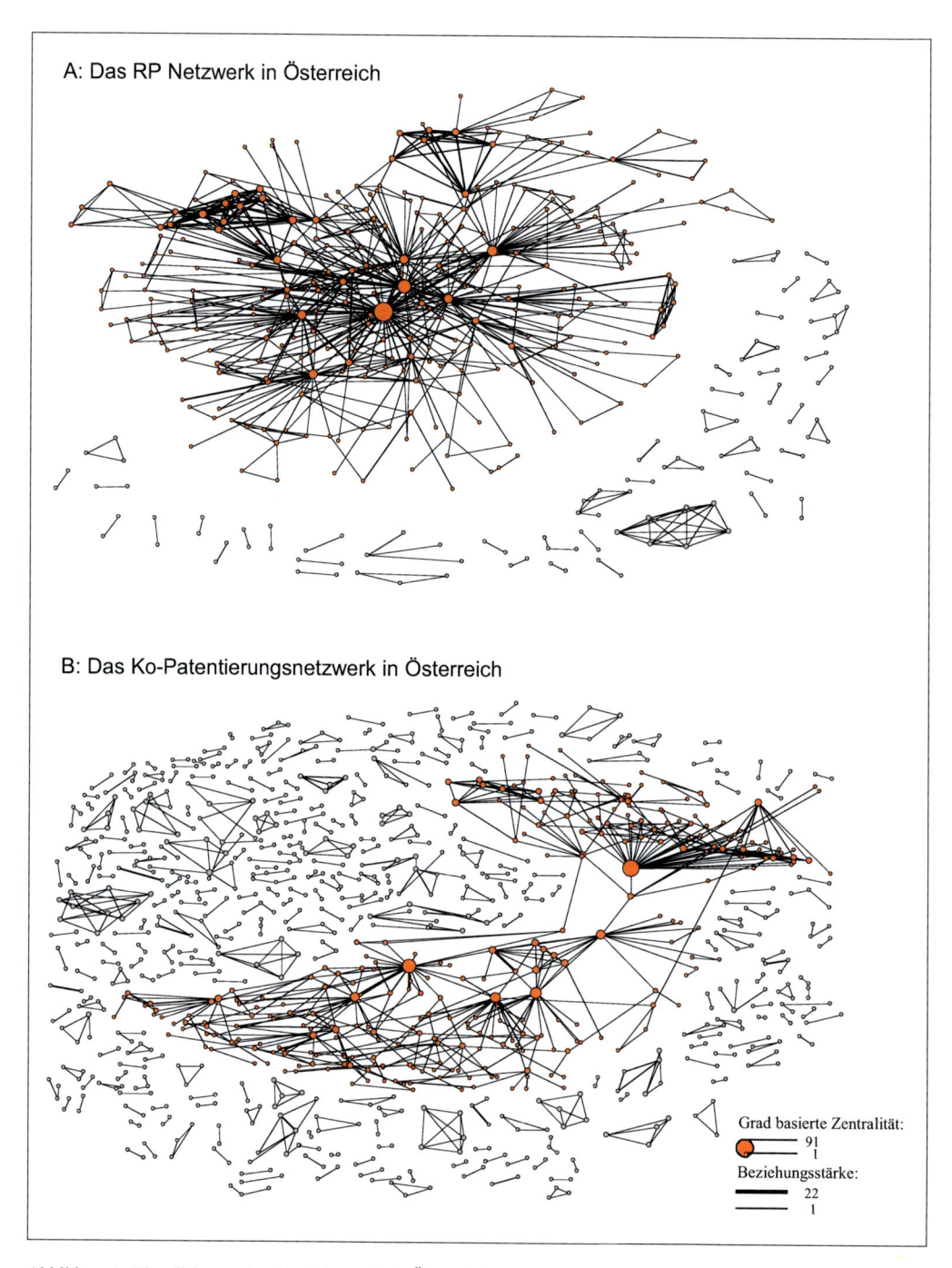

Abbildung 1: Visualisierung der F&E-Netzwerk in Österreich, Quelle: REGPAT (OECD) und sysres EUPRO (AIT), eigene Darstellung, Visualisierung: Kamada Kawei

A: Räumliche Verteilung des RP-Kooperationsnetzwerks

B: Räumliche Verteilung des Ko-Patentierungsnetzwerks

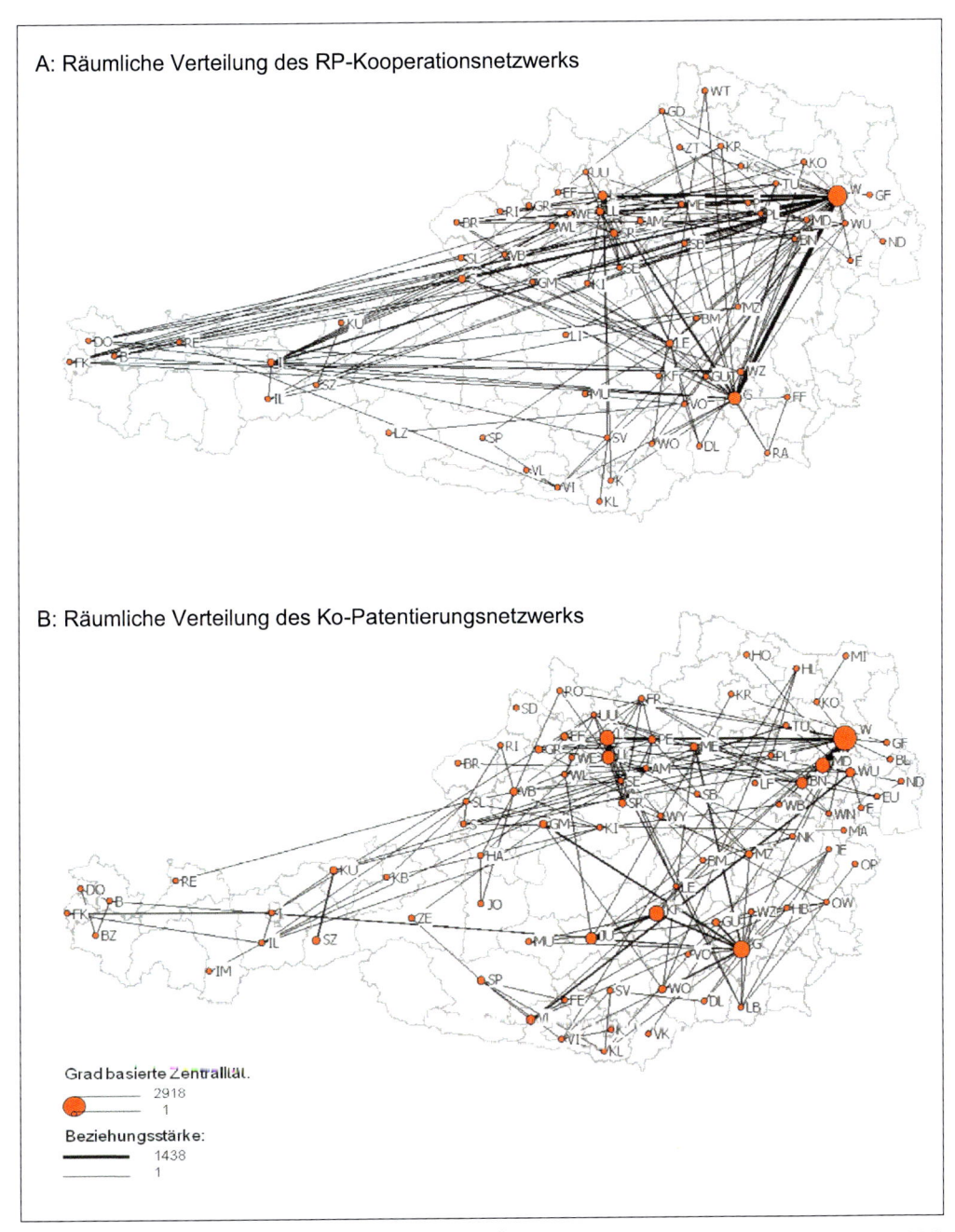

Grad basierte Zentralität:
2918
1

Beziehungsstärke:
1438
1

Abbildung 2: Räumliche Verteilung der F&E-Netzwerke in Österreich, Quelle: REGPAT (OECD) und sysres EUPRO (AIT), eigene Darstellung

Abbildung 2 visualisiert die F&E-Netzwerke in Österreich gemäß ihrer räumlichen Lokalisierung. Dafür werden die Organisationen auf die Ebene der österreichischen politischen Bezirke aggregiert. Die Knoten des Netzwerks stellen demnach die Summe der in dem jeweiligen Bezirk lokalisierten Organisationen dar, die Kanten die Kooperationen zwischen Organisationen aus den jeweiligen Bezirken. Die Größe der Knoten ist wiederum durch die Zentralität (Anzahl der Kooperationen), die Stärke der Kanten durch die Anzahl der Kooperationen zwischen den jeweiligen Bezirken bestimmt. Das RP-Kooperationsnetzwerk weist eine deutlich höhere Verbundenheit der österreichischen politischen Bezirke auf. Vor allem zwischen weiter entfernten Bezirken finden im Ko-Patentierungsnetzwerk deutlich weniger Interaktionen statt. So zeigt sich auch, dass *im Ko-Patentierungsnetzwerk kaum Kooperationen zwischen ost- und westösterreichischen Bezirken stattfinden*. Im RP-Kooperationsnetzwerk spielen insbesondere Kooperationen zwischen einzelnen Landeshauptstädten (vor allem Wien, Graz und Linz) eine wichtige Rolle. Die Interaktion zwischen Ballungszentren ist hingegen im Ko-Patentierungsnetzwerk relativ gering. Die stärksten Kooperationen finden hier zwischen Landeshauptstädten und ihren umliegenden Bezirken statt. *In diesem Zusammenhang sind Universitäten von zentraler Bedeutung. Im RP-Kooperationsnetzwerk nimmt dieser Organisationstyp eine sehr zentrale Rolle ein.*

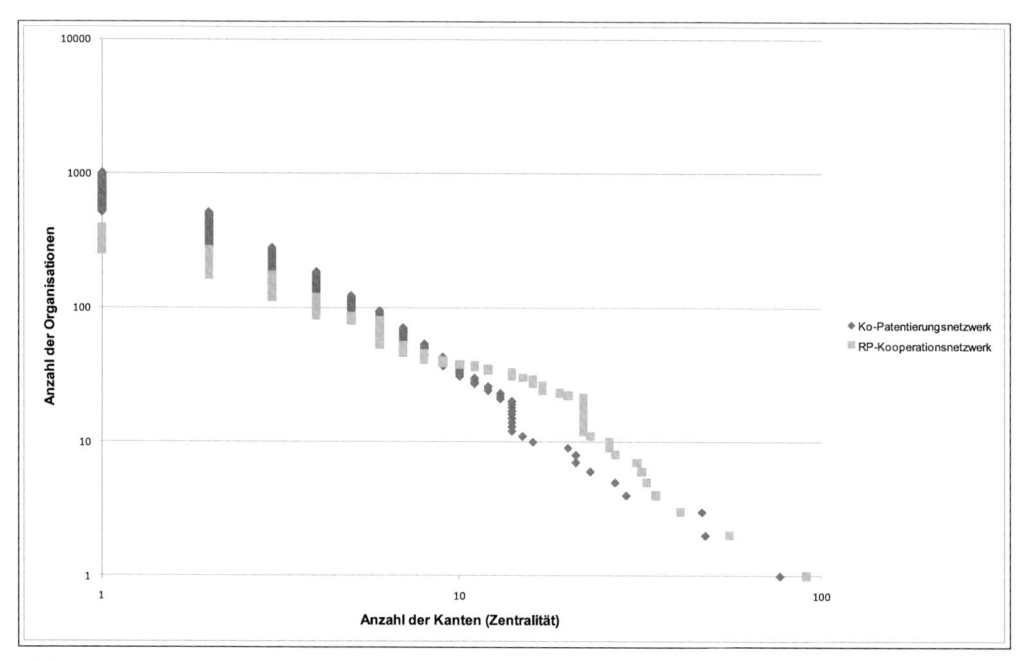

Abbildung 3: Zentralitätsverteilung der F&E-Netzwerke im Vergleich, Quelle: REGPAT (OECD) und sysres EUPRO (AIT), eigene Berechnungen

Abbildung 3 vergleicht die Verteilung der Zentralitäten in beiden Netzwerken. Es ist ersichtlich, dass in beiden Netzwerken eine hohe Anzahl von Organisationen mit einer geringen Zentralität und eine sehr geringe Anzahl von Organisationen mit einer hohen Zentralität existieren.

Diese schiefe Verteilung der Zentralitäten kann für zahlreiche *real world* Netzwerke festgestellt werden (vgl. ROEDIGER-SCHLUGA und BARBER, 2006). In beiden Netzwerken ist ein Bruch in der Verteilung der Zentralitäten zu erkennen. Für das Ko-Patentierungsnetzwerk liegt dieser bei einer Zentralität von 14. Jene Organisationen, welche eine höhere Zentralität aufweisen, sind große privatwirtschaftliche Unternehmen. Im RP-Kooperationsnetzwerk sind unter den Organisationen, die über diesem Bruch bei einer Zentralität von 22 liegen, hauptsächlich Universitäten und außeruniversitäre Forschungseinrichtungen angesiedelt.

5 Resümee

Die Koordination und Stimulation von Netzwerkstrukturen ist essentieller Bestandteil eines modernen, innovationsorientierten Regionalmanagements. Hierfür ist die Analyse von bestehenden Netzwerken und der Netzwerkdynamik von Regionen von zentraler Bedeutung. Dieser Beitrag illustriert das Potential von Netzwerkanalysen zur Identifikation, Beschreibung und Analyse von F&E intra- und interregionalen F&E Netzwerken. Es werden F&E-Netzwerke in Österreich anhand von zwei verschiedenen Datenbanken analysiert: RP-Kooperationsnetzwerke aus dem präkompetitiven Bereich, gemessen an der Beteiligung von Organisationen am fünften Rahmenprogramm (RP5) der EU, und Ko-Patentierungsnetzwerke von in Österreich lokalisierten Organisationen. Die beiden Netzwerke werden hinsichtlich ihrer Netzwerkstruktur, Netzwerktopologie und räumlichen Verteilung analysiert und visualisiert.

Die Ergebnisse der empirischen Analyse zeigen deutliche Unterschiede der Netzwerke in den betrachteten Analysedimensionen. Im RP-Kooperationsnetzwerk weisen die Akteure eine deutlich höhere Verbundenheit und geringere Distanzen zueinander auf als im Ko-Patentierungsnetzwerk. Dies impliziert ein höheres Potential zur Verbreitung von Informationen im RP-Kooperationsnetzwerk. Die Konzentration des Netzwerks auf einzelne, sehr zentrale Akteure ist im RP-Kooperationsnetzwerk deutlich höher als im Ko-Patentierungsnetzwerk. Deutliche Unterschiede zeigen sich zudem in der Zentralität verschiedener Organisationstypen. Die *zentralsten Akteure im RP-Kooperationsnetzwerk sind Universitäten* und *außeruniversitäre Forschungseinrichtungen, während im Ko-Patentierungsnetzwerk große privatwirtschaftliche Unternehmen eine bedeutende Rolle spielen.*

Im Hinblick auf ein modernes, innovationsorientiertes *Regionalmanagement* verdeutlicht die Studie das Potential von Netzwerkanalysen und Netzwerkvisualisierungen. Systematische Kenntnisse von Eigenschaften und Struktur der regionsinternen sowie regionsexternen Vernetzung sind für das Regionalmanagment von essentieller Bedeutung. Dies kann untermauert werden, indem man modernes Regionalmanagment, welches Netzwerkanalyse verwendet, als dreistufigen Prozess betrachtet:

i) Die empirische Analyse, Beschreibung und Visualisierung der aktuellen internen und externen Vernetzung der Akteure des regionalen Innovationssystems ist der Ausgangspunkt, um einerseits die Vernetzungsstruktur der Akteure innerhalb der Region zu beschreiben und andererseits die Netzwerkposition der Region im überregionalen, internationalen Netzwerk zu erkennen. Damit können Stärken und Schwächen in verschiedenen Themenfeldern, etwa hinsichtlich der Netzwerkstruktur und der Netzwerkposition der Region, identifiziert werden.

ii) Diese Analyse der Ist-Situation wird als Diskussionsgrundlage für die Entwicklung gemeinsamer Vorstellungen der Akteure des regionalen Innovationssytems über die längerfristige Perspektive und/oder ein Leitbild der Region – etwa im Rahmen eines regionalen Foresight Prozesses – verwendet. Ergebnis eines solchen Prozesses ist einerseits ein gemeinsam entwickeltes Dokument, welches von den regionalen Akteuren getragen wird. Da in regionale Foresightprozesse die unterschiedlichsten Stakeholder einbezogen werden, bieten derartige Prozesse andererseits die Möglichkeit, regionale Innovationssysteme zu orientieren. Dies ist u. a. dadurch erzielbar, indem die beteiligten Akteure im Rahmen ihrer Selbstorganisationsprozesse prioritär Handlungen setzen, deren Ausrichtung auf dem gemeinsam erlebten regionalen Foresightprozess fußt und damit einen wichtigen Beitrag zur Orientierung der komplexen Innovationssysteme leisten.

iii) Aus der Analyse der Netzwerkstruktur sowie als Ergebnis des gemeinsamen Diskussionsprozesses können entsprechende Initiativen und technologiepolitische Maßnahmen formuliert werden. Es ist festzuhalten, dass diese die Netzwerkdynamik, d. h. die Weiterentwicklung der Netzwerkstruktur innerhalb und außerhalb der Region, signifikant beeinflussen können. Daher sollten solche Interventionen bestimmte Eigenschaften aufweisen, um auf die Netzwerkstruktur positiv hinsichtlich Wissens- und Informationsdiffusion unter Berücksichtigung der Selbstorganisation der Akteure ein zu wirken. Diese Eigenschaften umfassen Vertrauen, Reliabilität und Nachhaltigkeit: Vertrauensbildende Maßnahmen unterstützen aus der Perspektive der Intervention die Kooperation der Akteure versus Wettbewerb zwischen den Akteuren und reduzieren opportunistisches Verhalten. Das Prinzip der Relabilität und Nachhaltigkeit ist zu beachten, um die Bildung stabiler und längerfristig effizienter Netzwerkstrukturen zu unterstützen.

Ausblickend ist festzustellen, dass weiterführende, neuere Methoden aus der statistischen Physik sowie aus der Ökonometrie für die Analyse von Netzwerken im Kontext eines modernen Regionalmanagment sehr hilfreich sein könnten. In diesem Zusammenhang kann man etwa die Identifikation von relevanten Substrukturen innerhalb eines Netzwerks, so genannten Netzwerkcommunities, nennen (vgl. BARBER, FISCHER und SCHERNGELL 2010), sowie die Identifikation und Messung von Determinanten der interorganisationalen Partnerwahl in einem Netzwerk (vgl. PAIER und SCHERNGELL 2010).

Literatur

[Barber M, Fischer MM und Scherngell T (2010)] The community structure of R&D cooperation in Europe. Evidence from a social network perspective. 50th Congress of the European Regional Science Association, 19-23 August, University of Jönköping (Schweden), 2010

[Baumann N und Stiller S (2005)] Network Models. In Brandes U und Erlebach T (eds.) Network Analysis. Methodological Foundations, S. 341-372. Springer, Berlin, Heidelberg und New York

[Batagelj V und Mrvar A (2002)] Pajek— Analysis and Visualization of Large Networks. Springer, Heidelberg und New York

[Brandes U und Erlebach T (eds.) (2005)] Network Analysis. Methodological Foundations, Springer, Berlin, Heidelberg und New York

[Brinkmeier M und Schank T (2005)] Network Statistics. In Brandes U und Erlebach T (eds.) Network Analysis. Methodological Foundations, S. 293-316. Springer, Berlin, Heidelberg und New York

[Breschi S und Cusmano L (2004)] Unveiling the texture of a European Research Area: Emergence of oligarchic networks under EU Framework Programmes. International Journal of Technology Management 27(8), 747-772

[Bühler J (2009)] Aktives privates Kapital für die Regionen erschließen: Instrumente und Beispiele. Neue Strategien in der Regionalentwicklung; Euregia-Verlag, Aulendorf, 2. Auflage, ISBN 978-3-939361-03-9

[Cooke, P, Heidenreich, M und Braczyk, J-H (eds.) (2004)] Regional Innovation Systems. 2nd edition. The Role of Governance in a Globalized World. London, Routledge

[Fischer, M M, Scherngell, T und Reismann, M (2009)] Knowledge spillovers and total factor productivity: Evidence Using a Spatial Panel Data Model, Geographical Analysis 41, 204-220

[Fischer M M, Fröhlich J (2007)] Knowledge, Complexity and Innovation Systems, Advances in Spatial Sciences, Springer-Verlag GmbH, Berlin Heidelberg.

[Fischer M M, Revilla Diez J und Snickars F (2001)] Metropolitan Innovation Systems: Theory and Evidence from Three European Metropolitan Regions in Europe. Berlin, Heidelberg und New York, Springer

[Freeman Ch, Clark J and Soete Luc G (1982)] Unemployment and Technical Innovation: A Study of Long Waves and Economic Development, Pinter, London.

[Fritsch M (1992)] Unternehmens-„Netzwerke" im Lichte der Institutionenökonomik. In Boettcher E, Herder-Dornreich P, Schenk KE und Schmidtchen D (eds.) Jahrbuch für Neue Politische Ökonomie S. 89-103. Mohr, Tübingen

[Fritsch M, Koschatzky K, Schätzl L und Sternberg R (1998)] Regionale Innovationspotentiale und innovative Netzwerke, Raumforschung und Raumordnung 56, 243-254

[Fröhlich J, Leitner K-H und Weber M (2009)] Neue Herausforderungen für die österreichische FTI-Politik aus der Perspektive der Komplexitätsforschung, in Leitner K-H, Weber M, Fröhlich J (Eds.) Innovationsforschung und Technologiepolitik in Österreich – Neue Perspektiven und Gestaltungsmöglichkeiten, Studienverlag, Innsbruck-Wien-Bozen, S 273-294

[Gaertler M (2005)] Clustering. In Brandes U und Erlebach T (eds.) Network Analysis. Methodological Foundations, S.178-215 Springer, Berlin, Heidelberg und New York

[Heller-Schuh B, Paier M (2009)] Regional – national – europäisch: Wiener F&E-Netzwerke aus der Mehr-Ebenen-Perspektive, in Leitner K-H, Weber M, Fröhlich J (Eds.) Innovationsforschung und Technologiepolitik in Österreich – Neue Perspektiven und Gestaltungsmöglichkeiten, Studienverlag, Innsbruck-Wien-Bozen, S 154-179

[Lagendijk, A (2001)] Scaling knowledge production: How significant is the region. In Fischer, M.M. und Fröhlich, J. (eds.): Knowledge, Complexity and Innovation Systems, Berlin, Heidelberg und New York, Springer, S. 79-100

[Leitner K-H, Weber M, Fröhlich J (2009)] Innovationsforschung und Technologiepolitik in Österreich – Neue Perspektiven und Gestaltungsmöglichkeiten, Studienverlag, Innsbruck-Wien-Bozen

[Lundvall, B.-Å. (1992)] National Systems of Innovation: Towards a Theory of Innovation and Interactive Learning. London, Pinter

[Krugman, P (1991)] Geography and Trade. Cambridge [MA], MIT Press

[Maskell, P und Malmberg, A (1999)] Localised learning and industrial competitiveness, Cambridge Journal of Economics 23, 167-186

[Nelson, R R (1993)] National Innovation Systems: A Comparative Analysis. Oxford, Oxford University Press

[Paier M and Scherngell T (2010)] Determinants of collaboration in European R&D networks: Empirical evidence from a discrete choice model. Industry and Innovation [forthcoming]

[Powell W (1990)] Neither market nor hierarchy: Network forms of organization. Research in Organizational Behavior 12, 295-336

[Penrose, ET (1959)] The Theory of the Growth of the Firm. Oxford: Oxford University Press.

[Roediger-Schluga T und Barber M (2006)] The structure of R&D collaboration networks in the European Framework Programmes, Unu-MERIT working paper series 2006-36, Maastricht

[Scherngell, T. (2007)] Interregionale Wissensspillovers in der europäischen High-Tech Industrie. Eine empirische Analyse. Wiesbaden, Deutscher Universitätsverlag

[Scherngell T, Barber M J (2009)] Spatial interaction modelling of cross-region R&D collaborations. Empirical evidence from the 5th EU Framework Programme. Papers in Regional Science, 88:531–546

[Schumpeter J (1934)] The Theory of Economic Development, Harvard University Press, Cambridge Mass..

[Schumpeter J (1943)] Capitalism, Socialism and Democracy, Harper, New York.

[Scott J (2000)] Social Network Analysis. 2. Auflage, Sage Publications, London

[Siebert H (1990)] Technologische Entwicklung und Vorproduktbeschaffung. Lang, Frankfurt am Main

[Wasserman S und Faust K (1994)] Social Network Analysis: Methods and Applications. Cambridge University Press, Cambridge

[Watts DJ und Strogatz SH (1998)] Collective dynamics of 'small-world' networks. Nature 393, 440-42.

[Williamson O (1985)] The Economic Institutions of Capitalism: Firms, Markets, Relational Contracting. Free Press, New York

Fröhlich, Josef
Prof. Dr. habil.

Josef Fröhlich (geboren 1952) ist Leiter des Departments Foresight & Policy Development und Gesamtprokurist der AIT Austrian Institute of Technology GmbH. Er studierte Physik und Mathematik an der Universität Graz, promovierte 1977 und habilitierte sich 1986 für theoretische Physik. 2007 wurde ihm von der Wirtschaftsuniversität Wien die Honorarprofessur für Wirtschaftsgeographie verliehen.

Er hält Vorlesungen an in- und ausländischen Universitäten und hat Aufsichtsrats- und Beiratsfunktionen in Forschungs- und Weiterbildungsorganisationen in Österreich und Deutschland inne. Seine derzeitigen Forschungsschwerpunkte liegen in der Innovationsökonomie, und der Analyse und Transformation komplexer Systeme und Managementwissenschaften. In den letzten 20 Jahren hat er in zahlreichen Forschungsprojekten für Politik und Wirtschaft gearbeitet, die sich unter anderem mit der Erstellung von wissenschaftlichen Gutachten, der Entwicklung von Strategien, Instrumenten und Programmen für die Österreichische und Europäische Forschungs- Technologie- und Innovationspolitik und dem Forschungs- und Innovationsmanagement befassen.

Er ist Mitglied des Wissenschaftlichen Beirats des promotionsbegleitenden Weiterbildungsangebots des EIPOS – Akademisches Europa-Seminar (AES).

Piber, Philipp
Mag.

Philipp Piber (geb. 13.03.1985) ist Universitätsassistent am Institut für Außenwirtschaft und Entwicklung an der Wirtschaftsuniversität (WU) Wien. Er studierte Volkswirtschaft in Wien mit einer Spezialisierung auf Wirtschaft und Raum. Mit seiner Diplomarbeit, die er am Austrian Institute of Technology (AIT) im Rahmen des Innovation Economics Vienna (IEV) erstellte, legte er seinen inhaltlichen Schwerpunkt auf Innovationsforschung. Seit 2010 promoviert er im Fach Volkswirtschaftspolitik an der WU Wien. Seine Forschungsschwerpunkte liegen im Bereich regionaler Auswirkungen des Außenhandels. Der Fokus wird dabei auf Agglomerationsprozesse, Innovationsökonomie und regionale Arbeitsmärkte gelegt.

Scherngell, Thomas
Dr.

Thomas Scherngell (geb. 26.02.1976) ist ausgebildeter Wirtschaftsgeograph (Doktorat, Universität Wien) mit Spezialisierung im Bereich der räumlichen Innovationsforschung sowie der räumlichen Datenanalyse und Modellierung. Er ist seit Dezember 2007 Wissenschaftler im Foresight & Policy Development Department des Austrian Institute of Technology (AIT). Davor war Thomas Scherngell Universitätsassistent am Institut für Wirtschaftsgeographie und Geoinformatik an der Wirtschaftsuniversität Wien (2002-2007). Sein Forschungsschwerpunkt in den letzten Jahren war die Messung und Modellierung der geographischen Dimension von Innovations- und Wissensnetzwerken, mit speziellem Fokus auf die Erforschung von Wissensflüssen und F&E Kollaborationen zwischen europäischen Regionen mit Methoden der räumlichen Interaktionsmodellierung. In diesem Kontext hat Thomas Scherngell auch den Zusammenhang von Wissensproduktion, Wissensflüssen und ökonomischer Produktivität von europäischen Regionen mit Hilfe von neuen räumlich-ökonometrischen Methoden analysiert. Seine Forschungsarbeiten sind in internationalen wissenschaftlichen Journalen publiziert.

Worauf sich Regionalmanagement (RM) in den nächsten Jahren einstellen sollte[1]

Dietrich Fürst

1 Prognosen über die nächsten Jahre sind nicht frei von Problemen:

Sie unterliegen einem Ideologieverdacht, weil derjenige, der solche Prognosen anstellt, bestimmte Wertvorstellungen und Entwicklungsszenarien „hermeneutisch" zugrunde legt: Keiner, der Prognosen anstellt und sich nicht nur auf Computer-Modelle verlässt, ist frei von subjektiven Einflüssen, und seien es nur unterschiedliche Pessimismus-/Optimismus-Einstellungen. Zudem werden Zukunftsaussagen meist durch Erfahrungen aus der Vergangenheit geprägt, wobei vor allem aktuelle Änderungen, die gegenwärtig als gravierend gelten, auch für die Zukunft als bestimmend angenommen werden. Schließlich werden Prognosen durch den „Zeitgeist" beeinflusst. Deshalb sind die folgenden Aussagen mit entsprechender Vorsicht zu würdigen.

2 Die wichtigsten Trends, welche die Zukunft der Regionalmanager bestimmen werden, sind materieller, institutioneller und kognitiv-normativer Art

Über Trends, welche die Raumstrukturen und regionalen Handlungsperspektiven bestimmen, ist in den Raumwissenschaften in den letzten Jahren viel diskutiert worden. Auf die umfangreiche Literatur kann hier nur verwiesen werden (vgl. FÜRST/MÄDING 2010). In Kurzform handelt es sich um Folgendes:

---

[1] Erweiterte Fassung des am 28. 05. 2010 auf dem gemeinsamen „Regionalmanagertag" der Hochschule für Nachhaltige Entwicklung Eberswalde (FH) und EIPOS e. V. gehaltenen Vortrags.

Die materiellen Trends (*im sozialen Bereich*: demographischer Wandel, *im wirtschaftlichen Bereich*: Globalisierung, Wissensgesellschaft, wachsende Disparitäten/ regionale Ungleichgewichte, *im ökologischen Bereich*: Klimafolge-Effekte) sind in der Literatur hinreichend besprochen worden. Hier kommt es auf die Auswirkungen auf RM an:

– Zwischen den Regionen wird es eine wachsende Differenzierung zwischen denen geben, die mit der Globalisierung, Wissensgesellschaft und dem technischen Fortschritt mithalten können, und denen, die dahinter zurückfallen. Das bedeutet: Strukturpolitik wird in Zukunft wichtiger, aber mit starker Abstützung auf „endogene Entwicklungsstrategien" (Thierstein 2009). Das heißt aber auch: Regionen, die sich nicht selbst organisieren und sich strategisch verhalten, fallen schneller als früher in den *circulus vitiosus* der zunehmenden „Peripherisierung", d. h. Abkoppelung von der Entwicklung in den Zentren.

„Strategisches Verhalten" wird heute gern als Zauberwort für „sich in der globalisierten Welt richtig zu verhalten" verwendet. Gemeint ist damit: nicht projektverengt, sondern übersektoral erweitert zu denken; statt kurzfristig reaktiv eher längerfristig gestaltend zu agieren; statt in Utopien sich zu verirren, eine an den Möglichkeiten (Stärken und Schwächen) einer Region ausgerichtete, finanziell verkraftbare Entwicklungsperspektive zu erarbeiten (und deren Kosten-Ertrags-Relation abzuschätzen); statt vergangenheitsbezogen zu denken neue Zukunftsperspektiven aufzugreifen und für die Region nutzbar zu machen.

– Zwar ist mit den Disparitäten auch eine wachsende Fremdbestimmtheit der Region verbunden, aber gleichzeitig liegt darin ein hohes Potenzial, durch Zugriff auf externes Wissen und Know-how eigene innovative Leistungen zu schaffen und Wettbewerbsvorteile zu gewinnen.
– Es wird folglich für die Regionalentwicklung immer wichtiger, Akteure zu vernetzen, Potenziale einer Region zu identifizieren, Clusterstrategien zu unterstützen etc. und insbesondere die Vernetzung zu Wissensproduzenten (Hochschulen, Forschungseinrichtungen) herzustellen.

Die institutionellen Trends sind auch weitgehend bekannt: Sie verbinden sich mit

– den laufenden Prozessen der Verwaltungsmodernisierung (externe Modernisierung: Dezentralisierung, Stärkung der Regionen/Kreisebene, Fusion von Kommunen, stärkere Mitwirkung des privaten und zivilgesellschaftlichen Sektors über *public-private partner-ships* u. Ä. (vgl. HESSE 2007); interne Modernisierung: Ausbau der betriebswirtschaftlichen Steuerung, Stärkung des Personalmanagements, Verbesserung von effizienz- und effektivitäts-orientierten Anreizen u. Ä.),

- der Föderalismusreform (bessere Arbeitsteilung Land und Bund, Rückbau der fiskalischen Politikverflechtung) und
- den Folgen öffentlicher Haushalte aus der Finanzkrise (Schuldenbremse[2], Auslaufen der EU-Strukturfonds 2013, Auslaufen des Solidaritätspakts 2019).

Für Regionalmanagement von besonderem Belang sind Änderungen im Steuerungsmuster: Die marktlichen Steuerungsregime (Preise, Lizenzen, Wettbewerb) werden in der staatlichen Steuerung intensiver genutzt (Umweltschutz, Arbeitsmarkt, Strukturpolitik). Der Staat zieht sich immer mehr auf die sog. „Kontextsteuerung" zurück, d. h. er setzt Rahmenbedingungen für privates Handeln, aber gibt Freiräume vor, in denen die Handlungsadressaten die Handlungsimperative nach ihren Zielen optimal nutzen können. Für RM bedeutet das

- Der Wandel des Staates zum sog. „Gewährleistungsstaat" (SCHUPPERT 2005) verlagert mehr Eigenverantwortung auf die Regionen und Kommunen und verlangt von ihnen entsprechende Managementqualitäten, damit umzugehen.
- Strukturpolitik wird mit größeren Freiheitsgraden im Vollzug ausgestattet, was aber auch mehr Verantwortung auf die Region/ die Kommunen verlagert und diese zwingt, zur Mobilisierung des endogenen Potenzials Kooperationen mit privaten und zivilgesellschaftlichen Akteuren aufzubauen.

Die kognitiv-normativen Trends betreffen vor allem:

- die wachsend Bedeutung der intrinsischen Steuerung: Akteure müssen immer mehr Verantwortung für soziale und ökologische Folgen ihres Handelns übernehmen, aber das rechtliche Regelsystem erweist sich zunehmend als unzureichend, adäquat steuern zu können. Es kommt dann darauf an, dass Akteure einen „inneren moralischen Kompass" haben, der ihr Handeln bestimmt und dass diese intrinsische Steuerung durch gesellschaftliche Anerkennung unterstützt wird.
- die Aufwertung zivilgesellschaftlicher Orientierungen: Das betrifft die wachsende Bedeutung des Ehrenamtes, aber auch generell die Stärkung der Gemeinwohlorientierung im Handeln von Individuen und Organisationen.
- die Entwertung der materiellen Wohlstandsindikatoren: Als Folge der ökologischen Grenzen des Wachstums und der sinkenden Einkommenschancen einer immer größeren Zahl der Deutschen wird dem „qualitativen Wachstum" mehr Gewicht gegeben werden.
- damit verbunden: das wachsende Bewusstsein für Qualitäten statt Quantitäten: Lebensqualität, Leistungsqualität, Sozialqualität, ästhetische Qualitäten werden an Bedeutung gewin-

---

2 Darunter versteht man die 2009 grundgesetzlich geregelte Sperre gegen dauerhaft nicht ausgeglichene Haushalte (Art. 109 Abs.3, 115 und 143d GG)

nen – festzumachen am generellen Streben nach Komfort und dem wachsenden Bedarf an hochwertigen Grundgütern wie Gesundheitsversorgung, Bildung, Transportsystemen, Kultureinrichtungen (THIERSTEIN 2009, 44 f.).

Für das RM bedeutet das: kollektive Lernprozesse zu organisieren, die solche Trends in der Region zu operationalen Handlungsprogrammen verdichten lassen. Zum Pflichtenheft eines modernen RM werden zunehmend gehören müssen:

- Kreative Ideen einzuspeisen (auch über externe Beratung, externe Netzwerke),
- motivierende Visionen gemeinsam zu erarbeiten,
- aber auch die Motivierung der regionalen Eliten zur stärkeren Selbstbindung in kollektiven Handlungskontexten und
- der Aufbau einer entsprechenden sozialen Kontrolle, um diese Selbstbindungsprozesse zu verstärken.

Das bedeutet: Es geht in der Raumentwicklung der Zukunft mehr um inhaltliche Fragen („soft ware") – also soziale und kommunikative Prozesse - als um Fragen der baulichen und flächenbezogenen Nutzungen („hard ware"). Solche soft ware-Ansätze lassen sich aber politisch sehr viel schwieriger „verkaufen" als die hard ware-Ansätze: Man sieht zu wenig die Ergebnisse, die Prozesse brauchen viel Zeit, und sie kosten Geld, das bei zunehmender Finanznot in andere Prioritäten gelenkt wird.

3   Folgen für das Handlungsfeld von RM

Die Folgen sind zunächst nicht nennenswert andere als diejenigen, die das RM schon bisher auszeichneten:

- RM wird auch zukünftig stärker projektbezogen operieren, allerdings müssen diese Projekte in übergeordnete regionale Handlungskonzepte integriert werden, um sie mit anderen Projekten der Region koordinieren zu können. RM wird zukünftig noch stärker als in der Vergangenheit „strategisches Management" sein müssen. Das bedeutet: strategisches Denken (SWOT-Analyse[3], Leitvisionen, Organisation eines regionalen Wir-Gefühls, Mobilisierung der erforderlichen Finanzen) wird stärker als frühere gefragt sein, die Wirtschaft wird ein stärkeres Gewicht in den Prozessen haben, und RM wird es vermehrt mit Organisatio-

---

3   SWOT-Analyse: Analyse der Stärken und Schwächen, Risiken und Chancen einer Region (strength and weakness, opportunity and threat)

nen statt Individuen zu tun haben: Das erschwert RM, weil jetzt Mehrebenen-Entscheidungen[4] relevant werden.
- Regionen sind nicht mehr abgeschlossene Inseln, sondern es findet faktisch eine „De-Territorialisierung" durch sinkende (relative) Verkehrskosten, zunehmende IuK-Interaktionen und räumlich weiterreichende Vernetzung der Akteursbeziehungen statt. Faktisch führt das zu zunehmender funktionaler Raumordnung mit entsprechenden funktionalen räumlichen Interaktionsmustern (Netzwerkgesellschaft).
- Zeit wird damit immer mehr zur absoluten „Minimum-Ressource", die Entscheidungen immer stärker prägt: Zeithorizonte werden kürzer, Zeitzwänge wachsen, Beschleunigung der technischen und sozialen Prozesse wird weiter zunehmen, trotz aller Spekulationen über Möglichkeiten, moderne Gesellschaften wieder zu „entschleunigen".

Die Trends und ihre Folgen stellen neue Anforderungen an das RM:

- Nachhaltigkeit wird immer wichtiger im Kriterienkatalog des „guten Managements", insbesondere auch gegenüber einer zunehmend kritischen Öffentlichkeit.
- Kooperationen und Netzwerke gewinnen in unserer fragmentierten und sektoralisierten Gesellschaft und insbesondere im Übergang zur Wissensgesellschaft größeres Gewicht: Die Synergieeffekte der Kooperation stehen zwar in gewissem Gegensatz zum Wettbewerbsregime, weil Kooperation über solidarische Verhandlung, Wettbewerb über kämpferische Gegnerschaft läuft, aber es ist gerade die Kunst des guten RM, Gruppen nach innen zu festigen und nach außen wettbewerbsfähig zu machen.
- Aufgaben der Netzwerkorganisation und -gestaltung sowie die Nutzung von Synergie-Effekten rücken immer stärker ins Zentrum von RM: Clusterstrategien, regionale Entwicklungskonzepte mit Schwerpunkten auf regionalen Tourismus- oder Energie- oder Logistikkonzepten, aber auch Kulturlandschaftsgestaltung zur Verbesserung der regionalen Lebensqualität gehören dazu.
- Faktisch gewinnen dabei die kognitiv-mentalen Prozesse eine zentrale Rolle:
  • Es kommt erstens auf kollektive Lernprozesse, gestützt auf kollektiv entworfene Handlungsvisionen an, um solche Kooperationen lebenswirklich werden zu lassen. RM wird dafür mehr Kenntnisse der relevanten sozialpsychologischen Grundlagen dynamischer Organisationsentwicklung und Gruppenarbeit benötigen;
  • Zweitens wird es schwieriger, die Akteure durch externen Druck oder Anreize zu steuern: Wenn sie nicht aus innerer Überzeugung, aus Bindung an die Region oder aus

---

4 Mehrebenenentscheidungen: der Vertreter einer Organisation im RM kann nicht ohne Rückbindung an seine Organisation Entscheidungen mittragen. Insofern können im RM ausgehandelte Ergebnisse von den Heimatorganisationen wieder in Frage gestellt werden, wenn letztere damit nicht einverstanden sind. Oder anders ausgedrückt: Der Vertreter der Organisation kann im RM nicht mitwirken, ohne sich mit seiner Organisation vorher rückgekoppelt zu haben.

„wohlverstandenen Eigeninteressen" mitmachen, hat RM geringe Chancen, die Eliten zu aktivieren und motivieren.

4 Neue Anforderungen an das Verhalten im RM

RM wird im Management anspruchsvoller, weil die Komplexität der Handlungsfelder deutlich zunimmt:

- Meist interagieren die Beteiligten in mehreren Netzwerken. RM steht damit vor der Frage, wie solche Netzwerk-Beziehungen eingebunden und organisiert werden können (sofern sie Synergieeffekte bieten), wie die Region als Forum für Netzwerkbildung genutzt werden kann etc. Das geht nicht ohne erheblichen Koordinationsaufwand an Zeit, Personal und Geld.
- Dabei wird Governance auf regionaler Ebene immer unübersichtlicher, weil die Zahl der Netzwerke um Projekte herum wächst, und zwar mit unterschiedlichen Reichweiten und unterschiedlichen Zeithorizonten. RM steht dann vor der Herausforderung, diese Unübersichtlichkeit in koordinierte Handlungsformen zu bringen. Loyalitätskonflikte der Projekt-Beteiligten werden häufiger auftreten, weil jeder dieser Akteure sowohl zum Projektnetzwerk als auch zu anderen Netzwerken und anderen institutionellen Bindungen loyal sein muss.
- Da Regionen zudem zunehmend eingebunden sind in überregionale Verflechtungen, entstehen vermehrt Kooperationen mit Filialbetrieben/ Zweigstellen. Aber wie motiviert man Zweigstellenleiter für regionales Engagement? Wie weckt man bei ihnen Verantwortung für ihre Region, wenn sie gar nicht aus der Region kommen und häufig nur wenige Jahre in der Region bleiben, bevor sie auf einen anderen „job" wechseln? Wie agiert man in den damit verbundenen Systemen von „Mehrebenen-Entscheidungen", d. h. dass der Repräsentant einer Organisation im Regionalmanagement gar nicht ohne Rückbindung an seine Heimatorganisation entscheidungsfähig ist?
- Nullsummenspiele werden zunehmen, weil die Verteilungsspielräume enger werden und weil Politik/Verwaltung dazu neigt, Verteilungsfragen als Nullsummenspiele wahrzunehmen (ohne zu prüfen, ob es nicht doch win-win-Lösungen gibt). Aber auch generell gilt: Je knapper die Verteilungsmasse wird, um so mehr neigen die Akteure dazu, die damit verbundenen Verteilungsprobleme vorschnell als Nullsummenprobleme wahrzunehmen. Folglich gewinnt das Konfliktmanagement größeres Gewicht, um Nullsummenspiele in Win-Win-Spiele zu verwandeln. Perspektiven für Win-Win-Spiele gibt es, indem man Tauschgeschäfte organisiert, auch Tauschgeschäfte über längere Zeiträume einbezieht (A be-

kommt heute Vorteile, dafür B morgen) und generell stärker Interessen aushandelt statt Positionen[5] zu verteidigen sucht. Auch Machteinflüsse (informationelle, politische, wirtschaftliche, organisatorische) werden eher noch zunehmen, was RM herausfordert, Strategien des Machtausgleichs zu beherrschen, also zu verhindern, dass Machthaber ihre Machtposition in kooperativen Netzwerken ausspielen.

- Kosten- und Finanzierungsfragen werden gewichtiger. Damit erhöhen sich einerseits die Verteilungskonflikte, andererseits entwickelt sich damit auch eine immer engere Einbindung von RM in die Strategien der Kommunen, über Evaluationen, Aufgabenkritik und Formen der Kostenkontrolle wieder Handlungsspielräume zurück zu gewinnen: *„Die Zeiten, die Vorgaben und der Wettbewerb verlangen eben ein dichtes Netz von Kontrollen, Evaluationen, Überprüfungen und Steuerungsmechanismen"* (LIESSMANN 2006, 173). RM wird in der Folge solcher Kontrollregelungen Handlungsfreiheit verlieren: die Kooperationsbereitschaft der Kommunen und Fachressorts wird sich verringern.
- Kommunen werden sich als Folge der Finanznot immer weniger an regionalen Projekten beteiligen können. Damit gewinnt aber die Wirtschaft größere Bedeutung als Projektträger (*public-private partnerships*). RM muss Handlungsformen entwickeln, die wirkungsvoller als in der Vergangenheit die Wirtschaft „ins Boot" ziehen lassen. Damit wächst der Bedarf, neue Formen der *Governance* zu entwickeln, die nicht-staatliche Akteure (Private, NGOs) aktiver in die Raumentwicklung einzubeziehen. Das ist eine Entwicklung, die auf allen staatlichen Ebenen in Deutschland zu beobachten ist (HEINZE 2009).
- Solche „außerparlamentarischen Netzwerke" werden allerdings inzwischen immer kritischer gesehen. Legitimationsfragen werden häufiger gestellt (weil hier an formalen Gremien vorbei Vorentscheidungen getroffen werden), und die mit solchen Netzwerken verbundenen „korporatistischen Entscheidungsstrukturen"[6] werden als Problem empfunden (Vernachlässigung der schlecht Organisierten). Netzwerke können sich jedoch kaum **inputbasiert** legitimieren[7], weil die beteiligten Akteure nicht vom Volk gewählt, sondern im Allgemeinen von den „Netzwerkern" kooptiert werden. RM muss deshalb die **outputorientierte** Legitimation anstreben, d. h. durch Ergebnisse überzeugen, die der Gemeinschaft vorteilhaft erscheinen. Aber das bindet die Netzwerke auch enger in die öffentliche Wahrnehmung und Diskussion ein, was ihre Leistungsfähigkeit reduzieren kann – die Teilnehmer schielen in ihrem Handeln stärker auf die Öffentlichkeit als auf die kollektive Arbeit. Hier kommt auf RM ein schwieriger Spagat zu, beide Perspektiven ausreichend zu würdi-

---

5 „Interessen" sind Belange, Wünsche, die mit unterschiedlichen Mitteln befriedigt werden können. „Positionen" sind auf bestimmte Instrumente/Objekte bezogene Festlegungen. Wer Positionen verhandelt, gerät in Nullsummenspiel-Situationen – weil dasselbe Objekt von verschiedenen Interessen begehrt wird. Wer in „Interessen" diskutiert, kann unterschiedliche Objekte/ Instrumente einsetzen, um unterschiedliche Interessen im win-win-Spiel zu befriedigen.
6 „Korporatistisch" nennt man Entscheidungsstrukturen, in denen gesellschaftliche Gruppen mit dem Staat Ergebnisse aushandeln, und zwar am Parlament vorbei.
7 „Inputbasierte Legitimation" beruht auf gewählten Repräsentanten. „Outputbasierte Legitimation" orientiert sich an den Ergebnissen eines Entscheidungsprozesses

gen, ohne die Effektivität der Netzwerkarbeit zu gefährden. Regionalmanager müssen deshalb die Medienkommunikation beherrschen – also wissen, wie Medien funktionieren und wie man mit ihnen umgeht.
- Damit ist eng verbunden, dass Planung flexibler und situativer werden muss, um den aus der Öffentlichkeit an sie herangetragenen Anforderungen an geschmeidige und tolerante Problembearbeitung besser gerecht zu werden. Das führt allerdings zu Widersprüchen mit der Langfristorientierung des übergeordneten regionalen Entwicklungsleitbildes und kann Planungsunsicherheit bei den Beteiligten auslösen. RM muss Lösungen finden, diese unterschiedlichen Zeit- und Handlungsperspektiven konstruktiv zusammenzubringen.

Im Ergebnis bedeutet das: RM wird immer stärker aus der Rolle „neutraler" Moderation herausgedrängt und zum ergebnisorientierten Management gezwungen. Das heißt allerdings nicht: der Regionalmanager muss die Ziele vorgeben. Vielmehr soll er Ideen einbringen und Handlungen motivieren, aber entscheidend bleibt, was die Mitglieder des Regionalmanagements wollen. Die Entscheidung erfolgt als kollektiver Akt. Denn Regionen werden nicht umhin kommen, ihre Pfadabhängigkeit von traditionellen Technologien zu unterbrechen und sich neuen technologischen Grundlagen zuzuwenden. Im ländlichen Raum bedeutet das zunehmend eine Hinwendung zur „green-tec". Ein solches RM muss dann allerdings

- sich in den Fördermöglichkeiten auskennen,
- Lobbyarbeit (z. B. gegenüber Staat, Stiftungen, Großunternehmen) organisieren,
- Ideen-Transferstelle sein etc.

5 Hehre Anforderungen treffen auf die Schwierigkeiten der Praxis

Regionalmanagement wird damit auch institutionell aufwändiger. Denn es genügen nicht mehr Regionalkonferenzen oder regionale Aktionsgruppen, die projektbezogen aktiviert und motiviert werden. Vielmehr ist RM erstens ein langfristiger Prozess, während dessen auch

- Sozialkapital aufgebaut werden muss („Wir-Gefühl", Kooperationskultur),
- Autorität und Anerkennung für RM gewonnen werden muss,
- Lernprozesse ablaufen sollen.

Zweitens benötigt RM gutes Personal – das ist meist nur mit einer gewissen institutionellen Verankerung zu gewinnen. Denn die Institution vermittelt Autorität, die wiederum erforderlich ist, damit der RManager auf „gleicher Augenhöhe" mit den regionalen Eliten und Ministerialfunktionären sprechen kann.

Drittens ist ein Mindestmaß an Institutionalisierung auch wegen des Finanzmanagements hilfreich – Ministerien, die für die ordnungsgemäße Verwendung der Mittel verantwortlich sind, können Gelder nur auf Institutionen übertragen, die das Finanzmanagement beherrschen. Aber jeder Form der „härteren" Institutionalisierung konkurriert mit bestehenden politisch-administrativen Organisationen (Autonomieängste der Kommunen, Kompetenzängste von Fachressorts und Verbänden u. Ä.). Eine Institutionalisierung muss also gut begründet werden und sorgfältig in ihren Kompetenzen gegenüber bestehenden Organisationen abgegrenzt werden. Hinzu kommt, dass es in den Regionen inzwischen zahlreiche Initiativen gibt, die ähnliche RM-Prozesse laufen lassen – auch hier entstehen Konkurrenzkonflikte, weil die Aufwertung einer Initiative von den anderen als „zu ihren Lasten gehend" empfunden wird. Letztlich konkurriert jede Koordinationsinstanz mit anderen hierarchischen Führungsebenen. Denn Koordination ist immer hierarchisch – wer koordiniert, übernimmt gegenüber anderen eine Führungsfunktion. Und diese löst Kompetenzkonflikte aus.

Kompetenzkonflikte sind weniger bedeutsam, wenn es um die Koordination auf Projektebene geht. Unter anderem auch deshalb – aber nicht nur aus diesem Grunde - wird die Projektorientierung des RM in der Zukunft zentrale Bedeutung bekommen, allerdings nicht als Solitäre, sondern eingebunden in übergeordnete strategische Handlungskonzepte. Ein weiterer Grund für die Projektorientierung ist die Finanzierung. Finanzen sind schon jetzt der Engpass eines modernen RM, und sie werden es in der Zukunft noch mehr sein. Nicht nur schlägt die Finanznot des öffentlichen Sektors durch, sondern die Einwerbung von Mitteln wird einer immer härteren Konkurrenz anderer Begehrlichkeiten ausgesetzt. Da zudem immer häufiger öffentliche Zuschüsse im Wettbewerbsverfahren vergeben werden, braucht das RM gute Projekte. Gute Projekte sind aber rar (häufig sind die Ergebnisse von REK-Prozessen in verschiedenen Regionen dem Inhalt nach sehr ähnlich). Um gute Projekte zu gewinnen, muss das RM gut recherchieren, Experten konsultieren können, Netzwerke zu anderen RM-Prozessen aufbauen (Ideen- und Erfahrungsaustausch) etc.. Das kostet Zeit, Personal und Geld. Desgleichen ist es heute wesentlich schwieriger, private Unternehmen oder Kreditinstitute für regionale Projekte zu erwärmen – deren „Sponsoring" unterliegt meist internen professionellen Konzepten und Leitlinien mit überregionaler Wirkung, in die meist regionale Projekte nicht hineinpassen.

Ohnehin ist es nicht leicht, regionale Eliten für RM-Prozesse zu gewinnen. Meist lässt sich nur das Mittelmanagement der Organisationen mobilisieren. Aber damit geht viel Potenzial verloren, auch wenn die Arbeit inhaltlich sehr gut laufen mag: Die Eliten sind die Schaltstellen zu den Ressourcen, zur Aufmerksamkeit für das RM in der Region und zu langfristigen Lernprozesse in der Region – nur wenn die Eliten sich vernetzen lassen und sich für die Region engagieren, hat das RM eine gute Entwicklungsperspektive. Um Eliten gewinnen zu können, ist häufig der Umweg über die regionalen Medienaufmerksamkeit notwendig: Die dort erlangte

Aufmerksamkeit leitet „Autorität" auf das RM und wertet den Prozess wie auch die RManager auf.

Wenn sich allerdings das Land für RM stark macht – wie in Bayern oder NRW (Regionale) – ist möglicherweise die Medienaufmerksamkeit weniger wichtig. Die staatliche Aufmerksamkeits-Lenkung kann eine schwache Medien-Aufmerksamkeit kompensieren, wenn staatliche Fördermittel zur Disposition stehen.

RM läuft Gefahr, den Konflikt zwischen **regionaler** Bedeutung (die Mitwirkenden im RM werden i. d. R. regional-repräsentativ ausgewählt) und **funktionalem** Management (das auf fachliche Einzelprojekte mit begrenzter regionaler Reichweite ausgerichtet ist) nicht zu verkraften: Es kommt zu internen Spannungen, weil nur noch solche Projekte „durchgehen", die eine hohe gesamtregionale Wirkung haben. Denn nur diese finden die breite Unterstützung bei den Partnern des RM. Fachlich-sektorale Projekte mit großer Wirkung für Wachstumsprozesse, die aber häufig nur teilregionaler Bedeutung aufweisen, können dann eher auf der Strecke bleiben: Sie mobilisieren Gegner, die sich davon keine Vorteile versprechen und eher eine andere (also nicht ihre eigene) Teilregion aufgewertet sehen. Solche Projekte gelten leicht als „interessengebunden", als verteilungs-ungerecht oder gar als nicht regions-relevant. Hier kommt es auf das Management an, diesen Konflikt konstruktiv aufzufangen, z. B. sie einzuleiten mit Verweis auf die sog. „Umwegrentabilität" von funktionalen Projekten (sie sind zwar teilräumlich angesetzt, aber über ihre Wachstumswirkungen haben sie weiterreichende Bedeutung) oder auf Aushandelungsprozesse über die Zeit (heute ist A dran, morgen dafür B).

6 RM wird deutlich anspruchsvoller – gute Regionalmanager werden immer seltener

Fasst man das Vorangegangene in wenige Leitlinien zusammen, so ist vorherrschendes Merkmal des RM der Zukunft, dass es ergebnisbezogenes Management sein wird und dass es vor allem mit Themen der Innovation, Wissensvermittlung und produktiven Clusterbildung in der Region zu tun haben wird. Das bedeutet

a) RM wird fehleranfälliger – Fehlertoleranz, Umgang mit Frustrationen, Lernen aus Fehlern (z. B. über ein wirkungsvolles Controlling) und eine kollektive Bereitschaft, RM als fehlerfreundlichen Lernprozess zu organisieren, werden wesentlich.
b) nicht mehr eine spezifische Region wird Gegenstand des RM sein, sondern primär eine Gruppe von Akteuren aus Wirtschaft, Politik/Verwaltung und Wissenschaft, für die zwar räumliche Nähe entscheidend ist, nicht aber mehr die Zugehörigkeit zu einer identifizierbaren Gemeinde oder Region. Solche „Wissensregionen" sind offenere Netzwerke.

c) wirkungsvoll ist dieses Management nur, wenn es gelingt, die wirtschaftlichen, wissenschaftlichen und politischen Eliten einzubinden. Das gelingt aber nur, wenn es um bedeutendere Projekte geht: Die anzusprechenden Eliten sind heute weniger als früher bereit, regionale Diskussionsrunden mitzumachen, wenn nicht klar erkennbar ist, dass sie zu relevanten Ergebnissen führen werden. Relevanz kann man für Gesprächsrunden gewinnen, wenn sie u. a. dafür dienen sollten, Ressourcen zu mobilisieren – je mehr Drittmittel zu erlangen sind, um so mehr sind die Eliten an der Mitwirkung interessiert, um am Drittmittel-Kuchen zu partizipieren, aber um so härter wird der Wettbewerb darum.

d) Regionalmanager müssen dann allerdings auch mehr Fähigkeiten beherrschen können als die Regeln guter Moderation. Sie müssen Wirtschaftskompetenz mitbringen und fähig sein, Managementaufgaben wahrzunehmen, wie sie in Organisationen gefordert werden.

Das unterscheidet sich deutlich vom klassischen RM, das

– kleinräumig ausgerichtet ist,
– auf Mobilisierung von Akteuren für endogene Entwicklungsstrategien setzt,
– partizipative Steuerungsformen nutzt,
– Synergieeffekte von Netzwerken auszuschöpfen sucht,
– und die typischen Probleme des klassischen RM zu bewältigen hat: fehlende Nachhaltigkeit, geringe Lerneffekte über das konkrete Projekt hinaus und Subventionsdenken (SCHERER 2009, 11-12).

Was bedeutet das für die Qualifikation der Regionalmanager? Sie werden zwar noch stärker als bisher Methodenkenntnisse und sog. „Sozialtechnologien" beherrschen müssen, aber auch volks- und betriebswirtschaftliche Grundkenntnisse benötigen. Denn sie sind zwar Verfahrensmanager (Prozessmanager), aber gleichzeitig auch Fachleute für wirtschaftliche Raumentwicklung. Regionalmanagement wird ein immer anspruchsvollerer Beruf werden, der vor allem

– kreative Kraft verlangt, um Lösungen in Verteilungskonflikten zu finden,
– diplomatisches Geschick benötigt, weil ein so verstandenes RM immer enger in die Kompetenzsphären von Fachressorts und Kommunen eindringt,
– vom Regionalmanager verlangt, dass er im Hintergrund wirken kann. Er muss seinen Ehrgeiz in der Sache suchen und nicht im Rampenlicht der Öffentlichkeit stehen wollen: Gute Regionalmanager dürfen sich die Ergebnisse ihrer Arbeit nicht selbst zuschreiben wollen – sie müssen sie als Folge kooperativen Handelns in der Gruppe darstellen können.

Das sind Anforderungen, die über die traditionelle Ausbildung hinausgehen und Charakterschulung sowie Sozialkompetenz einbeziehen.

Solche Persönlichkeiten finden aber überall in Wirtschaft und Verwaltung Verwendung – für sie gibt es ein breites Berufsfeld. Denn auch in der Privatwirtschaft und zunehmend auch in der Verwaltung werden Manager mit genau diesen Qualifikationen gefragt.

Das wird für den öffentlichen Sektor ein wachsendes Problem: Im Zeichen der Finanznot der öffentlichen Hände wird es schwieriger, gute Regionalmanager im öffentlichen Dienst zu halten. Das gilt vermehrt dann, wenn Regionalmanager im öffentlichen Bereich wenig geachtet werden, weil sie als lästige Konkurrenz wahrgenommen werden (z. B. von Bürgermeistern und Landräten), weil ihre Leistung nicht messbar ist (Teamarbeit) oder weil Regionalmanagement durch Personen entwertet wurde, die keine entsprechende Ausbildung dafür hatten.

Der Verdrängungswettbewerb um gute Regionalmanager wird durch private Arbeitgeber wachsen und die öffentliche Verwaltung zunehmend in Bedrängnis bringen, insbesondere dann, wenn als Folge des demographischen Wandels die Zahl der verfügbaren höher qualifizierten Fachkräfte sinken wird. Es wäre dann allerdings eine fatale Schlussfolgerung, wenn die öffentliche Verwaltung infolgedessen auf Regionalmanagement verzichtet, zumal auch die öffentlichen Zuschüsse dafür in Zukunft knapper ausfallen werden. Hier kommt den Ausbildungsstätten des Regionalmanagements eine wachsende Aufgabe zu, die Bedeutung des Regionalmanagements für gesellschaftliche Steuerungsprozesse deutlich zu machen, Regionalmanagement zu einem anerkannten Politikfeld aufzuwerten und gemeinsame Qualitätskriterien zu entwickeln, die einen qualifizierten Regionalmanager auszeichnen sollten.

Literatur

[Bauer-Wolf, Stefan / Payer, Harald / Scheer, Günter (Hrsg.) 2008] Erfolgreich durch Netzwerkkompetenz – Handbuch für Regionalentwicklung, Wien: Springer. ISBN: 978-3-211-73126-0

[Behrens, Hermann et al 2001] Regionalmanagement – Der Weg zu einer nachhaltigen Regionalentwicklung?, in: Behrens, Hermann et al. Der Weg zu einer nachhaltigen Regionalentwicklung, Neubrandenburg, (Schriftenreihe der Fachhochschule Neubrandenburg, Reihe A Band 15)

[Fürst, Dietrich/ Mäding, Heinrich 2010] Raum unter veränderten Verhältnissen, in: Akademie für Raumforschung und Landesplanung, Hg. Grundriss der Raumplanung, Hannover (in Vorbereitung). Siehe http://arl-net.org/index.php?option=com_content&task=view&id=32&Itemid=49

[Heinze, Rolf G. 2009] Rückkehr des Staates? Politische Handlungsmöglichkeiten in unsicheren Zeiten, Wiesbaden: VS-Verlag. ISBN: 978-3-531-16769-5

[Hesse, Joachim Jens 2007] Aufgabenkritik, Funktional- und Strukturreform in den Flächenländern. Das Beispiel Saarland, Baden-Baden: NOMOS. (Staatsreform in Deutschland und Europa, Band 5). ISBN 978-3832929459; siehe auch Produktbeschreibung in: http://www.amazon.de/Aufgabenkritik-Funktional-Strukturreform-den-Fl%C3%A4chenl%C3%A4ndern/dp/3832929452/ref=sr_1_4?ie=UTF8&s=books&qid=1276088008&sr=1-4

[Liessmann, Konrad Paul 2006] Theorie der Unbildung. Die Irrtümer der Wissensgesellschaft, Wien: Paul Zsolnay. ISBN-13 9783552053823 und Rezensionen in: http://www.perlentaucher.de/buch/26141.html

[Maier, Jörg / Seibert, Otmar 2003] Handbuch – Erfolgreiches Regionalmanagement, Forschungsgruppe Agrar- und Regionalentwicklung Bayreuth-Triesdorf und Universität Bayreuth. Hrsg.: Bayerisches Staatsministerium für Landesentwicklung und Umweltfragen (StMLU) Volltext in: http://www.stmwivt.bayern.de/pdf/landesentwicklung/Handbuch_Regionalmanagement.pdf; Zugriff 100609

[Proske, Matthias 2008] Flächendeckendes Regionalmanagement – Ein Anforderungsprofil, Saarbrücken: Vdm Verlag Dr. Müller. 978-3-8364-9900-2; Kurbeschreibung in: http://www.amazon.de/Fl%C3%A4chendeckendes-Regionalmanagement-Anforderungsprofil-Matthias-Proske/dp/3836499002/ref=sr_1_2?ie=UTF8&s=books&qid=1276088523&sr=1-2

[Scherer, Roland 2009] Regionalmanagement – eine kritische Bilanz am Ende der Pionierphase, in: IDT-Blickpunkt (Hochschule St.Gallen) 21, 11–12; Volltextnachfrage möglich unter: http://www.alexandria.unisg.ch/Publikationen/Roland_Scherer/59356

[Schuppert, Gunnar F. - Hrsg. 2005] Der Gewährleistungsstaat – Ein Leitbild auf dem Prüfstand, Baden-Baden: NOMOS; ISBN: 3-8329-1356-4

[Thierstein, Alain 2009] Die Krise: Bleibende Herausforderungen für die Wirtschafts- und Strukturpolitik, in: Regio-Pol 2, 41-52. Volltext in: http://www.raumentwicklung-tum.de/upload/Publikation/pdf/209_2_1259676658.pdf; Zugriff 100609

Fürst, Dietrich

Prof. Dr. rer. pol. habil., Dipl.-Vw.

1960–1964: Studium der Volkswirtschaftslehre mit Schwerpunkt Finanzwissenschaft in Kiel und Köln, 1964 Diplomexamen (Volkswirt) in Köln

1965–1967: Assistent am Kommunalwissenschaftlichen Forschungszentrum Berlin (heute: Difu0) (Prof. Dr. Hansmeyer)

1967–1974: Assistent am Seminar für Finanzwissenschaft der Universität zu Köln (Prof. Dr. Hansmeyer)

1968: Promotion (Thema: Die Kreisumlage)

1974: Habilitation (Thema: Kommunale Entscheidungsprozesse)

1974–1981: Professor im Fachbereich Politikwissenschaft/Verwaltungswissenschaft der Universität Konstanz

1981–2003: Professor für Landes- und Regionalplanung im Fachbereich Landschaftsarchitektur und Umweltentwicklung der Universität Hannover

Zukunftsvorsorge und strategisches Handeln (mit Hintergrund aus der Automobilindustrie[1]

Günter H. Hertel

Abstrakt

Zukunftsvorsorgendes Handeln muss sich offenbar mit Zukunft befassen. Befassen mit Zukunft ist jedoch keineswegs die Kunst des Prophezeiens, vielmehr die Fähigkeit, mögliche Zukünfte (Plural!) als Szenarien zu entwickeln, Einflüsse auf diese Szenarien zu identifizieren, Einfluss zu nehmen und Trends zu setzen. Um diese Fähigkeiten zu entwickeln, bedarf es eines Paradigmenwechsels von reaktivem zu proaktivem Management. Der Aufsatz zeigt Methoden auf, die der Autor in der industriellen Praxis selbst mitentwickelt und angewendet hat.

1 Es ist nicht möglich, die Zukunft vorauszusehen – man kann und sollte sich aber ständig mit ihr beschäftigen

1.1 Irrweg: Prognose durch Trendextrapolation

„Prognosen sind schwierig, besonders wenn sie Zukunft betreffen!"[2]

Prognosen befassen sich tatsächlich mit Zukunft. Wenn Prognosen einen Sachverhalt in der Zukunft voraussagen wollen, dann kann dies erkenntnistheoretisch auf zwei Arten geschehen:

– Eine Aussage darüber zu treffen, ob eine vorhandene Erkenntnis der Gegenwart auch noch in Zukunft gilt, ein so genanntes *a-priori Wissen*;

---

[1] Eine erweitere und vertiefte Fassung des gleichnamigen Vortrags auf der Fachtagung „Zukunftsorientiertes Regionalmanagement" der Hochschule für nachhaltige Entwicklung Eberswalde (FH) und dem 2. EIPOS-Regionalmanagertag in Eberswalde.
[2] zugeschrieben Karl Valentin, Mark Twain, Winston Churchill u. a.)

– Eine Aussage darüber zu treffen, ob über eine gewisse Entwicklung von der Gegenwart in die Zukunft hinein ein bestimmter Sachverhalt oder eine bestimmte Situation eintreten wird.

Die Aussage „Kräht der Hahn auf dem Mist, ändert sich das Wetter oder bleibt wie es ist" ist immer wahr, denn es ist die vollständige Menge aller Möglichkeiten in ihr abgebildet. Sie ist auch noch wahr, wenn man sie ausdrücklich auf den morgigen Tag oder auf nächstes Jahr oder auf den 1. Januar des Jahres 20xx bezieht. Allerdings sind solche „Vorhersagen" im erkenntnistheoretischen Sinne a-priori Wissen. Von praktischem Nutzen einer Vorhersage sind sie weniger.

Schwieriger ist es, aus empirischem Wissen, aus Erfahrung in Verbindung von modellbasiertem Wissen Aussagen über die Zukunft zu machen. Der Blick in die *Kristallkugel* reicht dafür allerdings nicht aus, denn in ihr sieht man mehr oder weniger sich selbst.[3]

Bild 1: Der Blick in die Kristallkugel ist ungeeignet für Prognosen

Vielmehr sind Prognosen so zu erstellen, dass sie bewusst nicht unabhängig vom Gegenwartszeitpunkt und demzufolge von dem bis in die Gegenwart kumulierten Wissen sind. Dieses Wissen besteht nunmehr aus Erkenntnissen, die unter (häufig wechselnden) Bedingungen gewonnen worden sind; mehr noch, das „Ergebnis Gegenwart" ist unter wechselnden Bedingungen entstanden:

Gegenwart ist geronnene Vergangenheit.

---

[3] Auf wissenschaftsfremden Territorien bewegen sich z. B.: „Die Kristallkugel ... ist ein hervorragendes Instrument, welches man zu verschiedenen Zwecken einsetzen kann: Wahrsagen/Zukunftsschau, Rückführung in die vergangenen Leben, Meditation ...". – In: http://www.weisse-magie.de/eso/kristallkugel.html; Zugriff 100613 oder „A crystal ball is a crystal or glass ball believed by some people to aid clairvoyance." – In: http://en.wikipedia.org/wiki/Crystal_ball; Zugriff 100613.

Auch Zukunft wird geronnene Vergangenheit sein, nur kennen wir den „Gerinnungsprozess" nicht! Und wir können ihn für komplexe Systeme auch nicht voraussagen. Sozio-technische Systeme (Unternehmen, Regionen, Städte usf.) sind solche komplexen Systeme. Sie sind u. a. charakterisiert durch (vgl. auch [AGUIRRE-FRÖHLICH 2009])

- *Nichtlinearität der Entwicklung* und verschließen sich damit der mathematisch vollständigen Induktion,
- *Gleichgewicht und Balance* sind empfindlich, so dass Sensibilität im Umgang mit komplexen Systemen notwendig ist,
- *Chaosneigung von Veränderungen*, wobei bereits kleine Änderungen große Wirkungen entfalten können; somit lassen sich diese Systeme auch nicht vollständig durch Gleichungen, nicht einmal durch nichtlineare Differential-Gleichungssysteme beschreiben,
- *Instabilitäten*, die sich um einzelne Instabilitätspunkte kristallisieren, in denen disruptive Technologien die Chance haben, schnell zu Innovationen zu werden,
- *Selbstorganisation* der Systemelemente, wobei diese Elemente neue Ordnungen ohne Einwirkung von außen aufbauen.

Die Zukunft sozio-technischer Systeme ist auf Grund dieser Eigenschaften prinzipiell nicht vorhersehbar, sehr wohl aber sind Ordnungsparameter, Bedingungssysteme, Instabilitätshinweise, Rückkopplungsschleifen erkennbar. Dennoch, auch wenn man gewisse Gesetzmäßigkeiten komplexer Systeme erkennen kann, ist ihre Zukunft nicht berechenbar.

Leider werden immer noch *Trendextrapolationen* als Methode bevorzugt, wenn es um die Voraussage der Zukunft sozio-technischer Systeme geht. Die bei Prognostikern beliebte *Trendextrapolation* ist im Grunde aber nichts anderes als die virtuelle Fortsetzung des Gerinnungsprozesses der Vergangenheit in die Zukunft. Trendextrapolationen nehmen also (meist unausgesprochen und implizit) an, dass die Entwicklungsbedingungen der Vergangenheit, die das Ergebnis Gegenwart determiniert haben, auch in Zukunft bestehen bleiben, konstant angenommen werden und somit der Schluss von n auf n+1 (die vollständige Induktion in der Mathematik) möglich sei. Diese Annahmen sind in jedem wissenschaftlichen Falle zu hinterfragen. Oftmals sind sie nicht haltbar (siehe die Liste der Fehlprognosen in [LEUTZBACH 2000]

Für komplexe Systeme sind Trendextrapolationen ein doppelter Irrweg, weil man glaubt ...

- die Entwicklungsbedingungen der Vergangenheit erfassen zu können (häufig durch einfache mathematische Statistik),
- diese Entwicklungsbedingungen in die Zukunft extrapolieren zu können (meist ebenfalls durch mathematische Statistik).

Wie häufig Prognosen durch die Realität widerlegt werden, mögen zwei Beispiele der Gegenüberstellung von Prognose versus Realität bezüglich

– Ölpreisentwicklung
– DAX-Entwicklung

zeigen.

A) Prognose vs. Realität Ölpreisentwicklung

Obwohl die Problematik der Prognose des Ölpreises längst keine der höchsten Komplexitäten aufweist, liegen Prognosen und Realität häufig weit auseinander (Bild 2). Im Sinne eines a-priori Wissens überschrieb [Spiegel-online2008] seine **Analyse der Fehlprognosen:**

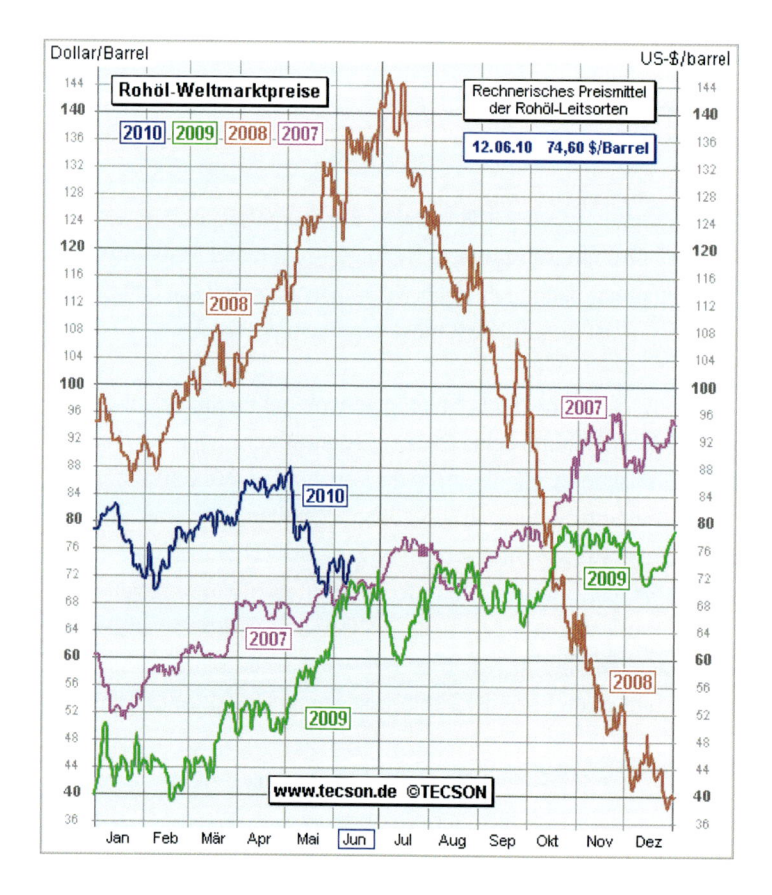

„Er sinkt! Er steigt! Er bleibt!"

Mit ihren Preis-Prognosen würden Volkswirte und Analysten regelmäßig kräftig daneben liegen (Bild 2).

Bild 2: Nominal-Weltmarkt-Preisverlauf Rohöl seit 2007, der bis zu 100 % von den Prognosen abwich 4 [Bildquelle: tecson100613].

---

4 „Das Rohstoffteam von Lehman Brothers hatte im August 2004 prognostiziert, dass die Nordseesorte Brent Mitte 2005 bei 35 Dollar liegen wird. Die Deutsche Bank sagte zur gleichen Zeit, der Ölpreis werde sogar unter 35 Dollar fallen. Mal wieder falsch: Der Ölpreis stieg und stieg, lag Mitte 2005 bei knapp 70 Dollar – doppelt so viel wie von Experten angenommen." – In: [Spiegel-online, Teil 3].

B) Beispiel: Prognose versus Realität der DAX-Entwicklung

B1: Langfristentwicklung

Die DAX-Prognose wird in Kurz- und Langfristräumen analysiert (Bilder 3 und 4). In der langfristigen Perspektive (Bild 3) über einen Zeitraum von 10 Jahren von 1990 bis 2009 lagen die *Abweichungen der Realität* vom jeweiligen Durchschnitts-Prognosewert

- nur bei 2 von 10 Jahren im 1-stelligen Prozentbereich,
- bei 8 von 10 Jahren im 2-stelligen Prozentbereich;
- in 3 von 10 Jahren betrug der Prognosefehler sogar mehr als 40 % und bis zu 80 %!

Kleine Prognosefehler traten offenbar ein, wenn Trendextrapolationen gerechtfertigt waren, weil die Marktbedingungen relativ konstant blieben; dagegen traten bis zu 80 % Fehler ein, wenn Diskontinuitäten eine Trendfortsetzung unterbrachen und damit Trendextrapolationen absolut unzulässig machen. Allerdings weiß man über die Diskontinuitäten meist erst a posteriori etwas mehr als a priori.

Bild 3: Prognose versus Realität: Fehler bei der DAX-Prognose [WamS 091227]

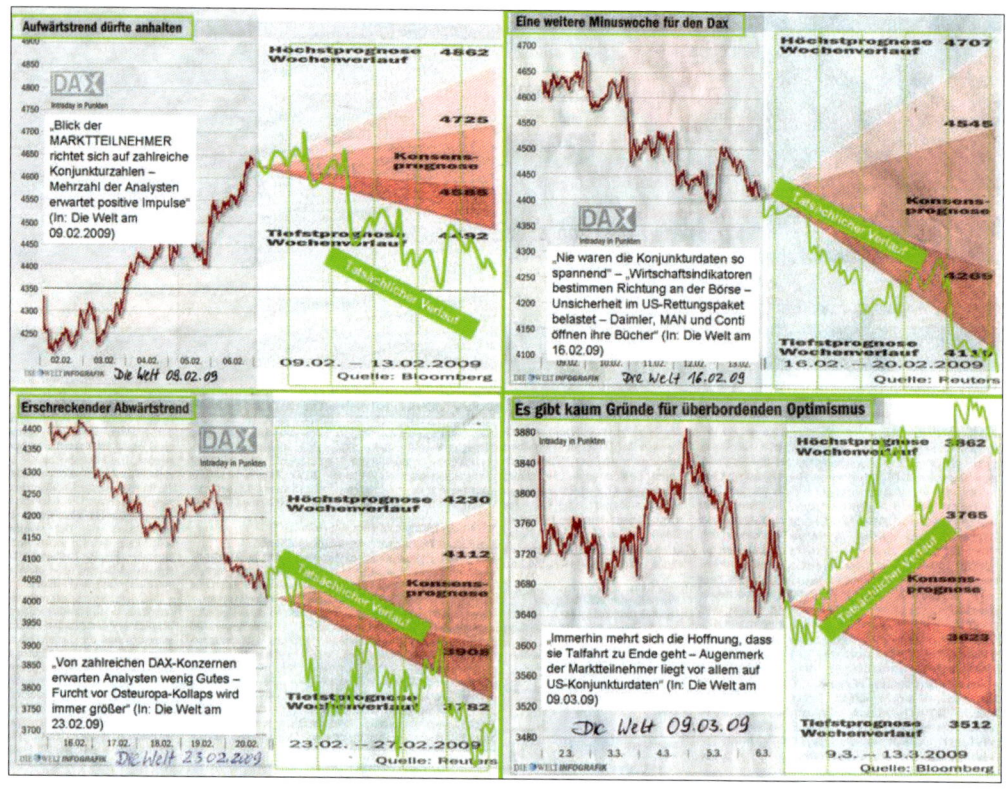

Bild 4: Hertel (2009): DAX-Prognose und Realität [DAX2009]

B2: Kurzfristentwicklung

Für die Kurzfristperspektive hat der Autor die wöchentlichen Trendprognosen für den DAX und die eine Woche später publizierten tatsächlichen Tagesverläufe des DAX graphisch gegenübergestellt. Außerdem hat er die jeweiligen Überschriften der Prognosetrichter aus den kommentierenden Texten der Prognose übernommen. Beispielhaft aus einer Reihe, die der Autor über einige Wochen im Jahre 2009 verfolgte, sei eine Gegenüberstellung von Prognose und Kommentar bzw. Realität gezeigt (Bild 4):

Prognosedatum für die kommende Woche	Prognosekommentar	Tatsächlicher Verlauf in der prognostizierten Woche
09. 02. 2009	„Aufwärtstrend dürfte anhalten"	Nicht nur der Aufwärtstrend hielt nicht an, sondern die DAX-Entwicklung fiel sogar unter den pessimistischen Abwärtskanal
16. 02. 2009	„Eine weitere Minuswoche für den DAX"	Die weitere Minuswoche trat tatsächlich ein, aber noch schlechter als der pessimistische Abwärtskanal

25. 02. 2009	„Erschreckender Abwärtstrend"	Der erschreckende Abwärtstrend wird noch viel erschreckender als die schrecklichste Prognose
09. 03. 2009	„Es gibt kaum Gründe für überbordenden Optimismus"	Die Realität ist diesmal viel günstiger als selbst ein überbordender Optimismus glauben wollte

Lerneffekt:

Man lernt, „wir als vernünftige Wesen (können) nie wirklich wissen, was Zukunft wirklich bringen wird, zugleich (haben wir) die Chance, dass es immer auch an uns liegt, die Zukunft nach unserem Willen zu gestalten" [STÖCKER 2001, S. 22].

1.2 Beschreibung von Szenarien – ein Ansatz, Zukunft nach unserem Willen zu gestalten

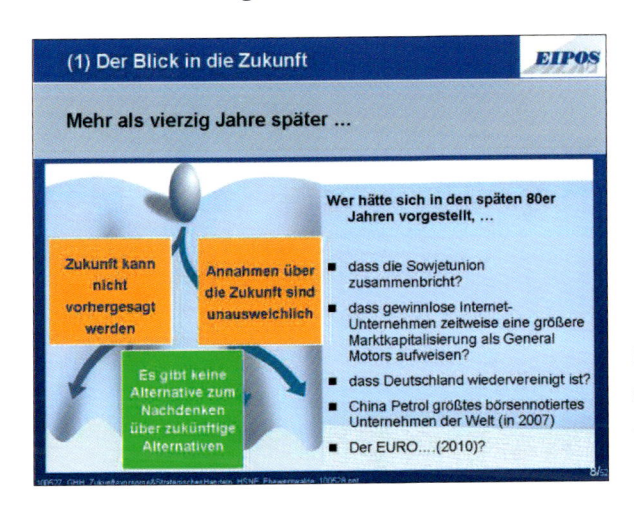

Bild 5: Es gibt keine vernünftige Alternative zum Nachdenken über zukünftige Alternativen.

Viel wichtiger als Trendextrapolationen für das „Nachdenken über Zukunft" ist es, *Szenarien für komplexe Welten zu entwickeln, weil Szenarien geeignet sind, bewusst mögliche Diskontinuitäten, mögliche Umbrüche in die möglichen Zukünfte „einzubauen".*

Dabei geht es um

– mögliche, nicht nur wahrscheinliche Szenarien,
– mehrere, alternative Szenarien, die widersprüchlich zueinander sein können.

Hat man diese Szenarien entwickelt, befindet man sich in einer *weitaus komfortableren Wissenssituation* als wenn man nur gewollte, gewünschte, wahrscheinliche Zukunftsbilder vor sich sieht.

Es gilt somit,

- mehrere mögliche Zukünfte („Plural"!) zu entwickeln,
- die gewollten von den weniger gewünschten Zukünften zu unterscheiden (aber nicht die einen ins Töpfchen, die anderen ins Kröpfchen, sondern beide Typen bleiben im Kalkül),
- die „Stellschrauben" zur Beeinflussung dieser Zukünfte zu entdecken,
- diejenigen Stellschrauben zu identifizieren, die man selbst im Sinne der gewünschten Zukünfte in der Lage ist zu steuern und schließlich
- tatsächlich alles zu tun, um weniger gewünschte Szenarien unwahrscheinlicher als die gewünschten Szenarien zu machen.

Das heißt, um im Bild 5 zu bleiben:

Schütte dort Sand auf, wo mehr Reibung entstehen soll, damit die Kugel nicht hinläuft.
Nimm Reibung dort heraus, wohin die Kugel laufen soll.

1.3 Diskontinuitäten als möglich ansehen

Sich mit Zukünften zu beschäftigen, heißt auch, Umbrüche als möglich anzusehen. Solche Umbrüche sind geeignet,

- Kontinuitäten plötzlich zu unterbrechen und der Entwicklung eine andere Richtung zu geben,
- scheinbar logischer Abfolge von Entwicklungsschritten eine vermeintliche Unlogik zu geben,
- Vorhersagen wenig verlässlich zu machen.

Schon Carl Benz, der Vordenker des Automobils, hat sich in der Einschätzung der Nachfrage nach seinen Produkten erheblich (zu seinen Gunsten) geirrt: Da es nicht genügend Chauffeure gäbe, meinte er, könne man auch nicht viele Autos produzieren und absetzen. Die Anzahl professioneller Chauffeure sei nun einmal begrenzt, so seine Annahme. Der ansonsten hochbegabte Benz hatte übersehen, dass die Technikentwicklung soziale Implikationen hervorbringt und umgekehrt auch bedingt:

Bild 6: Erfolg entscheidet sich nicht allein in einer Dimension

Autofahren wurde schnell ein *vergnügliches Unternehmen*; selbst Carl Benz' Gattin Bertha (1849–1944) mit den beiden Söhnen Eugen und Richard – 15 und 14 Jahre alt – unternahm den damals waghalsigen Versuch, mit der Motorkutsche die Distanz zwischen Mannheim und Pforzheim zu überwinden. Ihr machte es Spaß, sie wollte ihrem Gatten ihre Tatkraft einimpfen und ihrer Mutter, die immer die armen Zugtiere der Pferdekutschen bedauerte, einen Beweis ihrer Mutter-, Kinder- und Tierliebe erbringen. Wie viele Aspekte es doch waren, die die Kutschfahrt außerhalb der schnöden „Ortsüberwindung" begleiteten. Der lange geplante Besuch bei der Mutter war nur Anlass.

Wir lernen:

- Autofahren ist *Selbstbestimmung*. Bertha Benz nutze die junge Ingenieurskunst ihrer zwei Söhne aus, um nicht nur die Motorkutsche lautlos aus dem ehelichen Hof zu rollen, sondern sie auch außerhalb der Hörreichweite ihres Gatten mit Hilfe der jungen Kräfte ihrer Söhne anzuwerfen. Und sie konnte triumphieren, denn sie ließ ihren Gatten per morgendlichem Brief im Glauben, die junge Familie sei per Eisenbahn von Mannheim aus unterwegs zur Mutter.
- Autofahren ist *Zeitsouveränität*. Frau Benz war nicht mehr abhängig von den Fahrplanlagen der damals noch nicht im Takt fahrenden Eisenbahn. Sie brauchte auch nicht den Fahrplan studieren – eine Kunst, die damals zum Allgemeinwissen gehörte wie heute die Fähigkeit, Auto zu fahren.
- Autofahren ist *Komfort*. Für Mehrtagesreisen war der Aufwand für Gepäck, Verpflegung und Hygiene unterwegs nicht zu unterschätzen. Es gab auch noch keine Klimaanlagen, die ausfallen konnten. Bertha Benz verlud mit Hilfe ihrer tatkräftigen Söhne das Gepäck direkt auf den Motorwagen, ein schweißtreibendes mehrfaches Umschlagen auf Bahnsteigen entfiel.

- Die neue Technologie hat ein *komplexes Auftreten*: Ortsüberwindung mag der äußerliche Anlass sein; psycho-soziale Aspekte sind genauso erkennbar wie Irrationalitäten – den homo oeconomicus gibt es nicht.

Carl Benz wird vielleicht überrascht gewesen sein, dass seine Prognose so wenig zutraf. Aber sein Irrtum belebte sein Geschäft.

Trotzdem gab es noch viele Rückschläge, die sich erst mit dem Jahre 1888, aber nur ganz langsam zu einer Erfolgsgeschichte verdichten sollten:

„Das Jahr 1888 geht in die deutsche Geschichte ein als das „Drei-Kaiser-Jahr". Heinrich Hertz gelingt die Erzeugung und der Nachweis elektromagnetischer Wellen, Fridtjof Nansen durchquert Grönland auf Skiern, die Europäische Bahnverbindung nach Konstantinopel wird vollendet, und in Barcelona, Melbourne, Moskau und Sydney finden Weltausstellungen statt. Benz zeigt sich in diesem Jahr zusehends mutlos, denn ein kommerzieller Erfolg mit seinen Motorwagen will sich nicht einstellen. Bertha Benz richtet auch in dieser neuerlich schwierigen Phase ihres Lebens den Blick nach vorn. Sie bestärkt ihren Mann, unterstützt von Freunden, sich mit dem neuesten Gefährt, dem Patent-Motorwagen Modell 3, an der ‚Kraft- und Arbeitsmaschinenausstellung' in München zu beteiligen." [BERTHA BENZ].

Trotz positiver Pressestimmen auf dieser Messe in München des Jahres 1888 stellten sich weder konkrete Aufträge noch langfristige Geschäftsbeziehungen ein. Vielmehr wurde in der engeren Mannheimer Umgebung des Benz'schen Werkes der Motorwagen mehr als Spielerei denn als verkehrstechnische Innovation eingestuft.

Es bedurfte also noch erheblicher **Anstrengungen bis zum unternehmerischen Erfolg**:

- *Technologische Innovationen*, wie die Erfindung der Achsschenkellenkung im Jahre 1893 als Grundlage der Konstruktionsfähigkeit des 4-Rad-Mobils gegenüber dem vorher üblichen Dreirad,
- *Produktinnovationen*, wie den mit großem kommerziellen Erfolg auf den Markt gebrachten Benz Velo, einem Fahrzeug mit etwa der Hälfte der Masse und der Hälfte des Preis seines Counterparts ‚Benz Victoria',
- *Innovationen in der Organisation*, wie die im Jahre 1890 erfolgte Etablierung zweier erfahrener Kaufleute, der Herren Eduard Friedrich von Fischer (1845–1900) und Julius Ganß (1851–1905) als kaufmännischer Leiter bzw. als Vertriebschef neben dem technischen Geschäftsführer Carl Benz,

Bild 7: Der Benz Velo stammt aus dem Jahr 1894 und ist das erste in Serie gefertigte Mobil. Die Gesamtstückzahl, die von 1894 bis 1900 produziert wurden, lag bei 1200 verkauften Exemplaren zum Preis von 2.000 Goldmark. [MB-Museum]

- *Innovationen in Prozessen*, da der erfolgreiche Julius Ganß außergewöhnliche Auftragsserien von bis zu 200 Fahrzeugen akquirierte, die die für damalige Zeiten gewohnten Dimensionen an Materialverfügbarkeit, -logistik, Fahrzeugfertigungssequenzen, Qualitätsanforderungen in der Serie, Vertrieb und Service weit überschritten,
- *Innovationen in der Markterschließung*, wie Aufbau eines Vertriebsnetzes in Frankreich durch eine Vertriebsbeteiligung von Emile Roger in Paris, in England durch Henry Hewetson und Walter Arnold, in Südamerika sowie schließlich in Stuttgart im Jahre 1896,
- *Innovationen im Rechtskonstrukt*, wie Umwandlung der Personengesellschaft in eine Aktiengesellschaft im Jahre 1899, u. a. durch Beteiligung an einer Bank, der Rheinischen Creditbank [Vom Guten das Beste, S. 54/55]. Allein in jenem Jahr werden bei Benz 572 Fahrzeuge gebaut, 603 Autos sind es dann im Jahr 1900: Benz & Cie. ist damit die größte Automobilfirma der Welt (Daten aus [Daimler Archiv]).

Es wäre eine Verführung ins Illusionäre, wenn der Autor den Leser nicht hinweisen würde, dass sich auch in der weiteren Geschichte des Unternehmens Höhen und Tiefen, Weit- und Kurzsichtigkeit der Manager, Risiko und Chance, Irrtum und Wahrheit und damit Erfolg und Misserfolg die Hand gaben. Uns geht es hier nicht um Unternehmensgeschichte, die für Benz-Fahrzeuge z. B. in [Vom Guten das Beste] bestens nachgelesen werden kann.

Wir lernen aus der Benz'schen Unternehmensgeschichte heute:

- *Nicht nur technologische Treiber sind maßgebend* (wie die nächste Generation von Motoren), sondern eben auch vielfältige psycho-soziale, regulatorische oder ressourcenbasierte Aspekte.
- *Nicht allein das Produkt entscheidet* über den Markterfolg, sondern auch alle Services.

- *Nicht allein der Erfindungsreichtum der Mannschaft*, sondern auch die Geschicklichkeit des Managements, sie zu führen und zu motivieren, Prozesse zu gestalten und Visionen zu entwickeln, sind Erfolgsfaktoren.
- *Innovationen sind essentiell*, ihre kaufmännische Begleitung, ihre kundenorientierte Vermarktung und ihre auf Multiplikatoren setzende Vernetzung führen zu Leistungsorganisationen.
- *Innovationen dürfen nicht nur technischer Natur* sein, sondern müssen in allen Aktionsfeldern hervorgebracht werden (Technologie, Produkt, Organisation, Prozess, Markt, System)

2   Zukunftsvorsorge sollte Trends setzen

Innovationen kreieren sich selten aus klassischer Marktforschung, in der Kunden befragt werden. Klassische Marktforschungen dienen eher der ständigen Verbesserung vorhandener Produkte incl. Dienstleistungen. Ergänzend ist vielmehr, Trendstudien, Szenariobeschreibungen und retropolierende (die Umkehrung der extrapolierenden) Schlussfolgerungen aus möglichen Zukünften bezüglich der Gegenwart zu ziehen. Auf der Suche nach Erfolg versprechenden Innovationen haben die Automobilhersteller eine ganze *Palette globaler Trends* identifiziert (Bild 8):

- So ändern sich *Generationenbeziehungen*. Mehrere Generationen wohnen nicht mehr in einem Haus. Ältere bleiben bis ins hohe Alter mobil. Jüngste müssen in Kindergärten gebracht, später zur Schule gefahren werden und als Jugendliche frühzeitig selbst mobil sein. Das hat Auswirkungen auf das Design der Fahrzeuge.
- Die *Märkte werden* trotz Globalisierung *individueller*; andererseits müssen Hersteller auf Standardisierung und Gleichteilestrategien orientieren, um Kosten bei hoher Variabilität einzuhalten. Hier ist die geschickte Balance zwischen Ausdifferenzierung und Plattformkonzepten zu finden.
- Ohne die *„Chinesische Karte"* ist ein globaler Erfolg nicht mehr erzielbar. Aber der chinesische Markt ist sehr schwierig. Oberste Erfolgsgebote sind „Vertrauen stiften" und "lokale Bedürfnisse adaptieren".
- *Fahrzeugsysteme werden immer komplexer*. Kam man im Jahre 1979 noch mit 3km Kabellänge in einem Premiumwagen aus, so sind heute ganze Bussysteme und 2-stellige Anzahlen Steuergeräte zuständig für die Funktionsfähigkeit aller Systeme. Das hat seinen Preis, nicht nur monetär, sondern vielmehr in höchsten Ansprüchen an das Komplexitätsmanagement. Das Automobil ist das komplexeste Serienprodukt, das die Menschheit kennt.
- Die *Variantenvielfalt steigt*. Das erfordert neben der Komplexitätsbeherrschung in Entwicklung und Produktion auch völlig neue Lagerhaltungskonzepte, nicht nur für Hardware, sondern zukünftig auch für Software. Software ist wie ein Hardwareprodukt zu managen.

- Komplexität der Funktionen, Komplexität der Verkehrssituationen und Unprofessionalität der Fahrer als Regelfall (Berufskraftfahrer im Straßenverkehr sind im Gegensatz zum Schienen- oder Luftverkehr kein Regelfall) erfordern *teilautonome Systeme*, die Gefahren erkennen und reduzieren, die sich fehlertolerant verhalten, die Fahrer, Beifahrer und Verkehrspartner maximal schützen, ohne deren Autonomie zu einzuschränken.
- *Umweltschutz ist dominant* und erfährt strafbewährte Aspekte. Verletzungen von Emissionsgrenzwerten sind tributpflichtig und belasten erheblich sowohl die Kosten wie auch die Reputation von Unternehmungen.

Bild 8: Trendfelder, in denen sich Unternehmen ausdifferenzieren müssen

Die von den Unternehmen identifizierten Trendfelder werden in der unternehmerischen Praxis nun weiter dekliniert:

- Welche „Stellschrauben" determinieren die Entwicklung dieses Trendfeldes?
- Welche Stellschrauben hat „mein" Unternehmen in der Hand, um gewünschte von ungewünschten Zukünften zu separieren?
- Welche Maßnahmen muss „mein" Unternehmen ergreifen, um gewünschte Zukünfte anzusteuern.

Insbesondere gilt es, die Innovationen so zu steuern, dass sie geeignet sind, diese gewünschten Zukünfte zu ermöglichen. Fortgeschrittene Unternehmen haben dafür ein System des Innovationsmanagements erarbeitet. In diesem System werden – prinzipiell gesprochen – viele Ideen und Inventionen gefiltert, die zu Innovationen zu entwickeln sind.

Nach eigener Erfahrung des Autors braucht man (prinzipiell) 1000 Ideen, um zu einer Innovation zu kommen (Verhältnis 1000 : 1). Das Problem ist offenbar, die 999 Ideen herauszufiltern, die weniger geeignet sind als die eine, die zur Innovation gebracht wird.

Bild 9: Ideenfilter für die entscheidende Innovation

3 „Zukunftsentwicklung" ist möglich durch Kompetenzentwicklung

Die Aktivitäten des obersten Managements sollten sich *nicht an tagesaktuellen Entwicklungen aufreiben,* sondern vielmehr vorausschauend die Trends antizipieren und setzen, den Markt entwickeln und die Rahmenbedingungen zur Produktkreation bereitstellen.

Leider ist festzustellen, dass tagesaktuelles Agieren trotz dieser Erkenntnis dominiert. Die Gründe sind vielfältig. Ein Grund ist allerdings sehr gut verständlich. Wir wissen, dass Erfolgserlebnisse wichtig sind. Erfolgserlebnisse in langfristiger Strategiearbeit stellen sich aber kurzfristig nicht ein. Deshalb ist es auch verständlich, warum Holzhacken so viel Spaß macht: Nach der Tagesarbeit sieht man den Erfolg sofort an der Größe des gespaltenen Holzhaufens…im „Nachdenken in Zukünften" ist der Erfolg nach der Tagesarbeit nicht zu sehen, nicht zu spüren, nicht zu fassen…wenn überhaupt.

Dennoch, es ist zu wiederholen (siehe Bild 5):

„Es gibt keine Alternative zum Nachdenken über zukünftige Alternativen"

Wie kann man diesem Dilemma begegnen?

Mit einer zukunftsvorsorgenden Strategieentwicklung sind vor allem Kompetenzentwicklungen und zum Teil auch Paradigmenänderungen verbunden. Die *Kompetenzen der Organisation und der Mitarbeiter* sollten verstärkt werden auf den innovationsschaffenden Feldern. Im Vordergrund müssen stärker stehen die Entwicklung von

- Fähigkeiten zur Zukunftsentwicklung,
- Fähigkeiten, Trends zu setzen,
- Fähigkeiten, Innovationen zu kreieren,
- Fähigkeiten, Visionen zu entwickeln und zu begeistern.

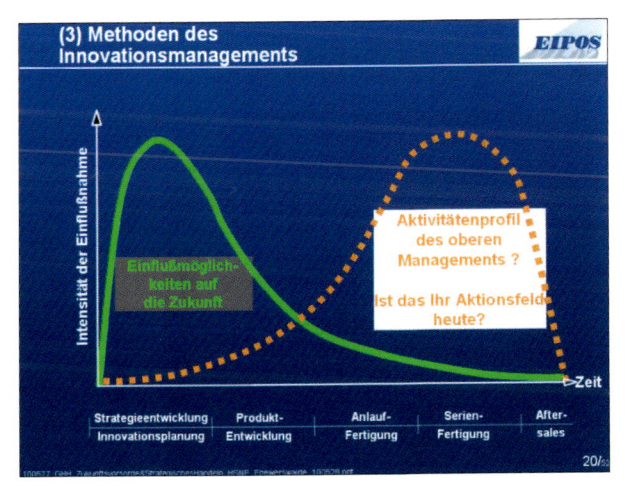

Bild 10: Paradigmenwechsel hin zu proaktivem Handeln

Ein *Paradigmenwechsel* scheint notwendig in Bezug auf die Intensität der Aktivitäten des obersten Managements:

– Loslassen von tagespolitischen Aufgaben und
– Verstärken der Tätigkeiten, die sich mit Zukunft befassen.

Das sind

– trendidentifizierendes Analysieren,
– trendsetzendes Marketing,
– antizipatorisches Denken,
– szenariotechnisches Vorgehen,
– wertorientiertes Handeln,
– visions- und missionsaffines Führen.

Quellen:

[Aguirre-Fröhlich 2009] Aguirre-Bastos, Carlos and Fröhlich, Josef: „Research, Technology and Innovation Policy and the Convergence Challenge: Lessons from Complex Systems Science". – In: Wissenschaftliche Zeitschrift EIPOS 2(2009)1.– S. 155–182.

[Bertha Benz] http://www.autowallpaper.de/Wallpaper/Mercedes/Bertha_Benz_fernfahrt/Bertha_Benz_fernfahrt.htm; Zugriff 100612.

[Daimler Archiv] http://media.daimler.com/dcmedia/0-921-614822-49-1127712-1-0-0-0-0-0-11701-614318-0-1-0-0-0-0-0.html; Zugriff 100612.

[DAX 2009] Hertel, Günter (2009): DAX-Prognose und Realität. – Wöchentliche Vergleiche. Internes Material auf der Basis von Veröffentlichungen in Die Welt (Montagsausgabe) über einige Wochen in 2009. Hier für 4 Wochen auf Basis nachfolgender Text-Dokumente. Die Bilddokumente wurden aus der jeweiligen Printausgabe gescannt. http://www.welt.de/welt_print/article3170740/Boersianer-koennen-auf-Erholungsrallye-hoffen.html; Zugriff 100615, http://www.welt.de/welt_print/article3211522/Noch-nie-waren-Konjunkturdaten-so-spannend.html; Zugriff 100615, http://www.welt.de/welt_print/article3254846/Die-Verteidigung-der-4000-Punkte-Marke-ist-das-oberste-Ziel.html; Zugriff 090321, http://www.welt.de/welt_print/article3341749/Eine-nachhaltige-Erholung-der-Aktienmaerkte-ist-nicht-in-Sicht.html; Zugriff 090321.

[MB-Museum] http://mercedes-museum.hornecker-online.de/mb_benz_velo.html; Zugriff 100612.

[Leutzbach 2000] Leutzbach, Wilhelm: „Das Problem mit der Zukunft. Wie sicher sind Voraussagen?" alba Fachverlag Düsseldorf 2000. 192 Seiten. ISBN 3-87094-644-X.

[Spiegel-online 2008] Stefan Schultz: „Peinliche Ölpreis-Prognosen", Spiegel-online vom 04.01.2008. - Internetverfügbarkeit: http://www.spiegel.de/wirtschaft/0,1518,526617,00.html; Zugriff 100614.

[Stöcker 2001] Stöcker, Ralf : „WER WEISS, WAS DIE ZUKUNFT BRINGEN WIRD? - PROGNOSEN ALS ERKENNTNISTHEORETISCHE HERAUSFORDERUNG". – In: Zeitschrift für Philosophie. Conceptus XXXIV (2001), Nr. 84, S. 1–22. (Hrsg. von Rainer Born, Johann Christian Marek, Otto Neumaier, Günter Posch) Academia Verlag; Internetverfügbarkeit: In: http://www.uni-potsdam.de/angewandte-ethik/dokumente/Prognosen%20als%20erkenntnistheoretische%20Herausforderung.pdf; Zugriff 100613.

[tecson100613] Tecson-Weltmarktpreise Rohöl, stundenaktuell; Internetverfügbarkeit: http://www.tecson.de/prohoel.htm; Zugriff 100614; historische Entwicklung der Weltmarktpreise Rohöl ab 1960 siehe http://www.tecson.de/poelhist.htm.

[Vom Guten das Beste] Feldkrichen, Wilfried: Vom Guten das Beste. Von Daimler und Benz zur DaimlerChrysler AG. Band 1: Die ersten 100 Jahre 1883–1983. Herbig-Verlag München; 1. Auflage 2003; ISBN 3-7766-2254-7.

[WamS 091227] Eckert, Daniel; Zschäpitz, Holger: „Der Schwarm lag fast richtig". In: Welt am Sonntag vom 27. 12. 2009. – S. 51; Internettextquelle: http://www.welt.de/die-welt/finanzen/article5641717/Der-Schwarm-lag-fast-richtig.html; Zugriff 091227.

Weiterführende Literatur:

Malik, Fredmund: „Strategie des Managements komplexer Systeme. Ein Beitrag zur management-Kybernetik evolutionärer Systeme." 10. Auflage 2008, Haupt-Verlag Berlin – Stuttgart – Wien, 531 Seiten. ISBN 978-3-258-07396-5.

Pillkahn, Ulf: „Trends und Szenarien als Werkzeuge zru Strategieentwicklung. Wie Sei die unternehmerischen und gesellschaftliche Zukunft planen und gestalten." Hrsg.: Siemens AG, Berlin und München; Verlag Publics Corporate Publishing Erlangen; 460 Seiten. ISBN 978-3-89578-286-2.

Popp, Reinhold und Schüll, Elmar (Hrsg.): „Zukunftsforschung und Zukunftsgestaltung. Beiträge aus Wissenschaft und Praxis." Wissenschaftliche Schriftenreihe „Zukunft und Forschung" des Zentrums für Zukunftsstudien Salzburg. Band 1. Springer Verlag Berlin und Heidelberg 2009. 49 Autorenbeiträge in drei großen Fachgebieten geordnet. 709 Seiten. ISBN 978-3-540-78673-7

Hertel, Günter H.
Prof. Dr.-Ing. habil.

1966: Abitur und Facharbeiter Deutsche Reichsbahn

1966–1971: Studium Verkehrskybernetik und Mathematik, Hochschule für Verkehrswesen „Friedrich List" Dresden (HfV)

1974: Promotion Dr.-Ing. mit einer Arbeit zum Prozessrechnereinsatz. HfV, Dresden

1986: Habilitation „Analytische Modellierung von Bedienungssystemen mit störanfälligen Kanälen, HfV Dresden

1974–1980: Projektmanager für Ausbaumaßnahmen von Eisenbahnstrecken der Obersten Bauleitung für Elektrifizierung und Automatisierung der Deutschen Reichsbahn, Leipzig

1980–1992: Assistent, in 1991 Oberassistent an HfV bei Prof. Dr. sc. techn. K. Fischer, Institut „Theoretische Grundlagen der Transport- und Nachrichtenverkehrsprozesse", Lehraufgaben: Zuverlässigkeitstheorie; Eisenbahntransport

03. 10. 1991: Ernennung zum Prorektor für Wissenschaft der HfV Dresden

1992-1994: Gründungsdekan der neuen Fakultät für Verkehrswissenschaften „Friedrich List" der Technischen Universität Dresden (TU Dresden)- (http://tu-dresden.de/die_tu_dresden/fakultaeten/vkw)

1992: Univ.-Professor für Verkehrsströmungslehre und -systemtheorie an der Fakultät Verkehrswissenschaften „Friedrich List" der TU Dresden

1994: Gastprofessor an der Reiksuniversiteit Groningen / Niederlande

1996–2006: Daimler-Benz AG, dann DaimlerChrysler AG: Vice President (VP) Research and Technology (Research Electric&Electronic, Mechatronic, zeitweise in Personalunion VP Corporate Quality Management, 2004–06 VP Technology Mgmt and Intellectual Property Mgmt)

seit 2007: Gastprofessor an den Universitäten Pardubice (CZ), TU Ostrava (CZ), Hochschule für Wirtschaft und Umwelt Nürtingen-Geisslingen (DE)

seit 2006: Präsident des Europäischen Instituts für postgraduale Bildung an der Technischen Universität Dresden e. V. – EIPOS –.

Seit 2008: Mitglied des Wissenschaftlichen Beirats des promotionsbegleitenden Weiterbildungsangebots des EIPOS – Akademisches Europa-Seminar (AES) und Dozent im AES

Indikatorgestützte Standortanalysen und kreatives Milieu[1]

Klaus Wollenberg

1 Vorbemerkung

Regionalwissenschaftliche bzw. regionalwirtschaftliche Studien und Forschungen, die sich mit Standorten, Regionen und wirtschaftlichem Erfolg befassen, konzentrieren sich sehr oft auf vorhandene oder fehlende Ausstattungen mit Bildungs- und Forschungseinrichtungen und den Stand bzw. die Infrastrukturqualität der untersuchten Räume. In einem Beitrag über die „Grundlagen der Raumwirtschaftstheorie" weist Klaus Schöler jedoch darauf hin, das „vermutlich viele Faktoren die regionalen Wachstumsraten [bestimmen]: Transportkosten und staatliche Infrastruktur, die Größe eines Wirtschaftsraumes und die dadurch entstehenden Spillover-Effekte, aber auch Wirtschaftsgesinnung und Technikakzeptanz, regionale Politikqualität und Image"[2]. Für Michael Rösler bestimmen tatsächlich „eine Vielzahl sogenannter weicher Standortfaktoren darüber, ob eine Region ihre Bürger hält, ob Unternehmen sich ansiedeln bzw. bleiben und ob Politiker zum Erfolg kommen[3]. Wenn beispielsweise Identität und Image bedeutsame Standortwahlfaktoren sind, wofür vieles spricht, dann ist aus kommunaler oder regionaler Sicht die Herstellung und Pflege von Identität und Image von strategischem Belang[4].

„Vermutlich viele Faktoren bestimmen die regionalen Wachstumsraten ... "
(Klaus Schöler, 2006)

---

1 Vortrag im Rahmen der Fachtagung und der 2. EIPOS-Regionalmanagertagung „Zukunftsorientiertes Regionalmanagement" am Fachbereich Wirtschaft der Hochschule für nachhaltige Entwicklung (FH) Eberswalde, 28. Mai 2010.
2 Schöler, K. Grundlagen der Raumwirtschaftstheorie, in WISU (2/2006), S. 232.
3 Rösler, M., Identität als weicher Standortfaktor, in: OIKOS, Ökonomische und ökologische Schriften des Fachbereichs Wirtschaft der Hochschule für nachhaltige Entwicklung Eberswalde, 16 (2010), Heft 1, S. 46 sowie Kujath, H-J., Rösler, M., Wollenberg, K.: Evaluierung und Optimierung regionaler Wirtschaftsförderung – untersucht im Landkreis Barnim/Brandenburg, in: OIKOS, Ökonomische und ökologische Schriften des Fachbereichs Wirtschaft der Fachhochschule Eberswalde, 12 (2006), Heft 4, S. 9 ff.
4 Steinrücke T., Jaenichen, S., Kuchinke, B., Standortwahl – Was signalisiert kommunale Wirtschaftsförderung? in: Wirtschaftsdienst (6/2005), S. 384, vgl. dazu auch Buß, E., Fink-Heuberger, U., Image Management, Frankfurt 2000.

„Die Standortökonomie ist ein komplexes Forschungsfeld ..."

Die „Standortökonomie" ist ein komplexes Forschungsfeld, dem sich die deutschsprachige Volkswirtschaftslehre spätestens seit dem 19. Jh., die ‚regional economics' verstärkt seit den 1950er Jahren, die Wirtschafts- und allgemeine Geographie bereits im frühen 20. Jh. sowie die ‚new economic geography' (Neue Ökonomische Geografie) seit etwa 1990, gewidmet haben bzw. widmen[5]. Während in diesem Zusammenhang im 19. Jh. Fragen der landwirtschaftlichen und industriellen Standorte im Vordergrund des Interesses standen, waren es im 20. Jh. Aspekte der räumlichen Preisbildung und der Handelsstandorte. Heute schließlich, sind insbesondere Gedanken zu den optimalen Wirtschaftsräumen und der räumlichen Auswirkung von Innovationen für die Regionalökonomik von Interesse[6]. Letztendlich will man auf diese Weise Antworten auf die Fragestellungen finden, „wo befindet sich der ‚ideale Standort'", „was macht einen Standort aus wirtschaftlicher Sicht aus", insbesondere, was macht ihn im Vergleich zu anderen ‚stark' und ‚erfolgreich'?"[7].

Die Analyse von Betriebs- und Unternehmensentscheidungen zur Standortwahl (oder Abwahl), die Ursachen lokalen und regionalen Wachstums, die Gründe für regionale Dynamik und Innovationsverhalten[8], sowie das weite Feld der ‚harten und weichen' Standortfaktoren interessieren in diesem Zusammenhang in Besonderheit. Die Neue Ökonomische Geografie erklärt das Phänomen der Agglomeration, also der räumlichen Verdichtung von Produktionsstandorten, ebenso wie das Phänomen des Hinterlandes, sowie die Entleerung des Raums von ökonomischen Aktivitäten[9]. Hier haben in jüngerer Zeit insbesondere die Forschungen von Richard Florida (University of Toronto) über „Cities and the Creative Class" die Diskussion vorangebracht[10].

---

5   Vgl., Schöler, K., Raumwirtschaftstheorie, München 2005, Armstrong, H. and Taylor, J., Regional Economics and Policy, 3rd ed., Oxford 2000, Fujita, M, Krugman, P.R. and Venables, A., The Spatial Economy: Cities, Regions and International Trade, Cambridge MA 1999, Hanink, D.M., Principles and applications of economic geography: Economy, policy, environment, New York and Chichester 1997, Blaug, M., Spatial Economics and the Classical Theory of Location, in: Economic theory in retrospect, 5th ed., Cambridge University Press 1997,S. 596-612, Temple, M. Regional economics, New York – London 1994, Fujita, M., Urban Economic Theory, Cambridge UK 1989, Krugman, P.R., Geography and Trade, Cambridge (Mass.), 1991, Nijkamp, P. and Mills, E.S., Handbook of Regional and Urban Economics, 2 vols., Amsterdam – New York 1986-7, v. Böventer, E., Standortentscheidung und Raumstruktur, Hannover 1979, Lloyd, P.E. and Dicken, P., Location in Space: A Theoretical Approach to Economic Geography, New York 1977, Isard, W. Methods of Regional Analyses: An Introduction to Regional Science, Cambridge MA - New York 1965, Myrdal, G., Economic theory und unterentwickelte Regionen, 1958, Ponsard, C., Histoire Théorie des Économique Spatiales, 1958, Lösch, A., Die räumliche Ordnung der Wirtschaft. Eine Untersuchung über Standort, Wirtschaftsgebiete und internationalen Handel, Jena 1940, Christaller, W. Die zentralen Orte in Süddeutschland, Jena 1933, Weber, A. Reine Theorie des Standortes, Tübingen 1909, Launhardt, W., Die Bestimmung des Zweckmässigsten Standortes einer Gewerblichen Anlage, in: Zeitschrift des Vereines Deutscher Ingenieure (1882), v. Thünen, J. H., Der isolirte Staat in Beziehung auf Landwirtschaft und Nationalökonomie oder Untersuchungen über den Einfluß den die Getreidepreise der Reichthum des Bodens und die Abgaben auf den Ackerbau ausüben (1826 1. Auflage und 1842 2. und verbesserte Auflage).
6   Schöler, K. Grundlagen der Raumwirtschaftstheorie, in WISU (2/2006), S. 237.
7   Vgl. Bertelsmann Stiftung (Hrsg.), Die Bundesländer im Standortwettbewerb 2005, Gütersloh 2005, S. 7-59.
8   Wollenberg, K., Wirtschaftsförderung und/oder Innovation, in: R. Voß (Hrsg.), Modernisierung ländlicher Regionen. Wettbewerbsfähigkeit durch Innovation, Bildung, Netzwerke, Wildauer Schriftenreihe Innovationsmanagement, Band 5, Berlin 2005, S. 140-165.
9   Schöler (wie Anm. 2), S. 232-237.
10 Richard Florida, The rise of the creative class: and how it's transforming work, leisure, community and everyday life, New York 2002, derselbe, Cities and the Creative Class, New York 2005, und Richard Florida , Tim Gulden, Charlotta Mellander, The Rise of the Mega-Region, October 2007, Richard Florida, Who's Your City?: How the Creative Economy Is Making Where to Live the Most Important Decision of Your Life, New York 2009.

Bemerkenswert ist, dass regional- und lokalökonomische Fragestellungen in der Öffentlichkeit und bei politischen Entscheidungsträgern, einschließlich der Wissenschaft, weit weniger Beachtung finden, als etwa außenwirtschaftliche Themenfelder und Fragen der Globalisierung[11]. „Eigentlich müssten regional spezifische Tugenden in Zeiten des globalen Standortwettbewerbs und der internationalen Arbeitsteilung ihre Bedeutung verlieren"[12]. Tatsächlich lässt sich aber ein paradox erscheinender Trend im Zuge der Globalisierung in Richtung Dezentralisierung von Entscheidungsstrukturen, weg von der nationalen Ebene, hin auf die Provinz- und lokale Ebene, beobachten[13]. Globalisierung wirkt erst in Kombination mit zunehmender Dezentralisierung effizienzsteigernd, so dass die Beobachtung und Analyse von wirtschaftlichen Geschehnissen in Regionen und Kommunen notwendig ist.

„Der Erfolg der mittelständisch geprägten deutschen Industrie liegt in den Regionen begründet … es spricht viel für die Bedeutung von Pfadabhängigkeiten, d. h. lange zurückgreifende Entwicklungen mit strukturprägender Kraft"[14]. Wirtschaftshistoriker sehen die Industrialisierung aus heutiger Sicht nicht mehr als nationale Entwicklung, sondern als Vorgang regionaler Verdichtung und Differenzierung, insbesondere in Deutschland[15]. Die besondere Tradition der deutschen dualen Berufsausbildung mit betrieblicher Lehre und schulischer Vertiefung einerseits, andererseits die universitäre Ingenieurausbildung, stabilisierte die mittelständisch geprägte und regional gegliederte Wirtschaftsstruktur durch Hervorbringung gut ausgebildeter Mitarbeiter. Zudem ist das dreigegliederte deutsche Universalbankensystem mit dem auf dem Regionalprinzip fußenden Geschäftsmodell der Sparkassen, dem Selbsthilfeprinzip der lokalen Kredit- und Genossenschaftsbanken und dem auf überörtliche und internationale Kreditversorgung gerichteten Modell privatwirtschaftlicher Geschäftsbanken grundsätzlich Garant für die Kreditversorgung einer Region.

Erfolg der mittelständisch geprägten Industrie in den Regionen begründet durch …

– Pfadabhängigkeiten
– Regionale Verdichtung und Differenzierung
– Duale und universitäre Ausbildung
– Dreigegliedertes deutsches Universalbankensystem

---

11 Wollenberg, K., Globalisierung als Gegenstand wirtschaftswissenschaftlicher Betrachtung – ein historischer Überblick, in: Meier-Walser, R.C. und Stein, P. (Hrsg.), Globalisierung und Perspektiven internationaler Verantwortung. Problemstellungen, Analysen, Lösungsstrategien, eine systematische Bestandsaufnahme, München 2004, S.50-80.
12 Hüther, M., Warum Deutschland anders ist als seine Partner, Handelsblatt Essay, in: Handelsblatt 60 (2010), S. 8 f.
13 Braun, J. von, Die Globalisierung fördert dezentrale Strukturen, in: Handelsblatt, Februar 2002.
14 Hüther, M., (wie Anm. 12), S. 8 f.
15 Derselbe, S. 8 f.

2 Kreatives Milieu und Kreativwirtschaft

„Ökonomen, die mit kulturellen Faktoren argumentieren, tarnen damit nur das Scheitern ihrer Analyse", argumentierten Ende der 1970er Jahre die beiden amerikanischen (späteren) Ökonomie-Nobelpreisträger George J. Stigler (1982) und S. Gary Becker (1992)[16]. Tatsächlich war die Volkswirtschaftslehre gegenüber kulturellen Fragen lange Zeit ignorant. Spätestens seit Beginn des neuen Jahrtausends gelten „Kultur und Ökonomie" jedoch als boomende Forschungsbereiche der Disziplin[17]. In neuerer Zeit werden als Begründung für wirtschaftlichen Erfolg Netzwerke und Clusterstrukturen im Rahmen divergierender Entwicklungen in regionalen Verdichtungsräumen herausgestellt[18]. Auslöser für wirtschaftliches Wachstum ist im Verständnis der neueren Wachstumstheorie der endogene ‚technische Fortschritt'[19]. Zudem ermöglicht die Konzentration innerhalb der Betriebe und Unternehmen auf deren Kernkompetenzen (bei gleichzeitiger Auslagerung von betrieblichen Sekundärfunktionen auf Zulieferer) eine erfolgreichere Arbeitsteilung[20].

Einen starken neuen Impuls erhielt das Forschungsfeld zur Standort- und Regionalökonomie Mitte der 1980er Jahre, als aus der französischen GREMI-Gruppe („Groupe de Recherche Européen sur les Milieux Innovateurs") der Begriff des „kreativen Milieus" (auch „innovatives Milieu") von beteiligten Soziologen und Regionalwissenschaftlern eingebracht wurde. Forscher und Praktiker drängen auf Hinweise nach den Ursachen für Unterschiede der Innovationsfähigkeit und -tätigkeit verschiedener Regionen. Deshalb entschloss man sich, die komplexen Zusammenhänge und Beziehungen regionaler Netzwerke unter Einbeziehung des soziokulturellen Umfelds (Embeddedness) zu betrachten. Als Voraussetzung für die Wirksamkeit eines kreativen Milieus gilt neben der räumlichen Nähe auch das Vorhandensein von gemeinsamen Wertvorstellungen und dem Vertrauen der Beteiligten. Das „Vertrauen" bezeichnet Olaf Storbeck als „Türöffner für kulturökonomische Analysen"[21]. Guido Tabellini, der die wirtschaftlichen Folgen kultureller Differenzen untersuchte, kam zum Ergebnis, dass „in europäischen Regionen mit höherer Prosperität die Menschen Wertvorstellungen haben, die für das Wirtschaftsleben in einer entwickelten Volkswirtschaft besonders günstig sind... so lassen sich auch die teilweise großen Entwicklungsunterschiede zwischen Regionen erklären ..."[22] Oliver Frey schlägt in diesem Zusammenhang den Begriff der „amalgamen Stadt" vor, in der sich die baulichen Strukturen verschmelzen mit den sozial-psychischen Strukturen des sozialen Rau

---

16 Storbeck, O., Ökonomische Kulturrevolution, in: Handelsblatt 19.2.2007. Zu George J. Stigler vgl. Recktenwald, H. C., Die Nobelpreisträger der ökonomischen Wissenschaft 1969-1988, Band II, Düsseldorf 1989, S. 782-815. Zu Gary S. Becker vgl. Grüske, K.-D. (Hrsg.), Die Nobelpreisträger der ökonomischen Wissenschaft, 1989-1993, Band III, Düsseldorf 1994, S. 195-236.
17 Storbeck (wie Anm. 16).
18 Derselbe, S. 8 f.
19 Baßeler, U., Heinrich, J., Utecht, B., Grundlagen und Probleme der Volkswirtschaft, 18. Auflage, Stuttgart 2010, S. 826 ff.
20 Hüther, M., (wie Anm. 12), S. 8 f.
21 Storbeck (wie Anm. 16).
22 Storbeck (wie Anm. 16) zitiert Guido Tabellini, Bocconi-Universität Mailand.

mes[23]. Auch Charles Landry beschreibt in seiner Definition des „kreativen Milieus" den Zusammenhang zwischen Innovation, Kreativität und sozialräumlichen Milieustrukturen[24].

Die inhaltliche Verbindung von „Kreativität" und „städtischer Lebenswelt" in einer Zeit der Wissensgesellschaft kann zu einer „Renaissance der Stadt"[25] beitragen und damit würden Wirtschaftszweige, die kulturelle Wissensformen einbinden, zu Hoffnungsträgern städtischer Wirtschaftsförderer bzw. der großräumig agierenden Regionalförderer werden. Deshalb kann sich die „Kultur- und Kreativwirtschaft" zu einem neuem Feld städtischer Wachstumsstrategien entwickeln[26]. Der seit 2004 verwandte, aber nicht einheitlich definierte Begriff der „Kultur- und Kreativwirtschaft" umfasst alle Aktivitäten zur Herstellung und zum Verbleib von Kulturprodukten mit dem Ziel, Geld zu verdienen. Darin eingeschlossen ist das Kommissions- und das Lizenzgeschäft, sowie das Urheberrecht als dem wesentlichen Marktordnungsgesetz[27].

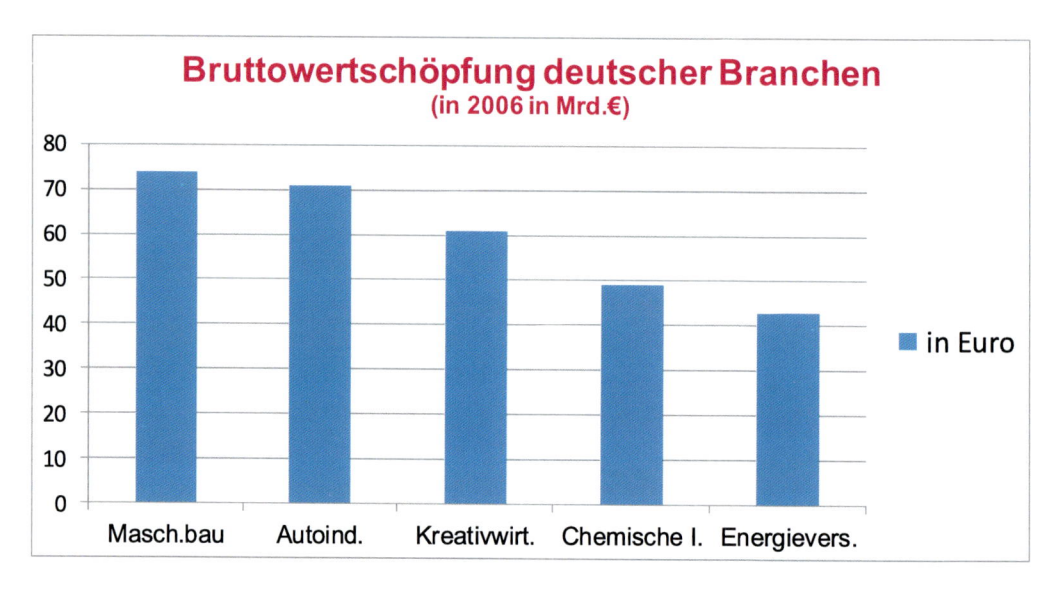

Abb. 1: Bruttowertschöpfung deutscher Branchen in 2006

---

23 Frey, O., Ein neuer Stadttypus in der Wissensgesellschaft: Die amalgame Stadt der kreativen Milieus, in: H-Soz-u-Kult, Humboldt Universität Berlin 2010.
24 Landry, C., The Creative City. A Toolkit for urban Innovators, London 2000.
25 Läpple, D., Thesen zu einer Renaissance der Stadt in der Wissensgesellschaft, in: Gestring, N., Glasauer, H., Hannemann, C., Petrowsky, W., Pahlan, J. (Hgg.), Jahrbuch StadtRegion 2003, Opladen 2004, S. 61-77.
26 Kunzmann, K. R., Cultural Industries and Urban Economic Development, in: Art Today 135 (2003), S. 162-167, Der privat organisierte Verein Kulturstatistik hat ein Abgrenzungsmodell zum Begriff „Kreativwirtschaft" entwickelt. Nach dieser Definition zählen zum Kernbereich der Kulturwirtschaft in Deutschland: Verlagsgewerbe, Filmwirtschaft, Rundfunk- und Fernsehwirtschaft, darstellende und bildende Künste, Literatur, Musik, Journalisten- und Nachrichtenbüros, Buch- und Zeitschriftenhandel, Museen und Kunstausstellungen, Architektur sowie Designwirtschaft.
27 Fesel, B., Definitionsansatz „Kultur- und Kreativwirtschaft", Büro für Kulturpolitik und Kreativwirtschaft, Bonn, in: http://www.kreativwirtschaft-deutschland.de/Kontakt/tabid/121/Default.aspx.

Die vom Bundesministerium für Wirtschaft und Technologie 2009 und 2010 vorgelegten Vergleichsdaten der bundesdeutschen Bruttowertschöpfung der wirtschaftlich fünf bedeutsamsten Branchen scheinen diese Annahmen zu stützen[28]. Danach erreichte der Maschinenbau (für das Jahr 2006) auf Platz 1 eine Bruttowertschöpfung im Umfang von 74 Mrd. €, gefolgt von der Autoindustrie mit 71 Mrd. € und *auf Platz 3 der Kultur-/Kreativwirtschaft mit 61 Mrd. €*, gefolgt auf Platz 4 von der Chemischen Industrie mit 49 Mrd. € und der Energieversorgung auf Platz 5 mit 43 Mrd. €.

Zwei Jahre später (2008) belief sich der Umsatz der Kreativwirtschaft auf über 132 Mrd. € bei 63 Mrd. € Wertschöpfung[29]. Während 2006 rund 800.000 Erwerbstätige in der Kreativwirtschaft ihre Beschäftigung fanden, stieg bis Ende 2008 die Beschäftigtenzahl auf knapp eine Million Erwerbstätige. Eine Steigerung der Erwerbstätigenzahl gelang in 2009 auf 1,024 Mio. Personen sowie bei der Zahl der in der Branche beschäftigten SV-Arbeitskräfte auf 787.000 Personen[30]. Um ungefähr drei Prozent jährlich stieg die Zahl der Arbeitsplätze der Kreativwirtschaft in den letzten zehn Jahren. Deutschlandweit sind 238.000 Unternehmen (Ende 2008) in der Kultur- und Kreativwirtschaft aktiv tätig. Die Selbständigenquote dieses Bereichs liegt mit 28 % außergewöhnlich hoch[31].

Die wirtschaftliche Bedeutung der Kultur- und Kreativbranche rückt zunehmend in den Fokus nicht nur der nationalen, sondern auch der internationalen Politik. Bereits 2006 hat die Europäische Kommission eine Studie beim Beratungsunternehmens KEA (Kern European Affairs, Brüssel) zur Bedeutung der Kulturwirtschaft in Europa („The Economy of Culture") in Auftrag gegeben und 2007 vorgelegt: 654 Milliarden Euro Umsatz (= 2,6 % der europäischen Bruttowertschöpfung und damit Platz 3 unter den Wirtschaftsbereichen innerhalb der EU), 5.885 Millionen Beschäftigte europaweit (= 3,1 % der Gesamtbeschäftigten innerhalb der EU) und beträchtliche Wachstumsraten, so das Fazit der Studie[32]. Der EU-Kulturministerrat (und inzident auch der Europäische Rat im Frühjahr 2007) attestierten der Branche eine wachsende Bedeutung vor allem für die Entwicklung von Wirtschaftswachstum und Schaffung von Arbeitsplätzen in Europa, somit auch bei der Erreichung der Lissabon-Ziele (mehr Arbeitsplätze und mehr Wettbewerbsfähigkeit)[33]. Allerdings weist Joachim Geppert darauf hin, das *„Kultur als Be-*

---

28 Bundesministerium für Wirtschaft und Technologie 2009, Vergleichsdaten 2006 der Bruttowertschöpfung in Deutschland im Branchenvergleich, abgedruckt in Wirtschaftswoche 2009.
29 Bundesministerium für Wirtschaft und Technologie 2010.
30 Monitoringbericht zur Kultur- und Kreativwirtschaft des Bundesministeriums für Wirtschaft und Technologie, 7. Juli 2010.
31 Die Selbständigenquote wird üblicherweise berechnet, in dem die Zahl der Selbständigen dividiert wird durch die Gesamtzahl der Erwerbstätigen mal 100. In der Berechnung bleiben Familienangehörige zunächst ausgeklammert.
32 Die Bundesregierung, Magazin für Wirtschaft und Finanzen, Nr. 54, 01/2008.
33 Bundesministerium für Wirtschaft und Technologie, 19.Oktober 2007, Initiative Kultur- und Kreativwirtschaft der Bundesregierung. Der Wunsch nach einer verstärkten wirtschaftspolitischen Flankierung der Kultur- und Kreativbranche wurde auch von dem Plenum des deutschen Bundestags (Debatte vom 26.4.2007) und der Enquete-Kommission „Kultur in Deutschland" geäußert. Die Bundesländer haben ebenfalls bereits mehrfach (Wirtschaftsministerkonferenz Oktober 2006 und Juni 2007) ein stärkeres wirtschaftspolitisches Engagement auf Bundesebene zur Stärkung der Kultur- und Kreativbranche gefordert. Nicht zuletzt begrüßen die Vertreter der Kultur- und Kreativbranche selbst eine stärkere politische Flankierung dieses Wirtschaftssektors und betonen den

standteil der EU-Wirtschaft weder von der Politik, noch von der Wirtschaft oder der Bevölkerung als innovativer und kreativer Wachstumsmotor ausreichend wahrgenommen wird und deshalb ein Schattendasein führt"[34].

Die deutsche Bundesregierung widmet seit dem 31. März 2010 der „Initiative Kultur- und Kreativwirtschaft" ein neues Internetportal „*www.kultur-kreativ-wirtschaft.de*", mittels dessen „die Ziele und Maßnahmen der Initiative vor[gestellt], Teilbranchen der Kultur- und Kreativwirtschaft [beschrieben], und Informationen für Gründerinnen, Gründer, Selbständige und Unternehmen, die in der Kultur- und Kreativwirtschaft tätig sind, [geboten] werden[35]. Insgesamt beabsichtigt die Bundesregierung, diesem Wirtschaftsbereich positive Zukunftsperspektiven zu erschließen, deren Wettbewerbsfähigkeit zu stärken und das Arbeitsplatzpotential auszubauen und zu entwickeln sowie die Erwerbschancen innovativer kleiner Kulturbetriebe sowie freischaffender Künstlerinnen und Künstler zu verbessern.

Aus technologischer Sicht gilt es zu erkennen, dass die *neuen digitalen Technologien wesentliche Treiber für Innovation und Wachstum in den Teilbranchen der Kultur- und Kreativwirtschaft* sind. Digitalisierung schafft auch hier die Grundlage für neue Entwicklungen, Lösungen und Produkte[36]. Auch die deutsche Bundesregierung sieht insbesondere im Einsatz neuer digitaler Techniken einen wichtigen Beitrag zu Wachstum und Innovation dieses Wirtschaftsbereichs[37].

Wunsch nach einem stärkeren Monitoring ihrer Branche. Die wirtschaftliche Situation der deutschen Kultur- und Kreativbranche wird wesentlich durch Mikrounternehmen geprägt. Durch diese extrem kleinteilige Unternehmensstruktur mit durchschnittlich fünf Mitarbeitern wird eine stärkere wirtschaftspolitische Analyse, Überprüfung und ggfs. Anpassung des geltenden Förderinstrumentariums erforderlich, will man das Potential in den nächsten Jahren ausschöpfen. Der Zugang kleinerer Akteure zu Maßnahmen der Finanzierungspolitik und anderen öffentlichen Informationen muss signifikant verbessert werden. Inhaltlich im Vordergrund stehen hier Förderthemen wie Existenzgründung (Startgeld, Mikrodarlehen), Investitionen (steuerliche Hilfen wie Sonderabschreibungen), Mittelstandsprogramme (KfW-Unternehmerkredite), Bürgschaften, Innovationen (Zuschüsse, Kredite), Messen, außenwirtschaftliche und arbeitsmarktpolitische Hilfen. Wichtigste Ansprechpartner sind die betroffenen elf Teilbranchen der Kultur- und Kreativwirtschaft, wozu nach allgemeiner Lesart des Arbeitskreises Kulturstatistik gehören:
• Verlagsgewerbe (Buchverlage, Presseverlage, Tonträger- und Musikverlage)
• Filmwirtschaft (Film, TV-Film, Video-Produktion, Verleih, Vertrieb, Filmtheater)
• Rundfunkwirtschaft
• Musik, visuelle und darstellende Kunst (Freiberufliche Künstler/innen, private Theater-, Kleinkunstszene, Theater-/Konzertdirektionen, bühnentechnische Betriebe)
• Journalisten-/Nachrichtenbüros
• Museumsshops, Kunstausstellungen (kommerzielle nicht subventionierte Museumsaktivitäten und Kunstausstellungen)
• Einzelhandel mit Kulturgütern (Musikfachhandel, Buchhandel, Galerien, Kunsthandel)
• Architekturbüros (Innen-, Garten-/Gestaltungs-, Hoch-/Tiefbauarchitekten)
• Designwirtschaft (Industrie-, Produkt- mit Mode/Textil- u. ä. Design, Kommunikationsdesign/Werbegestaltung, jedoch ohne Fotografisches Gewerbe)
• Werbung (Werbevermittlung, etc. ohne Werbedesign)
• Software/Games (Software- und Spieleentwicklung und -beratung, ohne Hardware und DV-Dienste)
34 Geppert, J. (MWK Wirtschaftsforschung Saarbrücken), Vortrag auf der 4. Jahrestagung Kulturwirtschaft, Mai 2007, Berlin, hrsg. Von der Friedrich-Naumann-Stiftung, Büro für Kulturpolitik und Kulturwirtschaft, Potsdam-Babelsberg 2010.
35 Bundesministerium für Wirtschaft und Technologie, Juli 2010.
36 Bundesministerium für Wirtschaft und Technologie, 19.10. 2007, Initiative Kultur- und Kreativwirtschaft der Bundesregierung.
37 Bundesministerium für Wirtschaft und Technologie, Initiative Kultur- und Kreativwirtschaft, Juli 2010.

Dass nicht nur große, sondern auch kleinere Kommunen sich zunehmend mit dem Potenzial der Kreativwirtschaft ihrer Stadt beschäftigen, belegen diverse aktuelle Hinweise: So lässt die württembergische Stadt Heilbronn in Zusammenarbeit mit der Hochschule Heilbronn „… die derzeitige Situation der ansässigen Kreativwirtschaft ermitteln und hieraus Handlungsempfehlungen zur Stärkung dieser Branche in Heilbronn ableiten"[38]. Man will mit „dieser wissenschaftlichen Analyse erfahren, welchen ökonomischen Stellenwert diese Zukunftsbranche in Heilbronn aktuell hat, welche Dynamik und Trends es in einzelnen Segmenten gibt und wo [man] im Vergleich zu anderen Städten Stärken" besitzt, die man ausbauen könnte, wird der Oberbürgermeister zitiert. In der oberbayerischen Großen Kreisstadt Fürstenfeldbruck will man gleichfalls das kreative Milieu erkunden und fördern[39]. Wiesbaden zählt nach eigener Einschätzung zu den „Hochburgen dieser Branche… schon jetzt arbeiten mehr als 6.000 Menschen in rund 1.200 Betrieben" vor Ort[40]. In Frankfurt/Main hat sich „die Kulturwirtschaft bereits zu einem wichtigen Wirtschaftszweig entwickelt mit etwa 60.000 Beschäftigten in überwiegend jungen bis sehr jungen, insgesamt etwa 8.500 Unternehmen"[41]. In der bayerischen Landeshauptstadt München peilt der Kulturreferent ein „Kreativquartier" an, in dem „Künstler und junge Startup-Unternehmen" zusammenarbeiten und wechselseitig voneinander profitieren[42].

Das Milieu einer Region ist nicht von vornherein kreativ oder innovativ. und es besteht auch nicht nur aus einem einzelnen Netzwerk. Vielmehr handelt es sich um die Überlagerung mehrerer Akteursnetzwerke. Andreas Rösch spricht deshalb von einer Überlappung von Unternehmens-, Politik- und soziokulturellen Netzwerken[43]. Martina Fromhold-Eisebith betrachtet regionale Milieus aus in erster Linie Unternehmen, Forschungs- und Bildungseinrichtungen sowie lokalen Behörden bestehend[44].

Viel stärker als bei normalen Akteursnetzwerken sind die sozialen und politischen Beziehungen in einem regionalen Milieu ausgeprägt, so dass es zu einem hohen Zusammengehörigkeitsgefühl kommt, aus dem sich gemeinsame Ziele ableiten[45]. „Diese gemeinsame Identität stellt einen entscheidenden Faktor dar, der das Milieu zusammenhält und Voraussetzung für

---

38 vgl. Heilbronner Stimme, 8. Mai 2010.
39 Ein Viertel für die Kreativen, in: Süddeutsche Zeitung Landkreis Fürstenfeldbruck 154 (8.7.2010), S. 50 und „Wirtschaftsstandort verbessern – FDP-Stadtrat will kreatives Milieu der Kreisstadt fördern, in: Fürstenfeldbrucker Tagblatt (Münchner Merkur), Stadt Fürstenfeldbruck 157 (12.7.2010), S. 3.
40 Schulte, A., Wiesbadener Kreative drängen ins Rampenlicht, in: Handelsblatt, 27.6.2009.
41 Schwarz, E. Kreativer Umgang mit leer stehenden Räumen, in: Lebendige Stadt, Journal 20 (Juni 2010), Hamburg 2010, S. 28 f.
42 10000 Quadratmeter für die Kunst, in: Süddeutsche Zeitung 152 (6.7.2010).
43 Rösch, A., Kreative Milieus als Faktoren der Regionalentwicklung, in: Raumforschung und Raumordnung 2/3 2000, S. 163.
44 Fromhold-Eisebith, M., Das kreative Milieu – nur theoretisches Konzept oder Instrument der Regionalentwicklung?, in: Raumforschung und Raumordnung 2/3 1999, S. 169.
45 Peters, J., Möglichkeiten zur Förderung kreativer Milieus in einer Kommune – gezeigt am Beispiel Erlangen, „Stadt der Medizin und Gesundheit", Diplomarbeit Universität Bayreuth, Lehrstuhl Wirtschaftsgeographie und Regionalplanung, veröffentlicht in: Arbeitsmaterialien zur Raumordnung und Raumplanung, Heft 206, Bayreuth 1999.

Entstehung und Existenz dieses Milieus ist"[46]. Die gemeinsame Kultur der Kooperation, Kommunikation und des gegenseitigen Vertrauens bildet sich in erster Linie dann, wenn die Akteure gemeinsame Interessen oder eine gemeinsame Vergangenheit verbinden, die sich beispielsweise in Form einer regionalen Identität widerspiegelt. Dadurch unterscheiden sich kreative Milieus von sogenannten „Industriedistrikten"[47].

Die Vorteile persönlicher Bekanntschaften und politischer Netzwerke liegen in der schnellen Übermittlung von "tacit knowledge", dem Wissen und der Informationen ohne viele Worte, der „informellen Hilfestellungen" und Informationsaustausche, ergänzt um die Möglichkeiten politischer oder behördlicher Entscheidungsträger[48]. Damit gemeint sind die „kurzen" Informations- und Entscheidungsstrukturen innerhalb eines kreativen Milieus, da diese den zusätzlichen Vorteil haben, dass weniger Transaktionskosten entstehen, weil nicht „asymmetrische" sondern „symmetrische" Strukturen in einem solchen Milieu vorhanden sind.

3 Standortanalyse – Standorttheorie

Die Hochschulen für angewandte Wissenschaften haben sich in ihrem Lehr- und Forschungsansatz der anwendungsorientierten Methode verschrieben. Die volkswirtschaftliche Beschäftigung mit „Standorttheorie", „Regionalmanagement" und „Wirtschaftsförderung", sowohl aus Unternehmens- und Betriebssicht, sowie dem Blickwinkel von Kommunen, Regionen und Bundesländern, sucht deshalb das praktische Beispiel, das eingebunden in die Theorien von Raumwirtschaft und Standort betrachtet wird.

Die an der Fakultät Betriebswirtschaft der Hochschule München im Rahmen der volkswirtschaftlichen Ausbildung vom Autor entwickelte und in verschiedenen Landkreisen, großen Kreisstädten, Städten und Gemeinden des Freistaates Bayern, des Freistaates Sachsen und des Bundeslandes Brandenburg bisher vorgenommenen **„Indikatorengestützten Standortanalysen"** beinhalteten nicht ausschließlich volks- und betriebswirtschaftliche Themenfelder[49]. Vielmehr wird die jeweilige Kommune von Referenten und Unternehmensvertretern unter dem Blickwinkel wirtschaftlicher, finanzieller, raumwirksamer, sozialer, kultureller, naturräumlicher, demographischer, bildungs- und innovationsnaher, sportökonomischer, netzwerklicher und weiterer Gegebenheiten betrachtet und auf der Basis von SWOT-Analysen durch die betei-

---

46 Peters (wie Anm. 45), S. 29.
47 Peters (wie Anm. 45), S. 29 sowie Rösch (wie Anm. 43), S. 162.
48 Peters (wie Anm. 45), S. 31, Fromhold-Eisebith (wie Anm. 44), S. 170 sowie Fromhold-Eisebith, M., Das kreative Milieu als Motor regionalwirtschaftlicher Entwicklung, in: Geographische Zeitschrift 83 (1995), S. 33.
49 Vgl. Wollenberg, K., Standortanalyse mit Innen- und Außensicht. Zur Methode und volkswirtschaftlichen Sicht, in: OIKOS, Schriftenreihe der Hochschule Eberswalde für nachhaltige Entwicklung, 16 (2010), Heft 1, S. 4-21, derselbe, Ausgewählte Ergebnisse der Standortanalyse, in: OIKOS, Schriftenreihe der Hochschule Eberswalde für nachhaltige Entwicklung, 16 (2010), Heft 1, S. 22-45.

ligten Studierenden untersucht, so dass schließlich Lösungsvorschläge erarbeitet und in öffentlicher Veranstaltung präsentiert und diskutiert werden können.

Die vorgenommene Standortanalyse befasst sich mit einzel- und gesamtwirtschaftlichen Lokalisationsproblemen und der räumlichen Verteilung von Wirtschaftsbetrieben, wie es Inhalt von allgemeinen Standorttheorien ist, wenn es insbesondere gilt, Clusteransätze oder Clusterbildung in einem regionalen Netzwerk darzustellen[50]. Den untersuchten Kommunen wird nach Abschluss des Einzelprojektes eine circa 170 Seiten umfassende schriftliche Dokumentation an die Hand gegeben, in die das Standortprofil unter Berücksichtigung aktueller Vergleichswerte, die Beschreibung der studentischen ‚Stärken-Schwächen-Chancen-Risiko-Analyse' (SWOT-Analyse), oder alternativ einem Handlungskonzept in Form der Szenario-Technik aufgenommen wird.

Dem Gegenstand der allgemeinen Standorttheorie liegt die Fragestellung zugrunde, welche Festlegungen für den Standort eines Betriebs bzw. einer Unternehmung gelten. Wie betont, hat die wissenschaftliche Standorttheorie mit den Veröffentlichungen von von Thünen, Launhardt, Christaller, Weber, Lösch und anderen grundlegende Aufmerksamkeit in der Volkswirtschaftslehre und den Geowissenschaften gefunden. Damit einher geht die Begründung der Standortwahl von Unternehmen, Betrieben und anderen Institutionen – diese Themenfelder sind nicht primär Inhalt der „Indikatorengestützten Standortanalyse". Vielmehr geht es darum, die vorgefundene Situation vor Ort zu erfassen (Ist-Situation), diese vergleichend zu analysieren und einzuordnen sowie schließlich Handlungsempfehlungen und Lösungsvorschläge, insbesondere aus der Sicht der studentischen Teilnehmergruppe zu formulieren.

4 Untersuchte Kommunen und Studiengruppen

Die vom Autor an der Fakultät für Betriebswirtschaft der Hochschule München entwickelte „Indikatorengestützte Standortanalyse" wurde bislang in neun Kommunen in Bayern, Sachsen sowie in Brandenburg vorgenommen.

---

50 Vgl. Schöler (wie Anm. 2).

Kommune	liegt im Landkreis	Bundesland	Zusammenarbeit mit	Einwohnerzahl zur Zeit der Analyse
Große Kreisstadt Fürstenfeldbruck	Fürstenfeldbruck	Freistaat Bayern		33.736
Große Kreisstadt Germering	Fürstenfeldbruck	Freistaat Bayern	Max-Born-Gymnasium (Leistungskurs Wirtschaft/Recht)	36.989
Gemeinde Unterföhring	München	Freistaat Bayern		8.500
Gemeinde Gröbenzell	Fürstenfeldbruck	Freistaat Bayern	Gymnasium Gröbenzell (Leistungskurs Wirtschaft/Recht)	19.589
Große Kreisstadt Radebeul	Meißen	Freistaat Sachsen	Fachbereich Betriebswirtschaft, FH Eberswalde, Studiengang Regionalmanagement	33.128
Gemeinde Olching	Fürstenfeldbruck	Freistaat Bayern	Gymnasium Olching (Leistungskurse Geographie und Wirtschaft/Recht)	24.474
Stadt Eberswalde	Barnim	Brandenburg	Fachbereich Betriebswirtschaft, FH Eberswalde, Studiengang Regionalmanagement	42.529
Gemeinde und Verwaltungsgemeinschaft Schondorf a. Ammersee	Landsberg/Lech	Freistaat Bayern	Gymnasium der Stiftung Landheim Schondorf	7.583 (VG) 3.897 (Gem.)
Gemeinde Bergkirchen	Dachau	Freistaat Bayern	Ignatz-Taschner-Gymnasium Dachau	7.153

Tab. 1: Untersuchte Kommunen der indikatorengestützten Standortanalyse

An zwei Standortseminaren waren Studierende des Bachelorstudiengangs „Regionalmanagement" des Fachbereichs Betriebswirtschaft der Fachhochschule Eberswalde beteiligt (Große Kreisstadt Radebeul und Stadt Eberswalde). Der Leiter des BA-Studiengangs Regionalmanagement, Prof. Dr. Michael Rösler, war an sechs der durchgeführten Seminare aktiv als Referent und Mitmoderator der Abschlusspräsentation beteiligt (Große Kreisstadt Fürstenfeldbruck, Große Kreisstadt Germering, Unterföhring, Olching, Große Kreisstadt Radebeul und Stadt Eberswalde). Die Teilnehmergruppen seitens der Fakultät Betriebswirtschaft der Hochschule München setzten sich aus Studierenden des 7. und 8. Fachsemesters des Diplomstudiengangs ‚Betriebswirtschaft" zusammen. Zum Wintersemester 2010/11 wird im Rahmen einer Neuorganisation des Masterstudiengangs Betriebswirtschaft (Business Administration) an der Fakultät Betriebswirtschaft der Hochschule München in der Studienrichtung „European Business Consulting" das Modul ‚Europäische Wirtschaftsbeziehungen und Regionalentwicklung' eingeführt, in dessen Rahmen die Standortanalysen in erweiterter Form durchgeführt werden sollen. So soll die Standortanalyse um zwei Themenfelder erweitert werden, die sich als relevant herausgestellt haben: die Analyse und Entwicklung des kreativ-, innovativen Milieus und die Agglomerationseffekte.

Abb. 2: Übersicht der bisherigen Standortseminare

Analyse und Entwicklung eines kreativ-, innovativen Milieus

Welcher Regional- oder Kommunalpolitiker weiß,

– wie viele der vor Ort wohnenden Studierenden an außerhalb der Kommune befindlichen Hochschulen immatrikuliert sind,
– welche ausgebildeten Handwerker und Facharbeiter mit welchen Qualifikationen zu ihren Arbeitsplätzen aus dem Wohnort auspendeln,
– welche bildenden Künstler, Schriftsteller, Architekten und andere kreative ‚Freie Berufe' wo mit Projekten und Aufträgen in der Fremde beschäftigt sind,
– welche im Ort wohnenden Existenzgründer auswärts den Sprung in die Selbständigkeit wagen,

- welche Professoren mit welchen Spezialisierungen vor Ort wohnen,
- welche in der Gemeinde ansässigen Angestellten und Beamten auswärts in leitenden Spitzenpositionen tätig sind,
- welche im Ort lebenden Schüler, Studenten, Handwerker und Facharbeiter Teilnehmer an Wettbewerben, wie etwa „Jugend forscht", „Jugend musiziert", „Vorlesewettbewerb",, Robocup", „SeifenkistenDerby", „Handwerkswettbewerben", „Businessplanwettbewerben" usw. aktiv sind?

Wer interessiert sich in der Kommune dafür, welche berufliche Erwartungen, Visionen und Träume es gibt, welche Abschlussarbeiten wo prämiert werden, ob Wettbewerbsteilnehmer gerne ihre und andere Forschungen voranbringen möchten und hohe Ideale haben, und sich, allein oder gemeinsam mit anderen, beruflich auf eigene Füße stellen wollen?[51].

Allein die 1999 gegründete ‚Arbeitsgemeinschaft deutscher Schülerwettbewerbe" (Bonn) listet in ihrem Umfeld 10 Wettbewerbe in den Sozial- und Geisteswissenschaften und der Kultur[52] sowie 10 weitere Wettbewerbe zu Naturwissenschaften und Technik[53] auf, an denen sich Schulen bzw. Schüler aller Altersgruppen beteiligen können. Die Bundesregierung selbst engagiert sich in einer Reihe von Teilbranchen der Kultur- und Kreativwirtschaft mit vielfältigen Aktivitäten und Maßnahmen[54]. Auch einzelne Bundesländer fördern in unterschiedlichem Ausmaß die Kultur- und Kreativwirtschaft[55].

Darüber hinaus gibt es **Wettbewerbe**, deren Anliegen explizit die Förderung von Kreativität und Technikverständnis ist. Der weltweit mit großem Erfolg durchgeführte *RoboCup* ist eine internationale Initiative zur Förderung der Forschung und interdisziplinären Ausbildung in den Bereichen Künstliche Intelligenz und autonome mobile Systeme[56]. RoboCupJunior ist der Schülerwettbewerb der internationalen RoboCup Initiative. Mit dem JuniorCup wird insbesondere der Nachwuchs für technische Themen und Fragestellungen begeistert. Die Teams der RoboCup Senior Ligen werden in der Regel von renommierten Hochschulen im In- und Aus-

---

51 Wollenberg, , Wirtschaftsförderung und/oder Innovation (wie Anm. 8), S. 163.
52 Hierzu gehören folgende Wettbewerbe: Europa in der Schule – Europäischer Wettbewerb, Bundesweite Russisch-Olympiade, Schülerwettbewerb zur politischen Bildung, Geschichtswettbewerb des Bundespräsidenten, Bundeswettbewerb Fremdsprachen mit Fremdsprachenwettbewerb für Auszubildende, Demokratisch Handeln – Ein Wettbewerb für Jugend und Schule, Bundeswettbewerb Jugend debattiert, Schultheater der Länder, Jugend gründet und Schulwettbewerb des Bundespräsidenten zur Entwicklungspolitik.
53 Hierzu gehören die Wettbewerbe: BundesUmweltWettbewerb, Internationale JuniorScienceOlympiade, Jugend forscht / Schüler experimentieren, Bundeswettbewerb Mathematik, Mathematik-Olympiaden, Auswahlwettbewerb zur Internationalen Physik-Olympiade, Bundesweiter Wettbewerb Physik für die Sekundarstufe 1, Auswahlwettbewerb zur Internationalen Chemie-Olympiade, Auswahlwettbewerb zur Internationalen Biologie-Olympiade und der Bundeswettbewerb Informatik.
54 Gründerwettbewerb Multimedia, Gründerwettbewerb für den Mittelstand, Designpreis, Wirtschaftsfilmpreis, Messeförderung (Midem), Musikinstrumentenpreis, Initiative Musik, Deutscher Filmförderfonds.
55 Vgl. Bericht der Ad-hoc-Arbeitsgruppe „Kulturwirtschaft" der Wirtschaftsministerkonferenz für die Herbstsitzung am 14./15. Dezember 2009 in Lübeck, Fördersituation der Kultur- und Kreativwirtschaft in den Ländern.
56 Vgl. die website des „RoboCup German Open 2010, Magdeburg.

land gestellt. Sie nutzen mobile Roboter im RoboCup zur Erforschung neuer Methoden und Verfahren für zukünftige Robotikanwendungen. Die Idee der „**Seifenkisten**" schließlich geht auf das Jahr 1900 zurück, das **Deutsche SeifenkistenDerby** ist die heutige ‚Antwort' auf dieses über 110 Jahre alte Projekt für den motorlosen Rennsport[57].

Abb. 3: Landschaft des kreativ-, innovativen Milieus

Im Regelfall besitzen die an der Standortanalyse beteiligten Studierenden der Hochschule München keine direkten Ortskenntnisse der zu untersuchenden Kommunen, was grundsätzlich erwünscht ist, um dadurch einen ‚neutralen Blick' auf die Gemeinde zu richten und ‚unabhängig' von ‚örtlichen Handlungs- und Sachzwängen' die studentische Stärken-Schwächen-Analyse vornehmen zu können. Damit aber dennoch ein gewisses Maß an Ortsbezug hergestellt wird, wurden erstmals beim zweiten Standortseminar in der Großen Kreisstadt Germering Kollegiaten (K 12 und K 13) des Leistungskurses „Wirtschaft und Recht" des örtlichen Max-Born-Gymnasiums eingeladen, gemeinsam mit den Studierenden teilzunehmen, in den Arbeitsgruppen analytisch tätig zu sein und zu präsentieren. Vergleichbare Kooperationen wurden bei fünf weiteren Standortseminaren (Germering, Gröbenzell, Olching, Schondorf am Ammersee, Bergkirchen) mit gutem Erfolg gewählt. Bei zwei Seminaren (Radebeul, Eberswalde) arbeiten die Münchener Studierendengruppen mit Kommilitonen bzw. Absolventen des Studienganges „Regionalmanagement" der Fachhochschule Eberswalde zusammen.

---

57 Vgl. die Offizielle Website des DSKD e. V. (Deutsches Seifenkisten Derby e.V., Dachverband für motorlosen Rennsport, Klüsserath/Mosel).

Die Konzeption der studentischen Standortanalyse sieht vor, dass den Teilnehmern die zu untersuchende Kommune zunächst anhand allgemeiner Erläuterungen, der Haushaltssituation, des Flächennutzungsplanes (FNP) und das Eingebundensein der Gemeinde in den jeweiligen Landkreis bzw. die Region vorgestellt wird.
Auf Wunsch der untersuchten Kommune werden ergänzend Konzept und Ablauf eines Strategieprozesses für ein Wirtschaftsförderkonzept auf Basis einer balanced-scorecard präsentiert.

Der sich anschließende **zweite Schwerpunktblock** sieht auf der Basis volkswirtschaftlicher Indikatoren die Analyse wirtschaftlicher und sozialer Kennzahlensysteme im Zeitablauf vor. Der Blick auf die Entwicklung, Ist-Situation und wirtschaftsfördernde Ziele der landkreisangehörigen Gemeinden im Hinblick auf Stärken- und Schwächenpotentiale, ebenso wie die Lage in einer europäischen Metropolregion, beziehen in einem Folgemodul Vertreter des jeweiligen Landratsamtes ins Seminar ein. Das weiter gefasste regionale Umfeld stellen bei den im Freistaat Bayern vorgenommenen Analysen Vertreter der regionalen Planungsverbände (RPV) vor. Die Aufgabe der RPV ist es, überregionale Ziele, die raumwirksame Maßnahmen und Konflikte zwischen den Mitgliedskommunen ihres Zuständigkeitsbereiches mit sich bringen können, mit diesen abzustimmen und zu einer kooperativen Lösung zu bringen. Damit finden Fragestellungen des regionalen Umfelds, der Strukturen, Demographie, Prognosen und der interkulturellen Zusammenarbeit Einzug in das Standortseminar.

Im **dritten Schwerpunktblock** werden „Netzwerkbildungen", „Kreativwirtschaft" und „Kreatives Milieu" herausgestellt, um deren Situation für den wirtschaftlichen Erfolg der Untersuchungsgemeinde in Handlungsvorschläge umzusetzen. Hierzu dient u. a. die Sicht der eingeladenen journalistischen Berichterstatter, die in ihren Lokalmedien (Lokalzeitungen, Lokalradio, Lokal-TV bzw. Dritte Programme) das kommunale Geschehen regelmäßig analysieren und kommentieren und auf die vor Ort handelnden Personen ebenso eingehen, wie auf vorhandene kommunale Netzwerke und wichtigen örtliche Projekte und Maßnahmen.

Als Verbindungsglied zwischen dem dritten Schwerpunktbereich und dem folgenden **vierten Block** fungierte das in drei Kommunen einbezogene Referat über „Stiften – Forschen – Fördern – Bürgerstiftungen" (Fürstenfeldbruck, Eberswalde, Unterföhring). Der im bundesdeutschen und weltweiten Stiftungswesen verwurzelte Referent, Vorstandsmitglied bei der Nobelpreisträgerstiftung in Lindau am Bodensee, zeigt das Grundanliegen öffentlicher und privater Stiftungen als Möglichkeit auf, kommunale Haushalte im Bereich von Kultur-, Sozial- und Sportförderung zu entlasten, und wichtige Entscheidungsträger und Multiplikatoren im Rahmen von Stiftungsveranstaltungen in den Ort zu bringen und für diesen zu interessieren. Ein weiteres Motiv, wie am Beispiel der Gemeinde Unterföhring deutlich gemacht (allerdings bundesweit eher der Ausnahmefall), zielte darauf ab, wie hohe gemeindliche Steuereinnahmen und Haushaltsüberschüsse als Ergebnis jahrzehntelanger systematischer Wirtschaftsförderung und

Ansiedlungspolitik, durch Einrichtung einer öffentlichen ‚Bürgerstiftung' verstetigt und mittels regelmäßiger Ausschüttungen künftigen Generationen „nachhaltig" zu Gute kommen können.

Netzwerkbildung zu fassen, dienten u. a. die Referate der in zwei Seminaren eingebundenen Vertreter von örtlichen Golfclubs (Olching, Bergkirchen). Den Referenten wurde die Fragestellung vorgegeben, ob durch die Clubmitglieder „nur" die in Deutschland populär werdende Sportart ‚Golf' betrieben wird, oder aber, ob die Mitgliederstruktur insofern genutzt werden kann, um Multiplikatoren, Entscheidungsträger, Unternehmer usw., die im Golfclub regelmäßig vor Ort sportlich aktiv sind, in die wirtschaftliche und soziale Fortentwicklung der Gemeinde einzubinden.

Der **vierte Schwerpunktblock** stellt die Bedeutung von „Kultur", „Schulen und Ausbildung", „Sozialen Angeboten", „Tourismus", „Natur und Landschaft" (Umweltqualität) sowie „Sport" als weiche Standortfaktoren heraus. Das bereits erwähnte ‚Image' einer Kommune oder Region, das diese für sich selbst, oder Bürger und potentielle Interessenten mit ihr verbinden, lässt sich anhand ‚weicher Standortfaktoren' erfolgreich beeinflussen. Die auf eher „traditionelle Werte" setzende Kommune wird ‚ruhiger' auftreten und andere Initiativen vor Ort unterstützen als die „dynamische Gemeinde", in deren Mauern z. B. schnelle Mannschaftssportarten in höheren Ligen ebenso zu Hause sind, wie ‚moderne und auffallende Kulturangebote', ein breit gefächertes Bildungsangebot, u. U. Forschungseinrichtungen, die sich Zukunftstrends verschrieben haben oder soziale Pilotprojekte.

Der **fünfte Schwerpunktblock** widmet sich den vorhandenen örtlichen Wirtschaftsstrukturen und soll (soweit möglich und vorhanden) ‚Clusteransätze', ‚Pfadabhängigkeiten' und ‚Wertschöpfungsketten' herausstellen. Die dafür ausgewählten Unternehmen oder Betriebe sind in Zukunftsfeldern (Zukunftsatlas der Prognos AG, Zürich) positioniert, oder erlangen größere Bedeutung für das Arbeitsplatzangebot innerhalb der untersuchten Kommune. Von den einbezogenen Unternehmensvertretern wird unter anderem auf die Fragestellung eingegangen, warum das Unternehmen speziell an diesem Standort gegründet oder eingerichtet wurde, wo die Kunden der erstellten Dienstleistungen und Produkte beheimatet sind und wie und woher der Mitarbeiterstamm sich rekrutiert. Vorab referieren Vertreter des Industrie- und Handelskammerbezirks (IHK), oder der Handwerkskammer, zu den Stärken und Schwächen der Region aus Gewerbe-, Industrie- bzw. Handwerkssicht. Die Sicht des Marktführers in der Versorgung mit Bankleistungen für das Untersuchungsgebiet rundet das Bild ab. Im Regelfall wird ein Vertreter der örtlichen Sparkasse oder Genossenschaftsbank die Positionierung, Marktverteilung, Stärken und Schwächen und Einschätzung der Kunden- und Betriebsstruktur, aber auch über das wirtschaftsfördernde, kulturelle, soziale und ökologische Engagement des Kreditinstituts, berichten.

Eine interessante Besonderheit für die Standortanalyse stellen im zu untersuchenden Ort vorhandene Militäreinrichtungen dar, da deren wirtschaftliche Relevanz für die lokale Situation allzu häufig vernachlässigt wird. Wie am Beispiel der Großen Kreisstadt Fürstenfeldbruck zu sehen, stellt die dortige Bundeswehrkaserne (Luftwaffe) den größten Arbeitgeber in Stadt- und Landkreisgebiet dar, entfaltet eine Binnennachfrage in der Region im deutlich zweistelligen Millionenbereich und bringt eine hohe Mobilität der dort Tätigen mit sich. Zudem wohnen Soldaten und Zivilangestellte in der Region, so dass u. a. auch Einkommensteueranteile in die Kommunalhaushalte fließen. Umgekehrt ist die Auflassung von ehemals militärisch genutzten Flächen (Konversion) eine in jeder Hinsicht anspruchsvolle, planungsrelevante und auch wirtschaftlich-sozial zu beachtende Maßnahme der Standortanalyse (wie am Beispiel des Flugplatzes der Stadt Eberswalde zu sehen).

5 Indikatoren der Standortanalyse

Die der ‚Standortanalyse' zugrunde gelegten Indikatoren entstammen nicht ausschließlich der volkswirtschaftlichen Sphäre. Ein volkswirtschaftlicher Indikator ist eine Messgröße, die Aussagen über die wirtschaftliche Situation im Allgemeinen erlaubt und insbesondere aus der **makroökonomischen Forschung** abgeleitet wird. Sie werden eingesetzt, um eine grundlegende Analyse der wirtschaftlichen und sozialen Struktur der untersuchten Kommune zu erstellen. Dieses Analyseraster wird im Einzelfall ergänzt durch die Auswertung weiterführender Studien, Einzelfallgutachten der betroffenen Kommunen und Regionalstudien. Soziale Indikatoren oder Sozialindikatoren sind Messinstrumente der **Sozialwissenschaften**, mit denen **Lebensqualität**, Gesamtzustand und Entwicklungsvorgänge einer Gesellschaft quantitativ ermittelt und mit anderen Gesellschaften verglichen werden können. Mit ‚Sozialen Indikatoren' werden objektive Lebensbedingungen dargestellt und subjektive Zufriedenheit ermittelt (Wohlergehen).

Als wichtige Indikatoren im Konzept der hier beschriebenen ‚Indikatorgestützten Standortanalyse' werden insbesondere berücksichtigt:

5.1 Bruttoinlandsprodukt (BIP)
Als Maßstab für die wirtschaftliche Leistungsfähigkeit einer Volkswirtschaft innerhalb eines Jahres gilt allgemein das „Bruttoinlandsprodukt" (BIP) pro Jahr. Weil das BIP Informationen über die Produktion von Waren (Gütern) und Dienstleistungen im Inland nach Abzug der Vorleistungen und Importe enthält, stellt es auch einen Produktionsindikator dar – diese Feststellung gilt gleichermaßen für die Betrachtung des Landes, als auch einzelner Regionen und Landkreise.

Die Berechnung des Bruttoinlandsprodukt je Einwohner (BIP/Einwohner) bringt zum Ausdruck, wie, statistisch gesehen, wirtschaftlich leistungsstark ein Einwohner eines Landkreises/Region/Staates im Vergleich zu einem Einwohner in einem anderen Landkreis/Region/Staat ist. Im Vergleich niedrige Werte deuten auf geringe Wertschöpfung in den vorhanden Betrieben und Strukturen hin (es finden sich dort also vornehmlich „lokale Wirtschaftsstrukturen") – hohe Werte deuten auf hohe Wertschöpfungen in der örtlichen Wirtschaftsstruktur hin (starke Ansammlung von Unternehmen aus der sogenannten „Exportbasis").

Bei der Berechnung des Bruttoinlandsprodukts je Erwerbstätiger (BIP/Erwerbstätiger) wird der errechnete BIP-Wert in Beziehung gestellt zu der im Landkreis/Region errechneten Zahl der Erwerbstätigen (siehe „Erwerbstätigenzahl"). Diese Kenngröße drückt aus, wie „produktiv" ein Erwerbstätiger im Landkreis/Region vergleichsweise ist. Damit kann rückgeschlossen werden auf die „Produktivität" und „Wertschöpfungskraft" der Wirtschaftssektoren im Untersuchungsgebiet. Niedrige Werte weisen üblicherweise auf eine Vielzahl von Erwerbstätigen im primären (Landwirtschaft) und sekundären Sektor (hier insbesondere im Handwerk) hin, wo üblicherweise „Produktivität" und „Wertschöpfung" geringere Werte erreichen. Hohe Werte bei der Berechnung BIP/Erwerbstätiger weisen insbesondere auf Erwerbstätige im Bereich von spezialisiertem Gewerbe und Industrie (sekundärer Sektor) und forschungsnahen und kreativen Dienstleistungen (High-Tech-Betriebe – tertiärer Sektor) hin.

5.2 Cluster, Netzwerk und „kreatives Milieu"

Cluster können aus ökonomischer Sicht als Netzwerke von Produzenten, Zulieferern, Forschungseinrichtungen (z. B. Hochschulen), Dienstleistern (z. B. Design- und Ingenieurbüros), Handwerkern und verbundenen Institutionen (z. B. Handelskammern) mit einer gewissen regionalen Nähe zueinander definiert werden, die über gemeinsame Austauschbeziehungen entlang einer Wertschöpfungskette (z. B. Automobilproduktion, Medizintechnik) gebildet werden. Die Mitglieder stehen dabei über Liefer- oder Wettbewerbsbeziehungen oder gemeinsame Interessen miteinander in Beziehung. Wirtschaftliche Cluster sind Netzwerke von eng zusammen arbeitenden Unternehmen[58].

Allgemein wird erst dann von einem Cluster gesprochen, wenn sich eine kritische Anzahl von Unternehmen in räumlicher Nähe zueinander befindet, deren Aktivitäten sich entlang einer oder mehrerer Wertschöpfungsketten ergänzen oder miteinander verwandt sind. Erst unter dieser Bedingung kann ein Wachstumspol entstehen, der auch Zulieferer und spezialisierte Dienstleister anzieht und **Wettbewerbsvorteile** für alle beteiligten Unternehmen schafft.

---

58 Porter, Michael E., Locations, Clusters and Company Strategy. in: Clark, G.L., Feldman, M.P. und Gertler, M.S. (Hg.), The Oxford Handbook of Economic Geography, New York 2000, S. 253-274.

In der **Wirtschaftsförderung** wird der ‚Aufbau' von Clustern als aktive Innovationsförderung verstanden. Ausgehend von einer Analyse der betreffenden Wertschöpfungskette im regionalen Kontext kann das Potential des Aufbaus und der Förderung eines bestimmten Clusters abgeschätzt und ein **Clustermanagement** eingesetzt werden.

5.3 Erwerbstätige

Nach Definition der **Internationalen Arbeitsorganisation** (ILO) werden alle Personen, die 15 Jahre und älter sind, und die einer oder auch mehreren Erwerbstätigkeiten nachgehen, unabhängig von der Dauer der tatsächlich geleisteten oder vertragsmäßig zu leistenden wöchentlichen Arbeitszeit, als „Erwerbstätige" bezeichnet. Für die Zuordnung als „Erwerbstätiger" ist es unerheblich, ob aus dieser Tätigkeit der überwiegende Lebensunterhalt bestritten wird oder nicht. Zu den Erwerbstätigen gehören nach dem **Europäischen System Volkswirtschaftlicher Gesamtrechnungen** (ESVG): Auszubildende, Selbständige, Freiberufler, Mitarbeiter in der Landwirtschaft und mithelfende Familienangehörige ohne eigenes Gehalt, Personen, die eine geringfügige oder aushilfsweise Erwerbstätigkeit ausüben, Beamte (einschließlich Soldaten und Zivildienstleistende), sozialversicherungspflichtig Beschäftigte (Arbeitnehmer). Auch Personen, die zwar nicht arbeiten, bei denen aber die Bindung zu einem **Arbeitgeber** bestehen (z. B. Personen in **Mutterschutz** oder **Elternzeit**, die diesen Urlaub aus einer bestehenden Erwerbstätigkeit heraus angetreten haben), gelten als erwerbstätig.

5.4 Kaufkraft

Ganz allgemein bezeichnet man mit ‚Kaufkraft' jene Geldsumme, die einem Haushalt zum Zwecke des Konsums zur Verfügung steht. Diese Geldsumme stellt das ‚verfügbare Einkommen' des Konsumenten dar. Die Gesellschaft für Konsumforschung, Nürnberg (GfK), die Kaufkraftzahlen auf der Ebene von Kommunen ermittelt, sieht ‚verfügbares **Einkommen**' als denjenigen Betrag, der pro Haushalt vom Einkommen verbleibt, nachdem alle regelmäßig wiederkehrenden **Zahlungsverpflichtungen** (z. B. Wohnungsmieten, **Kreditraten, Versicherungsprämien**) bedient wurden.

Das **verfügbare Einkommen** der privaten Haushalte stellt einen besonders aussagefähigen Indikator für den (monetären) ‚Wohlstand' der Bevölkerung dar und ist als der Betrag zu verstehen, der den in einer bestimmten Region lebenden Menschen für Konsumzwecke oder zur Ersparnisbildung zur Verfügung steht.

5.5 Lokale Wirtschaftstypen

Die Analyse lokaler Wirtschaftsstrukturen lässt sich auf der Basis der Unterscheidung der beiden Typen ‚**Lokale Wirtschaft**' und ‚**Exportbasis**' treffen (Termini der Beratungsgesellschaft Empirica, Bonn-Berlin) – unberücksichtigt bleiben Kollektivhaushalte, etwa staatliche Einrichtungen, wie Kasernen, Schulen, Krankenhäuser usw. Kennzeichnend für ‚Lokale Wirtschaft' ist, dass die zu untersuchenden Betriebe, Unternehmen, Produkte und Dienstleistungen der Versorgung der örtlichen (lokalen) Bevölkerung dienen und die von ihnen angebotenen Güter und Dienstleistungen in der zu untersuchenden Region produziert und konsumiert werden, so dass kein Export aus der Region heraus geschieht. Es handelt sich dabei um Betriebe, die der reinen Grundversorgung, der in der Gebietskörperschaft lebenden Menschen dienen. Diese Betriebe konkurrieren untereinander auf dem lokalen Markt um Kunden. Der von Empirica ermittelte bundesweite Wert der Beschäftigten für diesen Typus liegt derzeit bei 104 Sozialversicherungspflichtig Beschäftigten (SV) pro 1.000 Einwohner (Prognose im Jahr 2015 Anstieg auf 111 SV/1.000 Einwohner). Im Rahmen einer für Rheinland-Pfalz erstellten Studie über regionalwirtschaftliche Beschäftigungseffekte wurde die Grenzproduktivität eines Beschäftigten der „Lokalen Wirtschaft" mit 25.000 €/Jahr ermittelt[59].

Die ‚Exportbasis' zeichnet sich dadurch aus, dass in ihr produzierte Waren und Dienstleistungen (einschließlich Tourismus) vermehrt außerhalb der Region abgesetzt werden und im Gegenzug Kaufkraft (Verkaufserlös) aus Konsum und Investition in die Region gelenkt wird. Diese Betriebe konkurrieren auf nationalen und internationalen Märkten um Kunden. Üblicherweise handelt es sich bei den von den Betrieben der Exportbasis angebotenen Produkten und Dienstleistungen häufig um hoch technisierte Güter bzw. erklärungsnotwendige oder F&E-Dienstleistungen, für deren Erstellung in großem Umfang ‚hochqualifizierte Beschäftigte' (d. h. Absolventen von Universitäten und Hochschulen) eingesetzt werden. Die genannte Studie für Rheinland-Pfalz errechnet die Grenzproduktivität für einen Mitarbeiter aus der Exportbasis mit 148.000 €/Jahr.

Kommunen, deren Betriebsstruktur zum überwiegenden Teil auf Unternehmen der ‚Lokalen Wirtschaft' basiert, weisen ein vergleichsweise niedriges BIP auf und können damit entsprechend niedrige Steuern vereinnahmen, entsprechend Kommunen mit zahlreichen Betrieben der „Exportbasis" erreichen ein hohes BIP und können hohe gemeindliche Steuereinnahmen erwarten.

5.6 Regionaler Multiplikator

Zur Berechnung der Auswirkungen auf das BIP infolge von Investitionsveränderungen aufgrund Betriebsneuansiedlungen bzw. Betriebserweiterungen, der Bindung oder dem Abfluss von Kaufkraft (Konsum) in oder aus der Kommune/Region, steigende oder sinkende Importquoten aufgrund von Arbeitsteilung, Steigerung/Senkung von Erlösen aus Exportgeschäften, Veränderungen von Sätzen bei den direkten Steuern oder staatlichen Transferausgaben usw., kann man zur grundsätzlichen Orientierung auf die Multiplikatormethode zurückgreifen. Als

---

59 Helmut Wienert, Fachhochschulen als belebendes Element der regionalen Wirtschaftsstruktur, in: Die Neue Hochschule 48 (2007), S. 10-14.

Multiplikator bezeichnet man in der Volkswirtschaftslehre einen Faktor, der angibt, in welchem Umfang sich ein ursprünglicher wirtschaftlicher Impuls (unabhängige Variable, d. h. eine neue Investition, zusätzlicher Konsum, steigende Importwerte, niedrigere Steuersätze etc.) auf eine zu erklärende Größe (abhängige Variable, d. h. das BIP) auswirkt.

5.7 Sozialversicherungspflichtig Beschäftigte (SV)

Nach § 7 Abs. 1 des vierten Buches zum Sozialgesetzbuch (SGB IV) versteht man unter Sozialversicherungspflichtig Beschäftigten (SV) Personen, die einer nichtselbstständigen Tätigkeit nachgehen. Insbesondere fallen ‚Arbeitnehmer' unter diesen Begriff. Arbeitnehmer sind gemäß dem Europäischen System Volkswirtschaftlicher Gesamtrechnungen 1995 (ESVG) Personen, die aufgrund eines Arbeitsvertrages verpflichtet sind, ihre Arbeitskraft weisungsgebunden gegen Entgelt zur Verfügung zu stellen.

5.8 Standortfaktoren

Einflussgrößen und Tatbestände, die für Standortentscheidungen von Unternehmen und Haushalten maßgeblich sind und die die Standortwahl oder -abwahl bestimmen, werden als „Standortfaktoren" bezeichnet. Unterschiede in der Ausprägung von Standortfaktoren führen zu räumlichen Differenzierungen und unterschiedlichen Kosten- und Erlösstrukturen beim wirtschaftlichen Handeln. Die Bewertung der Wichtigkeit einzelnen Standortfaktoren seitens der Unternehmen und Kommunen wird unterschiedlich gesehen und gewichtet. Allgemein wird zwischen harten und weichen Standortfaktoren unterschieden[60]:

– als „**harte**" Faktoren gelten u. a. Verwaltungsflexibilität, quantitativer und qualitativer Arbeitsmarkt, Umweltauflagen, Nähe zu Forschungs- und Hochschuleinrichtungen, Branchenkontakte, Verkehrsanbindung, Flächenkosten/Grundstückspreise, Flächenverfügbarkeit, lokale Abgaben und Hebesätze, Lage zu den Bezugs- und Absatzmärkten, Förderprogramme, Kommunikations- und Kooperationsmöglichkeiten (z. B. DSL-Technikanschluss) und die Gegebenheiten zu beruflicher Aus- und Weiterbildung;
– als „**weiche**" Faktoren werden Unternehmensfreundlichkeit von Verwaltung und Ratsgremien, Dauer der Genehmigungsverfahren, Umwelt- und Lebensqualität am Ort, Kultur- und Freizeitangebote, Schul- und Hochschulangebote in der Region, Image als Wohnwert, Reiz und Image der Region, Image als Wirtschaftsstandort, Wirtschaftsklima, Kriminalitätsrate und die soziale Infrastruktur bezeichnet.

---

60 "Wirtschaftsförderung", in: Wollenberg, K. (Hrsg.), Taschenbuch für Betriebswirtschaft, 2. Auflage, Leipzig 2004, S. 633-645.

Harte und weiche Standortfaktoren

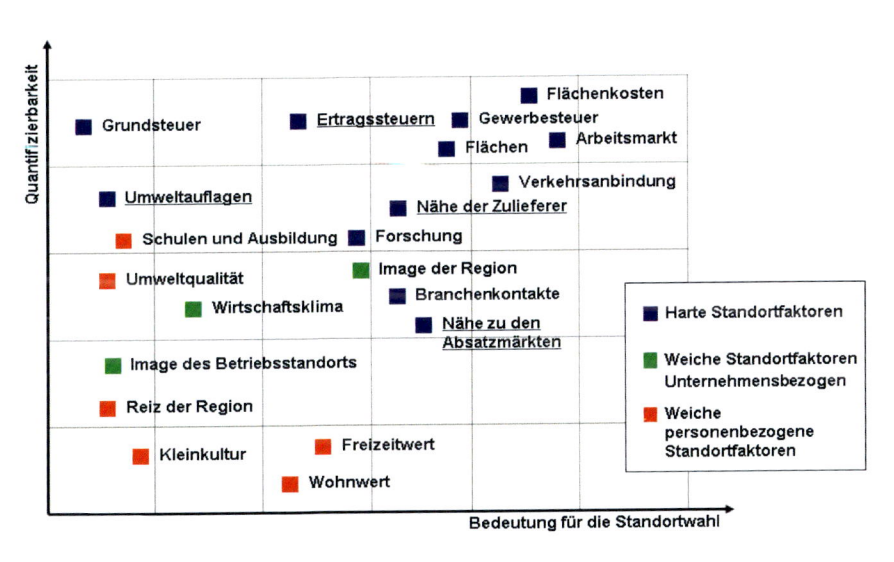

Abb. 4: Harte und weiche Standortfaktoren

Mit Ausnahme von wenigen harten Standortfaktoren (z. B. Umweltauflagen, Ertragssteuern, Nähe der Zulieferer, Nähe zu den Absatzmärkten) können Kommunen nahezu alle genannten harten und weichen Faktoren direkt oder indirekt beeinflussen, was vielerorts wenig Beachtung findet.

5.9 Tourismusintensität

Die quantitative Bedeutung oder Nichtbedeutung von Tourismusdienstleistungen (tertiärer Sektor) für eine Kommune wird üblicherweise mit Hilfe der ‚Tourismusintensität' gemessen. Die Kenngröße errechnet sich, in dem die Anzahl der im Ort/Region gemessenen Gästeübernachtungen bezogen wird auf 100 Einwohner des Ortes und (üblicherweise) 1 Jahr. Niedrige Werte weisen darauf hin, dass Tourismus (einschließlich Gästeübernachtungen) in der Region keine besondere Bedeutung erlangt und einher geht mit dem Mangel an entsprechenden Übernachtungsbetrieben (Hotels, Pensionen, bed&breakfast-Angeboten). Hohe Werte weisen auf die besondere Bedeutung von Tourismus für die Kommune hin. Üblicherweise ist damit eine ausgeprägte touristische Infrastruktur verbunden (Übernachtungsbetriebe, Restaurants, Sport- und Freizeitangebote, Tourenangebote etc.). Die von den statistischen Landesämtern erfassten Gästeübernachtungen geben zu dem die Verweildauer im Ort in Tagen bzw. Übernachtungen an. Kurze Übernachtungsdauer, meist zwischen ein bis drei Tagen, kennzeichnen Geschäftsreisende, Veranstaltungs- und Messebesucher. Mehrtägige oder mehrwöchige Übernachtungsdauern im Ort weisen auf Urlaubs- und Erholungsaufenthalte hin. Für den oberbayerischen Tourismus werden bei gewerblichen Übernachtungen durchschnittliche Tagesausgaben pro Gast von 121,90 €, für Privatvermieter von 51,80 €, für Camping 24,50 € und den Tagesbesuchsverkehr von 32,90 € angegeben (Bruttoumsatzzahlen für 2005, dwif-Consulting GmbH 2006).

Tourismusintensität im Landkreis-Vergleich
= Verhältnis Gästeübernachtungen, je 100 Einwohner

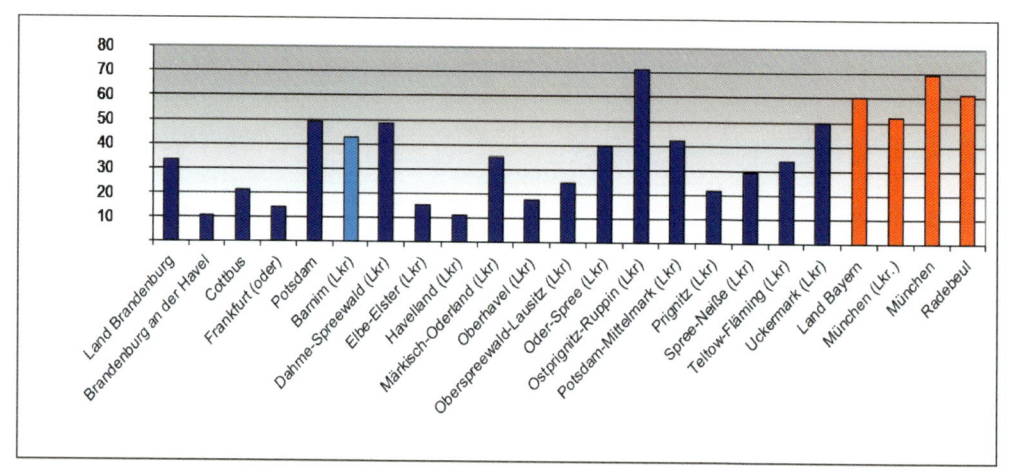

Abb. 5: Tourismusintensität im Landkreis-Vergleich

5.10 Zentralität

Für den **Einzelhandel** spielt neben der Kaufkraft auch die **Zentralität** eine wichtige Rolle. Die **Zentralitätskennziffer** [61] errechnet sich aus dem Verhältnis der Kaufkraftkennziffer (Kaufkraft im Vergleich zum Bundesdurchschnitt) zur Umsatzkennziffer (Einzelhandelsumsatz im Vergleich zum Bundesdurchschnitt).

---

61 "Kennziffer" ist in dieser Ausprägung eigentlich durch Kenngröße zu ersetzen, da in der Regel weder die Kaufkraft noch der Umsatz und erst recht nicht der Quotient aus beiden Größen oder Zahlen eine Ziffer darstellen bzw. ergeben. Trotzdem wird wegen der allgemeinen Verwendung, insbesondere bei der GfK Nürnberg, der Begriff „Ziffer" beibehalten.

5.11 Gemeindesteuern

Interessante Rückschlüsse auf die in der Kommune vorhandene Betriebs- und Unternehmensstruktur einerseits, und die hohe Auspendleranzahl andererseits, verrät die Analyse der Gemeindesteuern, wobei insbesondere die Einkommensteueranteile sowie die Gewerbesteuer (netto) als die beiden wichtigsten gemeindlichen Steuereinnahmen interessieren. Ein hoher Wert der Gemeindesteuern[62] pro Einwohner lässt darauf schließen, dass die Kommune ihre Möglichkeiten bei der Einkommen-, Gewerbe-, Umsatz- und Grundsteuer (diese bilden den Gesamtbetrag der gemeindlichen Steuereinnahmen) ausnutzt. Die Relation der Einkommen- zur Gewerbesteuer im Rahmen des Gemeindegesamtsteueraufkommens zeigt an, ob die Kommune eher als „Schlafstadt" für Pendler (bei hohem Einkommensteueranteil) oder als Unternehmensstandort (bei hohem Gewerbesteueranteil) ausgerichtet ist. Bei hoher Einkommensteuerabhängigkeit schlagen konjunkturelle Abschwünge und Entlassungen stark auf die Gemeindefinanzen durch. Wenn der prozentuale Anteil von Einkommen- zur Gewerbesteuer in etwa gleich groß ist, ist der Gemeindehaushalt kurzfristig weniger schwankungsanfällig (Diver-sifikationsprinzip).

6 Balanced Scorecard Strategie für eine Kommune

Die strategische Steuerung privatwirtschaftlicher Unternehmen, der öffentlichen Verwaltung und von ‚non-profit-organisations' (NPOs) hat sich in den letzten Jahren zu einem zentralen Thema des Handels entwickelt. Vielfältiges Bemühen im Zuge von Verwaltungsreformen der öffentlichen Hand brachten auch in der öffentlichen Verwaltung ein wachsendes Interesse am Funktionieren und Ablauf von Steuerungs- und Strategiekonzeptionen mit sich. Die Besonderheit öffentlicher Institutionen gegenüber privatwirtschaftlichen Unternehmen liegt wesentlich im Rahmen der organisatorischen Abläufe begründet, einschließlich der Meinungs- und Entscheidungs-(Beschluss-)findung und der höheren Komplexität.

Ein Managementinstrument, das den neuen Entwicklungen und Anforderungen an ein strategisches Controlling in besonderer Weise gerecht werden will, ist die ‚balanced scorecard (BSC)[63]. Das Konzept der BSC wurde vor rund 20 Jahren in der Privatwirtschaft entwickelt und „verspricht eine konsequente Ausrichtung aller Aktivitäten an der effizienten Umsetzung vorgegebener strategischer Ziele"[64]. Der große Rückhalt, den die BSC zwischenzeitlich in der Privatwirtschaft erzielen konnte, führte dazu, dass auch der ‚Öffentliche Sektor' sich für dieses

---

[62] Der Begriff „Gemeindesteuer" wird in dieser Darstellung als weitgefasste Zusammenfassung der beiden gemeindlichen Steuern (= Realsteuern) Grundsteuer A und B und Gewerbesteuer, sowie der beiden Beteiligungssteuern, also Einkommenssteuer und Umsatzsteuer, gebraucht.
[63] Scherer, A.G., Alt, J.M. (Hg), Balanced Scorecard in Verwaltung und Non-Profit-Organisationen, Stuttgart 2002, S. 4.
[64] Derselbe, S. V.

Strategie- und Steuerungskonzept zu interessieren begann. Dazu muss die BSC allerdings an die spezifischen Anforderungen öffentlicher Institutionen angepasst werden.

Überblick Strategieprozess

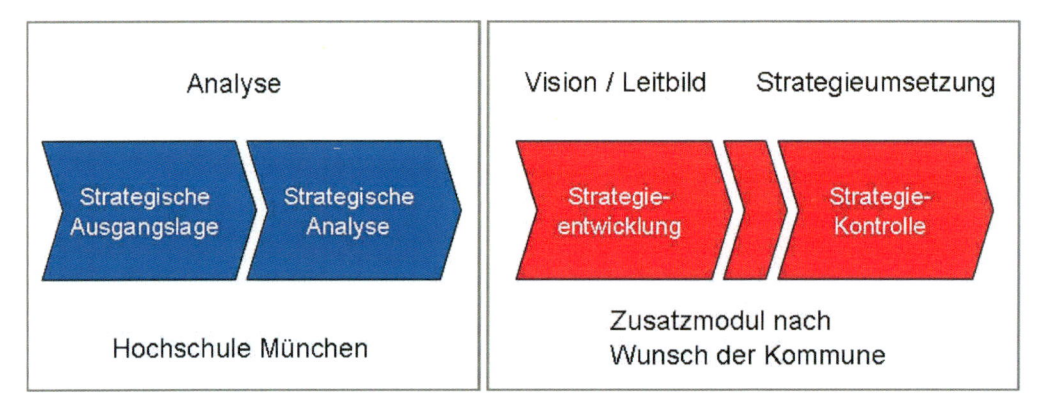

Analyse — Strategische Ausgangslage, Strategische Analyse — Hochschule München

Vision / Leitbild — **Strategieumsetzung** — Strategieentwicklung, Strategie-Kontrolle — Zusatzmodul nach Wunsch der Kommune

Abb. 6: Überblick Strategieprozess

Im Konzept und Ablaufplan der ‚indikatorgestützten Standortanalyse wurde deshalb, wenn seitens der zu untersuchenden Kommune das Interesse bestand, der strategischer Planungsprozess für die Wirtschaftsförderung der Kommune im Seminarablauf aufgezeigt.

7   Dokumentation der Standortanalyse

Nach Abschluss der ‚Indikatorengestützten Standortanalyse' wird zum Seminar eine schriftliche Dokumentation erstellt. Während der Umfang der Druckfassung des ersten vorgenommenen Standortseminars noch bei 90 Seiten lag, ist dieser zwischenzeitlich auf 180 Seiten angewachsen. Damit verfügt die Kommune über ein aktuelles Stärken-Schwächen-Profil, das in Diskussions- und Planungsrunden eingesetzt kann. Durch die vergleichende Struktur des Textteils der Dokumentation kann der *Median zu einzelnen Standortfaktoren* und Kenngrößen in anderen Kommunen bestimmt werden. Die Abweichung der Untersuchungsgemeinde vom Median ergibt schließlich das ‚Ranking' der Kommune.

8 Fazit – bisherige Erfahrungen

Die bisher gesammelten Erfahrungen der durchgeführten Standortseminare sind aus Sicht der Studierenden und der Fakultät Betriebswirtschaft der Hochschule München, der untersuchten Kommune und der beteiligten Unternehmen – Betriebe – Verbände/Kammern als ausgesprochen positiv zu bewerten.

Studierende – Fakultät Betriebswirtschaft der Hochschule München
Die seitens der Studierenden der Hochschule München in den Evaluierungen geäußerten Meinungen zeigen, dass das dem Standortseminar zugrunde liegende Konzept und die Vorgehensweise sehr gut angenommen werden. Hervorgehoben wird, dass der interdisziplinäre Ansatz mit volks- und betriebswirtschaftlichen Fragestellungen, der realen Situation von Betrieben und Kommunen anstelle von theoretischen bzw. fiktiven Literaturarbeiten oder Fallstudien, der Kontakt mit Gemeindevertretern, politischen Spitzenrepräsentanten der Region, Behördenvertretern, Spitzenmilitärs, Polizeivertretern, Unternehmern, Bankenvertretern, Regionalplanern, Kultur- und Sportmanagern, Medienvertretern, Leiter von Schulen, Bildungs- und Forschungseinrichtungen etc. innerhalb einer Lehrveranstaltung nahezu einmaligen Charakter hat. Zudem können und müssen die Studierenden allgemeinbildende Kenntnisse einbringen sowie eine ausgeprägte Kompetenz im Analysieren und Präsentieren besitzen bzw. sich diese auf dem Weg der aktiven Teilnahme erarbeiten.

Für die Fakultät Betriebswirtschaft der Hochschule München eröffnen sich mit dem aus den Standortseminaren resultierenden Kontaktmöglichkeiten vielfältige Anregungen, die in die Reform der BA- und MA-Studienangebote sowie die Etablierung eines Zertifikats sowie eines „*Weiterbildungsmaster MA für strategisches Regionalmanagement und Wirtschaftsförderung*" münden. Der Kontakt zu den beteiligten Schulen erbrachte für die Fakultät zugleich die Möglichkeit, auf Studiengänge und die Hochschule aufmerksam zu machen.

Die Berichterstattung über die jeweiligen Standortseminare in den Medien (Lokal- und Regionalzeitungen, Lokalradio sowie im dritten Programm des Senders „Radio Berlin Brandenburg" (RBB)) war und ist eine hervorragende Möglichkeit der Fakultät, Außenwirkung zu zeigen. Schließlich trägt die Zusammenarbeit zwischen den betriebswirtschaftlichen Fakultäten aus München und Eberswalde insofern Früchte, als auf der Professorenebene gute Kooperationen für Tagungen und Veröffentlichungen sowie ein Lehr- und Erfahrungsaustausch entstanden ist. Für zahlreiche der Münchener Studierenden bedeuteten die in Kooperation mit der FH Eberswalde durchgeführten Standortseminare in Radebeul und Eberswalde erstmals die Konfrontation mit Betriebs- und Militärgeländekonversionen, großflächigen Industriebrachen und die sich daraus ableitende Veränderung sozialer Milieus, Mentalitäten, Zukunftsbilder Gleichaltriger im anderen Umfeld und die ‚Überprüfung des wirtschaftlichen Erfolgsmodells Großraum München'.

Kommune
Der Kontakt zu den Kommunen, in denen ‚Indikatorengestützte Standortortanalysen' vorgenommen wurden, kam durch das von den Gemeinden geäußerte Interesse zustande, weiterhin durch Initiative und Vermittlung von Prof. Dr. Rösler (FH Eberswalde) sowie durch direkte Kontaktaufnahme zu ‚interessanten' Gemeinden und den jeweiligen Bürgermeistern. Stets waren das Interesse der Oberbürgermeister und Bürgermeister, ebenso aber auch der jeweiligen Landräte, sehr groß, von ‚ihrer' Gemeinde durch die studentisch-jugendliche Altersgruppe „durchleuchtet" zu werden.

Unternehmen – Betriebe – Verbände/Kammern
Die unternehmerische Seite und Verbände begegnen den Anfragen auf Beteiligung im Seminar ausgesprochen zustimmend. Wiederholte Male wurde großes Lob für die Initiative und das Konzept des Standortseminars geäußert. Mehrfach sahen sich Unternehmensvertreter über den Weg des Seminars in die Lage versetzt, mit politisch Verantwortlichen der Gemeinde intensiver ins Gespräch zu kommen und diesen ‚Sorgen und Nöte' mitteilen zu können.

Zumeist erstmals im Standortseminar kamen die beteiligten Studierenden aktiv mit Regional- oder Städteplanern zusammen und stellten dabei fest, dass volks- oder betriebswirtschaftlich „richtige" Standortentscheidungen mitunter an planerischen Vorgaben zu scheitern drohen. Das Erkennen und Finden einer Kompromisslösung gehört deshalb zwingend zum Lerninhalt der Seminarveranstaltung. In die gleiche Richtung ist der Erfahrungszuwachs im Umgang mit kommunalpolitischen Entscheidungsträgern und Verwaltungsmitarbeitern durch die Studierenden, insbesondere bei der Vorstellung und Disputation ihrer Arbeitsgruppenergebnisse, einzuordnen.

Wollenberg, Klaus
Prof. Dr. rer.pol.

Volkswirtschaftslehre und Wirtschaftspolitik
Studiendekan
Fakultät Betriebswirtschaft
Hochschule München (FH)

Telefon: 089-1265 2711 und 1265 2712

Der ehrbare Berater – ein Versuch gegen die öffentliche Meinung

Harald Kunze

Vorbemerkung: Dieser Beitrag handelt nicht primär von den weltweit tätigen Beratungskonzernen, sondern von der Sichtweise und den Erfahrungen eines Ingenieurökonomen, der seit mehr als 20 Jahren ein kleines Beratungsunternehmen führt, das hauptsächlich in der Kommunal- und Regionalberatung tätig ist. Manche Überlegung ist jedoch vielleicht auch von übergreifendem Interesse.

Der ehrbare Berater – gibt es ihn überhaupt?

Umfragen zufolge gehört der Berater zu den Berufsgruppen mit dem schlechtesten Image – darin nur übertroffen vom Versicherungsvertreter. Eine Sammlung mit Sprüchen über ihn würde Bände füllen, und die wenigsten davon sind wohlwollend oder lassen sich mit einem Augenzwinkern abtun. Ungeachtet dieses schlechten Images ist eine Tätigkeit bei Beratungsunternehmen sehr begehrt, insbesondere bei jungen Menschen. Offenbar haftet diesem Beruf zugleich etwas an, das Interesse und Neugier weckt. Und schließlich gäbe es den Berufsstand des Beraters gar nicht, wenn seine Leistungen nicht nachgefragt würden – und zwar in steigendem Umfang: Im Zeitraum von 2000 bis 2008 hat die Branche ihren Umsatz in Deutschland von 12,2 Mrd. Euro auf 18,2 Mrd. Euro gesteigert, also um fast 50 %! [F.A.Z. 100604]

Unter der Überschrift „Umzingelt von Besserwissern" schrieb BURGHARD STRASSMANN in der „Zeit": „Überbezahlt, inkompetent, arrogant – über Berater schimpfen kann jeder. Bis man sie ganz dringend braucht". [Die Zeit 0409] Ist das schlechte Image des Beraters in der Öffentlichkeit also nur üble Nachrede oder steckt ein Stück Wahrheit darin? Dietmar Fink, Professor für Unternehmensberatung und -entwicklung an der Hochschule Bonn-Rhein-Sieg, hat die Branche gründlich analysiert und kommt zu dem Ergebnis: „Der Beraterjob ist in der Öffentlichkeit durch extrem viele Vorurteile belastet, aber nur die Hälfte trifft wirklich zu." [LUDOWIG/SONNET 090701].

Dieser Beitrag soll ausgewählte Gesichtspunkte näher betrachten.

Ein erstes Problem:
Diese *Tätigkeitsbezeichnung* ist nicht geschützt; jeder kann sich Berater nennen – ungeachtet seiner beruflichen Qualifikation und sonstigen Fähigkeiten. Vielleicht tummeln sich deshalb in dieser Branche – neben einer Vielzahl ausgewiesener Experten – mehr Blindgänger und Scharlatane als in anderen Bereichen. Gerade die neuen Bundesländer wurden nach der Wende förmlich überschwemmt von einem Beraterheer, dem leider auch viele Glücksritter angehörten – nicht wenige Kunden sind auf diese hereingefallen und haben teuer dafür bezahlt.

Ein zweiter Aspekt:
Die wenigsten Menschen haben eine *Vorstellung* davon, *was ein Berater tut und welche Ergebnisse von seiner Tätigkeit erwartet werden können.* Selbst bei Auftraggebern reicht das Spektrum von genereller Geringschätzung konzeptioneller Arbeit bis zum Versuch, den Berater haftbar zu machen für Ergebnisse, die gar nicht seiner Tätigkeit, sondern nachfolgenden politischen Entscheidungen geschuldet sind. *Kommt Licht in das Halbdunkel der Beratungstätigkeit (welches der Beraterstand teilweise selbst verschuldet hat), wird sich auch das Bild des – ehrbaren – Beraters in der Öffentlichkeit verbessern.*

Aggressive Akquise, keine Ahnung, kein Nutzen?

Ein typischer Witz über Berater lautet:

Ein Schäfer weidet eine große Herde. Kommt ein junger Mann in einem teuren Auto angefahren, grüßt den Schäfer und fragt: „Wenn ich Ihnen sage, wie viele Schafe Sie haben, darf ich mir dann ein Schaf nehmen?" Der Schäfer zieht etwas verwundert an seiner Tabakpfeife und nickt nach kurzem Nachdenken. Der junge Mann bemüht Laptop, GPS und Datenbanken bevor er dem Schäfer enthüllt:„Sie haben 357 Schafe! Darf ich mir jetzt ein Schaf nehmen?" Wieder nickt der Schäfer, tritt dann jedoch an das abfahrtbereite Auto heran und fragt: „Wenn ich Ihren Beruf errate, bekomme ich dann mein Schaf wieder?" Nachdem der junge Mann dies bejaht hat, erklärt der Schäfer:„Sie müssen Berater sein! Erstens sind Sie gekommen, ohne dass ich Sie gerufen habe. Zweitens haben Sie mir nur etwas gesagt, was ich schon wusste und gleich eine Rechnung dafür gestellt. Drittens haben Sie keine Ahnung, was ich hier mache. Und jetzt geben Sie mir meinen Hund wieder!"

Aggressive Akquise, keine Ahnung, kein Nutzen für den Kunden? Was setzt der ehrbare Berater diesem Zerrbild entgegen?

Wie kommt der ehrbare Berater zu Aufträgen?

Im engeren Tätigkeitsbereich des Verfassers, der Kommunal- und Regionalberatung, „nährt" sich der Berater meist durch die erfolgreiche Beteiligung an Ausschreibungen. Dies ist einer speziellen Rechtgrundlage geschuldet, der sich öffentliche Auftraggeber bei Planungs- und Beratungsaufträgen zu bedienen haben. [VOL 091120] Danach sind derartige Leistungen entweder über öffentliche Ausschreibungen (die in digitalen bzw. gedruckten „Ausschreibungsblättern" erscheinen) oder beschränkte Ausschreibungen zu vergeben; letztere werden vom Auftraggeber direkt an ausgewählte Berater adressiert. Dies ist nicht selten ein sehr mühsames Verfahren, zumal häufig noch ein öffentlicher Teilnehmerwettbewerb vorgeschaltet wird, an welchem sich in der Regel dutzende Unternehmen beteiligen. Die Chance zum Erhalt des Auftrages beträgt damit für jedes beteiligte Unternehmen zunächst nur wenige Prozent. Gehört der Berater zum Kreis der Auserwählten, die ein Angebot abgeben dürfen, und wird dieses positiv bewertet, steht oft noch eine Präsentation vor dem Entscheidungsgremium des Auftraggebers an. Falls in diesem Prozess bereits Vor-Ort-Recherchen erforderlich sind, hat der Berater für den Beteiligungsprozess nicht selten bereits fünf- bis zehntausend Euro aufgewandt (die er nicht erstattet erhält!), bevor sich entscheidet, ob er den Auftrag bekommt.

Mit anderen Worten: Die *Akquise des ehrbaren Beraters* in der Kommunal- und Regionalberatung *besteht* nicht im Überreden des Auftraggebers mit vollmundigen Versprechungen (wie nicht selten angenommen wird), sondern *in harter Kleinarbeit*, im gründlichen Eindenken und Einfühlen in Sinn und Zweck der Ausschreibungen, was bei deren sehr unterschiedlicher Qualität nicht immer einfach ist. Nicht selten weiß der Auftraggeber gar nicht genau, was er eigentlich will. Doch das steht auf einem anderen Blatt.

Gleichwohl ist auch bei öffentlichen Auftraggebern die sogenannte Kaltakquise keineswegs unehrenhaft, sofern die angebotene Leistung für den Kunden von Nutzen ist und der Berater in der Lage ist, diese in der erforderlichen Qualität zu erbringen. Dabei geht er auf der Basis von Vorrecherchen oder erhaltenen Hinweisen gezielt auf potenzielle Auftraggeber zu und bietet seine Leistung zu dem von ihm identifizierten Problem an. Meist muss er sich dennoch einer Ausschreibung stellen, um den Auftrag zu erhalten, denn eine freihändige Vergabe ist seitens öffentlicher Auftraggeber lediglich bei geringen Auftragsvolumina möglich.

Somit *verhält sich ein Berater im Angebotsprozess ehrbar*, wenn er

- ausschließlich Leistungen anbietet, für deren sachgerechte Erbringung er die erforderliche Qualifikation und Erfahrung besitzt;
- dem Auftraggeber keine Ergebnisse bzw. Effekte verspricht, die nicht erzielbar sind und
- keine rechtswidrigen Absprachen mit Wettbewerbern oder mit dem Auftraggeber trifft, die das Vergabeverfahren unzulässig beeinflussen.

Welchen Nutzen liefert der ehrbare Berater?

Einem Kalauer zufolge liefert ein Berater lediglich drei Arten von Ergebnissen:

- Informationen, die der Auftraggeber schon kannte;
- Erkenntnisse, die dieser dem Berater nicht glaubt und / oder
- Vorschläge, mit denen der Kunde nichts anfangen kann.

Wie bereits erwähnt, ist der Verfasser überwiegend für öffentliche Auftraggeber tätig – ein Marktsegment, in welchem in Deutschland mit 1,5–2 Mrd. Euro immerhin rund 10 % des Gesamtumsatzes der Branche realisiert werden. [F.A.Z. 100604] Und gerade die dort tätigen Berater sind häufig Adressaten harscher Kritik – geht es doch hierbei um Steuergelder. Rechnungshöfe und Bund der Steuerzahler melden sich regelmäßig zu Wort und kritisieren die angebliche „Gutachteritis" der Verwaltungen aller Ebenen. „Mancher Berater verwandelt nur graue Akten in bunte Folien", mäkelte die Zeit, und führte als Bespiel ein kostspieliges Haushaltsgutachten für die niedersächsische Landesregierung an, welches zu zwei Dritteln „aus nichts anderem als aus der bekannten Expertise der Verwaltung" bestehe. [Die Zeit 0407]

Wie *vermeidet der ehrbare Berater solche Situationen* bzw. wie geht er damit um, wenn er mit derartigen Anwürfen konfrontiert wird?

1. Situationsanalyse:
    Im Beratungsprozess, insbesondere bei der Situationsanalyse, wird es fast zwangsläufig dazu kommen, dass dem Auftraggeber ein Teil der Ergebnisse bereits bekannt ist oder er diese zumindest vermutet hat. Dies ist völlig normal, denn schließlich stützt sich der Berater zwangsläufig auch auf Informationen, die er vom Kunden oder anderen Ansprechpartnern erhalten hat. Die Kunst des Beraters liegt hierbei darin, *diese Informationen und eigene Beobachtungen nicht einfach zurückzuspiegeln* (oder gar als eigene Erkenntnisse auszugeben), sondern über deren gezielte Verdichtung und schließliche Bewertung *dem Kunden zu neuen Einsichten zu verhelfen*, die über dessen bisherigen Kenntnisstand hinaus zu relevanten

Einsichten führen. Dies muss unbedingter Anspruch des ehrbaren Beraters sein. Dabei hat er sichtbar zu machen, auf welcher Informationsbasis seine Erkenntnisse beruhen, anstatt den Guru zu spielen, dem alles Wissen wie Manna vom Himmel gefallen ist.

2. Kunden involvieren:
Damit seine Bewertungen Glauben finden, wird der ehrbare Berater diese nicht im stillen Kämmerlein gewinnen und abschließend den überraschten Kunden mit seinen Weisheiten beglücken, sondern *den Kunden in den Prozess der Erkenntnisgewinnung einbeziehen*. Produktive, fundiert vorbereitete Workshops sind dabei ein wichtiges Instrument, doch sollte insbesondere die Bedeutung intensiver, evtl. wiederholter Einzelgespräche mit zentralen Akteuren nicht unterschätzt werden. Dies macht natürlich Arbeit, doch *Fleiß und kommunikatives Engagement gehören zu den grundlegenden Tugenden des ehrbaren Beraters*.

3. Kunde ist unzufrieden:
Meint der Kunde, mit den Ergebnissen der Beratung nichts anfangen zu können, so kann es dafür mehrere Ursachen geben – von Dilletantismus des Auftragnehmers einmal abgesehen.

- Häufig liegt die Ursache darin, dass – analog zu oben Gesagtem – *der Kunde vom Berater nicht „mitgenommen"* wurde auf dem Weg von der Analyse über die Bewertung bis hin zu Schlussfolgerung und Handlungsempfehlung, sondern ihm fertige Lösungen vorgesetzt werden.
- Eine weitere Ursache können sogenannte *Fallschirmkonzepte* sein: Vorgefertigte Pakete für Problemlösungen, die dort „abgeworfen" werden, wo der Berater glaubt, sie gut unterbringen zu können, anstatt nach einer individuellen Strategie für den Kunden zu suchen.
- Demgegenüber zeichnet die – meist viel aufwendigere – Erarbeitung einer *genau an die Bedürfnisse und Potenziale des Kunden angepassten Strategie den ehrbaren Berater* aus.
- Nicht selten jedoch gerät auch der ehrbarste Berater in Gewissenskonflikte, wenn der Kunde das Honorar soweit heruntergehandelt, dass eine solche individuell optimierte Problemlösung ohne Selbstausbeutung gar nicht zu erbringen ist. In einer solchen Situation *gehört zum ehrbaren Berater auch der Mut, „Nein" zu sagen* und in letzter Konsequenz diesen Auftrag abzulehnen.

Zieht man seriöse Analysen zurate, so zeigt sich ein Bild, das nicht zu den Vorurteilen gegenüber Beratern passt: Nach der Studie „Management Consulting 2009", für welche Dietmar Fink 476 deutsche Führungskräfte befragte, sind immerhin 51 % der Kunden mit den Leistungen der Berater „sehr zufrieden", hingegen nur 7 % sind „unzufrieden", 1 % „sehr unzufrieden" [LANGER/STUDENT 090731] – gewiss kein berauschendes Ergebnis, jedoch auch keine Katastrophe, zumal die Studie über die Jahre eine steigende Zufriedenheitstendenz feststellt.

Einige Organisationen und Kooperationen der Beratungsbranche versuchen, die Situation über eine Art *Ehrenkodex* zu beeinflussen.

So hat der Bundesverband Deutscher Unternehmensberater e. V. neun Berufsgrundsätze formuliert, die das Verhalten der Mitglieder des BDU „in ihren Beziehungen zu Klienten, Interessenten, Mitarbeitern, Bewerbern, Lieferanten, Verbänden und der Öffentlichkeit" bestimmen sollen. Dazu zählen u. a.

- fachliche Kompetenz,
- Seriosität und Effektivität,
- Objektivität, Neutralität und Eigenverantwortlichkeit,
- Vertraulichkeit,
- angemessene Preisbildung und
- seriöse Werbung. [Vgl. IUP 2009]

Dies ist zweifellos ein richtiger Schritt; das Qualitäts- und Imageproblem der Branche wird damit jedoch nicht gelöst, denn unseriöse bzw. unehrenhafte Berater werden sich von solchen Einrichtungen fern halten. Auch wirksame staatliche Eingriffe in die sehr differenzierte und vielschichtige Beraterbranche sind kaum vorstellbar. So bleibt es weitgehend dem Auftraggeber überlassen, im Ausschreibungsverfahren die Spreu vom Weizen zu trennen.
Fachliche Kompetenz (z. B. in Form von Berufsabschlüssen und Referenzen) wird dabei heute meist detailliert abgeklärt, doch wie erkennt man die Ehrbarkeit des Beraters?

Ein Bonmot sagt: „Vertraue die Beratung deines Unternehmens nur einem Menschen an, zudem du auch in die Eheberatung gehen würdest!"
Dieser *Vertrauensaspekt* wird in den Vergabeverfahren meist viel zu wenig abgeklärt, weshalb zwar fachliche ausgewiesene, aber im Übrigen wenig ehrbare Berater leider immer wieder Kundschaft finden.

Gibt es eine Ur-Tugend des ehrbaren Beraters?

Berater sind so verschieden wie Menschen anderer Professionen auch; viele sind sogar ausgeprägte Individualisten. Bei aller Fachkompetenz und allem Methodeninstrumentarium, dessen Beherrschung der Kunde erwarten kann, muss letztendlich jeder Berater seinen Weg zum Beratungserfolg finden. Diesen Weg ehrbar zu bestreiten, erfordert unter den oft komplizierten Bedingungen des täglichen Akquise- und Beratungsprozesses, ständig Entscheidungen nicht nur sachgerecht, sondern zugleich ehrenhaft zu treffen. Dabei muss er sich nicht selten gegen bestimmte eigene wirtschaftliche Vorteile entscheiden – zumal wenn das Geschäft – wie zur Zeit –

härter wird, was selbst Christian Veith, Deutschland-Chef der Boston Consulting Group, kürzlich einräumen musste. [F.A.Z. 100604]

Dem Verfasser ist eine altmodisch anmutende Einstellung in seiner mehr als 20jährigen Beratungstätigkeit zu einer wichtigen Orientierung geworden: *Demut*.
Jeden Auftrag als Aufbruch in Neuland, als Herausforderung zur optimalen Nutzensstiftung für genau diesen Kunden zu begreifen, ihn im Beratungsprozess als Partner anzunehmen und ihm zu dienen – wie verquer dessen Ansichten vielleicht zunächst auch erscheinen mögen – dies ist ein entscheidender Wesenszug des ehrbaren Beraters.

Was hat die Stunde geschlagen?

Dem englischen Komiker *Roy Kinnear* wird der Spruch zugeschrieben: „Ein Berater ist jemand, der dir deine Armbanduhr wegnimmt, um dir zu sagen, wie spät es ist!" In diesem Satz – ganz gleich wie er gemeint war – steckt mehr Weisheit als man zunächst vermuten mag: Wer die Uhrzeit aus der Zeigerstellung ablesen kann, muss deshalb noch lange nicht wissen, wie spät es ist bzw. – wie der Volksmund sagt – was die Stunde geschlagen hat.

Gerade hierin zeigt sich der ehrbare Berater: *Situationsbewertungen auf den Punkt* zu bringen und dem Auftraggeber selbst unangenehme Wahrheiten zu sagen – *auch auf die Gefahr, bei künftigen Aufträgen nicht berücksichtigt zu werden*. Doch wo liegen die Grenzen zwischen Diplomatie und Opportunismus, zwischen Nutzensstiftung und Selbstausbeutung des Beraters?

Der ehrbare Berater hat seine Entscheidungen in diesem Spannungsfeld täglich neu zu treffen.

Literatur

[F.A.Z. 100604] Löhr, Julia: Mehr Druck und weniger Honorar, in: Frankfurter Allgemeine Zeitung vom 4.6.2010, S. 21. Internetquelle: http://fuehrungskraefte.fazjob.net/fuer_bewerber/aus_der_beruf_und_chance_redaktion/?em_cnt=126310; Zugriff 100718

[IUP 2009] Institut der Unternehmensberater im BDU (Hrsg.): Grundsätze ordnungsgemäßer Planung (GoP) Version 2.1, Bonn 2009, S. 26–27; Internetquelle: http://www.bdu.de/downloads/FG/AOU/gop2.1-web.pdf; Zugriff 100718

[Die Zeit 0409] Strassmann, Burghard. Umzingelt von Besserwissern, In: Die Zeit, Hamburg 9(2004)55, vom 19.2.2004; Internetquelle: http://pdf.zeit.de/2004/09/Titel_2fBerater_09.pdf; Zugriff 100718

[Die Zeit 0407] Niejahr, Elisabeth: Die Berater-Republik, in: Die Zeit, Hamburg 7(2004)10, vom 5.2.2004; Internetquelle: http://pdf.zeit.de/2004/07/Berater.pdf; Zugriff 100718

[Langer/Student 090731] Langer, Karsten; Student, Dietmar: Was BCG und Co. Leisten, in: http://www.manager-magazin.de/unternehmen/beratertest/0,2828,637643,00.html; Zugriff 100718

[Ludowig/Sonnet 090701] Ludowig, Kirsten; Sonnet, Carola: Traumjob Berater, in: http://www.karriere.de/beruf/traumjob-berater-8932/; vom 1.7. 2009; Zugriff 100718

[VOL 091120] Vergabe- und Vertragsordnung für Leistungen vom 20.11.2009, Bundesanzeiger, Köln 196a(61) vom 29.12.2009; Internetquelle: http://www.bmwi.de/BMWi/Redaktion/PDF/Gesetz/verdingungsordnung-fuer-leistungen-vol-a-2009,property=pdf,bereich=bmwi,sprache=de,rwb=true.pdf; Zugriff 100718

Kunze, Harald
Prof. Dr. sc.oec.

1969: Abitur an der EOS Lobenstein

1969–1973: Studium Ingenieurökonomie, Friedrich-Schiller-Universität Jena

1980: Promotion mit einer Arbeit zur internationalen Forschungs- und Entwicklungskooperation in Westeuropa, Anerkennung als Habilitation und Auszeichnung mit dem Universitätspreis

1984: Verleihung der facultas docendi

1973–1987: Wissenschaftlicher Assistent, Oberassistent, Dozent an der Sektion Wirtschaftswissenschaften der Friedrich-Schiller-Universität

1987: Forschungsaufenthalt am Institut für Weltwirtschaft der Akademie der Wissenschaften der UdSSR in Moskau

1987–1992: Universitätsprofessor für Politische Ökonomie Kapitalis-mus an der Humboldt-Universität in Berlin

1989–1990: Gründung und Leitung der Arbeitsgruppe „Internationale Kooperation und Joint Ventures" an der Humboldt-Universität

seit 1992: Tätigkeit als Berater, ab 1992 hauptberuflich (ABRAXAS. Büro für kreative Leistungen); Lehraufträge an Hochschulen in Berlin, Brandenburg, Hessen, Niedersachsen, Sachsen, Sachsen-Anhalt und Thüringen

seit 1999: Dozent im Masterstudium sowie im Fortbildungskurs Regionalmanagement bei EIPOS

Der ehrbare Regionalmanager

Michael Rösler

Offensichtlich neigen wir Menschen dazu, etwas besonders herauszustellen, wenn es knapp und damit teuer ist oder gefährdet erscheint und uns abhanden zu kommen droht. Seit der Finanzkrise und den begleitenden Erschütterungen in Wirtschaft und Politik betrifft das die „Ehrbarkeit". Die Herausgeber der Wissenschaftlichen Zeitschrift des EIPOS e.V. folgen also einerseits dem Zeitgeist, andererseits sollte der EIPOS-Kodex garantieren, dass die ohne Zweifel brennenden wirtschaftsethischen Fragen mit gebührender Gelassenheit behandelt werden können[1].

Auf dem Gebiet des Regionalmanagements und der Regionalberatung kann sich EIPOS auf 12 Jahre Bildungs- und Fortbildungserfahrung berufen. Die Curricula, der Dozentenpool und etwa 500 erfolgreiche Kursteilnehmer ermöglichen es nachzuprüfen, wie der Regionalmanager in die Diskussion um den ehrbaren Kaufmann einzubeziehen ist.

1 Der Regionalmanager in der Ehrbarkeitsdiskussion

„Regionalmanagement beschäftigt sich mit den Interaktionen von Unternehmen, Einrichtungen der öffentlichen Hand, Kammern, Verbänden und Vereinigungen in Regionen, mit dem Ziel, die Effizienz der wirtschaftlichen und politischen Unternehmer als regionale Akteure zu erhöhen und das Zusammenwirken in regionalen Netzen zu entwickeln." Diese Definition – vom Autor des vorliegenden Beitrages für den Bachelor-Studiengang Regionalmanagement an der Fachhochschule Eberswalde formuliert – verspricht eigentlich nur Gutes und sollte den Regionalmanager aus der aktuellen Ehrbarkeitshysterie heraushalten. Aber schon der Blick auf

---

[1] Bemerkung des Herausgebers: Vgl. Kunze, Harald: „Der ehrbare Berater – ein Versuch gegen die öffentliche Meinung". – In WZ EIPOS 3(2010)1. – S. 114

konkrete Handlungsfelder wie Wirtschaftsförderung und Fördermittelbeantragung oder Konfliktmanagement und Moderation eröffnet, wie intensiv der Regionalmanager mit nahezu allen gesellschaftlichen Prozessen zumindest seiner Region verbunden ist. An nur einem, allerdings sehr bezeichnenden *Beispiel* sei das dargestellt:

Als eine Ursache der Finanzkrise benennen sachkundige und offensichtlich ehrbare Bankiers die massive Abkehr von der ungeschriebenen Regel, dass ein Geldinstitut die mit der Kreditvergabe verbundenen Risiken nicht weitergeben darf; die örtliche Bank kennt den Kreditnehmer oftmals persönlich und kann die Sicherheit auch vor Ort nachprüfen. In den kunstvollen „Finanzprodukten" – schon dieses semantische outing hätte mehr als nur einige aufmerksame Volkswirte wachrütteln müssen – gehen die risikovollen Zusammenhänge verloren, was den nur an Kursen, Überschüssen und Boni interessierten „banker" wenig interessiert.

In einer vergleichbaren Situation befindet sich der Regionalmanager, wenn er mit entsprechenden Anträgen nach Fördermitteln für seine Kommune oder Region strebt – oder streben muss. In Brandenburg stützen sich die Fördermittel für die sogenannten Regionalen Wachstumskerne (RWK) darauf, dass entsprechende Potentiale und Aktivitäten nachgewiesen werden. Der Regionalmanager beruft sich auf Netzwerke und Projekte, aber vor allem auf die Branchenkompetenzfelder der Region mit diesbezüglichen Unternehmen. Vor Ort weiß man genau, wie viele Arbeitsplätze wirklich Kompetenz – besser Exzellenz - tragen, wie krisenanfällig die Unternehmen sind, ob die Entscheidungen tatsächlich in der Region fallen oder beim Stammhaus in den ABL, ob die Erlöse und die Kostendeckung robust sind oder von Fördermitteln abhängen. Auf Landesebene lässt sich das eventuell noch prüfen, obwohl das bei 15 RWK schon recht aufwendig sein wird. Auf den Förderebenen Bund und EU nutzt man notgedrungen vorrangig die Anträge, Studien und Konzepte. Und sie stützen sich auf die Sachkenntnis und die Korrektheit auch des Regionalmanagers. Benennt er wider besseren Wissens acht Branchenkompetenzfelder in der Hoffnung auf jene Fördermittel, aus denen zumeist auch sein Gehalt gezahlt wird, oder meldet er die drei Vertretbaren und riskiert die Kritik seiner Auftraggeber und seine Position? Folglich steht er vor vergleichbaren moralisch-ethischen Problemen wie seine regionalen Partner in Wirtschaft und Gesellschaft.

2   Regionalmanagement in wirtschaftsethischer Sicht

„Ethik ist die wissenschaftliche Reflexionsform der Moral, und Ökonomik ist die wissenschaftliche Reflexionsform der Ökonomie" (KORFF 2009, S. 834). Die Wirtschaftsethik formt sich aus der jeweiligen Zuordnung und wird dementsprechend äußerst differenziert betrachtet und bewertet. So geht Bendixen davon aus, dass „… die Dimension des Kulturellen und mit ihr die Ethik als Kodex kultivierten Verhaltens in der Wirtschaft aus dem Fokus der Ökonomie …"

(Bendixen 2008, S. 88 f.) verschwanden und kritisiert die „akademische Ökonomie" (Ebenda, S. 89). Demgegenüber sollten die Herausgeber und Autoren des ORDO-Jahrbuches für die Ordnung von Wirtschaft und Gesellschaft – als exponierte Vertreter der akademischen Ökonomie gelten, denen aber die Wirtschaftsethik keinesfalls als „Fremdkörper" (BENDIXEN, S. 95) erscheint. So diskutiert *Vaubel* die k*ontrakttheoretische Ethik* des Ökonomen (vgl. VAUBEL 2007, S. 109ff) nach der u.a. der wirtschaftliche Akteur „… anderen nicht schaden darf, da er ja ihre vertragliche Zustimmung braucht" (Ebenda, S. 119). Weniger akademisch aber in ähnlicher Richtung argumentiert Pinnow: „Ein Unternehmen kann aber, genau wie jeder einzelne Mensch, nur durch Interaktionen mit anderen existieren. Deshalb enthält Wirtschaften auch die Komponente des sozialen Handelns." (PINNOW 2007, S. 55)

Vorgreifend ließe sich also behaupten: Kaufleute oder ähnliche Wirtschaftsakteure, die über längere Zeit im Markt bleiben wollen, sind zur Ehrbarkeit geradezu verdammt, unabhängig davon, ob es ihren persönlichen Vorstellungen entspricht oder nicht. Diese Aussage soll nachfolgend vor allem bezogen auf den Regionalmanager geprüft werden.

Die wirtschaftsethischen Fragen entstehen zumeist aus der Diskussion um die „Moral des Marktes" (vgl. u. a. BARBIER 1990) und einer weitverbreiteten Skepsis gegenüber dieser Institution. Sie rührt wohl primär daher, dass dem Markt als eigentlichem Ort von regelgebundenen Angebots- und Nachfragevorgängen menschliche Eigenschaften zugeordnet werden. Das gerade von Politikern gern strapazierte „Marktversagen" folgt dieser Denkweise und entspricht etwa der Logik, ein Theatergebäude für schlechte oder schlecht gespielte Stücke verantwortlich zu machen. Tatsächlich ist „… die Moral des Marktes … die Moral der Menschen." (BARBIER 1990, S. 13). Für den Regionalmanager ergibt sich daraus, dass er die marktlichen Verhaltensweisen der regionalen Wirtschaftsakteure prüfen und eventuell trainieren muss; mit einer abstrakten Marktschelte ist niemandem geholfen. Wenn Rath formuliert: „Der Markt ist zwar ein guter Diener, aber ein schlechter Herrscher!" (RATH 2000, S. 35) fängt er sich in der o. g. Argumentation – *„der Markt" ist weder das eine noch das andere; moralisch handeln müssen wir schon selbst.*

Ein zweiter Grund für die Skepsis gegenüber dem Markt liegt wahrscheinlich in der Skepsis gegenüber dem Wettbewerb. Mit Bedacht bezeichnen die ordnungspolitisch orientierten Volkswirte (EUCKEN, HAYEK u. a.) die „Marktwirtschaft" präziser als Wettbewerbsordnung, denn Märkte kennen auch die frühen Austauschgesellschaften und die Zentralplanwirtschaften. Das Zusammentreffen auf wettbewerblichen Märkten ist aber nicht nur ein Entdeckungsverfahren (Hayek), sondern auch eine anspruchsvolle, herausfordernde Veranstaltung mit offenem Ausgang. Es ist sehr zu bezweifeln, ob die regionalen Akteure das einhellig begrüßen, zumal gerade die aktuelle Politik vielfältige Möglichkeiten bietet, sich mit fremden Mitteln eine bessere Position im Wettbewerb zu verschaffen oder sich ihm sogar wenigstens zeitweise zu entziehen. Der Regionalmanager sollte z. B. bei seinen Fördermittelanträgen möglichst beachten, ob er tatsächlich langfristig die Wettbewerbsfähigkeit der regionalen Wirtschaft stärkt oder nur zu Einkommen ohne Gegenleistung (rent seeking) bzw. zum Verzicht auf Kundenorientierung und Innovation (Schlafmützenwettbewerb) beiträgt.

Als dritter Aspekt der Marktskepsis darf die scheinbare Belohnung von *Unmoral* im Markt nicht unterschätzt werden. In unserer Medienwelt mit der hektischen Suche nach abweichenden, unredlichen, unmoralischen Handlungen ("good news are bad news") drängt sich der Eindruck auf, dass die Regelverletzungen dominieren und die Akteure, ob wissentlich oder nicht, ihre Vorteile vorrangig durch unredliches Handeln erlangen. Tatsächlich ist das unmöglich, denn einerseits würde dieses ständige Übervorteilen schnell an das Ende der Arbeitsteilung und des Austausches führen und andererseits zeigt die Existenz von Märkten und Verträgen, dass es eine redliche Mehrheit gibt – allerdings: „Die redliche Mehrheit ist sich ihrer Redlichkeit gar nicht bewusst". (PINNOW 2007, S. 100). Letztlich bestimmt diese Redlichkeit, wie viel *Vertrauen* die wirtschaftlichen Akteure in ihre Institutionen haben können. Dem Regionalmanager begegnet dieses Phänomen u. a. im *Netzwerkmanagement.* Nachweislich verfügen die sogenannten Vertrauensregionen über mehr Netzwerke und stabilere Kooperationen als die von Misstrauen geprägten Regionen. (vgl. u. a. RÖSLER 2001). Leider werden Vertrauen und Zuverlässigkeit genau wie Ordnung, Sauberkeit und Sicherheit als Tabuthemen verdrängt, so dass die wahrscheinlich wichtigsten Standortfaktoren nicht zur Sprache kommen. (vgl. u. a. RÖSLER 2010).

Vor dem Regionalmanager steht also ein doppelt schweres Problem: Er muss den regionalen Akteuren soviel Selbstvertrauen vermitteln, dass sie sich auf ihre Kräfte – die endogenen Potentiale – besinnen können und Vertrauen zueinander schöpfen. Das gelingt ihm aber nur, wenn er dieses Vertrauen auch zu sich selbst hat und sich seiner Verantwortung bewusst wird.

Der eingangs behauptete Zwang zur Ehrbarkeit wird am Postulat der *Verantwortung* besonders deutlich. Wir finden es in der Bibel, in den Schwüren todesbereiter Paladine, in den Regelwerken der Innungen und in den konstituierenden Prinzipien der Wettbewerbsordnung (EUKEN: Prinzip der Haftung). Wenn uns kleingedruckte Vertragsklauseln, kläglich scheiternde brutalstmögliche Aufklärungen in den Parteien, angeblich völlig überraschte Bankvorstände und immer wieder nicht zuständige Gremien einen nachdenklich stimmenden Eindruck vermitteln, unterliegen wir einerseits den o. g. verzerrten Berichterstattungen, stoßen aber andererseits auf den komplexen Charakter der Verantwortung, auf die verschiedenen „Elemente der Verantwortungsrelation" (ROPOHL 1987, S, 155f). Weder bei den o. g. Beispielen noch bei unserem Regionalmanager sind folgende Fragen immer eindeutig zu beantworten: Verantwortung *wann*? Vor oder nach dem Fördermittelantrag? *Wovor?* Dem Bürgermeister, den Bürgern, den Unternehmen, dem Gewissen? *Was* soll der Regionalmanager verantworten? Den Antrag? Die Folgen?

Weswegen? Aus moralischen Gründen? Wegen finanzieller Nachteile? *Wer* trägt letztlich persönlich die Verantwortung? Es überrascht dann nicht, wenn Vorlagen zum ehrbaren Kaufmann – wie in der IHK Ostbrandenburg vom Mai 2010 – die Verantwortung irgendwo in „Wirtschaft und Gesellschaft" ansiedeln und eher als „ehrliche Kommunikation" verstehen. Bedenklich wird es, wenn die wohlfeilen Empfehlungen zur „Kultur der Gleichberechtigung" oder „Kultur der Akzeptanz und Differenz" (Rath 2000, S. 33) gleich ohne Verantwortungsbezug daher kommen. Alle Versuche, die Verantwortung herunterzuspielen oder sich ihr zu entziehen, sollte man nicht vorschnell als unredlich oder ehrlos verdammen, weil jeder verantwortliche Akteur, also auch der Regionalmanager, unweigerlich in Zwangssituationen geraten kann, in denen die nachstehenden *Überlegungen* sich aufdrängen (vgl. ROPOHL 1987, S. 183ff):

– Mein Arbeitsplatz gerät in Gefahr.
– Wenn ich es nicht tue, dann ein anderer.
– Das ist nicht meine Aufgabe. Ich bin nicht zuständig.
– Es gibt keine Alternative.

Gerade letzteres Argument strapazieren die „verantwortlichen" Politiker aller Ebenen besonders häufig, weil ihnen zu viele Optionen eher hinderlich erscheinen und höhere Sachkunde abverlangen (auch beim Wähler), weil sie dem Wähler suggerieren wollen, dass sie genau wissen, was zu tun ist (Hayek: Anmaßung von Wissen), und weil sie sich nur der Verantwortung entziehen können, wenn sie sich auf angeblich nicht verfügbares Wissen (Anmaßung von Un-Wissen) berufen. Im Regionalmanagement finden wir diese Situation häufig, wenn um die Trassenführung einer Umgehungsstraße, um die Standorte von Windrädern oder die Bewerbung um eine Landesgartenschau gekämpft wird.

Alles Für und Wider entlässt den Regionalmanager nicht aus dem moralischen Handeln. Tatsächlich verfügt er über Handlungsfelder und darin über entsprechende Spielräume, die ihm nicht nur Ehrbarkeit ermöglichen sondern geradezu abverlangen.

3 Ausgewählte Handlungsfelder des ehrbaren Regionalmanagers

Das klassische Regionalmanagement konzentriert sich auf das *Management* von *Wirtschaftsstandorten* und ist auch als Wirtschaftsförderung bekannt. Neben den üblichen Bemühungen um Investoren oder Immobilienkäufer geht es vor allem um infrastrukturelle Vorleistungen im Verkehr, in der Energieversorgung, in der Bildung, in der Kultur usw. – die sogenannten Kollektivgüter (vgl. KIRSCH 1997, S. 203 ff.). Der mit ihnen verbundene hohe Aufwand und ihre Langlebigkeit erzwingen gewissenhafte und zukunftsfähige Entscheidungen, bei denen weder Experimente noch fremde Erfahrungen ausreichend Hilfe bieten können (vgl. ebenda, S. 204 f.)

und die regionalen Akteure unweigerlich in der Verantwortung stehen. Dem Regionalmanager bietet sich hier die Methode der „fiktiven Erfahrung" (KIRSCH 1997, S. 206 f.) an. Er mobilisiert die Vorstellungskraft und die Kombinationsgabe der regionalen Akteure und aktiviert deren Erfahrungswissen. Seine Spielräume wirken dabei auf den ersten Blick recht begrenzt: Bildung und Weiterbildung, modernere Verwaltungen, elastischere Raumplanung o. ä. treffen auf fehlende Anreize, lange Fristen oder mangelnde Mobilität (vgl. BERTHOLD 2004, S, 175 ff.).

Bei genauerem Hinsehen nutzt der Regionalmanager aber jene Momente der Regionalentwicklung, die sich langfristig als erfolgreich und ehrbar erweisen: Teilhabe der Bürger, Beförderung von Selbstvertrauen, gemeinsame Verantwortung. Natürlich muss er den Mut aufbringen, diesen Prozess auch ehrbar zu managen. Verhindert er, dass die Region in die „Benchmark-Falle" (MEYER 2010) tappt und nicht vergleichbaren Regionen nacheifert? Gelingt es ihm, den ansässigen Unternehmern die „Region als Heimat" (WILDEMANN 2005, S. 18) ans Herz zu legen? Wagt er es, das Tabu-Thema „gleichwertige Lebensbedingungen" (vgl. u. a. SEDLACEK 2007, S. 245 f) anzusprechen und einen Tabu-Bruch wie in Stendal-Süd (vgl. LOCKE 2010, S. 15) herbeizuführen?

Ein zweites Handlungsfeld ist die *Moderation* zwischen regionalen Akteuren, die sich um Informationen, Sachkenntnis, Alternativen und Entscheidungen bemühen und in Konflikte geraten. Vom Regionalmanager als Mitarbeiter der öffentlichen Verwaltung wird erwartet, dass er dialogfähig und konfliktfähig ist (RATH 2000, S. 34) und seine besondere Kommunikationsfähigkeit in den Dienst der Bürgergesellschaften stellt. Dabei kann er relativ neutral zwischen streitenden Interessengruppen (Investoren gegen Anwohner, Eventmanager gegen Umweltschützer usw.) vermitteln, er kann im Auftrag des Bürgermeisters die Suche nach geeigneten regionalen Entwicklungsbedingungen moderieren (z. B. die Finanzierung kommunaler Investitionen über regionale verfügbare Steuermittel – „direkte Bürgerdemokratie") oder er kann die soziale Verantwortung der ansässigen Unternehmen (Corporate Social Responsibility) herausfordern. Immer steht er vor der Aufgabe, sich als „Wiederhersteller guter Beziehungen" (DUERR 2005, S. 13) zu erweisen, was ihm allein mit Kommunikationstechnik und Verhandlungsgeschick nicht gelingen wird; er benötigt „ethisch fundierte Sozialkompetenz" (JÄGER 2000, S. 46) oder ganz einfach: EHRBARKEIT.

Bei einem moderierenden Regionalmanager äußerst sie sich u. a. darin, dass er Eigeninteressen zurückstellt, rivalisierende Gruppen fair informiert und die Folgen von Entscheidungen allen vor Augen führt.

Drittens soll hier diskutiert werden, ob das Regionalmanagement unbedingt von der Kommunalverwaltung oder anderen behördlichen Einrichtungen wahrzunehmen ist. Wird es als *Dienstleistung* angesehen, die Potentiale einer Region zu analysieren und zu erschließen, die regionalen Kooperationen zu befördern oder die regionalen Akteure moderierend durch Entscheidungsprozesse oder auch Konflikte zu begleiten, dann ist der Regionalmanager als unternehmerisch tätiger Berater bei gesellschaftlicher Sicht wohl besser positioniert. Der verbreitete Irrglaube, in den sensiblen gesellschaftlichen Bereichen, zu denen auch die wirtschaftliche Entwicklung von Regionen zählt, würde die öffentliche Hand a priori zuständig sein und selbstverständlich ehrbar handeln, sollte eigentlich durch die aktuellen Erfahrungen aus der Bankenkrise, in der gerade die staatlich beaufsichtigten und gestützten Institute die größten Verluste erlitten, erschüttert worden sein. Das ist leider nicht eingetreten.

Bezogen auf das Regionalmanagement können als Argumente gegen eine Dominanz der öffentlichen Hand angeführt werden: Politiker neigen generell zu vagen, phantasiearmen Programmen (KIRSCH 1997, S. 208 f.), um sich vor Kritik und Kontrolle vor allem im Wahlkampf zu schützen. Als Mitarbeiter einer Kommunalverwaltung bewegt sich der Regionalmanager in den Regeln des öffentlichen Dienstes, die ihn zwar weitgehend vor persönlicher Verantwortung schützen, ihn aber auch von engagiertem, innovativem Handeln abhalten können.

Für den *Unternehmer-Regionalmanager* oder *Regionalberater* spricht, dass er sich im Wettbewerb beweisen muss. Das kann er nur, wenn seine Beratung fachlich kompetent – besser: exzellent – ist, wenn er sich nicht mit standardisierten Studien begnügt, sondern sich als echter Begleiter oder coach der Region versteht, wenn er der Region mutig die Stärken und Schwächen aufzeigt und sie vor Fehlhandlungen bewahrt. Dann wird er vergleichbar mit den ehrbaren Unternehmensberatern, Steuerberatern, Anwälten usw. erfolgreich sein.

Kurzfassung

Die Diskussion um den ehrbaren Kaufmann muss auch den Regionalmanager erfassen. Er ist ein regionaler Akteur zwischen den Unternehmen, der kommunalen Politik und den Bürgern. Als Wirtschaftsförderer gerät er in die Sicht der Wirtschaftsethik und muss seine Handlungen entsprechend verantworten. Als Manager von Wirtschaftsstandorten und als Moderator regionaler Aktivitäten benötigt er Zukunftsorientierung und Vertrauen. Vieles spricht dafür, ihn nicht an die Kommunalverwaltung oder eine regionale Behörde zu fesseln. Er sollte die Dienstleistungen Regionalmanagement oder Regionalberatung verkaufen – als ehrbarer Kaufmann.

Abstract

The discussion about the respectable businessman must also involve the regional manager. He is the regional intermediary between the company, local politicians and local citizens. As a business promoter, he represents his company's business ethics and has to be appropriately responsible for his business dealing. As the manager of company locations and facilitator of regional activities, he needs to have vision and confidence. It's recommended that he doesn't attract the attention of local government or regional authorities. He should implement the services of regional management and regional consulting as a honorable businessman.

Literaturverzeichnis

Barbier, H.D. (1990): Die Moral des Marktes. Frankfurt/M.

Bendixen, P. (2008): Wirtschaftsethik – Ein Fremdkörper in der Ökonomie? In: Wissenschaftliche Zeitschrift des EIPOS e.V., Dresden, H. 1.

Berthold, N.; Neumann, B. (2004): Ballungsprozesse im Standort Wettbewerb der deutschen Bundesländer. In: ORDO, Bd. 55, Stuttgart, S.169 ff.

Duerr, H.P. (2005): Die Tatsachen des Lebens. Frankfurt/M.

Jäger, U. (2000): Ethisch fundierte Sozialkompetenzen. In: Ethik-Magazin, Karlsruhe, H. 2.

Kirsch, G. (1997): Neue Politische Ökonomie. Düsseldorf.

Korff, W. u.a. (Hrsg.) (2008): Wirtschaft und Ethik. Handbuch der Wirtschaftsethik. Bd. 1.2., Berlin

Locke, S. (2010): Das Ende von Stendal-Süd. In: Frankfurter Allgemeine Sonntagszeitung v. 18.4.2010.

Meyer, J.-U. (2010): Die Benchmark-Falle. In: Die Welt vom 15./16. 04. 2010.

Pinnow, D.F. (2007): Elite ohne Ethik? Frankfurt/M.

Rath, H.-D. (2000): Ethik für die öffentliche Verwaltung. In: Ethik-Magazin, Karlsruhe, H. 2.

Ropohl, G.: Neue Wege, die Technik zu verantworten. In: Lenk, H.; Ropohl, G. (Hrsg.) (1987): Technik und Ethik. Stuttgart, S. 149 – 176.

Rösler, M. (2001): Unternehmerische und regionale Netzwerke – eine Problemübersicht. In: OIKOS – ökonomische und ökologische Schriften des Fachbereichs Wirtschaft der FH Eberswalde, H. 2, S. 5–31.

Rösler, M. (2010): Identität als weicher Standortfaktor. In: OIKOS a.a.O., H. 1, S. 46–56.

Sedlacek, P. (2007): Umdenken – Umplanen – Umbauen. Arbeitsmaterial der ARL, Nr. 331, Hannover.

Vaubel, R. (2007): Ökonomische Ethik. In: ORDO, Stuttgart, Bd. 58.

Wildemann, H. (2005): Haben Unternehmen eine Heimat? In: Frankfurter Allgemeine Zeitung v. 08. 08. 2005, S. 18.

Rösler, Michael
Prof. Dr.

Studium und Promotion an der Hochschule für Verkehrswesen Dresden

1993–1997: Aufbau des Fachbereichs Wirtschaft an der FH Eberswalde

1997: Berufung zum Prof. für Volkswirtschaftslehre und regionale Wirtschaftsentwicklung an der FH Eberswalde

seit 1998: Fachfortbildung Regionalmanagement bei EIPOS; dann Dozent bei EIPOS

seit 2004: Leiter des Studienganges Regionalmanagement (BA) an der Hochschule für nachhaltige Entwicklung Eberswalde (FH)

Wissenschaftliche Originalbeiträge

– Wirtschaft, Finanzen, Führung –

Hinführung zu den Aufsätzen über Wirtschafts- und Finanzkrise, Kreditausfällen, Euro-Rettungsschirm

Günter H. Hertel

> „Die EIB unterliegt keiner Bankenaufsicht... der Koloss hat sich zu einer gigantischen schwarzen Kasse entwickelt ..."

> „Deutschland bleibt zwar das ökonomische Zugpferd der Europäischen Währungsunion, aber Frankreich ist sein Reiter geworden"

> „Die Schuldenpolitik Amerikas hat jedes gesunde Maß überschritten ..."

„**Die Europäische Investitionsbank**, von der OPEL jetzt Kredite für die Sanierung der Werle haben will, wirkt wie ein Quell unkontrollierbarer Subventionen", so [WiWo, S. 51–53].

„Draußen herrschte Badewetter, drinnen war es eisig. Das lag nicht nur an der überaktiven Klimaanlage im Konferenzzimmer von Nizza, in dem sich die Europäischen Finanzminister im September 2008 zusammengefunden hatten.

Auch die Entwicklung der Weltwirtschaft hatte die Politiker kalt erwischt. Zwei Tage später ließ die Pleite der US Investmentbank Lehmann die Finanzkrise aus den USA vollends nach Europa schwappen. Ein Gegenrezept der Alten Welt war nicht in Sicht. Da einigten sich die Politiker bei ihrem informellen Treffen an der Côte d'Azur auf einen kleinsten gemeinsamen Nenner. Die Europäische Investitionsbank (EIB) sollte satte 30 Milliarden Euro mehr an Darlehen vergeben dürfen. Europa reagiere damit auf die Krise, verkündete stolz die französische Finanzministerin Christine Lagarde.

Das kann man auch anders sehen. Mit der Geldspitze vor rund zwei Jahren stärkten die EU-Politiker nämlich ausgerechnet eine Bank, die – was Intransparenz, unkontrollierte Subventionen und Diskriminierung von Marktteilnehmern angeht – ihresgleichen in Europa sucht ...

... die EIB unterliegt keiner Bankenaufsicht. Der Haushaltskontrollausschuss des Europäischen Parlaments mahnte in diesem Jahr, ‚konkrete Schritte müssen unternommen werden, damit die Bank bald einer Bankenaufsicht unterstellt werden muss.' Doch passiert ist bisher nichts ..."

Die EIB wurde eigentlich geschaffen, um die Lebensbedingungen innerhalb der EU anzugleichen. Dazu sollte sie in erster Linie Infrastruktur- und Umweltprojekte finanzieren. Längst hat sich der Koloss jedoch zu einer gigantischen schwarzen Kasse entwickelt, aus der sich die Politik nach Belieben bedient ..." [WiWo, S. 51–53]

Zum **EU-Rettungsschirm**:
„Paris nutzt jede Gelegenheit, die Regeln auszuhebeln, und ist der Trittbrettfahrer der Europäischen Währungsunion. Mit dem Rettungsschirm hat Frankreich zu Lasten des deutschen Steuerzahlers jetzt auch die Führung der Währungsunion übernommen. Deutschland bleibt zwar das ökonomische Zugpferd, aber Frankreich ist sein Reiter geworden. Der Rettungsschirm verstößt gegen kardinale Stabilitätsnormen der Europäischen Währungsunion und damit gegen die deutsche Verfassung ..." (Interview von gerhard.blaeske@wiwo.de mit Prof. Markus Kerber, Finanzwissenschaftler und Jurist (TU Berlin und Lehrbeauftragter an der Französischen Eliteschule Institut d'Etude Politiques, Paris) über die Konsequenzen aus dem EU-Rettungsfonds. – In: [WiWo, S. 34-35]

Zeit zum **Sparpaket**:
„Die Schuldenpolitik Amerikas hat jedes gesunde Maß überschritten. Dafür sollte die Bundesregierung die US-Kritik am deutschen Sparpaket ignorieren", sagt Hans-Werner Sinn, unser Autor des nachfolgenden Artikels „Die Bedeutung des Gewährleistungsgesetzes für Deutschland und Europa" in seiner wöchentlichen „Denkfabrik" in [WiWo, S. 42].

(Alle Zitate aus Wirtschaftswoche [WiWo] Nr. 27/2010 vom 05. 07. 2010)

Die Wissenschaftliche Zeitschrift des Europäischen Instituts für postgraduale Bildung an der TU Dresden e.V. (EIPOS) hat erneut das Thema „Finanz- und Wirtschaftskrise" aufgenommen, nachdem sie in ihrer Ausgabe 2(2009)1 renommierte Autoren zu diesem Thema gewinnen konnte:

– Eingeleitet mit einem Aufruf von 83 deutscher Wirtschaftswissenschaftler an die Forschung und Lehre der Politikwissenschaften in das FAZ
– referierten die Professoren Horst Albach, Carlos Aguirre-Bastos gemeinsam mit Josef Fröhlich, Peter Bendixen, Kurt Biedenkopf, Jana Geršlová und Paul-Dieter Kluge, der Jurist Dirk Plagemann und
– die Nachwuchswissenschaftler Ramin Romus sowie Thomas Kleineidam

volks-, betriebswirtschaftliche, juristische, gesellschaftspolitische und wissenschaftstheoretische und -ethische Aspekte der Finanz- und Wirtschaftskrise.

Der Herausgeber fragte, ob es sich gar nicht nur um eine „Finanz- und Wirtschaftskrise", sondern sogar um eine „Sinnkrise" handele und rief zu weiterer wissenschaftlicher Disputation auf.

Erfreulicherweise konnten wiederum **renommierte Beiträge** gewonnen werden:

Der Präsident des Münchner ifo-Instituts **Prof. Hans-Werner Sinn** stellt ausführlich dar, was er einem interessierten, teil erstaunten und in jedem Fall nachdenklichem Publikum im Dresdner Industrieclub erläuterte.

Prof. Oppitz, Dozent bei EIPOS für die Ausbildung von Bachelor of Arts für Unternehmensführung, referiert über einen mathematischen Zugang zum Kreditausfallrisiko.

Davon und von ihm angeregt, hat der Autor dieser Hinführung, **Prof. Hertel, eine Synopse** erstellt, die die erstaunliche Vielfältigkeit der **Begriffswelt um das Ausfallrisiko** und damit auch eine gewisse Willkür der Verwendung von Begriffen und Modellen ausweist. Er untersucht weitergehend auch die Analogie zu den Ingenieurwissenschaften und vermeldet eine Reihe von wissenschaftlichen Synergiepotentialen, die es zu heben gäbe.

Die Herausgeber rufen erneut zu einem Begriffs- und Modellvergleich sowie **weiterer Disputation zum Gesamtthema „Finanz- und Wirtschaftskrise"** auf.

Die Bedeutung des Gewährleistungsgesetzes für Deutschland und Europa*)

Hans-Werner Sinn

Die Beschlüsse der EU vom 09./10. Mai 2010 zum EURO-Rettungsschirm

In der Nacht vom 9. zum 10. Mai haben die EU-Länder in Brüssel einen **Hilfsschirm** für die Euroländer beschlossen, der zunächst drei Jahre lang aufgespannt werden soll.[1] Die Bundesregierung hat daraufhin am 11. Mai den Entwurf eines Gewährleistungsgesetzes vorgelegt, das den EU-Vereinbarungen entspricht.[2] Erste Vorschläge für ständige Hilfsprogramme und Budgetkontrollen wurden von der EU-Kommission wiederum nur einen Tag später vorgelegt.[3]

Nach dem von der Bundesregierung vorgelegten Entwurf für ein Gewährleistungsgesetz sollen Länder, denen Zahlungsunfähigkeit droht, Hilfskredite von maximal 440 Mrd. Euro erhalten, wobei 60 Mrd. Euro aus dem EU-Etat noch hinzutreten. Die Mittel werden von einer neu zu bildenden Zweckgesellschaft der Eurostaaten am Kapitalmarkt aufgenommen, zu den am Markt bezahlten Zinsen an das Krisenland weitergeleitet und von den Euroländern gemeinschaftlich verbürgt. Dabei richtet sich die Höhe der Bürgschaft nach dem Kapitalanteil der teilnehmenden Euroländer. Es wird nicht definiert, was teilnehmende Länder sind. Man kann aber davon ausgehen, dass das Krisenland selbst nicht mitbürgen muss. Außerdem muss Griechenland nicht mitbürgen, denn seine drohende Zahlungsunfähigkeit wurde schon vorher festgestellt und seine Rettung wurde außerhalb des Gewährleistungsprogramms bereits mit EU-

---

* Erweiterte Fassung eines Vortrags des Autors im Industrieclub Dresden am 08. 06. 2010.
1 The European Stabilization Mechanism, ECFIN Pressemitteilung vom 10. Mai 2010 (http://europa.eu/rapid/pressReleasesAction.do?reference=MEMO/10/173&format=HTML&aged=0&language=EN&guiLanguage=en).
2 Vgl. Entwurf eines Gesetzes zur Übernahme von Gewährleistungen im Rahmen eines europäischen Stabilisierungsmechanismus, Bundestagsdrucksache 17/1685.
3 Mastering economic interdependence: Commission proposes reinforced economic governance in the EU, ECFIN Pressemitteilung vom 12. Mai 2010 (http://europa.eu/rapid/pressReleasesAction.do?reference=IP/10/561&format=HTML&aged=0&language=EN&guiLanguage=en).

Krediten in Höhe von bis zu 80 Mrd. Euro, zu denen noch einmal 30 Mrd. Euro IWF-Kredite hinzutreten, auf den Weg gebracht. Ob es ähnlich wie bei der Griechenland-Hilfe weitere Befreiungen von der Beistandspflicht geben wird, lässt sich aus den vorliegenden Texten nicht ablesen.

Nach dem Gesetzestext bürgt **Deutschland** für bis zu 123 Mrd. Euro (28 % von 440 Mrd. Euro, was dem Kapitalanteil Deutschlands am EZB-Kapitaleinschuss aller Euroländer ohne Griechenland entspricht) und zusätzlich nochmals für maximal 20 %, insgesamt also für bis zu 147 Mrd. Euro. Die 20 %-Grenze wurde eingebaut, da der deutsche Anteil an der Haftungssumme wegen der Nichtbeteiligung der zahlungsunfähigen Länder logischerweise niemals nur 28 % betragen kann, sondern stets darüber liegt. Der Text ist in dieser Hinsicht unklar formuliert.

Die Beschlüsse erinnern an die **Eurobonds**, die der italienische Finanzminister Tremonti schon beim World Economic Forum in Davos im Jahr 2009 gefordert hatte.[4] Der Unterschied ist freilich, dass Tremonti wollte, dass die Eurobonds zur Normalfinanzierung der Euroländer eingesetzt werden, während das Gewährleistungsgesetz die Gefährdung der Zahlungsfähigkeit zur Bedingung macht. Eine Bedingung für die Auszahlung der Kredite ist, dass alle Euroländer, außer dem betroffenen Land, die EZB und der IWF die drohende Zahlungsunfähigkeit einvernehmlich feststellen. Ferner müssen alle Euroländer einschließlich des betroffenen Landes ein Sparprogramm billigen, dass das betroffene Land mit dem IWF und der EZB vereinbart hat.

Deutschland hat versucht, ähnlich wie bei der Griechenlandhilfe, die Beteiligung des IWF zur Bedingung für die Hilfen zu machen. Das ist insofern gelungen, als der IWF die Zahlungsunfähigkeit feststellen und das Sparprogramm billigen muss. Allerdings ist die finanzielle Beteiligung des IWF am Rettungsprogramm anders als im Fall Griechenlands keine Bedingung. Sie wird nur „erwartet".

Zusätzlich zu den Krediten, die von einer Zweckgesellschaft aufzunehmen sind, hat die EU eine neue Verordnung beschlossen, mit der die EU-Kommission die Möglichkeit erhält, im eigenen Namen Kredite aufzunehmen.[5] Das Kreditvolumen ist auf die Höhe der Eigenmittel-Obergrenze der EU beschränkt und beträgt derzeit 60 Mrd. Euro. Der Rat der Europäischen Union kann auf Vorschlag der EU-Kommission mit qualifizierter Mehrheit über den Umfang des Kreditvolumens und seine Verwendung entscheiden.

---

4 "Now my feeling – I am speaking of a political issue not an economic issue – is … now we need a union bond", sagte Tremonti laut Businessweek auf dem Weltwirtschaftsforum in Davos. („Nun sagt mir mein Gefühl – ich spreche über ein politisches und kein ökonomisches Thema –, dass wir eine Unionsanleihe benötigen.") Vgl. www.businessweek.com/globalbiz/content/feb2009/gb2009022_614778.htm.

5 Vgl. Amtsblatt der Europäischen Union, Verordnung (EU) Nr. 407/2010 des Rates vom 11. Mai 2010 zur Einführung eines europäischen Finanzstabilisierungsmechanismus (http://eur-lex.europa.eu/JOHtml.do?uri=OJ:L:2010:118:SOM:DE:HTML).

Auch die EZB lies sich in das neue Schutzprogramm einbinden. Sie beschloss am 12. Mai gegen die Stimmen der deutschen Ratsvertreter, erstmals auch Staatspapiere zu kaufen, anstatt sie nur als Sicherheiten anzuerkennen.[6] Dabei ist offenbar auch an die griechischen Staatspapiere gedacht worden, die von den Rating-Agenturen als Schrottpapiere eingestuft werden. Noch vor kurzem hatte die EZB versichert, dass sie solche Papiere nicht einmal für ihre Wertpapierpensionsgeschäfte akzeptieren werde.

Nicht der Euro, sondern die Fähigkeit der Schuldenländer, sich günstig zu finanzieren, war gefährdet

Der Gesetzestext wiederholt die Formulierung des Artikel 122 des EU-Vertrages, wonach die Hilfen nur gewährt werden dürfen, wenn „Mitgliedstaaten durch außergewöhnliche Ereignisse, die sich ihrer Kontrolle entziehen, von gravierenden Schwierigkeiten ernstlich bedroht sind". Diese Formulierung wurde bislang stets als Verbot von mehrheitlich beschlossenen Freikaufaktionen für Schuldensünder interpretiert. Sie wird nun aber explizit zur Begründung der Hilfsaktionen herangezogen, weil die Schuldenkrise mittlerweile die Zahlungsfähigkeit ganzer Staaten gefährde und eine ernste Gefahr für die Finanzstabilität der Wahrungsunion an sich bedeute. So machte bei maßgeblichen EU-Politikern das Wort von der „Systemkrise" die Runde, die auch Länder gefährde, die sich nichts zu Schulden hatten kommen lassen. **Der Euro an sich sei in Gefahr.** Der Vorsitzende der Eurogruppe Juncker sprach von einer „weltweit organisierten Attacke gegen den Euro"[7], und Bundeskanzlerin Merkel und der französische Staatspräsident Sarkozy betonten in einer gemeinsamen Erklärung: „Wir müssen verhindern, dass Spekulationen die Anpassungsbemühungen gefährden, die durch die soeben überwundene Wirtschafts- und Finanzkrise erforderlich geworden sind."[8] Bundeskanzlerin Merkel mahnte bei der Verleihung des Karlspreises in Aachen: „Scheitert der Euro, (...) dann scheitert Europa, dann scheitert die Idee der europäischen Einigung."[9]

Die Einigung in dieser Frage muss schwierig gewesen sein. So berichtete der Guardian am 14. Mai 2010 unter Berufung auf die spanische Zeitung El Pais und Aussagen des spanischen Ministerpräsidenten Zapatero, dass Präsident Sarkozy den Austritt seines Landes aus dem Euro

---

6 Vgl. „EZB beschließt Maßnahmen, um den starken Spannungen an den Finanzmärkten entgegenzuwirken", Pressemitteilung der Europäischen Zentralbank vom 10. Mai 2010 (http://www.bundesbank.de/download/ezb/pressenotizen/2010/20100510.ezb.pdf).
7 Vgl. „Euroländer sagen Spekulanten den Kampf an", SpiegelOnline vom 8. Mai 2010 (http://www.spiegel.de/politik/ausland/ 0,1518,druck693713,00.html).
8 Vgl. Gemeinsamer Brief von Bundeskanzlerin Merkel und dem französischen Präsidenten Sarkozy an die Präsidenten des Europäischen Rates und der Europäischen Kommission, Pressemitteilung der Bundesregierung vom 6. Mai 2010 (http://www.bundesregierung.de/Content/DE/Pressemitteilungen/BPA/2010/05/2010-05-06-brief-merkel-sarkozy,layoutVariant=Druckansicht.html).
9 Vgl. „Kämpfer für Europa", Nachrichten der Bundesregierung vom 13. Mai 2010 (http://www.bundesregierung.de/Content/DE/ Artikel/2010/05/2010-05-13-karlspreis,layoutVariant=Druckansicht.html).

und die Aufkündigung der deutsch-französischen Achse angedroht habe.[10] Frankreichs Position erklärt sich damit, dass seine Banken in besonderer Weise von der Krise betroffen sind, weil sie sehr viele Staatspapiere der Schuldenländer halten. So hatten französische Banken nach Informationen der BIZ allein schon in griechische Staatsanleihen 52 Mrd. Euro investiert, während sich deutsche Banken nur für 31 Mrd. Euro engagiert hatten.[11]

Der Euro war offenkundig politisch gefährdet, weil Frankreich von Deutschland unter höchstem politischem Druck Hilfen verlangte. Die Frage ist nur, ob der Euro auch ökonomisch gefährdet war, bzw. was mit einer solchen Gefährdung gemeint gewesen sein könnte, außer dass den Inhabern der Staatspapiere Verluste drohten. Wenn man auf Staatspapiere, die man aus einem Gewinnmotiv heraus gekauft hat, Abschreibungsverluste in Kauf nehmen muss, kann man sich ja wohl schwerlich darauf berufen, im Sinne von Artikel 122 EU-Vertrag von Gefahren bedroht zu sein, die sich der eigenen Kontrolle entziehen.

Eine erste Hypothese könnte lauten, dass der Euro im Außen- und/oder Innenverhältnis in dieser Krise viel von seinem Wert zu verlieren droht. Empirische Anhaltspunkte für eine solche Interpretation gibt es freilich nicht.

Ein Blick auf Abbildung 1 zeigt, dass von einer Gefährdung des Euro im Sinne von unkontrollierten Kursbewegungen keine Rede sein konnte. Am Freitag, dem 7. Mai 2010, also am letzten Börsentag vor der Vereinbarung, stand der Eurokurs bei 1,27 Dollar. Das war zwar weniger als in den Monaten davor, doch viel mehr als bei der Einführung des physischen Euro, als ein Kurs von 0,87 Dollar realisiert wurde (Februar 2002). Ein **objektiver Maßstab zur Beurteilung der Kurshöhe ist die OECD-Kaufkraftparität**, die eine Art natürlichen Wechselkurs angibt, weil sie einen durchschnittlichen Warenkorb in den betrachteten Ländern gleich teuer macht. Die Kaufkraftparität ist in der Abbildung als blaue Kurve eingezeichnet. Da sie zuletzt bei 1,14 Dollar lag, kann also auch in dieser Hinsicht nicht von einer Gefährdung des Euro geredet werden. Wenn der Euro gefährdet wurde, so durch die Gewährleistungsvereinbarung, denn nach dieser Vereinbarung ging der Kurs weiter herunter statt herauf, wie es auf den ersten Blick als Folge der Rettungsaktion hätte erwarten können.

---

10 Siehe http://www.guardian.co.uk/business/2010/may/14/nicolas-sarkozythreatened-euro-withdrawal.
11 Vgl. Bank for International Settlements (2010), Detailed tables on provisional locational and consolidated banking statistics at end-December 2009, Basel (http://www.bis.org/statistics/provbstats.pdf?noframes=1); dort genannten Werte (in US-$) wurden mit dem Wechselkurs vom 31. Dezember 2009 (1 Euro = 1,4406 US-$) in Euro umgerechnet.

Wechselkurs des Euro und Kaufkraftparität

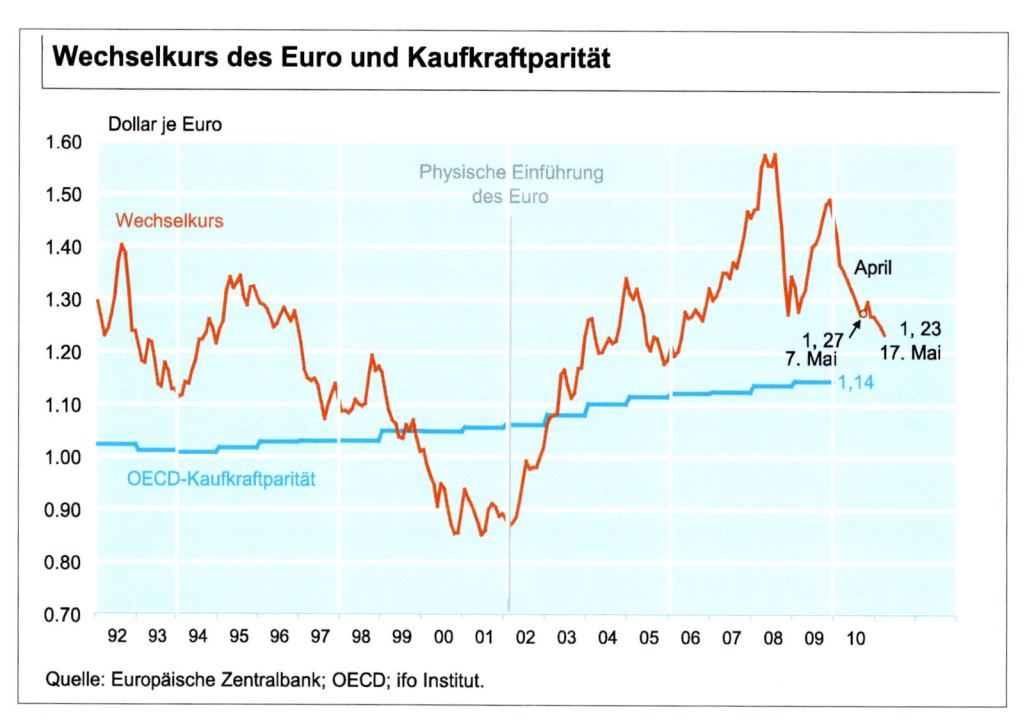

Abbildung 1: Wechselkurs des Euro und Kaufkraftparität

Abbildung 2 zeigt, dass es auch für eine unerwartet starke Verringerung der Binnenkaufkraft durch Inflation keine Anhaltspunkte gab. Am aktuellen Rand, im April 2010, lag die Inflationsrate im Euroraum bei 1,5 %. Das war, wie man sieht, einer der niedrigsten Werte seit der Einführung des Euro. Er war auch viel geringer als die Inflationsrate aus der D-Mark-Zeit, die im Mittel von 1948 bis 1998 bei 2,7 % gelegen hatte. Es ist auch hier keinerlei Gefahrenlage in Sicht.

Gefährdet war in dieser Krise offenbar nicht der Euro. **Gefährdet waren vielmehr die Gläubiger der Staatsschuldpapiere** der unsoliden Länder sowie die Fähigkeit dieser Länder, sich weiterhin so günstig auf den Kapitalmärkten zu finanzieren, wie es in den ersten Jahren des Euro möglich gewesen war. Es fielen nämlich im Zuge der Griechenlandkrise die Marktwerte der Staatsschuldtitel einiger europäischer Länder, was einen Anstieg der Effektivzinssätze bedeutete.

Inflation im Euroraum

Veränderung gegenüber Vorjahr in %

Durchschnitt der DM: 2,7%

Inflationsrate

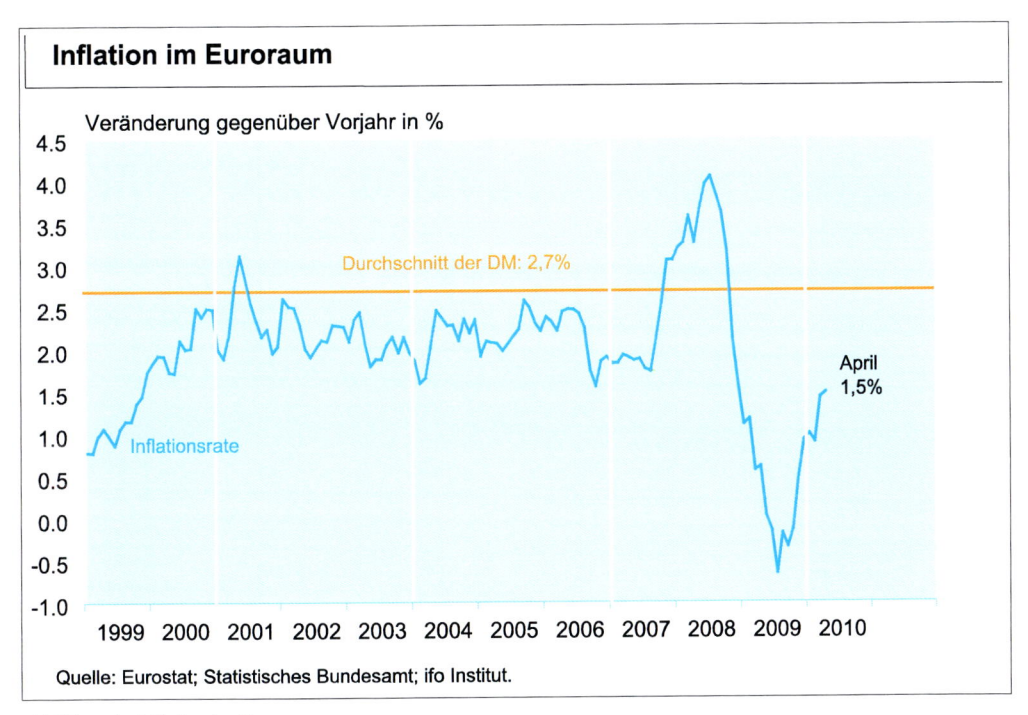

April 1,5%

Quelle: Eurostat; Statistisches Bundesamt; ifo Institut.

Abbildung 2: Inflation im Euroraum

Abbildung 3 verdeutlicht dies durch eine Darstellung der **Zinsentwicklung für zehnjährige Staatsanleihen der Euroländer** seit 1994. Man sieht, dass die Zinsen in der Vor-Euro-Zeit sehr stark voneinander abwichen, sich aber mit der unwiderruflichen Festlegung der Konversionskurse und der Einführung des Euro aneinander anglichen. Selbst Griechenland kam in den Genuss einer Zinskonvergenz, nachdem es auf der Basis vorsätzlich gefälschter Defizitwerte für das Referenzjahr 1999 beitreten durfte. Das aktuelle Krisengeschehen zeigt sich an der neuerlichen Ausspreizung der Zinssätze am rechten Rand des Diagramms. Nicht nur für Griechenland, sondern auch für Portugal, Spanien und Italien kam es zu einem deutlichen Anstieg der Zinssätze bis zum 7. Mai 2010, dem Tag vor dem Beschluss des Gewährleistungsabkommens der EU-Länder. Erst danach nahmen die Zinsunterschiede im Vergleich zu Deutschland wieder ab.

Abbildung 3 zeigt auch, warum nicht nur Frankreich, sondern auch viele andere Länder die aktuelle Entwicklung der Zinsen als bedrohlich empfinden mussten. Vor der Einführung des Euro hatte man sehr unter den hohen Zinsen gelitten, die man den skeptischen internationalen Anlegern hatte bieten müssen. Das war seinerzeit der Hauptgrund dafür, dass man den Euro einführen und die nationalen Währungen abschaffen wollte. *Man wollte in den Genuss der gleichen niedrigen Zinsen kommen, mit denen Deutschland seine Gläubiger zufrieden stellen konnte.*

Die Rechnung schien auch aufzugehen, denn seit etwa 1998 waren die Zinsaufschläge gegenüber Deutschland tatsächlich verschwunden. Doch nun, mit der Griechenlandkrise, drohten die alten Verhältnisse zurückzukehren. Die Vorteile, die man vom Euro erwartet und lange Zeit auch erhalten hatte, schwanden dahin. Das und nichts anderes war der Grund für die Alarmstimmung der Schuldenländer. Die Alarmstimmung dieser Länder gesellte sich zur Furcht vor weiteren Kursverlusten auf Staatspapiere in den Gläubigerländern hinzu und erzeugte den politischen Druck, aus dem heraus die Hilfsaktionen entstanden.

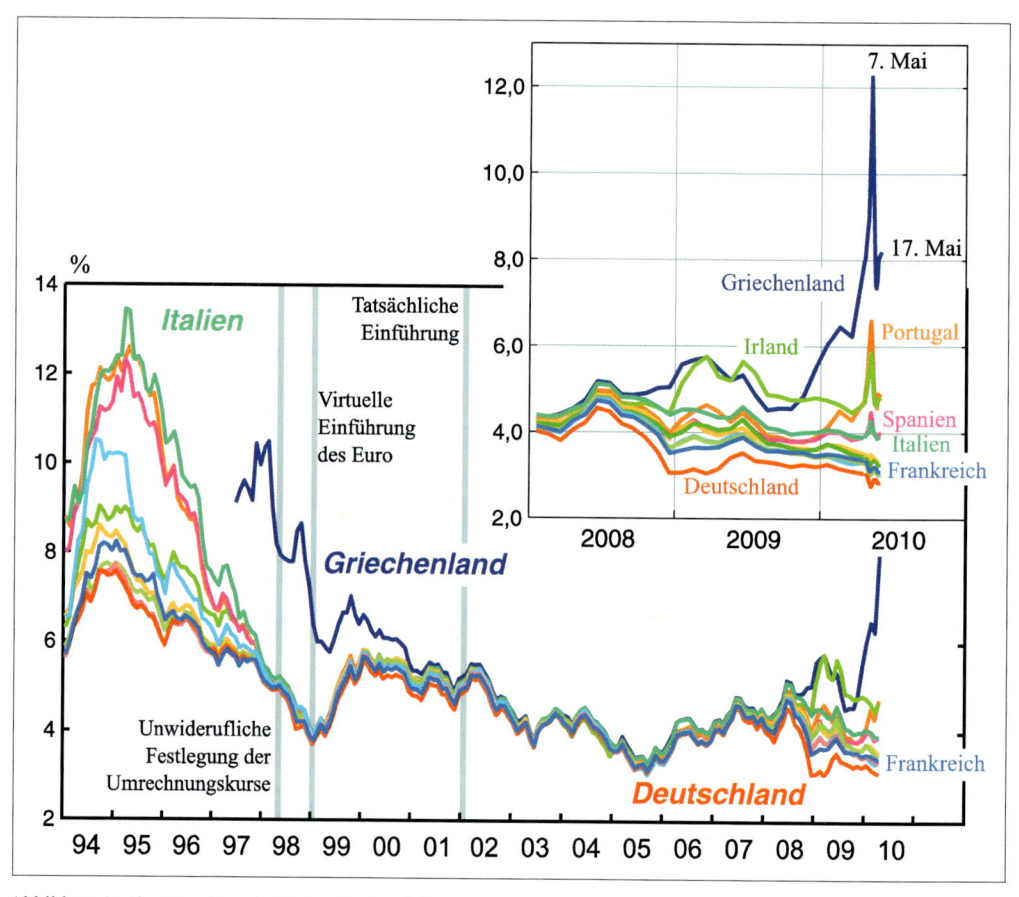

Abbildung 3: Zinssätze für zehnjährige Staatsanleihen

Abbildung 3 zeigt eindeutig, dass es **keine Krise des Euro an sich** gab, sondern nur eine Krise in jenen Ländern, die als Gläubiger hohe Kursverluste oder als Schuldner hohe Zinslasten für Neuemissionen zu erwarten hatten. Die Alarmstimmung war subjektiv verständlich, doch **eine Systemkrise**, die dem Artikel 122 des EU-Vertrages entsprach, **gab es nicht**. Das gilt umso mehr, als die Zinsunterschiede bei den Ländern, auf die sich das Gewährleistungsgesetz bezieht (also die Euroländer ohne Griechenland) noch lange nicht so groß wie vor der Einführung des Euro waren. Der mit der Ländergröße (BIP) gewichtete Durchschnittszins der betroffenen Euroländer (ohne Griechenland) lag am 7. Mai 2010 um 0,78 Prozentpunkte über dem deutschen Zins. Im Jahr 1995 hatte er indes um 1,87 Prozentpunkte darüber gelegen, also bei mehr als dem Doppelten.

Die EU behauptet, es habe ein **Komplott von Spekulanten** gegeben, die die Kurse der Euroanleihen gezielt hätten drucken wollen. Auch die deutsche Bundesregierung hat sich dieser Lesart der Krise angeschlossen. Es fehlt aber jeglicher Beleg dafür, dass es eine Gruppe von Spekulanten gab, die stark genug war, durch ihre Marktaktionen den Kurs der Euro-Papiere gezielt verändern zu können. Richtig ist nur, dass die gewachsene Angst vor Staatsinsolvenzen und Schuldenmoratorien, auch die nachrangige Positionierung ihrer Ansprüche hinter denen des IWF, die Kapitalanleger zu einer Neubewertung der Risiken veranlasst hat, was insbesondere die französischen Banken in Schwierigkeiten brachte, die um zwei Drittel mehr griechische Wertpapiere hielten als deutsche Banken und zudem noch griechisches Bankeigentum besaßen. Aber das war eine natürliche Entwicklung der Kapitalmärkte und kein Komplott. **Was die meisten Ländervertreter als Krise empfanden, war eine notwendige Ausdifferenzierung der Zinsen nach der Bonität der Kreditnehmer**, die ein Stück weit wieder in die Richtung der Vor-Euro-Zeit ging, aber keinesfalls eine ähnliche Dramatik wie seinerzeit aufwies.

Die Behauptung, es habe eine Systemkrise des Euro vorgelegen, war ganz offenkundig interessengeleitete Semantik zur Durchsetzung des Gewährleistungssystems auf der Basis des Artikel 122 des EU-Vertrages. Dieses Gewährleistungssystem verspricht den Käufern der Staatsanleihen der Schuldnerländer hohen Anlageschutz, den Inhabern der bereits emittierten Papiere Kursgewinne und den Verkäufern neuer Staatsanleihen niedrigere Zinsen. **Deutschland, welches die Hauptlast der Gewährleistung zu tragen hat, hilft seinen Konkurrenten auf dem Kapitalmarkt, sich wieder billiger zu verschulden**.

Die Bürgschaft, die Deutschland zur Verfügung stellt, hätten die Schuldenländer auch auf dem Kapitalmarkt in Form von CDS-Versicherungen oder Avalkrediten kaufen und den Käufern ihrer Staatspapiere zur Verfügung stellen können. Dass nun Deutschland diese Bürgschaften kostenfrei bereitstellt, ist für die Schuldenländer eindeutig die billigere Alternative. Deutschland erbringt eine Versicherungsleistung von geldwertem Vorteil, für die es nicht bezahlt wird.

Volkswirtschaftliche Bewertung

Abgesehen von dem Umstand, dass Deutschland die Bürgschaften umsonst bereitstellt und möglicherweise hohe Lasten tragen wird, wenn es später darum geht, die Insolvenz mit weiteren EU-Hilfsprogrammen zu vermeiden, hat das Gewährleistungsgesetz äußerst problematische Auswirkungen für die Wachstumsdynamik unseres Landes. Dieses Thema ist wichtiger als die Frage, ob die Bürgschaften eingelöst werden oder nicht.

Die volkswirtschaftliche Problematik des Gewährleistungsgesetzes hängt an den Kapitalströmen, die durch dieses Gesetz ausgelöst werden. Um sie zu verstehen, ist ein Blick zurück bis zur Ankündigung und Einführung des Euro nützlich. Abbildung 3 zeigt, wie schon erwähnt, dass bereits die Ankündigung des Euro in der zweiten Hälfte der 1990er Jahre zu einer Zinsangleichung in Europa geführt hat. Die ehemaligen Hochzinsländer kamen damals dank des vom Euroverbund erwarteten Anlageschutzes in den Genuss niedriger Zinsen und verloren den Nachteil, den sie zuvor stets gegenüber Deutschland gehabt hatten. **Die Zinssenkung stimulierte bei diesen Ländern einen Investitionsboom, der sich insbesondere bei den Immobilien bemerkbar machte**. Neubautätigkeit und die Preise legten zu. Die Bauindustrie boomte, die Bauarbeiter kamen zu Geld, und die Immobilienbesitzer wurden reicher, was sie zu zusätzlichen Konsumgüterkäufen veranlasste. Die Wirtschaft wurde in den Rausch einer Hochkonjunktur versetzt, bei der reale Wirtschaftstätigkeit und Preisniveau rasch zunahmen. Der Preisanstieg verringerte die Wettbewerbsfähigkeit, und beim Außenhandel entstand ein wachsendes Defizit als notwendiges Pendant der Kapitalimporte.

Umgekehrt war es in Deutschland. **Weil das Sparkapital aus Deutschland abfloss, erschlaffte das Land**. Es wurde nur noch wenig investiert, die Binnennachfrage erlahmte, und die Inflationsrate und Lohnsteigerungsrate waren gering. Die Preiszurückhaltung hat die Wettbewerbsfähigkeit der Exportindustrie gesteigert und zu einem hohen Exportüberschuss geführt, der das Gegenstück des Kapitalexports war.

Der Effekt dieser Entwicklung auf Deutschland entsprach den Erwartungen, die schon bei der Einführung des Euro von ökonomischer Seite geäußert worden waren.[12] Allerdings sprengt die Stärke der beobachteten Effekte jeglichen Rahmen, weil die Schuldenbremse des Stabilitäts- und Wachstumspaktes nicht griff und insofern ungestört Schuldenblasen aufgebaut werden konnten. **Deutschland wurde in den Jahren vor der Finanzkrise nach China zum größten Kapitalexporteur der Welt, und es wurde unter den OECD-Ländern zum Schlusslicht bei der Nettoinvestitionsquote**. Wie Abbildung 4 zeigt, hat im Durchschnitt der Jahre 1995 bis

---

12 Vgl. H.-W. Sinn und R. Koll, "The Euro, Interest Rates and European Economic Growth", CESifo Forum 1, 2000, Nr. 3, 30–31.

2008 kein Land einen kleineren Teil seiner Wirtschaftsleistung für die Vergrößerung des privaten und öffentlichen Kapitalstocks ausgegeben als Deutschland.

Nettoinvestitionsquoten im internationalen Vergleich 1995–2008

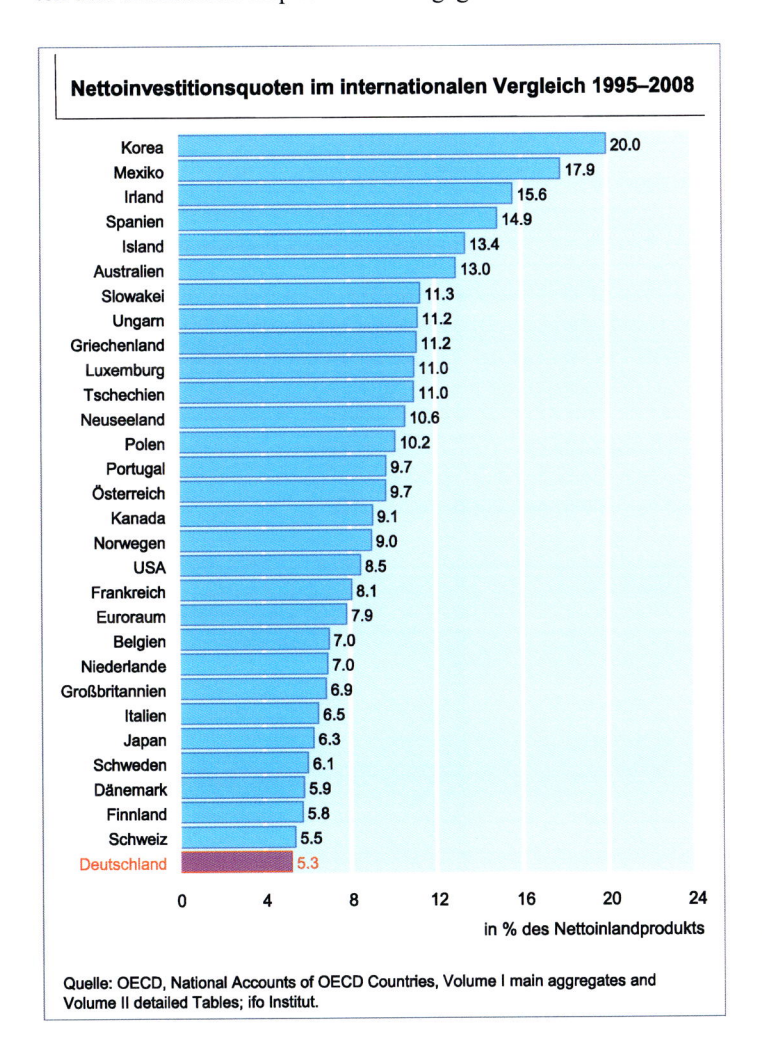

Korea	20.0
Mexiko	17.9
Irland	15.6
Spanien	14.9
Island	13.4
Australien	13.0
Slowakei	11.3
Ungarn	11.2
Griechenland	11.2
Luxemburg	11.0
Tschechien	11.0
Neuseeland	10.6
Polen	10.2
Portugal	9.7
Österreich	9.7
Kanada	9.1
Norwegen	9.0
USA	8.5
Frankreich	8.1
Euroraum	7.9
Belgien	7.0
Niederlande	7.0
Großbritannien	6.9
Italien	6.5
Japan	6.3
Schweden	6.1
Dänemark	5.9
Finnland	5.8
Schweiz	5.5
Deutschland	5.3

in % des Nettoinlandprodukts

Quelle: OECD, National Accounts of OECD Countries, Volume I main aggregates and Volume II detailed Tables; ifo Institut.

Abbildung 4: Nettoinvestitionsquoten im internationalen Vergleich 1995–2008

Deutschland exportierte seine Ersparnisse, anstatt sie in Kredite für die inländische Wirtschaft umzusetzen. Allein im Jahr 2008 exportierten die Deutschen 60 % ihrer laufenden Ersparnisse ins Ausland, während sie nur 40 % zu Hause investierten. Die gesamtwirtschaftliche Ersparnis betrug in diesem Jahr 277 Mrd. Euro, 111 Mrd. Euro wurden netto in Deutschland investiert, und 166 Mrd. Euro flossen netto als Kapitalexport ins Ausland. Definitionsgemäß war dies auch der Überschuss der deutschen Leistungsbilanz.

Wegen der fehlenden Investitionen hat Deutschland nur wenig Wachstum realisieren können. Abbildung 5 zeigt Deutschland im Vergleich der EU-Länder. Man sieht, dass unser Land in der Zeit von 1995 bis 2009 nach Italien die niedrigste Wachstumsrate aller EU-Länder hatte. Italien hat angesichts seiner hohen Altschulden in dieser Zeit die Kreditaufnahme nicht beschleunigt und konnte deshalb vom billigen Kreditfluss nicht profitieren. Anders war es jedoch in Irland, Spanien, Portugal und Griechenland, den Ländern, die nun in der vordersten Front der Schuldensünder stehen. Vor dem Absturz in der jetzigen Krise erlebten diese Länder (mit Ausnahme Portugals, das nur etwa so wie der Durchschnitt der EU-Länder wuchs) einen fulminanten Wirtschaftsboom. Die Schuldenkrise der Euroländer hätte eigentlich die Kraft gehabt, diese zum Teil problematische Entwicklung zu korrigieren, weil sie zu einer Neujustierung der Anlagerisiken führt. Doch stellt **das Gewährleistungsgesetz** eine solche Korrektur in Frage und **perpetuiert vermutlich die Fehlentwicklung der vergangenen Jahre**.

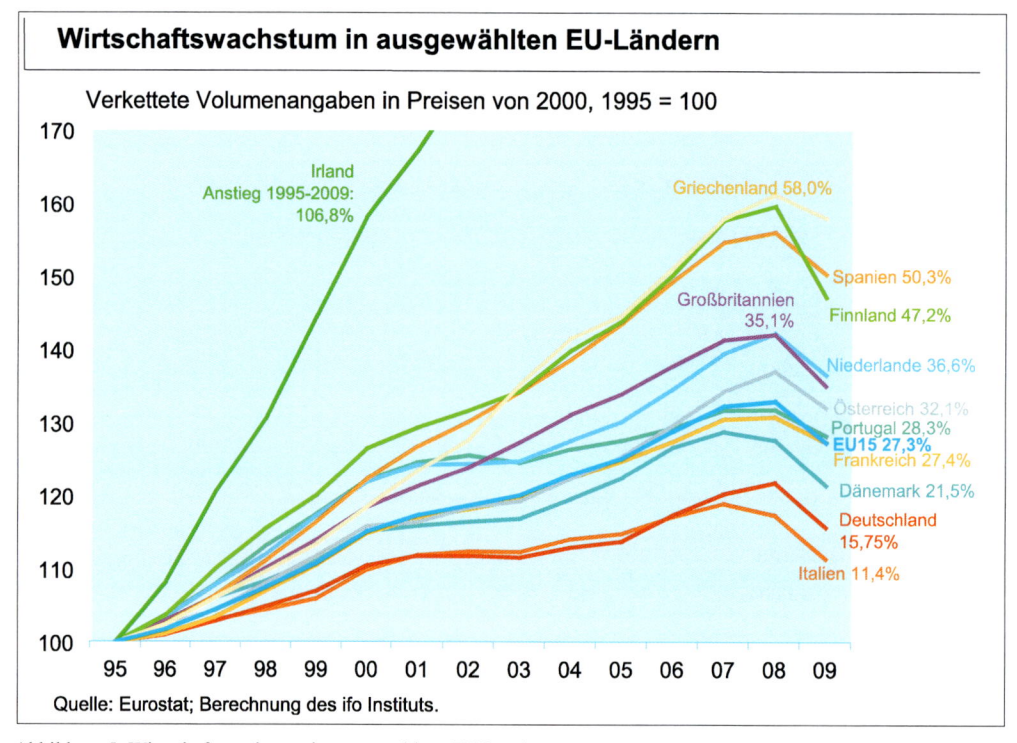

Abbildung 5: Wirtschaftswachstum in ausgewählten EU-Ländern

Das plausibelste Szenario ohne das Gewährleistungsgesetz hätte so ausgesehen: Die deutschen Kapitalanleger einschließlich der Banken zögern zunehmend, ihr Geld ins Ausland zu tragen, denn die Vertrauenskrise hat das Interesse an einem weiten Spektrum von Anlagemöglichkeiten erlahmen lassen, das von immobilienbesicherten Staatspapieren amerikanischer

Provenienz bis zu griechischen Staatsanleihen reicht. Mangels geeigneter Anlagemöglichkeiten und eines geschärften Risikobewusstseins bieten die deutschen Banken den Firmen und Hauskäufern wieder bessere Kreditkonditionen an, und es setzt ähnlich wie zuvor in den Schuldenländern ein Bauboom ein, der den gesamten Rest der Wirtschaft aktiviert, die Inflationsrate erhöht und den Außenhandelsüberschuss verringert. Der Unterschied ist freilich, dass dieser Boom nun mit eigenem statt fremdem Geld finanziert wird. Der signifikante Rückgang der ifo Kredithürde für Großunternehmen, der in den vergangenen Monaten zu verzeichnen war, signalisiert, dass dieser Effekt bereits im Gange war. Obwohl die Banken wegen der Eigenkapitalverluste auf toxische US-Papiere zum Deleveraging gezwungen sind, haben sie die Kreditvergabe in Deutschland gestärkt.

Diese günstige Entwicklung wird nun freilich durch das Gewährleistungsgesetz abgebremst, wenn nicht ganz verhindert. Deutschland verhilft seinen Konkurrenten am Kapitalmarkt mit seiner Bürgschaft wieder zu frischem deutschen Sparkapital, das sonst vermutlich zur Finanzierung von Neubauten oder neuen Ausrüstungsinvestitionen in Deutschland verwendet worden wäre. Die Zinsdifferenzen verringern sich wieder, und die Kreditaufnahme gelingt den Schuldenländern wieder leichter. Die europäische Schuldenblase wird weiter aufgeblasen, und es steigt die Gefahr, dass diese Blase eines Tages mit einem noch viel größeren Knall zerplatzt, als er durch einen Konkurs Griechenlands hervorgerufen worden wäre.

Da die internationalen Kapitalanleger diese Verhältnisse realistisch einschätzen werden, ist zu erwarten, dass das Gewährleistungsgesetz Abwertungserwartungen für den Euro erzeugt. Abbildung 1 hatte ja schon gezeigt, dass das Gewährleistungsgesetz nicht zu einer Stabilisierung des Eurokurses, sondern im Gegenteil bereits in der ersten Woche zu einem weiteren Rückgang des Kurses geführt hat. **Was sich ohne das Gewährleistungsgesetz als Abwertung der Staatsschuldtitel einzelner Länder geäußert hätte, wird durch dieses Gesetz zu einer Abwertung des Euro selbst**. Das wiederum führt zu einem anderen internationalen Kapitalmarktgleichgewicht mit höheren Zinsen für Europa, weil die Kapitalanleger eine Kompensation für das Abwertungsrisiko verlangen, ähnlich wie es bei Italien und anderen Ländern vor der Euro-Einführung der Fall gewesen war. Die Zinsen werden durch das Gewährleistungsgesetz zwar wieder ein Stück weit zusammengeführt, doch auf höherem Durchschnittsniveau, als es ohne dieses Gesetz der Fall gewesen wäre.

Es hätte eindeutig im deutschen und vermutlich auch im gesamteuropäischen Interesse gelegen, die Ausspreizung der Zinsen nach der Bonität der Schuldenländer nicht zu bremsen. Einerseits hätte die Ausspreizung die Schuldenländer diszipliniert und vor einer weiteren Kreditaufnahme zurückschrecken lassen. Andererseits wäre mehr Kapital nach Deutschland geflossen und hätte diesem Land mehr Wachstumsdynamik verschafft. Es kann nicht im deutschen Interesse liegen, wenn Deutschland seinen Konkurrenten am Kapitalmarkt mit Bürgschaften hilft, den deutschen Investoren die Kredite abspenstig zu machen.

Die Alternative

Eine Alternative zu der von der EU gewählten Politik hätte im amerikanischen Weg bestanden. In den USA kommt nämlich niemand bedrängten Staaten zu Hilfe. Mehrfach sind in der Geschichte der USA einzelne Staaten in Konkurs gegangen, ohne dass andere Staaten oder auch der Zentralstaat geholfen hätten. Auch der Stadt New York half keiner, als sie Ende der 1960er Jahre aufgrund umfangreicher Sozialprogramme in finanzielle Schwierigkeiten gekommen war. Es kam unter die Kuratel einer Aufsichtsbehörde, der Municipal Assistance Corporation (MAC), musste sich durch eine eiserne Sparpolitik neue Bonität erarbeiten und war gezwungen, einen Teil seiner Steuereinnahmen an seine Gläubigerbanken zu verpfänden. **Angesichts des Umstandes, dass Europa ein Staatenbund und noch lange kein Bundesstaat ist wie die USA, wäre es durchaus plausibel gewesen, wenn man bei den Hilfen für bedrängte Staaten nicht über das in den USA übliche Maß hinausgegangen wäre.**

Deutschland hatte bei der Zustimmung zum Euro im Rahmen des Maastrichter Vertrages darauf bestanden, dass der im Delors-Plan vorgesehene Fonds zum Freikauf bedrängter Staaten nicht eingerichtet wurde. Man wollte den amerikanischen Weg gehen und hat deshalb mit Artikel 125 des konsolidierten EU-Vertrages eine gegenseitige Haftung der EU-Länder ausgeschlossen. Aber diese Regelung ist faktisch nicht mehr relevant. Sie wurde mit dem Gewährleistungsgesetz in juristisch vermutlich zulässiger, sachlich jedoch problematischer Form ausgehebelt.

Auch wenn man Maßnahmen zum Schutz vor Insolvenz als solche bejaht, war das neue Gesetz nicht alternativlos. Auf jeden Fall hätte man Vorkehrungen treffen müssen, das weitere Aufblähen der Schuldenblase zu verhindern und die Märkte wenigstens in gewissem Umfang zur Herstellung von Schuldendisziplin einzusetzen. Das hätte am einfachsten durch das Instrument des **Haircuts**, also eines wohldefinierten Forderungsverzichts der Gläubiger, geschehen können, der realisiert werden muss, bevor internationale Hilfsgelder bereitgestellt werden. Der IWF verlangt einen solchen Haircut normalerweise, bevor er seine Kredite vergibt. Setzt man den Haircut auf 3 % pro Jahr seit dem Beginn der Emission fest, so können die Zinsen der Staatsanleihen um maximal 3 Prozentpunkte ansteigen. Das ist nicht viel, aber genug, um die Kreditgeber zur Vorsicht und die Kreditnehmer zur Zurückhaltung bei der Verschuldung zu veranlassen. Die Schuldenblase hätte nicht weiter aufgeblasen werden können, und vielleicht hätte sich der Druck in dieser Blase sogar verringern lassen.

Die Politik mag hoffen, dass sie die Schuldensünder auch durch Berichtspflichten und Vorschriften disziplinieren kann. Indes zeigt die Geschichte des Stabilitäts- und Wachstumspaktes, dass eine solche Hoffnung müßig ist. **Nichts diszipliniert die Sünder mehr als die Furcht vor Zinssteigerungen als Reaktion auf unsolide Haushaltspolitik**. Dieses Instrument hätte das Gewährleistungsgesetz nicht aus der Hand geben dürfen.

So wie das Gewährleistungsgesetz formuliert ist, ist es **für Deutschland ein unkalkulierbares Abenteuer und eine sichere Wachstumsbremse**. Es wird die europäische Schuldenblase noch weiter aufblähen und später Transferzahlungen an die Schuldenländer induzieren, weil nur so das Platzen der Blase verhindert werden kann. Der Weg in die Transferunion ist vorprogrammiert.

Sinn, Hans-Werner
Prof. Dr. Dr. h.c.

Derzeitige Funktion
seit 1999: Präsident des ifo Instituts für Wirtschaftsforschung
seit 1991: Direktor des Center for Economic Studies (CES) der Ludwig-Maximilians-Universität München
seit 1994: Ordinarius, Lehrstuhl für Nationalökonomie und Finanzwissenschaft (C4) an der Ludwig- Maximilians- Universität München (1984–1994: Lehrstuhl für Nationalökonomie und Versicherungswissenschaft)
seit 1999: Geschäftsführer der CESifo GmbH

Auswahl früherer Tätigkeiten
1978–1979, 1984–1985: Ass./Full Professor, Department of Economics, University of Western Ontario, Kanada
1983: C2-Professor, Universität Mannheim
1974–1983: Assistent, Fakultät für VWL und Statistik, Universität Mannheim
1972–1974: Institut für Finanzwissenschaft der Universität Münster

Akademische Ausbildung
1983: Habilitation an Universität Mannheim, venia legendi für Volkswirtschaftslehre
1978: Dr. rer. pol. an der Universität Mannheim
1972: Diplom in Volkswirtschaftslehre an der Universität Münster

Rechtsbruch durch Bail-out-Darlehen
Zu den Beschlüssen der Finanzminister der Euro-Staaten vom 11. April und vom 16. April 2010

Thiemo Jeck, Bert Van Roosebeke

Die Herausgeber erlauben sich in anbetracht der außerordentlichen Bedeutung und Konsequenzen des „EURO-Rettungspaketes" die unkommentierte Wiedergabe der Leitsätze zweier juristischer Studien des Centrums für Europäische Politik (cep) in Freiburg im Breisgau zum Thema „Bail-out-Darlehen" (engl. aus der Klemme helfen) – also der (Un)Zulässigkeit der Schuldenübernahme und Tilgung oder Haftungsübernahme durch Dritte, insbesondere durch den Staat, im Fall einer Wirtschafts- oder Finanzkrise.

„Leitsätze

Am 16. April 2010 bekräftigten die Finanzminister der Eurozone den Bail-out-Beschluss vom 11. April 2010, Griechenland finanziell beizustehen. Dies ist ein Plan zum Rechtsbruch.

(1) Der Bail-out-Beschluss vom 11. und 16. April 2010 verstößt gegen europäisches Recht.
Art. 125 AEUV verbietet ausdrücklich, dass Deutschland oder ein anderer Mitgliedstaat für die Verbindlichkeiten Griechenlands „haftet" oder für derartige Verbindlichkeiten „eintritt". Ein Bail-out durch bilaterale Kredite Deutschlands oder eines anderen Mitgliedstaates fällt darunter und ist deshalb EU-rechtswidrig. Keine Rolle spielt insoweit, ob ein Bail-out-Kredit eine Subvention ist. Deutschland – egal, ob unmittelbar oder über die KfW – darf Kredite an Griechenland nur zu marktüblichen Konditionen ausgeben (Art. 124 AEUV). Kredite zu einem politisch festgelegten Zinssatz, der unter den Marktkonditionen liegt, sind eine rechtswidrige Subvention.

Es ist logisch ausgeschlossen, dass Griechenland, wenn es sich am Markt nicht refinanzieren kann, ein bilateraler Kredit zu Marktkonditionen gewährt wird. Denn in diesem Fall ist der Marktzins unendlich.

Auch wird Griechenland Bail-out-Darlehen nur in Anspruch nehmen, wenn es sich zu deren Zinssatz nicht am Markt refinanzieren kann. Folglich liegt der politische Zins unter dem Marktzins. Der Bail-out-Beschluss kann nicht auf Art. 136 AEUV gestützt werden, wie es Kommissionspräsident Barroso vorschwebt. Nach Art. 136 AEUV darf die EU nur „Maßnahmen nach den einschlägigen Bestimmungen der Verträge" ergreifen. Die Vorschrift ermächtigt also gerade nicht zu weitergehenden Maßnahmen, die der AEUV an anderer Stelle (hier in Art. 124 und 125) untersagt.

(2) Der Bail-out-Beschluss vom 11. und 16. April 2010 verstößt gegen deutsches Recht.
Ein Bail-out-Kredit Deutschlands oder eines anderen Mitgliedstaates an Griechenland kommt einer Vertragsänderung gleich. Ohne ein Zustimmungsgesetz gemäß Art. 23 Abs. 1 S. 2 i.Vm. Art. 59 Abs. 2 GG verstößt er gegen das Grundgesetz.

Bail-out-Darlehen können nicht mit dem Amtseid der Bundeskanzlerin gerechtfertigt werden, der sie verpflichtet, (behaupteten) Schaden vom deutschen Volk abzuwenden. Der Amtseid ist keine Kompetenzklausel und begründet keine Befugnisse.

Bail-out-Darlehen können nicht damit begründet werden, dass andernfalls das System der Währungsunion bedroht sei. Wenn es zu einem Fehlschlag der Stabilitätsbemühungen kommt, der finanzpolitische Zugeständnisse der Mitgliedstaaten zur Folge hat, erlaubt das BVerfG im Maastricht-Urteil keine Umgehung des Bail-out-Verbots, sondern nennt als ultima ratio das Ausscheiden der Bundesrepublik Deutschland aus der Währungsunion.

(3) Der Bail-out-Beschluss vom 11. und 16. April 2010 verstößt gegen ökonomische Vernunft.
Der Bail-out stellt eine Zäsur in der Geschichte der Europäischen Währungsunion dar. Er schwächt die Stabilität des Euro, lädt zu einer undisziplinierten Haushaltspolitik ein und gefährdet die Unabhängigkeit der EZB. Im Übrigen löst er die eigentlichen Probleme Griechenlands nicht.

(4) Die vom EU-Währungskommissar Rehn vorgeschlagenen und von den Finanzministern der Eurozone am 16. April 2010 teilweise gebilligten strukturellen Maßnahmen gehen in die falsche Richtung.
Die Änderungen am Stabilitäts- und Wachstumspaktes sind juristisch problematisch und ökonomisch unzureichend.

Der gebilligte „permanente Krisenlösungsmechanismus" ist eine Institutionalisierung des Bail-out. Er schwächt den Reformdruck. Wo Schulden geteilt werden, sinkt die Eigenverantwortung. Das Ergebnis sind höhere, nicht niedrigere Schulden.

Eine Euro-Wirtschaftsregierung wirkt sich negativ auf die internationale Wettbewerbsfähigkeit der gesamten Europäischen Union aus."

Inhaltsverzeichnis

Leitsätze	1
1. Die aktuelle Beschlusslage	4
2. Unvereinbarkeit des Beschlusses mit EU-Recht	6
2.1. Verbot der Haftungsübernahme: Art. 125 AEUV („no Bail-out")	6
2.2. Durchbrechung des Verbots eines Bail-out durch Kredite der Kreditanstalt für Wiederaufbau (KfW): Art. 124 AEUV	6
2.3. Ausnahme vom Verbot eines Bail-out: Art. 122 Abs. 2 AEUV	7
2.4. Ausnahme vom Verbot eines Bail-out: Art. 136 Abs. 1 AEUV	7
3. Unvereinbarkeit des Beschlusses mit deutschem Recht	8
3.1. Vereinbarkeit mit dem deutschen Verfassungsrecht	8
3.2. Rechtfertigung des Bail-out: Amtseid der Bundeskanzlerin	9
3.3. Rechtfertigung des Bail-out: Bedrohung des Systems der Währungsunion	9
3.4. Verfassungsrechtliche Folgen des Bail-out	9
4. Die ökonomische Sicht	10
4.1. Ideallösung nach wie vor möglich	10
4.2. Bruch mit der Vergangenheit	10
4.3. Drei politische Änderungen zeichnen sich ab	12

Internetquelle:
http://www.cep.eu/fileadmin/user_upload/Weitere_Themen/CEP_Analyse_Rechtsbruch_durch_Bail-out.pdf oder
http://www.handelsblatt.com/img=2679294;showimage; Zugriff 100705

Nach dem Sündenfall: Was jetzt zu tun ist
Die elf notwendigen Vertragsänderungen zur Wiederherstellung der Währungsstabilität nach dem Beschluss der EU-Finanzminister vom 10. Mai 2010

Thiemo Jeck, Bert Van Roosebeke, Jan S. Voßwinkel

„**Leitsätze**

Der Beschluss der EU-Finanzminister vom 10. Mai 2010: Errichtung eines EU-Hilfssystems für Euro-Staaten mit Finanzierungsschwierigkeiten:

Das vorgesehene Hilfssystem verstößt eklatant gegen geltendes EU-Recht. Dies gilt sowohl für die Finanzierung durch EU-Anleihen als auch für die Abgabe von bilateralen Garantien durch Mitgliedstaaten. Ein singuläres Ereignis im Sinne des Art. 122 AEUV liegt nicht vor, da die Lage der betroffenen Staaten selbstverschuldet ist.

Die Unabhängigkeit der EZB wird in Frage gestellt, wenn sie sich an einem politisch beschlossenen Bail-out im Rahmen des Hilfssystems beteiligt. Der Erwerb von Staatsanleihen durch die EZB am offenen Markt ist ein direkter Verstoß gegen Art. 123 AEUV. Die Vorstellung, man könne den Konkurs Griechenlands, Portugals oder Spaniens mit Milliarden-Krediten abwenden und dadurch den Euro stärken, ist illusorisch. Kredite an Griechenland, Portugal oder Spanien sanieren marode Staatsfinanzen nicht. Im Gegenteil tragen sie zu einer weiteren Schwächung bei.

Mag kurzfristig die Spekulations- und Nervositätsdynamik abgebremst werden; in der mittleren Frist wird sich diese Ad-hoc-Politik rächen. Der Euro droht zu einer Weichwährung und die Stabilitätsgemeinschaft der Euro-Zone zu einer Schuldengemeinschaft zu verkommen. So lässt sich auf den Finanzmärkten kein Vertrauen in die Stabilität der Euro-Zone herstellen.

Es ist dringend erforderlich, den in der Nacht zum 10. Mai 2010 getroffenen Beschlüssen eine grundlegende Reform des Stabilitäts- und Wachstumspakts an die Seite zu stellen. Nur so lässt sich die Gefahr zumindest eindämmen, dass sich der Euro zu einer Weichwährung und die Euro-Zone zu einer Schuldengemeinschaft entwickelt.

Reform des Stabilitätspaktes nur durch Änderung des Primärrechts:
Formalrechtlich ist eine Änderung des AEUV nötig. Materiell sind die in dieser Studie geforderten Reformen des Stabilitätspakts unabhängig von der gewählten Rechtsform unverzichtbar.

Die notwendigen Reformen:
Die Bedeutung der Defizitkriterien und gesunder öffentlicher Finanzen sind stärker zu betonen. Die Defizitkriterien sind zu verschärfen. Für den Umfang der Neuverschuldung ist die Obergrenze von 3 % strikt und ausnahmslos festzuschreiben. Die Feststellung eines übermäßigen Defizits darf nicht von einer Entscheidung des Rates abhängen. Vielmehr muss das übermäßige Defizit automatisch festgestellt werden, wenn ein Mitgliedstaat ein oder beide Defizitkriterien nicht erfüllt.

Die Sanktionen bei übermäßigem Defizit müssen automatisch verhängt werden. Als Strafen sind neben einer Geldbuße die Kürzung von EU-Zahlungen und die Reduzierung des Stimmrechts im Rat einzuführen. Alle drei Sanktionen orientieren sich an der Größe des Haushaltsdefizits des betreffenden Staates. Die Griechenland-Krise hat gezeigt, dass das Bail-out-Verbot in seiner heutigen Ausformung zu schwach ist. Es ist deshalb ausdrücklich zu regeln, dass jegliche Form des Eintretens für die Schulden eines anderen Mitgliedstaates, einschließlich der Kreditgewährung und der Errichtung eines Euro-Fonds, untersagt ist.

Sollte ein Mitgliedstaat gegen das Bail-out-Verbot verstoßen und einen anderen Staat alimentieren, ist ihm eine Strafe aufzuerlegen. Es bedarf einer Klarstellung, dass die Ausnahme vom Bail-out-Verbot nach Art. 122 Absatz 2 AEUV nur bei solchen singulären Ereignissen einschlägig ist, die auch Staaten mit gesunden öffentlichen Finanzen in ihrer Zahlungsfähigkeit bedrohen. Für die Aufnahme weiterer Staaten in die Euro-Zone darf nicht die Entscheidung des Rates, sondern allein die tatsächliche Verschuldung maßgeblich sein.

Die Möglichkeit, Länder aus der Euro-Zone auszuschließen, muss als ultima ratio durch einstimmige Entscheidung der übrigen Mitglieder möglich sein, wenn ein Staat sich nachhaltig weigert, seine Staatsfinanzen zu konsolidieren."

Inhaltsverzeichnis

Leitsätze	1
1. Der Beschluss der EU-Finanzminister vom 10. Mai 2010: Errichtung eines EU-Hilfssystems für Euro-Staaten mit Finanzierungsschwierigkeiten	4
2. Ist die Reform nur über eine Änderung der europäischen Verträge möglich?	6
3. Notwendige Vertragsänderungen	7
Änderung 1: Verbindlichkeit der Defizitkriterien	7
Änderung 2: Sicherstellung gesunder öffentlicher Finanzen	8
Änderung 3: Neuregelung der Ausnahme vom Bail-out-Verbot	8
Änderung 4: Klarstellung des Verbots eines Bail-out durch die EZB	10
Änderung 5: Klarstellung des Verbots des bevorrechtigten Zugangs zu Kreditinstituten	11
Änderung 6: Klarstellung des Bail-out-Verbots	11
Änderung 7: Strafen bei Verstoß gegen das Bail-out-Verbot	13
Änderung 8: Verschärfung der Defizitkriterien	14
Änderung 9: Reform des Verfahrens und der Strafen bei Verstoß gegen die Defizitkriterien	15
Änderung 10: Ausschluss aus der Euro-Zone als Ultima Ratio	18
Änderung 11: Objektivierung der Aufnahme in die Euro-Zone	19

Internetquelle:
http://www.cep.eu/fileadmin/user_upload/Weitere_Themen/Studie_Nach_dem_Suendenfall.pdf;
Zugriff 100705

Autorenvorstellung für beide Studien des cep:

Internetquelle: http://www.cep.eu/fileadmin/user_upload/Weitere_Themen/Studie_Nach_dem_Suendenfall.pdf; Zugriff 100705

Jeck, Thiemo
Dr.

Telefon +49 761 38693-238
jeck@cep.eu

1999–2005: Clifford Chance Pünder, Wissenschaftlicher Mitarbeiter
2007: Studio Legale Dr. Lau (Florenz)
Seit 2008: Centrum für Europäische Politik, Wissenschaftlicher Referent

Van Roosebeke, Bert
Dr.

Telefon +49 761 38693-230
vanroosebeke@cep.eu

2002–2005: Universität Hamburg, Doktorand am DFG-Graduiertenkolleg für Recht und Ökonomik
2005–2006: Deutsche Bundesbank
Seit 2006: Centrum für Europäische Politik, Wissenschaftlicher Referent

Voßwinkel, Jan S.
Dr.

Telefon +49 761 38693-233
vosswinkel@cep.eu

2002–2008: Ruhr-Universität Bochum, Wissenschaftlicher Mitarbeiter am Lehrstuhl für Finanzwissenschaft
2004–2006: Verwaltungs- und Wirtschaftsakademie Bochum, Dozent für Wirtschaftspolitik
Seit 2008: Centrum für Europäische Politik, Wissenschaftlicher Referent

Termini in der Kredit- und Risikowelt
– eine vergleichende Erörterung –

Günter H. Hertel

1 Einleitung

Nach den spektakulären Insolvenzen riesiger Finanzinstitute bemühten sich Regierung und Finanzaufsichtsbehörden, solchen Insolvenzen und den damit verbundenen Konsequenzen für die Gläubiger zu vermeiden bzw. unwahrscheinlicher zu machen.

Die Finanzaufsichtsbehörden wie die Finanzinstitute selbst sollten einerseits durch verbesserte Bewertungsverfahren zur Solvenz der Kreditnehmer in die Lage versetzt werden, besser als bisher Risiken der Kreditvergabe bzw. der Solvenz der Kreditnehmer zu erkennen, andererseits sollten sie auch zu größerer Verantwortung durch höhere Transparenz ihres Geschäftes angehalten werden.

Insbesondere sollten die Institute mit diesen verbesserten Bewertungsverfahren gegenwärtige und zukünftige Umstände in die Bewertung des Kreditrisikos einfließen lassen können.
Somit sollen die neuen Bewertungsverfahren die Situationen und Umstände nicht nur der Gegenwart erfassen, sondern auch der Zukunft gewissermaßen vorwegnehmen.

Dass Zukunft nicht voraussehbar, geschweige denn vorwegnehmbar ist, ist hinlänglich bekannt. Dennoch ist es unumgänglich, sich mit Zukunft zu befassen.

Die Aufsichtsbehörden haben nun eine Reihe von Vorschriften erlassen (z. B. BASEL II, SOLVENCY II), auf die hier nicht tiefer eingegangen wird (siehe Bild). Allen gemeinsam ist, dass sie stärker die Risiken der Kreditvergabe beleuchten sollen.

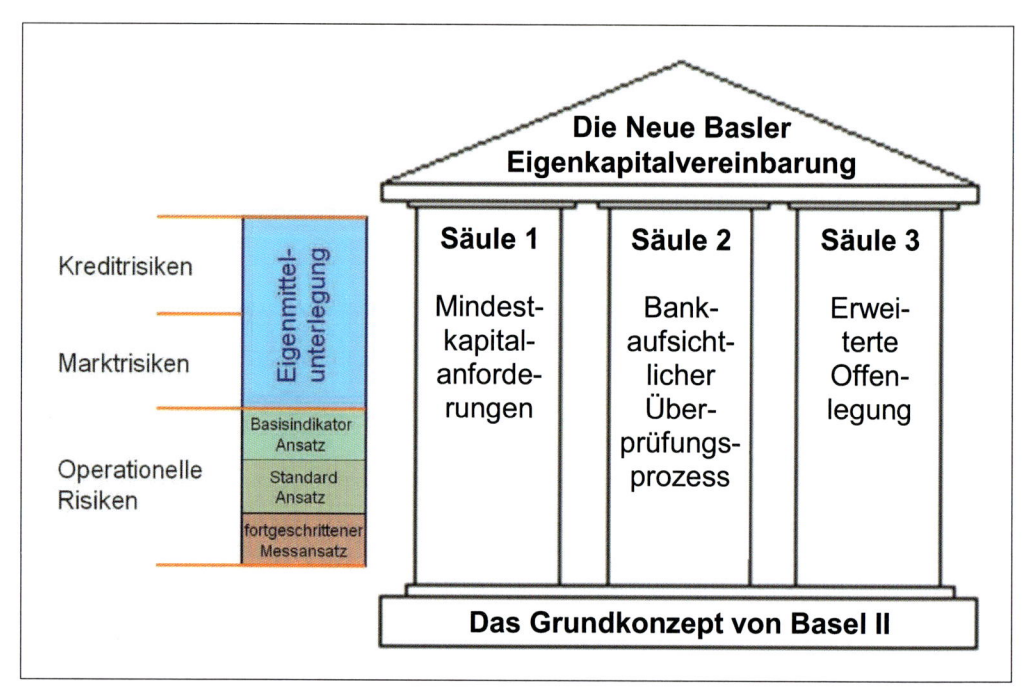

Bild 1: Basel II _Struktur in Anlehnung an [Bundesbank]

Eine Erörterung der eigentlichen Ursachen der Finanzkrise, die bestimmt nicht allein auf Intransparenz und Komplexität der Finanzprodukte zurückzuführen ist, würde einen eigenen Aufsatz herausfordern. Plagemann (2010) hat zum Entwurf dieses Aufsatzes hierzu kommentiert.[1)]

Der Autor verfolgt mit diesem Artikel zunächst die Absicht, das **Begriffssystem des Finanzrisikos** zu durchleuchten, da in der wissenschaftlichen Fachsprache – wie üblich – nicht nur relevante Begriffsbestimmungen, -definitionen oder auch Anschauungen versteckt sind, sondern vor allem Modelle, also Abbildungen (von Ausschnitten!) der Realität.

Deshalb wird in diesem Aufsatz eine

– Zusammenstellung der Begriffsdefinitionen aus einem Quellenstudium der Finanzliteratur referiert, danach
– eine Synopse der Begriffe innerhalb der Finanzwissenschaft sowie
– im Abgleich mit den Ingenieurwissenschaften vorgenommen,
– um Schlussfolgerungen zur Verwendung der Begriffe und Entwicklung der Modelle zu ziehen.

2 Synopse der Begriffe zum „Risiko der Kreditvergabe"

Unsicherheit

„**Unsicherheit**" ist der „Oberbegriff für Risiko und Ungewissheit. Risiken lassen sich im Gegensatz zu Situationen, in denen Ungewissheit vorliegt, mit Eintrittswahrscheinlichkeiten belegen. Williamson unterscheidet im Rahmen der Transaktionskostenökonomik zwei Quellen von Unsicherheit:
- *Statistische Unsicherheit* liegt vor, wenn man die objektiven Zustände der Welt nicht genau kennt. Durch empirische Untersuchungen lässt sich diese Form von Unsicherheit einschränken.
- Daneben gibt es die *strategische U.*, welche aus der Möglichkeit des opportunistischen Verhaltens von Transaktionspartnern entspringt (Opportunismus). Diese Form von Unsicherheit lässt sich durch die Gestaltung effizienter Institutionen wirkungsvoll einschränken (Neue Institutionenökonomik)."

Quelle: Enzyklopädie48

Kreditrisiko

HEIDORN teilt die **Kreditrisiken** in zwei Kategorien ein:
- **Marktrisiken**, die sich im wesentlichen aus der Höhe des Zinssatzes, aber vor allem aus der Differenz der Zinssätze für den Kreditnehmer einerseits und für die Refinanzierung dieses Kredites für den Kreditgeber andererseits ergeben;
- **Adressenrisiko**, auch als **Kreditrisiko** bezeichnet, welches sich in ein Bonitätsänderungs- und Ausfallrisiko aufgliedern lässt.

Quelle: Heidorn, T. (2009)

„**Kreditrisiko** ist ein im Kreditwesen verwendeter Begriff, worunter allgemein die Gefahr verstanden wird, dass ein Kreditnehmer die ihm gewährten Kredite nicht oder nicht vollständig vertragsgemäß zurückzahlen kann oder will. Allgemein ist das Kreditrisiko für Kreditinstitute die bedeutendste Risikoart. Außerhalb des Kreditwesens wird synonym vom Debitorenrisiko gesprochen."

Quelle: WIKIPEDIA

„Ein **Kreditrisiko** besteht in der Gefahr, dass ein Kreditschuldner seinen Zahlungsverpflichtungen aus Zins und Tilgung nicht nachkommt."

Quelle: Broll&Welzel (2002)

GABLER WIRTSCHAFTSLEXIKON
Das Wissen der Experten.

„Unter **Kreditrisiko** versteht man das spezifische *Wagnis* der Geschäftsbanken bei Gewährung von Krediten:
- Forderungsausfallrisiko, das in der Gefahr des teilweisen oder vollständigen Ausfalls vertraglich vereinbarter Zins- und Tilgungszahlungen besteht, die ein Kreditnehmer zu erbringen hat (Kreditausfallrisiko).
- Dem Risiko der Nichterfüllung des Rückzahlungsanspruchs bei einem Barkredit entspricht bei einer Kreditleihe das Risiko der Nichterfüllung des Revalierungsanspruches".

Quelle: Wirtschaftslexikon Gabler

Wagnis
Wenn eine Bank bei Gewährung eines Kredits ein **Wagnis** eingeht (wie das in [Wirtschaftslexikon Gabler] und [Enzyklopädie48] definiert wird), dann hat sie in der Regel ein *Einzelwagnis* zu kalkulieren. Dagegen liegt das *Unternehmenswagnis* auf anderer Ebene: **wapedia.** Wagnis:

- *Einzelwagnisse* (z. B. Garantieverpflichtungen) werden in der internen Betriebsbuchführung dazu verwendet, im Einzelnen ungewisse, im Ganzen aber planbare Risiken periodengerecht als „Kosten" anzunehmen. ... Grundidee ist, dass diese Ereignisse dem gewöhnlichen Geschäftsbetrieb entspringen und somit in der Periode zu Kosten führen werden. Die tatsächlichen Kosten weichen in der Regel ab. Einzelwagnisse sind also kalkulatorische Plangrößen, welche in den Wagniskosten abgebildet werden. ...
- Das *Unternehmerwagnis* ist das allgemeine, auf die Periode der Lebensdauer einer Unternehmung bezogene Risiko, Kapital in ein Unternehmen zu investieren; es betrifft also die möglichen Verluste, die das Unternehmen als Ganzes gefährden könnten. Dazu zählen Wagnisverluste, die sich insbesondere aus der gesamtwirtschaftlichen Entwicklung ergeben, z. B. Beschäftigungsrückgang, plötzliche Nachfrageverschiebung oder technischer Fortschritt. Das Unternehmerrisiko ist kein Kostenbestandteil. Es gilt mit der Verzinsung des Eigenkapitals (Gewinn, Dividende) als abgegolten."

Quelle: Wapedia
Der Begriff des Einzelwagnisses ist affin zum Begriff der *statistischen Unsicherheit* (die sich relativ gut, wenn auch nicht vollständig, einschätzen lässt). Der Begriff des Unternehmenswagnisses ist eher in der Nähe der *strategischen Unsicherheit* angesiedelt – siehe oben –.

Kreditrisiko:
„Die Möglichkeit, dass ein Kreditnehmer seine Verbindlichkeiten nicht an den Kreditgeber ausgleichen kann bezeichnet man als Kreditrisiko.
Das Kreditrisiko beschreibt die Möglichkeit, dass ein Kreditnehmer seine Verpflichtungen gegenüber dem Gläubiger nicht erfüllen kann."

Quelle: Anlegerlexikon

Kreditrisiko: „Begriff/Charakterisierung: spezifisches Wagnis der Geschäftsbanken bei Gewährung von Krediten:
- Forderungsausfallrisiko (Bonitätsrisiko), das in der Gefahr des teilweisen oder vollständigen Ausfalls vertraglich vereinbarter Zins- und Tilgungszahlungen besteht, die ein Kreditnehmer zu erbringen hat (Kreditausfallrisiko).
- Dem Risiko der Nichterfüllung des Rückzahlungsanspruchs bei einem Barkredit entspricht bei einer Kreditleihe das Risiko der Nichterfüllung des Revalierungsanspruches.
- Das Kreditrisiko gilt als das größte und charakteristische Risiko in der gesamten Geschäftstätigkeit einer Bank, so dass der Kreditbereich in besonderem Maße risikopolitisch zu beachten ist. Dies gilt vor allem für große Einzelkredite (Millionenkredite und Großkredite), die aufgrund ihrer absoluten Kredithöhe (Gewicht für Gesamtkreditvolumen) das Kreditrisiko wesentlich beeinflussen. Für eine gezielte Bekämpfung von Kreditrisiko ist es erforderlich, die einzelnen Elemente des Risikos und die darauf wirkenden Einflussfaktoren zu erkennen."

Quelle: Enzyklopädie48

Kreditausfallrisiko

„Das **Kreditausfallrisiko** ist das aus Sicht einer Bank bestehende Risiko eines nicht zurückbezahlten Darlehens.
Kreditausfälle sind immer dann zu verzeichnen, wenn der Kreditnehmer seinen Verpflichtungen nicht mehr nachkommen kann und der Bank keine Sicherheiten zur Verfügung stehen, mit der sie ihre Forderungen decken kann. Je höher das Kreditausfallrisiko bei einem bestimmten Kunden ist, desto höher ist auch der Zinssatz, den dieser Kunde zahlen muss.

Die Bank muss das Kreditausfallrisiko in ihrer Bilanz berücksichtigen und bei der Refinanzierung von Darlehen mit einem hohen Kreditausfallrisiko auch entsprechende Risikoprämien zahlen. Das Kreditausfallrisiko eines Kunden wird anhand von dessen Einkommen sowie mathematisch statistischen Verfahren bemessen."

Quelle: Kreditlexikon

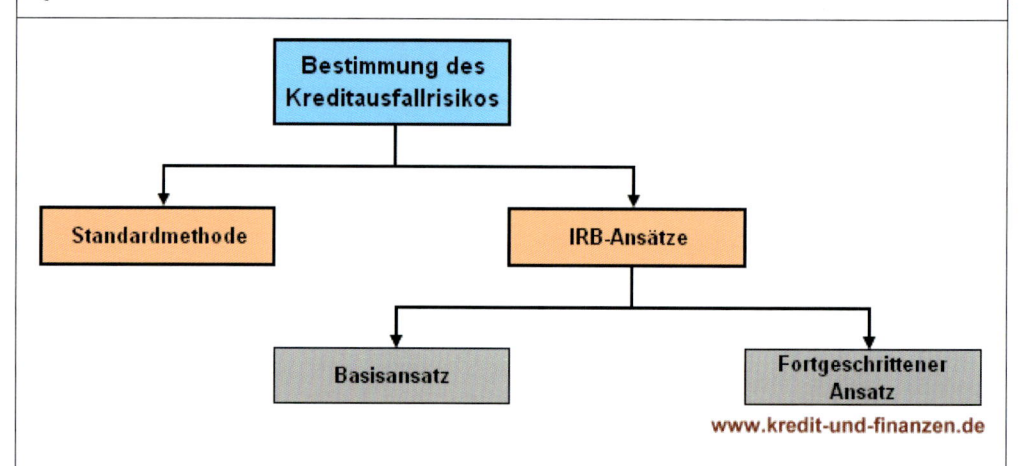

Bild 2: Bestimmungsmethoden des Kreditausfallrisikos aus [Hauser&Warns (2002)]

Kreditausfallrisiken

„Die Eigenmittelunterlegung erfolgt gemäß den Mindesteigenkapitalanforderungen für Kreditrisiken. Das Kreditrisiko wird anhand eines internen oder externen Ratings bestimmt. Das externe Rating (Standardansatz) wird von einer Ratingagentur (v. a. Standard & Poor's, Moody's und Fitch Ratings) vorgenommen. ... Beim internen Rating bewertet die Bank das Risiko selbst (IRB-Ansätze: "internal rating based...

Die Maxime von Basel II bei den Kreditausfallrisiken ist, dass erwartete Verluste („Expected Loss") in Form von Risikoprämien eingepreist werden bzw. bei sich konkret abzeichnenden Verlusten als Risikovorsorge zu Lasten des vorhandenen Eigenkapitals gehen. Im Gegensatz dazu sind unerwartete Verluste („Unexpected Loss") mit Eigenmitteln zu unterlegen. Je fortschrittlicher und damit risikosensitiver die von der Bank verwendete Bewertungsmethode (Standardansatz, IRB-Basisansatz, fortgeschrittener IRB-Ansatz) ist, desto größer sind die möglichen Einsparungen bei der Kapitalunterlegung: Beispielsweise können zusätzliche Sicherheitenarten risikomindernd anerkannt werden. Damit soll u. a. ein Anreiz für die Banken geschaffen werden, möglichst *fortschrittliche Methoden* zu verwenden."

Quelle: WIKIPEDIA

Erklärung des Zusammenhangs von ökonomischen Kapital und (un)erwarteten Verlusten:
Frankfurt School of Finance & Management Bankakademie HfB

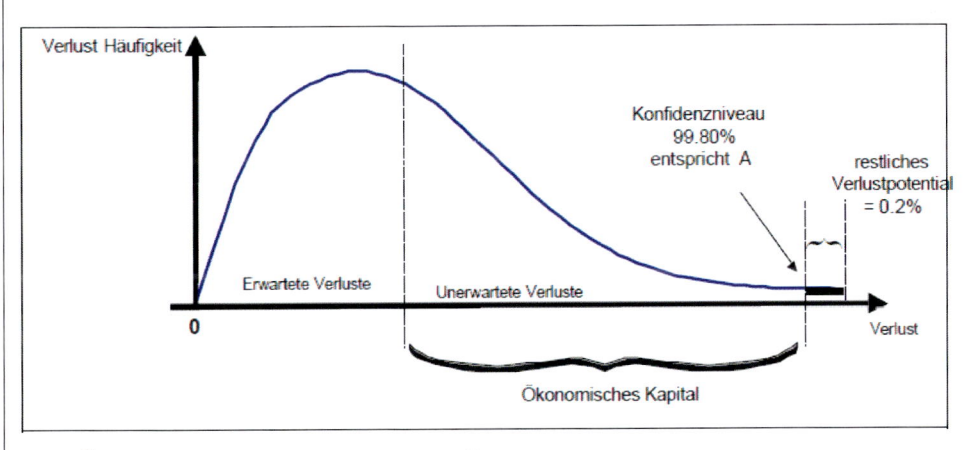

Bild 3: Ökonomischer Kapital aus [Heidorn, T. (2000)]

„Kennzahlen zum Kreditrisiko"

„Das Kreditrisiko von einzelnen Kreditengagements wird häufig mit drei Kennzahlen charakterisiert, die auch in der neuen Basler Eigenkapitalvereinbarung (siehe auch Mindesteigenkapitalanforderungen für Kreditrisiken) eine zentrale Rolle spielen. Dies sind:
Die Ausfallwahrscheinlichkeit (Wahrscheinlichkeit, dass der Schuldner ausfällt), normalerweise mit PD von englisch "Probability of Default" bezeichnet,
- die erwartete Höhe der Forderung zum Zeitpunkt des Ausfalls (EaD nach von englisch "Exposure at Default", im Grundsatz I auch als Kreditäquivalenzbetrag bezeichnet),
- die Verlustquote bei Ausfall (LGD von englisch "Loss Given Default")" [WIKIPEDIA]
- „Das EaD umfasst aktuelle Außenstände sowie voraussichtliche zukünftige Inanspruchnahme durch den Kreditnehmer. Er ist bei Kreditlinien und Kontokorrentkrediten von besonderer Bedeutung, da die Erfahrung lehrt, dass Kreditlinien bei Ausfall häufig höher ausgelastet als im Normalfall oder gar überzogen sind." [WIKIPEDIA]

„Der LGD gibt an, welcher Anteil des Forderungsbetrags bei Ausfall voraussichtlich verloren ist. Zentrale Faktoren, welche den LGD beeinflussen, sind die Art und der Grad der Besicherung und die Rangstellung der Forderungen. Ein hoher Besicherungsgrad und eine große Werthaltigkeit der Sicherheit beeinflussen den LGD positiv. Bei nachrangigen Forderungen ist der LGD tendenziell höher." [WIKIPEDIA]

Kritische Bemerkung: „Zutreffender müsste es heißen: Der LGD gibt an, welcher Anteil des Forderungsbetrages bei Ausfall voraussichtlich verloren ist. Zentrale Faktoren, welche den LGD beeinflussen, sind die Art und der Grad der Besicherung und deren Rangstelle. Ein hoher Besicherungsgrad und eine große Werthaltigkeit der Sicherheit beeinflussen den LGD

positiv. Bei nachrangigen Sicherheiten ist der LGD tendenziell höher." [Plagemann(2010)]
„Zur Erklärung: Nachrangig können Sicherheiten sein, z. B. Grundschulden an zweiter oder weiterer Rangstelle. Forderungen sind selten nachrangig." [Plagemann(2010)]
„PD, EaD und LGD ergeben den erwarteten Verlust (EL von englisch "Expected Loss"), auch als Standardrisikokosten bezeichnet:

$$EL = EaD \cdot PD \cdot LGD$$

Der EL ist strenggenommen kein Risikomaß, da er den Erwartungswert des zukünftigen Verlustes aus Kreditausfällen wiedergibt und damit keine Information über die Unsicherheit bezüglich des zukünftigen Verlustes (unerwarteter Verlust oder UL nach englisch "Unexpected Loss") enthält. Ein Maß für die Unsicherheit ist der Value at Risk." [WIKIPEDIA]

Value at Risk (VAR):
„Da i. d. R. das *Risiko als Wahrscheinlichkeit eines Verlusts* oder die negative Abweichung von einem erwarteten Gewinn definiert werden kann, beschreibt der *VAR den erwarteten Maximalverlust (in Währungseinheiten),* der während eines bestimmten Zeitraums bzw. Haltedauer (z. B. 1 Tag, 1 Woche, 10 Tage usw.) mit einer vorgegebenen Wahrscheinlichkeit (z. B. 99 %, 95 %) nicht überschritten wird."

Quelle: Wirtschaftslexikon24

Alle weiteren gefundenen Begriffsbestimmungen sind mit den o. g. weitgehend identisch.

3 Diskussion zur Synopse der Begriffe zum „Risiko der Kreditvergabe"

1. Die Begriffsbestimmungen des Kreditrisikos oder Kreditausfallrisikos lassen sich zurückführen auf den Oberbegriff der **„Unsicherheit"**, der unterteilt wird in Risiko und in Ungewissheit.

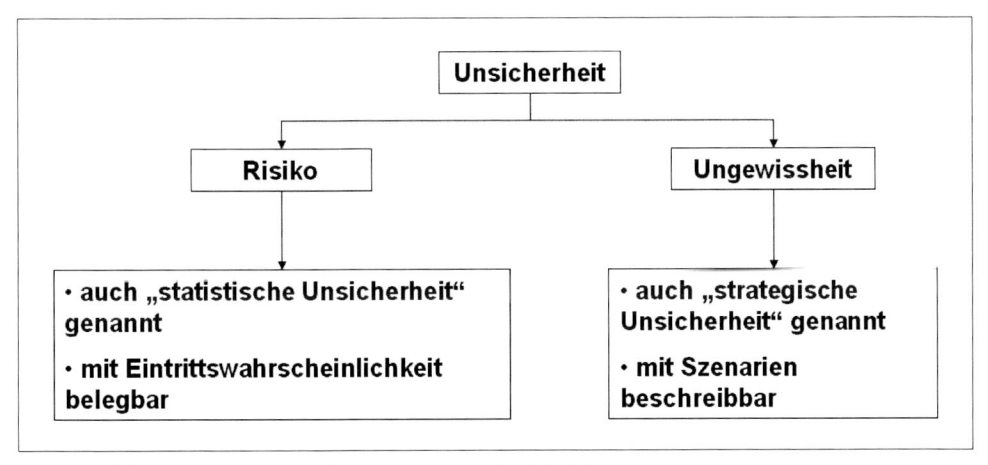

```
                        Unsicherheit
                       /            \
                   Risiko         Ungewissheit

  • auch „statistische Unsicherheit"   • auch „strategische
    genannt                              Unsicherheit" genannt
  • mit Eintrittswahrscheinlichkeit    • mit Szenarien
    belegbar                             beschreibbar
```

Bild 3: Unsicherheit und ihre Beschreibung (nach: [Enzyklopädia48])

→ *Kreditvergaben und -annahmen erfolgen immer unter Unsicherheit!*

2. Das Kredit-Risiko wird unterschiedlich charakterisiert: Das **Kredit-Risiko** sei u. a.

   a. eine *Möglichkeit*, dass ein Kreditnehmer seine Verpflichtungen gegenüber dem Gläubiger nicht erfüllen kann [Anlegerlexikon]
   b. ein *Wagnis*, das in der Gefahr des teilweisen oder vollständigen Ausfalls vertraglich vereinbarter Zins- und Tilgungszahlungen besteht, die ein Kreditnehmer zu erbringen hat (Kreditausfallrisiko).[Wirtschaftslexikon Gabler]
   c. *Gefahr* verstanden wird, dass ein Kreditnehmer die ihm gewährten Kredite nicht oder nicht vollständig vertragsgemäß zurückzahlen kann oder will[Enzyklopädie48]
   d. Monetärer *Schaden* infolge der multiplikativen Verknüpfung von Eintretenswahrscheinlichkeit des Schuldnerausfalls („Probability of Default" = PD), der erwartete Höhe der Forderung zum Zeitpunkt des Ausfalls ("Exposure at Default" = EaD) und dem Anteil des Forderungsbetrags, der bei Ausfall voraussichtlich verloren geht („Loss Given Default" = LGD).
   Nach [WIKIPEDIA] sei dieser Term EL = EaD x PD x LGD aber „strenggenommen kein Risikomaß, da er den Erwartungswert des zukünftigen Verlustes aus Kreditausfällen wie-

dergibt und damit keine Information über die Unsicherheit bezüglich des zukünftigen Verlustes (unerwarteter Verlust oder UL nach englisch "Unexpected Loss") enthält."
e. Offenbar wird Kreditrisiko auch „als *Wahrscheinlichkeit* eines Verlusts oder die negative *Abweichung von einem erwarteten Gewinn*" (d. h. in einer monetären Einheit) „definiert" [Wirtschaftslexikon24]

Risikodefinitionen in der Finanzliteratur				
Möglichkeit, dass ein Kreditnehmer seine Verpflichtungen gegenüber dem Gläubiger nicht erfüllen kann	*Wagnis*, das in der *Gefahr* des Ausfalls der vertraglich vereinbarter Zins- und Tilgungszahlungen besteht	*Gefahr*, dass ein Schuldner die ihm gewährten Kredite nicht oder nicht vollständig vertragsgemäß zurückzahlen kann	*Wahrscheinlichkeit* eines Verlusts oder die negative *Abweichung von einem erwarteten Gewinn*	*Monetärer Schaden* infolge **Probability of Default (PD)** x **Exposure at Default (EaD)** x **Loss Given Default**

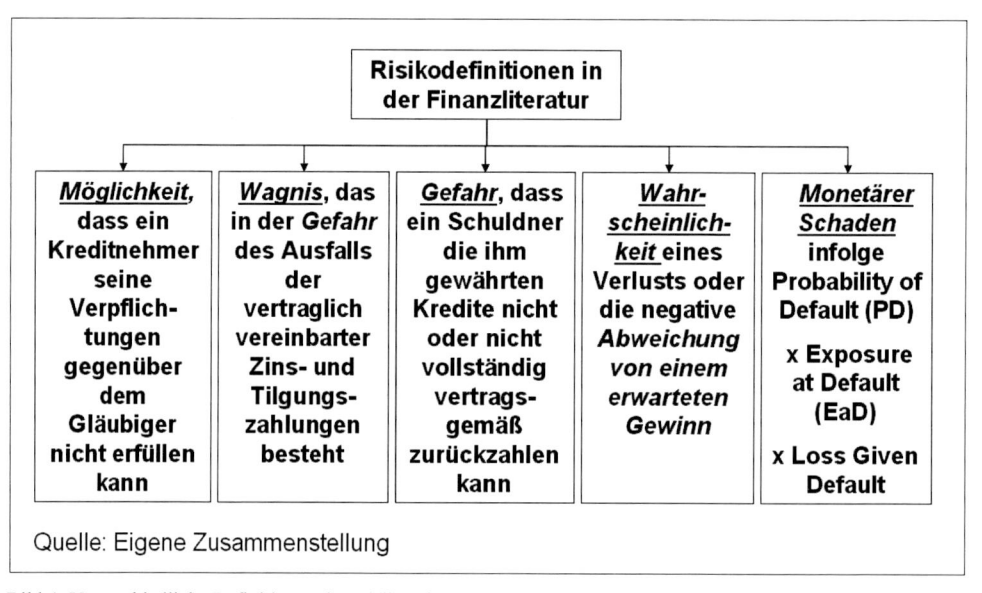

Quelle: Eigene Zusammenstellung

Bild 4: Unterschiedliche Definitionen des Risikos, insbesondere Kreditrisikos in der Finanzliteratur.

3. **Risiko R – außerhalb der Finanzwirtschaft, insbesondere in Ingenieurwissenschaften –** wird definiert als Produkt der

   a. der Wahrscheinlichkeit des Eintretens PE des Ereignisses, das zum Schaden führen könnte (analog PD in 2d)),
   b. der Wahrscheinlichkeit des Nicht-Entdeckens (1-PT) dieses Ereignisses (in 2d) nicht verwendet) und
   c. dem erwarteten Schaden S (in EURO oder Menschenleben) – (analog zu LGD in 2d))

Oftmals wird diese ingenieurwissenschaftliche Definition reduziert auf das Produkt von

   a. Wahrscheinlichkeit des Eintretens PE des Ereignisses, das zum Schaden führen könnte (analog PD in 2d)) und – unter Weglassen der Wahrscheinlichkeit des Nicht-Entdeckens dieses Ereignisses –
   b. dem erwarteten Schaden S (in EURO oder Menschenleben) - (analog zu LGD in 2d))

zum Zweifaktoren-Produkt, so wie die klassische Mathematik – etwa beginnend mit Laplace – das Risiko bereits im 18. Jahrhundert definierte [IRRGANG (2006, S. 15)].

Die erweiterte ingenieurwissenschaftliche Definition des Risikos R als Produkt aus PE * (1-PT) * S rechnet also nicht nur mit

- dem möglichen Eintreten des Ereignisses, das zum Schaden führen könnte, sondern auch
- seiner Entdeckungsmöglichkeit, die wiederum zur Reduktion des Schadens oder gar zu seiner Verhinderung führt.

In den Ingenieurwissenschaften zielt man also bewusst auf die Nutzung von Frühwarnsignalen, um den Schaden zu reduzieren.

Risiko in Ingenieurwissenschaften wird in der Dimension [EURO] oder „zu Schaden/Tod gekommene Menschen" gemessen:

Risiko R setzt sich zusammen aus:

Wahrscheinlichkeit des Eintretens eines Ereignisses, das Schaden hervorbringen kann (Eintrittswahrscheinlichkeit PE),

Wahrscheinlichkeit, dass der Eintritt dieses Ereignisses **nicht rechtzeitig entdeckt** werden kann, um den Schaden zu verhindern (Nicht-Entdeckungswahrscheinlichkeit 1-PT),

Erwarteter Schaden S bei Eintritt des Ereignisses ohne seine rechtzeitige Entdeckung (S)

Bild 4: Definition des Risikos in den Ingenieurwissenschaften

$$R = PE \times (1-PT) \times S$$

Das hiermit definierte (ingenieurwissenschaftliche) **Risiko soll** (rechtlich relevante) **Gefährdungen ausschließen**. Der Begriff Risiko ist im Gegensatz zum Begriff Gefahr der Rechtswissenschaft fremd. Rechtlich gesehen ist das Risiko eine „erlaubte Gefährdung", während es sich bei der Gefahr um eine übermäßige und damit rechtlich nichtzulässige Gefährdung handelt. Insofern unterscheiden Ingenieurwissenschaften auch in ein

- Akzeptables Risiko (auch Grenzrisiko bezeichnet) und ein
- Verbleibendes Risiko (das stets kleiner ist als das Grenzrisiko.

Das *Akzeptable Risiko* ist das größte noch vertretbare Risiko eines bestimmten technischen Zustandes, Ereignisses oder Vorgangs. Es wird in der Regel durch die Wertevorstellungen einer Gemeinschaft oder technikhistorisch bestimmt. Insbesondere durch Verwendung der Generalklausel der „Anerkannten Regeln der Technik" erhält das Sicherheitsrecht sich dynamisch; Bsp.: Die Eisenbahn-Bau- und Betriebsordnung (EBO) fordert im § 2 Absatz 2: „Von den anerkannten Regeln darf abgewichen werden, wenn mindestens die gleiche Sicherheit wie bei Beachtung dieser Regeln nachgewiesen ist".

Das *Verbleibende Risiko* ist ein Restrisiko, das trotz der technischen und organisatorischen Maßnahmen noch vorliegt, aber in jedem Falle kleiner als das akzeptable Risiko sein muss.

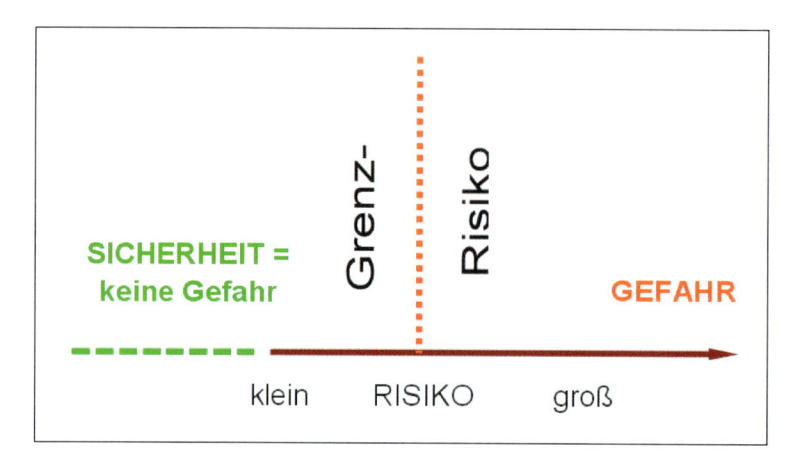

Bild 5: Akzeptables (Grenz-)Risiko zwischen Sicherheit und Gefahr (eigene Darstellung)

In der Finanzwirtschaft könnte die Diskussion zu der in den Ingenieurwissenschaften genutzten Definition des Risikos zusätzliche Erkenntnissen gewinnen, wie umgekehrt, die Betrachtung des „Exposure at Default" analog zu neuen Konsequenzen führen könnte.
Insbesondere könnten auch die normierten Risiko-Managementsysteme für die technischen Bereiche und Unternehmen hilfreich sein.
In wissenschaftlicher Vergleich der Risiko-Management-Systeme im technischen wie nichttechnischen Bereich würde sich lohnen.

4 Schlussfolgerungen

Kreditrisiken werden **inhärenter Bestandteil der Finanzwirtschaft** bleiben, weil

- Zukunft prinzipiell nicht voraussagbar ist,
- Zukunft nicht berechenbar ist,
- Finanz- und Markakteure nicht mit vollständigem Wissen über die Gegenwart, geschweige denn über die Zukunft ausgerüstet sind,
- Finanz- und Marktakteure nicht rein rational entscheidende Personen oder Institutionen sind.

Kredite werden vergeben und angenommen unter **Annahmen**!
Die Kriterien, Kenngrößen, Parameter der Annahmen und deren Dynamik entscheiden signifikant über die Zuverlässigkeit der Risikobewertung.

Einfache, vor allem lineare Modelle, berücksichtigen meist nicht die Unsicherheiten der Kreditvergabe und -annahme. Nicht einmal die statistischen Unsicherheiten kann man einigermaßen zutreffend abschätzen, geschweige denn die sogenannten strategischen Unsicherheiten. Wie komplex die Unsicherheiten sein können, zeigt Bild 2.

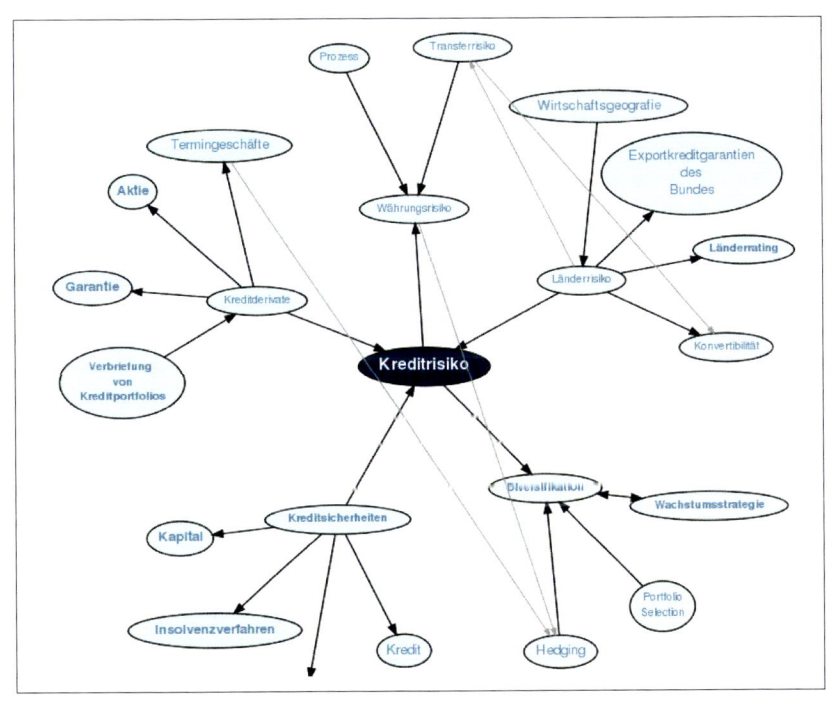

Bild 6 „Beziehungsgeflechts von Kreditrisiko"
Quelle: http://wirtschaftslexikon.gabler.de/Definition/kreditrisiko.html; Zugriff 100606

Um **statistische Unsicherheiten zu minimieren**, sollten

- moderne Methoden der dynamischen Risikobewertung, insbesondere
  - die regelmäßige Überprüfung der Annahmen,
  - die regelmäßige Besprechung und Neubewertung der Annahmen beim Kreditgeber und -nehmer und zwischen beiden Akteuren,
  - das Applizieren der Möglichkeitstheorie und des Operierens mit unscharfen Größen, zumindest
  - das Operieren mit Intervallmathematik,
- Methoden der Agententheorie und der Institutionenökonomik eingesetzt werden und vor allem *einfache Modelle für komplexe Welten vermieden* werden.

(Einen guten Überblick zu den Methoden findet man in Albrecht (2005) oder in Wehn (2006)

Um die **strategischen Unsicherheiten zu minimieren**, bedarf es des ausgeprägten Bewusstseins, dass

- Zukunft nicht voraussehbar, vorwegnehmbar, berechenbar, „machbar" wäre,
- allerdings die Nicht-Beschäftigung mit Zukunft ebenfalls keine Alternative darstellt, vielmehr
- die Erstellung von möglichen (nicht nur sehr wahrscheinlichen, sondern vor allem unwahrscheinlichen) Szenarien der Zukunft essentiell ist (siehe z. B. ERM (2004), HEIDRICH (2007) und HERTEL (2010)).

Summa summarum: Strategischen Risken kann man nur begegnen mit dem

- Entwurf von ZUKÜNFTEN (Plural!)
- Versuch, die Stellschrauben für die (nicht) gewünschten Szenarien zu identifizieren und mit „Versuch und Irrtum" verbundenen „Drehen dieser Stellschrauben",
- der Anwendung fortgeschrittener Verfahren des Risikomanagements in Unternehmen, z. B. Enterprise Risk Management [ERM (2004)]

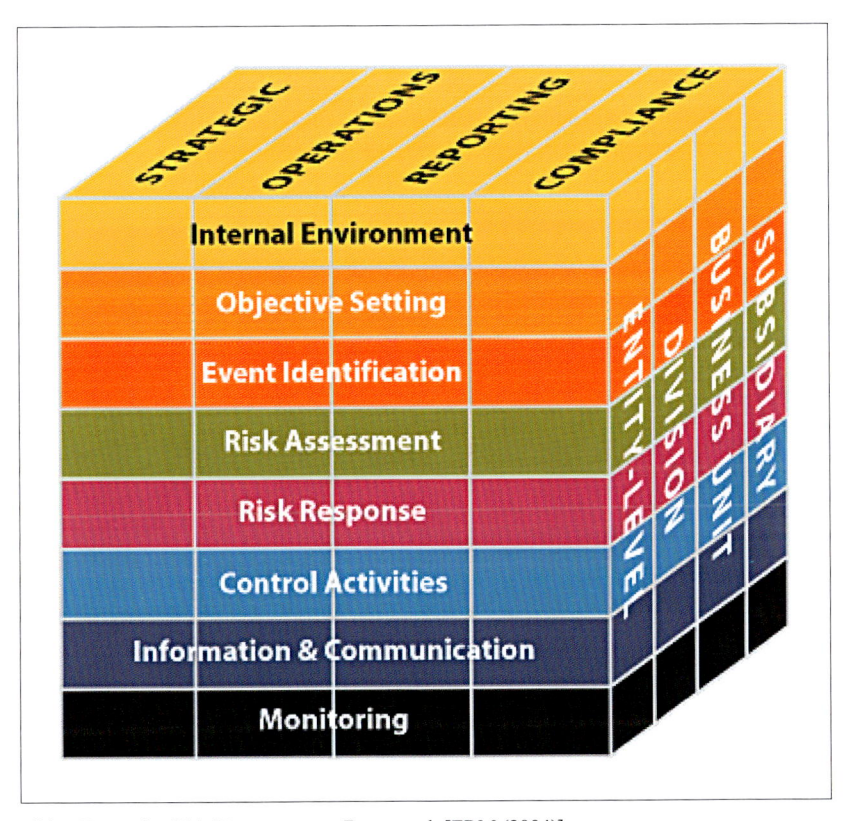

Bild 7: Enterprise Risk Management – Framework [ERM (2004)]

5 Fußnote

1) „Die Stichworte Transparenz und Risikoverständnis bilden die eine Seite für die Ursachen der Finanzkrise ab. Mit Verbesserungen könnte man die Ursachen abstellen, wenn alle Marktteilnehmer „ehrbare Kaufleute" wären. Dies ist natürlich nicht so. Die US-Amerikanischen Investmentbanken und Fonds von der Wallstreet, die die Verbriefungen und damit die Herstellung der Intransparenz seiner Zeit ausgedacht haben, haben sicherlich die Risiken durchblickt und versucht, sie möglichst schnell weiterzugeben und aus den eigenen Büchern herauszubekommen. Möglich vor diesem Zusammenwirken in einem Kartell zwischen Investmentbanken, Geschäftsbanken, Ratingagenturen und anderen Beteiligten, teilweise auch der Aufsichtsbehörden. Getrieben wurde das Kartell durch die hohen Gewinnaussichten, von der viele auch zu guten Zeiten profitiert haben, wenn auch nicht so extrem wie Goldman Sachs oder manche Fonds.

Gegen diese „Gewissenlosigkeit" dürfte die Herstellung von Transparenz und Risikobewertbarkeit nur eingeschränkt helfen. Wir sehen, dass auch die deutschen Kreditinstitute zwar möglicherweise beim Einkauf komplexer Produkte vorsichtiger geworden sind (bin ich aber auch nicht so sicher), aber komplexe und für Anleger nicht wirklich übersehbare Produkte nach wie vor vertreiben, weil dies Margen bringt, die im herkömmlichen Bankgeschäft nicht erzielbar sind (bspw. Finanzderivate). Auch hier ist es so, dass die Initiatoren die Risiken durchaus sehen und keine Hilfestellung brauchen, dass sie aber mit viel Ressourcen und Intelligenz Produkte auflegen, die sie selbst vielleicht beurteilen und deren Kursverlauf bewerten können, nicht aber die Anleger oder jedenfalls nur wenige hiervon. Den wesentlichen Teil des Finanzmarktgeschäftes kann man meiner Meinung nach deshalb mit besserer Transparenz nicht aufhelfen. Die meisten Anleger werden, auch wenn es theoretisch möglich wäre, auch in Zukunft nicht in der Lage sein, komplexe Finanzprodukte, die in immer neuen Varianten erfunden werden, zu beurteilen und deren Kursverlauf und Risiken ständig sicher einzuschätzen. Die Banken arbeiten teilweise mit ihrem Informationsvorteil und anderenteils mit dem Ausschluss ihres Eigenrisikos." [PLAGEMANN (2010)]

Literatur

[Albrecht (2005)] Albrecht, Peter: Kreditrisiken - Modellierung und Management: Ein Überblick; risk.insurance.de - German Risk and Insurance Review, 2005 - In: http://www.risk-insurance.de/Invited_Papers/166/Albrecht Kreditrisiken.pdf.
[Anlegerlexikon] http://www.anleger-lexikon.de/wissen/kreditrisiko.php; Zugriff 100606.
[Broll&Welzel (2002)] Broll, Udo und Welzel, Peter: „Risikomanagement mit Kreditoptionen". - Beitrag 231, Volkswirtschaftliche Diskussionsreihe, Institut Volkswirtschaftslehre an der Universität Augsburg; November 2002; Internetzugang: http://www.wiwi.uni-augsburg.de/vwl/institut/paper/231.pdf.
[Bundesbank] http://www.bundesbank.de/bankenaufsicht/bankenaufsicht_basel_saeule2.php.
[Enzyklopädie48] http://www.economia48.com/deu/d/unsicherheit/unsicherheit.htm; Zugriff 100606.
[ERM (2004)] Enterprise Risk Management. http://www.coso.org/Publications/ERM/COSO_ERM_Executive Summary.pdf sowie www.ucop.edu/riskmgt/erm/documents/coso_erm_frmwrk.ppt; Zugriff 100626.
[Hauser&Warns (2002)] Hauser, Matthias / Warns, Christian: „Grundlagen der Finanzierung - anschaulich dargestellt"; 4. Auflage (2002), 279 S., ISBN 978-3-86707-424-7 und http://www.kredit-und-finanzen.de/basel-2/kreditausfallrisiken.html; Zugriff 100606.
[Heidorn, T. (2000)] Heidorn, Thomas: „Entscheidungsorientierte Mindestmargenkalkulation". Arbeitsberichte der Hochschule für Bankwirtschaft, Frankfurt/Main. Nr. 21 im März 2000; ISSN 1436-9753; Quelle: www.frankfurt-school.de/dms/Arbeitsberichte/Arbeits21.pdf; Zugriff 100606.
[Heidorn, T. (2009)] Heidorn, Thomas: Finanzmathematik in der Bankpraxis. Vom Zins zur Option. Gabler Verlag / GWV Fachverlage GmbH, Wiesbaden. 6, 2009. ISBN 9783834981981. – Inhaltsverzeichnis in http://www.springerlink.com/content/k53g76/front-matter.pdf.
[Heidrich (2007)] Heidrich, Annegreth Elisabeth: Szenarioanalysen als Instrument des Managements operationeller Risiken in Kreditinstituten, Hamburg: Diplomica Verlag, Mai 2007.
[Hertel, G. (2010)] Hertel, Günter H.: „Zukunftsvorsorge und strategisches Handeln (mit Hintergrund aus der Automobilindustrie". – In: Wissenschaftliche Zeitschrift EIPOS 3(2010)1. – ISBN 978-3-8169-3018-1
[Irrgang (2006)] Irrgang, „Risiko-problemgeschichtlicher Abriss". -In: Wissenschaftliche Zeitschrift der TU Dresden, 55(2006)3-4.S. 15–18.
[Kreditlexikon] http://kreditlexikon.creditolo.de/Kreditausfallrisiko.html; Zugriff 100606.

[Plagemann (2010)] Plagemann, Dirk: „Bemerkungen zum Aufsatz 100626_GünterHHertel_GlossarSynopse_ RISIKO_V02.pdf", email vom 100628.
[Wehn (2006)] Wehn, Carsten S.: Einführung in die Kreditrisikomessung und Kreditderivate auf 187 ppt-Folien. In: http://www.carstenwehn.de/unisiegen/Kreditrisiko2006-07.pdf; Zugriff 100606.
[Wapedia] http://wapedia.mobi/de/Wagnis; Zugriff 100626.
[WIKIPEDIA] http://de.wikipedia.org/wiki/Kreditrisiko; Zugriff 100606.
[Wirtschaftslexikon Gabler] http://wirtschaftslexikon.gabler.de/Archiv/1363/kreditrisiko-v6.html; Zugriff 100606.
[Wirtschaftslexikon24] http://www.wirtschaftslexikon24.net/d/value-at-risk-var/value-at-risk-var.htm.

Weiterführende Quellen, in denen Risikobewertung und -Management in Geschäftsberichten von Unternehmen behandelt werden:

http://berichte.lufthansa.com/2009/gb/konzernanhang/sonstigeerlaeuterungen/sicherungspolitikundfinanzderivate/kreditrisiko.html
http://geschaeftsbericht.deutsche-bank.de/2007/gb/risikobericht/kreditrisiko.html
http://ar2008.daimler.com/reports/daimler/annual/2008/gb/German/3030/finanzlage.html
http://www.hypo-alpe-adria-bank-annualreports.com/2008_annual_report/page.1204.htm
http://annualreport2009.allianz.com/reports/allianz/annual/2009/gb/German/776040/kreditrisiko.html
http://www.toyota.de/Images/RZ_TFS_GB2009_screen_tcm281-922485.pdf
http://gb2008.rzb.at/ereport.asp?fCompanyID=12&fAction=SHOWREPORT&fLangID=2&freportid=117&fpageid=3394
http://finanzberichte.postbank.de/2008/gb/konzernlagebericht/risikobericht/kreditrisiken/operativesrisikomanagementund-controlling.html

Weiterführende normative Dokumente (aus ingenieurwissenschaftlicher Anwendung) mit Bezug zum Risiko und Risikomanagement:

ISO/IEC Guide 73: 2002: Risk Management - Vocabulary - Guidelines for use in standards.
AS/NZS 4360: 2004: Risk Management.
HDB 436: 2004: Handbook Risk Management Guidelines.
ISO/IEC 17799: 2005: Information technology - Security techniques - Codes of practice for information security management.
DIN IEC 62198: 2002: Risikomanagement für Projekte.
DIN EN 60300-3-1: 2005: Zuverlässigkeitsmanagement: Teil 3-1: Anwendungsleitfaden – Verfahren zur Analyse für Zuverlässigkeit - Leitfaden Methodik.
IEC 60300-3-9: 1995: Risk analysis of technical systems.
DIN 820-120:2001: Leitfaden für die Aufnahme von Sicherheitsaspekten in Normen (ISO/IEC Guide 51: 1999)
DIN ISO 1050: 1997 / DIN ISO EN 14121-1: Sicherheit von Maschinen – Leitsätze zur Risikobeurteilung.
EN ISO 12100-1: 2003 Sicherheit von Maschinen - Grundbegriffe, allgemeine Gestaltungsgrundsätze – Teil 1: Grundsätzliche Terminologie; Methodologie.
DIN EN ISO 14971: 2001: Medizinprodukte – Anwendung des Risikomanagements auf Medizinprodukte.
DIN EN ISO 17666: 2003: Raumfahrtsysteme – Risikomanagement.
DIN EN 61508: 2001 bis 2005: Funktionale Sicherheit sicherheitsbezogener elektrischer/elektronischer/programmierbarer elektronischer Systeme.
DIN EN 61508-1: 2002: Allgemeine Anforderungen.
DIN EN 61508-5: 2002: Beispiele zur Ermittlung der Stufe der Sicherheitsintegrität.
COSO: Enterprise Risk Management - Integrated Framework: siehe Quelle [ERM (2004)].

IDW Prüfungsstandard 340: Die Prüfung des Früherkennungssystems nach §317 Abs. 4 HGB; Prüfungsstandard 340 des Instituts der Wirtschaftsprüfer (IDW, PS 340; (Stand: 11.09.2000); ISBN: 978-3-8021-1570-7; Erschienen: April 2010; Seiten: 11; Preis: 28,00 €; Bestell-Quelle: http://shop.idw-verlag.de/product.idw;jsessionid=7EBACADA6F58530F5601117BCF4C2F66?product=20070.

IDW Entwurf Prüfungsstandard 525: Die Beurteilung des Risikomanagements von Kreditinstituten im Rahmen der Abschlussprüfung (IDW EPS 525) (Stand: 06.03.2009); Download-Quelle: http://www.idw.de/idw/portal/n281334/n281114/n302246/index.jsp.

Weiterführende gesetzliche Regelungen (aus unternehmerischer Anwendung) mit Bezug zum Risiko und Risikomanagement:

KonTraG: Gesetz zur Kontrolle und Transparenz im Unternehmensbereich / Aktiengesetz
AktG: Aktiengesetz
HGB: Handelsgesetzbuch
HGrG: Gesetz über die Grundsätze des Haushaltsrechts
TransPuG: Transparenz- und Publizitätsgesetz
DCGK: Deutscher Corporate Governance Kodex
GPSG: Gesetz über technische Arbeitsmittel und Verbraucherprodukte - Geräte- und Produktsicherheitsgesetz
ArbSchG: Arbeitsschutzgesetz
BImSchG: Bundes-Immisionsschutzgesetz

Danksagung

Der Autor wurde zu dieser Synopse durch den Artikel „Ausfallrisiko von Krediten" von Prof. Volker Oppitz d. Ä. (ebenfalls in dieser Wissenschaftlichen Zeitschrift EIPOS 3(2010)1 abgedruckt) angeregt. Ihm gebührt mein Dank für die rege Diskussion zu den Begriffen.

Herrn Dr. jur. Plagemann danke ich für die Durchsicht des Manuskripts bezüglich rechtswissenschaftlicher Sachverhalte.

Hertel, Günter H.
Prof. Dr.-Ing. habil.

1966: Abitur und Facharbeiter Deutsche Reichsbahn

1966–1971: Studium Verkehrskybernetik und Mathematik, Hochschule für Verkehrswesen „Friedrich List" Dresden (HfV)

1974: Promotion Dr.-Ing. mit einer Arbeit zum Prozessrechnereinsatz. HfV, Dresden

1986: Habilitation „Analytische Modellierung von Bedienungssystemen mit störanfälligen Kanälen, HfV Dresden

1974–1980: Projektmanager für Ausbaumaßnahmen von Eisenbahnstrecken der Obersten Bauleitung für Elektrifizierung und Automatisierung der Deutschen Reichsbahn, Leipzig

1980–1992: Assistent, in 1991 Oberassistent an HfV bei Prof. Dr. sc. techn. K. Fischer, Institut „Theoretische Grundlagen der Transport- und Nachrichtenverkehrsprozesse", Lehraufgaben: Zuverlässigkeitstheorie; Eisenbahntransport

03. 10. 1991: Ernennung zum Prorektor für Wissenschaft der HfV Dresden

1992-1994: Gründungsdekan der neuen Fakultät für Verkehrswissenschaften „Friedrich List" der Technischen Universität Dresden (TU Dresden)- (http://tu-dresden.de/die_tu_dresden/fakultaeten/vkw)

1992: Univ.-Professor für Verkehrsströmungslehre und -systemtheorie an der Fakultät Verkehrswissenschaften „Friedrich List" der TU Dresden

1994: Gastprofessor an der Reiksuniversiteit Groningen / Niederlande

1996–2006: Daimler-Benz AG, dann DaimlerChrysler AG: Vice President (VP) Research and Technology (Research Electric&Electronic, Mechatronic, zeitweise in Personalunion VP Corporate Quality Management, 2004–06 VP Technology Mgmt and Intellectual Property Mgmt)

seit 2007: Gastprofessor an den Universitäten Pardubice (CZ), TU Ostrava (CZ), Hochschule für Wirtschaft und Umwelt Nürtingen-Geisslingen (DE)

seit 2006: Präsident des Europäischen Instituts für postgraduale Bildung an der Technischen Universität Dresden e. V. – EIPOS –.

Seit 2008: Mitglied des Wissenschaftlichen Beirats des promotionsbegleitenden Weiterbildungsangebots des EIPOS – Akademisches Europa-Seminar (AES) und Dozent im AES

Stabilitätsgrenze der Kreditfinanzierung

Volker Oppitz[1]

1 Begründung der Stabilitätsgrenze

Die Stabilitätsgrenze S der Fremdfinanzierung beruht auf folgender Ursache-Wirkungs-Beziehung: Der Kreditausfall tritt ein, wenn der Schuldner die fälligen Annuitäten bzw. Zinsen nicht zahlt und der Gläubiger außer Stande ist, auf Sicherheiten beim Kreditnehmer zuzugreifen, wie z. B. Eigenkapital oder Bürgschaften. Mit höchster Wahrscheinlichkeit ereignet sich ein Kreditausfall: Das Eigenkapital K_E des Schuldners und der Barertrag seiner künftigen Zahlungsströme B_0 seiner Investition sind kleiner als das Fremdkapital K_F und der an den Gläubiger zu zahlende Barzins Z_0. Das bedeutet für das Kreditverhältnis: $S = 1$ → Stabilitätsgrenze. $S < 1$ → Kreditausfallwahrscheinlichkeit. $S > 1$ → Eigenkapitalrendite:

$$K_E + B_0 < K_F + Z_0 \quad \rightarrow \quad S = \frac{K_E + B_0}{K_F + Z_0} \geq 1.$$

Die daraus entstehenden Zusammenhänge sind mathematisch zu strukturieren und die Modellparameter durch Approximation zu bestimmen, um die Stabilitätsgrenze abschätzen und kontrollieren[2] zu können. Grundlegend dafür ist der Kapitalbedarf für die Investitionsauszahlung A_0 aus Eigenkapital und Fremdkapital. Unter Einbeziehung des Verschuldungsgrades v können dann die Kapitalstrukturanteile als variable Parameterwerte ausgedrückt werden:

---

[1] Lehrtätigkeit am Europäischen Institut für postgraduale Bildung an der Technischen Universität Dresden – EIPOS e. V. – über Unternehmensführung, Unternehmensstatistik, Wirtschaftsmathematik und als Repetitor in europäischen Doktorstudienprogrammen. Vgl. www.prof-oppitz.de.
[2] Kontrollrecht für die Gläubiger zur Gewährleistung des Kapitaldienstes, wie z. B. die Vorlage von Jahresabschlüssen und die Abhaltung von Bilanzbesprechungen während der Kreditlaufzeit.

$$A_0 = K_E + K_F, \quad v = \frac{K_F}{K_E} \quad \begin{cases} K_F = v \cdot K_E, & K_F = A_0 - K_E \\ K_E = \dfrac{K_F}{v}, & K_E = A_0 - K_F \end{cases} \rightarrow$$

$$\boxed{K_F = \frac{v \cdot A_0}{1+v}, \quad K_E = \frac{A_0}{1+v}}.$$

$$S = \frac{K_E + B_0}{K_F + Z_0} \quad \rightarrow \quad S = \frac{\dfrac{A_0}{1+v} + B_0}{\dfrac{v \cdot A_0}{1+v} + Z_0} = \frac{A_0 + B_0 \cdot (1+v)}{v \cdot A_0 + Z_0 \cdot (1+v)}.$$

Mit steigender Verschuldung wandert die Stabilitätsgrenze hyperbolisch gegen null, die Refinanzierung wird instabil, die Kreditausfallwahrscheinlichkeit steigt. Stabilitätssicherung bedeutet, bei der Aufnahme von Fremdkapital einen Mindestanteil an Eigenkapital nachzuweisen: „Je nach Risiko (Ratingklasse) ist es aufgrund von Gesetzesvorschriften (Basel II) notwendig, die Aktiva mit Eigenkapital zu unterlegen".[3] Bei Finanzierung der Investitionsauszahlung[4] A_0 rückt von Basel II ausgehend der Solvenzbefund[5] in den Blick der Risikobetrachtung, vor allem der Verschuldungsgrad, denn im „Rahmen der finanziellen Strukturierung von Projektfinanzierungen ist die Einbindung von Fremdkapital von großer Bedeutung."[6]

2 Terme, Variable und Stabilitätsgrenze

2.1 Zählerterm der Stabilitätsgrenze

Im Zählerterm S_Z stehen die als bekannt vorausgesetzten Größen: Investitionsauszahlung A_0 und der Verschuldungsgrad v, der sowohl als gegeben vorkommen oder als unabhängige Variable gesucht werden kann; zusätzlich ist der Barertrag B_0 zu ermitteln:

$$S_Z = A_0 + B_0 \cdot (1+v).$$

---

3 EVERLING, O., S. 243.
4 „Eigenkapital und Fremdkapital bilden zusammen den Kapitalstock einer Unternehmung." (Albach, H. (2000), S. 417).
5 Das Ausfallverhalten wird wahrscheinlichkeitstheoretisch ermittelt. In der Kreditpraxis werden Objektfinanzierungen vor allem durch bankeigene Kennziffern bewertet und ausgedrückt. Ausdruck der Zahlungsfähigkeit des Kreditnehmers nach Maßstäben des Kreditinstituts im Unterschied zum externen Rating der Agenturen, „Internes Rating".
6 WERTHSCHULTE, H., S. 1.

Der Barertrag $B_0(T_I,k)$ hängt ab von den Überschüssen D_t der Ein- und Auszahlungen E_t, A_t, der Laufzeit T_I und dem Kapitalkostensatz[7] k. Zur Vereinfachung ist es sinnvoll, statt mit vorkalkulierten Ein- und Auszahlungen E_t, A_t einen mittleren Jahresüberschuss D_t zu verwenden:

$$B_0(T_I,k) = \sum_{t=1}^{T_I} \frac{(E-A)_t}{(1+k)^t}, \quad D_t \approx \frac{1}{T_I} \cdot \sum_{t=1}^{T_I} (E-A)_t \quad \rightarrow \quad B_0(T_I,k) = D_t \cdot \sum_{t=1}^{T_I} \frac{1}{(1+k)^t}.$$

Die Summenformel im Barertrag $B_0(T_I,k)$ wird durch den Barkostenfaktors k_0 ersetzt:

$$\begin{array}{rl} k_0 = & \left((1+k)^{-1} + (1+k)^{-2} + \ldots\ldots\ldots\ldots + (1+k)^{1-T_I} + (1+k)^{-T_I}\right) \\ -(1+k) \cdot k_0 = & -\left(1 + (1+k)^{-1} + (1+k)^{-2} + \ldots + (1+k)^{2-T_I} + (1+k)^{1-T_I}\right) \\ \hline -k_0 \cdot k = & \left(-1 + (1+k)^{-T_I}\right) \quad \rightarrow \quad k_0 = \frac{1}{k} \cdot \left(1 - \frac{1}{(1+k)^{T_i}}\right), \quad k > 0 \end{array}$$

$$B_0(T_I,k) = D_t \cdot k_0 \quad \text{mit} \quad k_0 = \frac{1}{k} \cdot \left(1 - \frac{1}{(1+k)^{T_i}}\right), \quad k > 0.$$

Der Zählerterm S_Z besteht aus Investitionsauszahlung A_0, Verschuldungsgrad v, mittlerem Jahresüberschuss[8] D_t und Kapitalkostensatz k; alle Werte sind verfügbar.

2.2 Nennerterm der Stabilitätsgrenze

Die Parameter: Investitionsauszahlung A_0 und Verschuldungsgrad v, enthält auch der Nennerterm S_N der Stabilitätsgrenze. Für den ebenfalls vorhandenen Barzins Z_0 ist ein gesonderter Ausdruck zu begründen, der zunächst auf den Barzinsfaktor z_0 führt:

$$S_N = \frac{1}{v \cdot A_0 + Z_0 \cdot (1+v)}, \quad Z_0 = K_F \cdot z_0 = \frac{v \cdot A_0}{1+v} \cdot z_0 \quad \rightarrow \quad \frac{1}{v \cdot A_0 \cdot (1+z_0)};$$

Der Barzins Z_0 ergibt sich aus dem Produkt von Kredit K_F und Barzinsfaktor z_0, der von der Kreditlaufzeit t und dem Zinssatz z abhängt; für den Kreditbetrag wurde der dazugehörige Term für die Investitionsauszahlung A_0 eingesetzt. Der Term für den Barzinsfaktor z_0 erlaubt keine geschlossene Lösung[9]; deswegen erfolgt eine Näherung durch umhüllende Integrale:

---

[7] I. d. R. wird der Kapitalkostensatz auf Grund eines mittleren Kreditzinssatzes z_m und Eigenkapitalrenditesatzes r abgeschätzt, beim Bruttoansatz mit den Wertanteilen von Eigen- und Fremdkapital.
[8] Bei stark schwankenden Zukunftswerten kann für die Bestimmung des Barertrags die Summenformel benutzt werden.
[9] Investitionen werden kapitalisiert (geometrischer Ansatz), Finanzierungen verzinst (arithmetischer Ansatz).

$$z_0 = \sum_{t=1}^{t} \frac{z}{1+z\cdot t} \approx \frac{1}{2} \cdot \left(\int_0^{\frac{1}{3}} \frac{z\cdot dt}{1+z\cdot t} + \int_{\frac{1}{3}}^{t} \frac{z\cdot dt}{1+z\cdot t} \right), \quad u = 1+z\cdot t, \quad du = z\cdot dt,$$

$$z_0 \approx \frac{1}{2} \cdot \left(\int_0^{\frac{1}{3}} \frac{du}{u} + \int_{\frac{1}{3}}^{t} \frac{du}{u} \right) = \ln(1+z\cdot t) - \frac{1}{2} \cdot \ln\left(1+\frac{z}{3}\right) \quad \Rightarrow \quad z_0 \approx \ln(1+z\cdot t) - \frac{1}{2} \cdot \ln\left(1+\frac{z}{3}\right).$$

Der Zinssatz z hängt von der Kreditlaufzeit $t \notin [1, T_F]$ und dem Verschuldungsgrad $v \notin [0, v_F]$ ab. Dafür ist eine Zinssatzfunktion $z(t,v)$ zu begründen. Sie besteht für die Laufzeitabhängigkeit aus einer Törnquistfunktion, für die Abhängigkeit vom Verschuldungsgrad aus der Logistischen Funktion[10] im „investiven Bereich" ($v \leq v_W$) und ab der Wendestelle v_W aus der Exponentialfunktion[11] im „spekulativen Bereich"[12] ($v > v_W$):

$$z(t,v) = f(t) \cdot y(v), \quad f(t) = \frac{t}{a+t}, \quad y(v) = \begin{cases} \dfrac{v^\alpha \cdot y_S}{1+b\cdot e^{(\kappa\cdot(v-v_W))^2}}, & \text{wenn } v \leq v_W \\ \dfrac{v_W^\alpha \cdot y_S}{1+b} \cdot e^{\beta\cdot(v-v_W)}, & \text{wenn } v > v_W \end{cases} \quad \text{SBD} \cdot$$

Die Parameterschätzung erfolgt abschnittsweise durch Mehrfachregression[13]:

$$[y_S, a, b, \alpha, \beta, \kappa] \equiv \sum_{i=1}^{n} (z_i - z(t_i, v_i))^2 \rightarrow \text{Min!} \quad \text{SBG}$$

Grundlage bilden Bankdaten über die Zuordnung der Zinssätze zu Kreditlaufzeiten und Verschuldungsgraden (vgl. Beispielrechnung).

Mit der Übernahme der Zinssatzfunktion und der Törnquistfunktion[14] $f(t)$ für die Laufzeitabhängigkeit $t \notin [1, T_F]$ in die Funktion des Barzinsfaktors $z_0(t,v)$ ergeben sich die Terme:

$$z_0(t,v) = \ln(1 + z(t,v)\cdot t) - \frac{1}{2}\cdot \ln\left(1+\frac{z(t,v)}{3}\right) = \ln(1 + f(t)\cdot y(v)\cdot t) - \frac{1}{2}\cdot \ln\left(1+\frac{f(t)\cdot y(v)}{3}\right) \rightarrow$$

---

10 OPPITZ, V.: 1995, S. 292 ff.
11 OPPITZ, V.: 1995, S. 127 ff.
12 OPPITZ, V.: 2010, S. 20.
13 Die Mehrfachregression erfasst die gleichzeitige Wirkung verschiedener Ursachen auf die von ihnen abhängige Variable, sofern sie eine genügend gute Näherung darstellt:
14 OPPITZ, V.: 1995, S. 513 ff.

$$z_0(t,v) = \ln\left(1 + \frac{t^2 \cdot y(v)}{a+t}\right) - \frac{1}{2} \cdot \ln\left(1 + \frac{t \cdot y(v)}{3 \cdot (a+t)}\right).$$

Für eine vorgegebene Kreditlaufzeit T_F lautet die Funktion des Barzinsfaktors $z_F(v)$:

$$z_F(v) = \ln\left(1 + \frac{T_F^2 \cdot y(v)}{a+T_F}\right) - \frac{1}{2} \cdot \ln\left(1 + \frac{T_F \cdot y(v)}{3 \cdot (a+T_F)}\right), \quad y(v) = \begin{cases} \dfrac{v^\alpha \cdot y_S}{1 + b \cdot e^{(\kappa \cdot (v-v_W))^2}}, & \text{wenn } v \le v_W \\ \dfrac{v_W^\alpha \cdot y_S}{1+b} \cdot e^{\beta \cdot (v-v_W)} & \text{wenn } v > v_W \end{cases} \quad \text{SBC}$$

Das vom Verschuldungsgrad abhängige Stabilitätsgrenzenmodell [SBG] lautet:

$$S = \frac{A_0 + B_0(T_I,k) \cdot (1+v)}{v \cdot A_0 \cdot (1 + z_F(v_F))}, \quad B_0(T_I,k) = D_t \cdot k_0, \quad k_0 = \frac{1}{k} \cdot \left(1 - \frac{1}{(1+k)^{T_i}}\right), \quad D_t, k, v > 0$$

$$z_F(v) = \ln\left(1 + \frac{T_F^2 \cdot y(v)}{a+T_F}\right) - \frac{1}{2} \cdot \ln\left(1 + \frac{T_F \cdot y(v)}{3 \cdot (a+T_F)}\right), \quad y(v) = \begin{cases} \dfrac{v^\alpha \cdot y_S}{1 + b \cdot e^{(\kappa \cdot (v-v_W))^2}}, & \text{wenn } v \le v_W \\ \dfrac{v_W^\alpha \cdot y_S}{1+b} \cdot e^{\beta \cdot (v-v_W)} & \text{wenn } v > v_W \end{cases}$$

Parameter: Barkostenfaktor k_0, Barzins Z_0, Investitionsauszahlung A_0, Investitionslaufzeit T_I, Jahresüberschuss (Mittel) D_t, Kapitalkostensatz k, Kreditlaufzeit T_F, Logistischer Exponent κ, Logistischer Faktor b, Sättigungsgröße y_S, Verschuldungsgrad v, Wendestelle der Verschuldung v_W, Verschuldungsexponent α, Zeit t, Zeitabstand a, Zuwachsexponent β.

3 Beispielrechnung

Bei Kreditverhandlungen mit der Hausbank über die Anschaffung computergestützter Prüftechnik mit einer Investitionsauszahlung A_0 stellte sich heraus, dass diese Kredite zum Zweck der Risikobegrenzung mit Zinssätzen vergibt, die von der Kreditlaufzeit und vom Verschuldungsgrad abhängen. Die Stabilitätsgrenze ist zu berechnen.

Parameterapproximation der Zinssatzfunktion
Im Interesse größerer Verallgemeinerung werden die Parameter der Zinssatzfunktion auf der Grundlage von Daten der Deutschen Bundesbank abgeschätzt und das damit erzielte Ergebnis

der weiteren Berechnung zu Grunde gelegt. Die Deutschen Bundesbank gliedert Zinssätze[15] nach Kreditlaufzeit und Ratingnoten[16] der Agentur Standard & Poor's: Laufzeit in Zeilen, Verschuldungsgrad in Spalten; Grundlage ist der von der Europäischen Zentralbank [EZB] festgesetzte Leitzinssatz[17] (vgl. Bild 1). Definitionsbereiche: Kreditlaufzeit → $t \in [0,30]$, [a], Verschuldungsgrad → $v \in [0,20]$. Funktionsbereich: Zinssätze → $z \in [0,20]$, [%/a].

$$z(t,v) = f(t) \cdot y(v), \quad f(t) = \frac{t}{a+t}, \quad y(v) = \begin{cases} \dfrac{v^\alpha \cdot y_S}{1+b \cdot e^{(\kappa \cdot (v-v_W))^2}}, & \text{wenn} \quad v \leq v_W \\ \dfrac{v_W^\alpha \cdot y_S}{1+b} \cdot e^{\beta \cdot (v-v_W)} & \text{wenn} \quad v > v_W \end{cases} \quad \text{SBD},$$

$$[y_S, a, b, \alpha, \beta, \kappa] \equiv \sum_{i=1}^{n}(z_i - z(t_i, v_i))^2 \quad \rightarrow \quad \text{Min!} \quad \text{MRX}$$

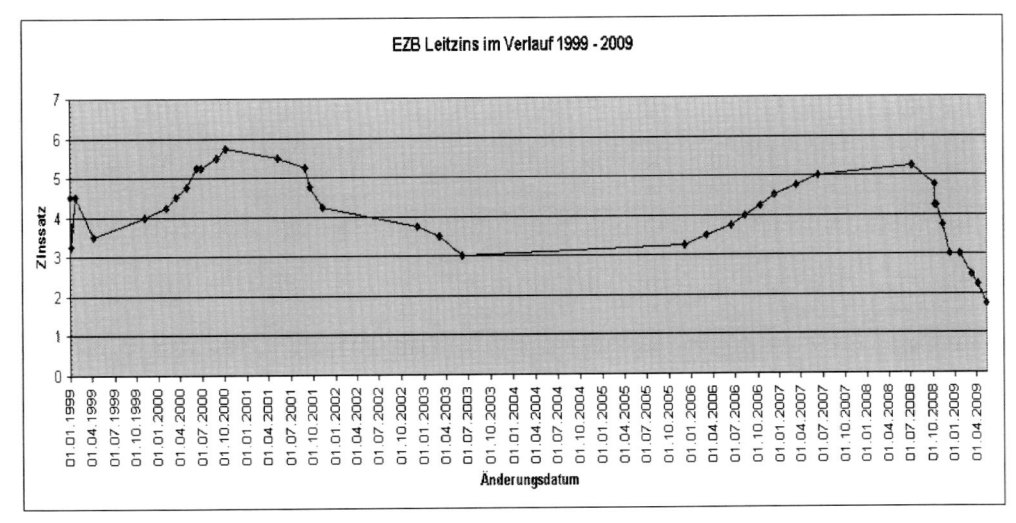

Bild 1: Entwicklung des Leitzinssatzes nach der Euro-Einführung

Den Ratingnoten wurde der Verschuldungsgrad v des Kreditnehmers zugeordnet (vgl. Tab. 1) und die Stützstelle des Wendebereiches der Verschuldung $v_W = 9$ festgelegt.

---

15 Die der laufenden Aktualisierung unterliegenden Zinssätze (bzw. Renditesätze) sind auf der Webseite der Bundesbank abrufbar: http://www.bundesbank.de/statistik/statistik_zeitreihen.php?lang=de&open=zinsen&func=row&tr=WZ3409 lautet beispielsweise der Link für 10-jährige Laufzeiten von Bundspapieren. Stand 1. Juli 2010.
16 Bei den von der USA-Finanzaufsicht lizenzierten Ratingagenturen (Nationally Recognized Statistical Rating Organization, NRSRO) lauten die Ratingnoten: Standard & Poor's (S&P) → AAA / AA+, AA, AA- / A+, A, A- / BBB+, BBB, BBB- / BB+, BB, BB- / B+, B, B- / CCC+, CCC, CCC- / CC / C, Moody's Investors Service (Moody's) → Aaa, Aa1, Aa2, Aa3, A1, A2, A3, Baa1, Baa2, Baa3,, Ba1, Ba2, Ba3, B1, B2, B3, Caa1, Caa2, Caa3, Ca, C, D.
17 http://www.kredite-ratgeber.com/kreditvertrag.html.. Entnommen am 27. Juli 2010.

t [a]	Verschuldungsgrade v ≡ Ratingnoten [S&P]						
	1 ≡ AAA	2 ≡ AA	4 ≡ A	9 ≡ BBB	10 ≡ BB	15 ≡ B	18 ≡ CCC
1	0,41	0,41	0,41	0,41	1,65	3,11	4,55
2	1,67	2,00	2,13	2,32	2,70	5,09	7,44
3	1,99	2,27	2,39	2,82	3,43	6,46	9,43
4	2,30	2,75	2,84	3,31	3,96	7,46	10,90
5	2,57	3,14	3,21	3,68	4,37	8,23	12,02
6	2,76	3,34	3,50	3,99	4,69	8,83	12,90
7	2,93	3,49	3,79	4,25	4,95	9,32	13,62
8	3,10	3,68	4,11	4,45	5,17	9,72	14,21
9	3,25	3,86	4,36	4,58	5,35	10,06	14,71
10	3,41	4,02	4,54	4,71	5,50	10,35	15,13
30	4,37	4,97	5,57	5,99	6,65	12,51	18,28

Tab. 1: Matrix der Zinssätze z [%/a] nach Laufzeiten v und Verschuldungsgraden T

Daraus ergaben sich die nachfolgenden Werte der Funktionsparameter der multiplen Zinssatzfunktion, die als Flächenkurve der Zinssätze ausgegeben wird (vgl. Bild 2).

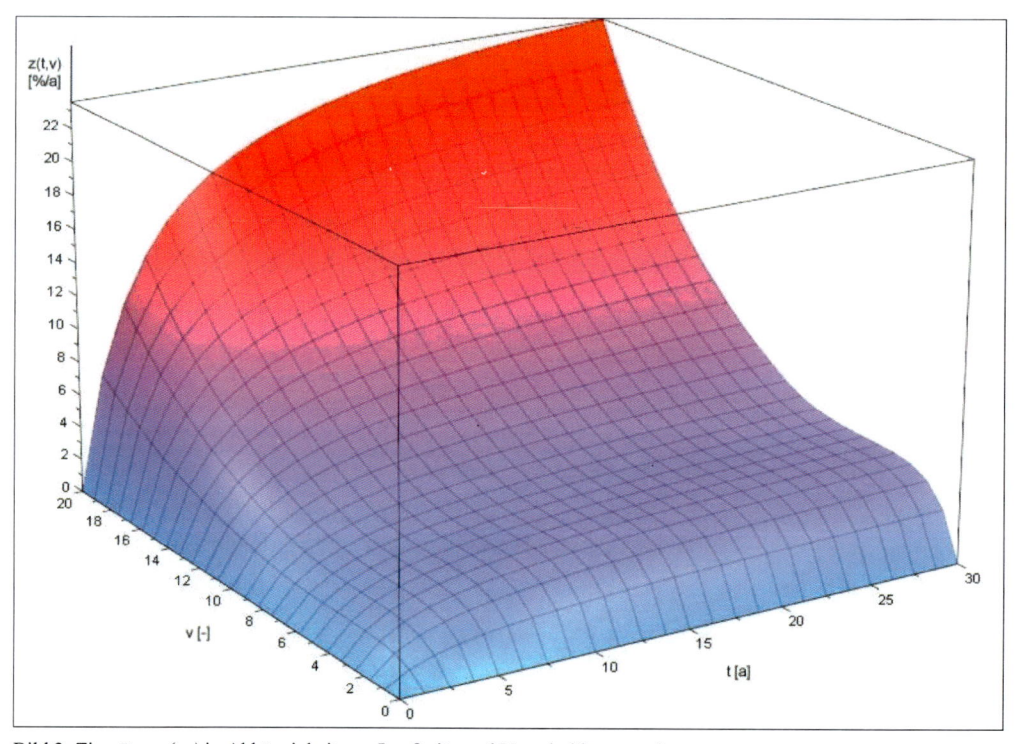

Bild 2: Zinssätze $y(t,v)$ in Abhängigkeit von Laufzeit t und Verschuldungsgrad v

Stützstelle des Wendebereiches der Verschuldung	v_W =	9
Sättigungsgröße	y_S =	49895940255,19 %/a
Zeitabstand	a =	3,49 a
Logistischer Faktor	b =	67164224132,61
Verschuldungsexponent	α =	0,99
Zuwachsexponent	β =	0,12644
Logistischer Exponent	κ =	-0,02395

Die Zinssatzfunktion $z(t,v)$ beschreibt die Zinssatzentwicklung für die *Fremdfinanzierung von Investitionen in der Wirtschaft* bis zum Punkt v_W degressiv ($v \leq v_W$) und ab diesem Punkt für die *spekulativen Geldanlagen* der sogenannten Finanzindustrie progressiv ($v > v_W$).

3.2 Funktion der Stabilitätsgrenze der Fremdfinanzierung

Bei unbekannter Kapitalstruktur wird die Stabilitätsgrenze als Funktion der unabhängigen Variablen v (Verschuldungsgrad) mit vorgegebener Kreditlaufzeit T_F berechnet, gestützt auf das SBG-Modell. Der Kapitalkostensatz k ist auf Grund früherer Berechnungen bekannt, der mittlere Jahresüberschuss D_t beruht auf einer Prognose künftiger Ein - und Auszahlungen E_t, A_t.

Für die Anschaffung neuer Prüftechnik liegen Kapitalwerte und Kalkulationen vor. Die vom Verschuldungsgrad abhängigen Stabilitätsgrenzen sind zu berechnen (vgl. Tab. 2).

Investitionsauszahlung	A_0	=	275000,00 €
Mittlerer Zahlungsüberschuss	D_t	=	48500,00 €/a
Laufzeit des Fremdkapitals	T_F	=	10 a
Investitionslaufzeit	T_I	=	12 a
Zeitabstand	a	=	3,49 a
Verschuldungsexponent	α	=	0,99
Logistischer Faktor	b	=	67164224132,61
Zuwachsexponent	β	=	0,12644
Kapitalkostensatz	k	=	7,25 %/a
Logistischer Exponent	κ	=	-0,02395
Wendebereich der Verschuldung	v_W	=	9
Sättigungsgröße	y_S	=	49895940255,19
Barertrag	B_0	=	380139,63 €
Barkostenfaktor	k_0	=	7,83793
Verschuldungsgrad der Stabilitätsgrenze	v_G	=	3,70

$T_F \rightarrow$	10	8	6	4
$v \downarrow$		a		
1	2,07	2,14	2,25	2,44
2	1,30	1,35	1,41	1,54
3	1,08	1,11	1,17	1,27
4	0,98	1,01	1,06	1,15
5	0,92	0,94	0,99	1,08
6	0,87	0,90	0,95	1,03
7	0,84	0,87	0,91	0,99
8	0,81	0,83	0,87	0,95
9	0,77	0,80	0,84	0,91
10	0,74	0,76	0,80	0,87
11	0,71	0,73	0,76	0,83
12	0,68	0,70	0,73	0,79
13	0,65	0,67	0,70	0,76
14	0,63	0,65	0,68	0,73
15	0,61	0,63	0,65	0,71
16	0,59	0,61	0,63	0,68
17	0,57	0,59	0,61	0,66
18	0,56	0,57	0,59	0,64
19	0,54	0,55	0,57	0,62
20	0,53	0,54	0,56	0,60
v_G	3,70	4,08	4,83	6,72

Tab. 2: Stabilitätsgrenze, abhängig von der Laufzeit und vom Verschuldungsgrad v

4 Schlussfolgerung

Die Abhängigkeit des Zinssatzes von Verschuldungsgrad und Laufzeit ist von hohem Einfluss auf die Stabilitätsgrenze: Je höher der Verschuldungsgrad und je länger die Kreditlaufzeit, desto höher ist der Zinssatz. Das sind wichtige und vom Kreditnehmer in einem ihm gegebenen finanziellen Entscheidungsrahmen flexibel zu bestimmende Parameter. Diese Einflussgrößen sind in ihrem Wesen bekannte Gegenstände der Kreditverhandlungen.

In der gegenwärtigen Kreditpraxis haben diese finanziell bedeutsamen Größen gleichwohl oft noch statischen Charakter; es wird z. B. vergessen, dass die Zinsströme sich auf verschiedene Zeitpunkte beziehen oder dass die Abhängigkeit der Zinssätze von Verschuldungsgrad und Laufzeit eine hohe Komplexität besitzt; diese wird zwar in Tabellen dargestellt, für ihr Zusammenwirken fehlen jedoch Modelle, um ihre Interaktion auf das Kreditausfallrisiko zu erfassen und die Stabilitätsgrenze für eine Fremdfinanzierung zu bestimmen. Die Kreditpartner sollen bei ihren Entscheidungen befähigt sein, die Stabilitätsgrenze durch mathematische Modelle und statistische Größen zu belegen sowie die fachlichen und ethischen Anforderungen an die Fremdfinanzierung und Kreditrefinanzierung durch ein klares Bedingungsgefüge des Kreditvertrages zu erfüllen.

Bei Verletzung der Stabilitätsgrenze $S_G = 1$ eines zu geringen Barertrags B_0 wegen gibt es ein anwachsendes Kreditausfallrisikos und keine Eigenkapitalrendite.

Mit der Investition soll ein solch hoher Barertrag sichergestellt werden, dass i. d. R.

- das Kreditinstitut das Kreditausfallrisiko nur auf Zufallseinflüsse bündelt und damit ausschließt, dass es durch grundlegende voraussehbare Finanzparameter erzeugt werden kann, deren Werte es entweder nicht geprüft hat oder die in leichtsinniger Art und Weise ohne Beachtung geblieben sind, vielleicht deswegen, weil sonst die Kreditaufnahme hoher Zinssätze wegen hinfällig geworden wäre.
- der Kreditnehmer sich nicht überschuldet und die Existenz des Unternehmens bzw. das Investitionsobjekt in höchstem Maße gefahrdet. Je höher der Verschuldungsgrad der Investition, desto abhängiger ist sie von externen Gläubigern.

Eine grundlegende Erkenntnis besteht darin, dass die Kreditlaufzeit T_F nicht länger sein sollte als die Investitionslaufzeit T_I: $t_F = 1, 2, ..., T_F$, $t_I = 1, 2, ..., T_I$, $T_F \leq T_I$.

Stabilitätsgrenzen stellen verlässliche Rechengrößen[18] dar, jedoch keine Weissagung! Sie entfalten ihre Wirkung nur, wenn derjenige, der sie bestimmt und bei seinem Handeln beachtet, über ein großes Maß ein Fachwissen verfügt und eine gute Menschenkenntnis besitzt. Das erst erlaubt es ihm, seine Entscheidungen in einem Streuungsfeld zu treffen, in dessen Mitte die Stabilitätsgrenze verläuft.

Zusammenfassung

Die jüngste Finanz- und Wirtschaftskrise hat ein berechtigtes Anwachsen der Fachbeiträge über die Berechnung von Kreditausfallrisiken gebracht. Es scheint aber an einem wichtigen Risikokriterium zu mangeln: An einer Grenzziehung zwischen Gewissheit und Zufall der Nichtbedienung einer Kapitalschuld. Fällt ein Nichtschwimmer in tiefes Wasser, ertrinkt er nicht zufällig. Auch eine Fremdfinanzierung bei mangelhafter Eigenkapitaldecke und waghalsiger Investition führt mit ziemlicher Höchstwahrscheinlichkeit zu einem Kreditausfall.

In der Vergangenheit durften Schwellwerte des Eigenkapitals nicht überschritten werden, wie z. B. bei Hypothekenkrediten ein (statischer) von der Bank festgelegter Beleihungswert. An dessen Stelle setzt der vorliegende Beitrag eine (dynamische) Stabilitätsgrenze der Fremdfinanzierung. Sie berücksichtigt neben dem Verschuldungsgrad mehrfach zeitliche Wirkungsgrößen. Das ist die Bestimmung erstens des Zinssatzes und der Zinssumme durch die Kreditlaufzeit und zweitens der Summe der Überschüsse einer Investition durch deren Laufzeit.

Abstract

The latest financial and economic crisis caused an increasing number of specialist articles about the calculation of default risks. Nevertheless it seems to lack one important criterion of risks, which is the borderline between certainty and coincidence when it comes to the shortfall of debt services. If a nonswimmer falls into water, he drowns not by accident.
Equally a debt finance with insufficient equity cover and daring investments leads in all probability to credit loss.
In the past specified threshold values of equity, e.g. when it came to mortgage credits, must not exceed certain (static) lending values. The article at hand replaces this by a (dynamic) stability limit of the debt financing, which considers apart from the gearing multiple timing influencing variables. This includes, firstly, the rates and the sum of the interests and secondly the sum of the surpluses of an investment through its loan period.

---

18 Für alle hier verwendeten Modelle liegen programmierte Softwarelösungen vor. Im Text sind diese mit einer aus drei Buchstaben versehenen Kennung ausgewiesen, wie z. B. MRX.

Literatur

ALBACH, H. (1976) u. a.[19]: Eigenkapitalrendite und Kapitalstruktur – Der negative Leverage – Effekt. In: BOSMAN, H., VAN DEN EERENBEEM, H., DE JONG, S. (eds.): Geld en ondernemimg, Tilburg/Holland 1976.

ALBACH, H. (2000): Allgemeine Betriebswirtschaftslehre. Wiesbaden 2000.

ALBACH, H. (2006): Allgemeine Betriebswirtschaftslehre, Wiesbaden 2006.

BALZLI, B. (2008) u. a.[20]: Casino provencial. In: Spiegel Nr. 28/7.7.08.

EVERLING, O. (2009) u. a.[21]: Risk Performance Management. Wiesbaden 2009.

GABLER (2003): Wirtschaftslexikon, Wiesbaden 2003.

MAIER, K. M. (1999): Risikomanagement im Immobilienwesen, Frankfurt am Main 1999.

MAIER, K. M. (2007): Risikomanagement im Immobilienwesen. Frankfurt am Main 2007.

OPPITZ, V. (1995): Lexikon Wirtschaftlichkeitsrechnung, Wiesbaden 1995.

OPPITZ, V. (2008): Zur Zeitabhängigkeit der Verschuldung. In: Management, Heft 1/2008. Europäisches Institut für postgraduale Bildung an der TU Dresden e. V.

OPPITZ, V. (2010): Ausfallwahrscheinlichkeit von Krediten. Kredit & Ratungspraxis, Heft 1/2010, S. 20.

RIEBEL, P. (1994): Einzelkosten- und Deckungsbeitragsrechnung, 7. Auflage, Wiesbaden 1994.

STEINER, M., BRUNS, Ch. (2000): Wertpapiermanagement. Stuttgart 2000.

VOLLMUTH, H.-J. (1994): Finanzierung, München/Wien 1994.

WERTHSCHULTE, H. (2005): Kreditrisikobemessung bei Projektfinanzierungen durch Risikosimulation". Wiesbaden 2005.

WÖHE, G. (2000): Einführung in die Allgemeine Betriebswirtschaftslehre München 2000.

Oppitz, Volker
Prof. Dr. rer. oec. habil.

1950–1951: Fachschulstudium an der Deutschen Müllerschule in Dippoldiswalde

1952: Abschluss der Ingenieurschule für Maschinenbau und Elektrotechnik Dresden

1956: Diplom-Ingenieurökonom, TH Dresden

1970: Promotion, TU Dresden

1971: Facultas docendi, TU Dresden

1981: Habilitation, Universität Rostock, Institut für Wirtschaftsführung

1972: Honorardozent, TU Dresden, Betriebswirtschaft

1987: Außerordentlicher Professor, TU Dresden, Betriebswirtschaft

1990–1991: Professor für Unternehmensführung/ Operationsforschung und Produktionsmanagement, TU Dresden

1991–1993: Dozent an der Akademie für Weiterbildung und Wissenstransfer an der TU Dresden e. V. – AWW –

1994–1996: Projektleiter „Immobilienwirtschaft" an der AWW e. V.

seit 1992: Geschäftsinhaber von „Text, Grafik & Software, Wirtschaftsberatung", Dresden

seit 1996: Dozent am Europäischen Institut für postgraduale Bildung an der Technischen Universität Dresden e. V. – EIPOS –

2007–2009: Mitglied im Wissenschaftlichen Beirat des Akademischen Europa-Seminars (AES) des EIPOS e. V.

---

19 GEISEN, B., SCHOLTEN, Th.
20 SCHUESSL, M., WINTER, St.
21 HILZ-WARD, R. M.

Social networks – new place for sociotechnics

Jaroslava Kubátová

Abstract

The increased amount of opportunities to criminal acts evokes criminality. This phenomenon is called the opportunity effect. We prove in this document that usage of social networks, seemingly innocent activity, can be hazardous not only for the users themselves, but also for their employers. Social networking is a great opportunity for sociotechnics, who are persons that wish to attack the computer network or to steal data. Sociotechnics are based on psychological manipulation with chosen victim. People themselves often publish literally a manual to manipulation on their social network profiles without them knowing about realizing it.

Furthermore in this document we suggest how organizations, the employers of the social networks users, can deal with this threat. Unfortunately, there aren't many of these options. They consist mainly in continuous education of the workers and in inspections, which are behavioral checks of the worker who might have been targeted by sociotechnics. The results of testing must have influence on the worker evaluation, their remuneration and placement. The persons who are vulnerable to psychological manipulation should not be allowed the access into corporate computer networks and databases.

1   Motives and methods of social engineering

Social engineering was popularized (and practically used) by legendary hacker Kevin Mitnick. According to Mitnick social engineering (or sociotechnics) is influencing and persuading people resulting in fooling them in a way that sociotechnic is the character with identity that he pretends to have and which he created in order to manipulate. Thanks to that can the sociotechnic take advantage of people he talks to and receive needed information. This data can be later used to infiltrate i.e. computer system [14, p.vi].

However, social engineering is as old as humankind. We can find stories of deception and manipulation in history, folklore, mythology, religion, and literature. One of recent malware is called Trojan horse. It was named after the sociotechnic used by the Greeks. Social engineering is also a discipline in political science where is called political engineering. It refers to efforts to influence popular attitudes and social behaviors on a large scale by governments or interest groups. Karl Popper has introduced the term social engineering in his book The Open Society and Its Enemies [17] in a quite general way. According to Popper social engineering is at first a value-neutral term for influencing the society. Unfortunately, social engineering can be derived by ideologists (like Nazi or Communist). In the best sense social engineering can be used as a method for deploying the framework of an open society. Further in this text we deal with the social engineering in compliance with Mitnick´s determination.

Main goal of IT imposter is the gain of access into financial system database etc. moderator goal is the access data and these are gained from authorized users – the victims of socioattacks. With the up growth of social networks (Facebook, LinkedIn, Twitter etc.) are the identities of other people also endangered. Sociotechnic connect with his victims in a way that he affect their emotions – he pretends friendship, love, spurs enviousness, greed etc.

Motives of the attacker in the act of sociotechnics aiming to gain the unauthorized profit can be varied. It is although possible to affiliate them into some of the following categories.

- Professional development – some attackers do not have other objective, than that of executing the successful sociotechnics, gain new experience, outsmart the system.
- Financial gain – sociotechnics can be used to access the information, that can be turned into cash, or can have direct influence on the cash flow or to blackmail.
- Revenge – unhappy (dismissed) workers or dissatisfied clients can have the interest in causing damage to the organization; they are dangerous because they know the company very well and can be very convictive.
- Pressure from the side of interest groups, political groups, or terrorist groups – the leaders of these fundamental groups want to get information which could be harmful to the entire targeted population
- Mental defects – convincing sociotechnics are people who in the effect of their mental defect believe, that they have a mission or task, that they are somebody else that they really are.

Methods of social engineering can be divided into two main groups – syntactic and schematic. Syntactic methods make the victim unknowingly download malware (malicious software). It is an illegal software that i.e. allows the attacker to receive confidential data of the victim. Schematic methods are based on abuse of particular person – computer users who are still apparently the weakest link of IT security systems. In this document we undertake the social engineering methods that are considered schematic. Sociotechnic attack always repeats the same pattern concerning the attacker's behavior. This pattern consists of four steps that follow attacker's decision about the main goal of the attack [5].

1. Information gathering
Attacker has to find the person who disposes of the needed information (that allows reaching the main goal of the attack). Attacker needs to learn how the organization functions, find out who the sought person is and moreover find out information that would help the attacker to employ sociotechnics that would gain victim's trust. Let's think about the fact how easy the situation for the attacker is if a victim is using social networks!

2. Establishment and expansion of the relationship
In this step sociotechnic establishes, eventually expands the relationship with his victim. For sociotechnic to succeed is necessary to be a person with high emotional intelligence. He has to estimates correctly what makes the victim cooperates in a next stage. In corporate world can the attacker i.e. convince by a single phone call that his is its superior or a member of some IT crew and receive needed data. Relationship can also evolve for a long time through social networking communication, when the victim gradually lets some information that can be later used by attacker under different identity out.

3. Relationship abuse
Relationship abuse is based on victim manipulation in a way that it tells the attacker confidential data i.e. user name and password. Or that he does something he is not entitled to i.e. creates new account in order to access the system.

4. Carrying out the attack – reaching the goal
In the forth final stage the attacker executes activities using the information he earlier obtained from the victim. These activities lead to the attacker's main goal.

Even though we are able to distinguish the above four steps, we need to bear on mind that every socioattack is unique, but is based on particular emotions and experiences of the victim. In next part we are going to explain basic mechanisms that stand behind the socioattacks.

2 Psychological background of social engineering

Social engineering is founded on psychological act on the victim of the attack. It is desired to know the usual attack tactics in order to strengthen the defense against sociotechnics. These use psychological principles that influence a human-being so that he acts in differently. The main tactics used in social engineering are these stated in next part of the text [1]. Large amount of their modifications and combinations is present in reality. These tactics themselves are nothing new. Their effect is renowned very well and is used in some marketing methods. The success of these tactics lies in a fact that people get tricked easily by them and therefore they don't realize that it can be a socioattack.

Strong affect
Principle of this technique is to evoke in victim very strong emotions like fear, anger, astonishment, confusion, upset or sympathy. These cause that victim's self-control and rational judgment weakens. The victim then behaves in different manner that if the rational analysis of the attacker message content and his demands. Self-control decreases and hot-headed decisions are made. Usual example is the announcement of win, gain or news that the individual was chosen as one out of many and some benefit is ready for him. In strong affect situation when emotions of astonishment, happiness or upset are present, one reacts positively upon the attacker's request without fully realizing the real situation. In organization can be used i.e. terrifying the victim with an announcement that a big mistake was caused by its fault and that there is a danger of a notice to quit. The attacker then offers a help under the condition that victim responds to his request. It is possible to also use the argument that someone else is in trouble and the victim can help him/her in his/her situation if the attacker's request is fulfilled.

Overload
The principle of an overload is trashing the victim with large amount of information and arguments that are handed over with high convincingness. A need of dealing with this information at one time decreases the ability of receiver's logical thinking. The receiver is focused on receiving the information, but has not enough space for their analysis and evaluation. In this state he accepts the attacker's rapid arguments and because he can't analyze them properly, he becomes "grateful" when he gets advised in what he should do next. Example can be a telephone call which features attacker telling the victim amount of information whereas the victim knows about its obligation to react responsibly, but in light of the overload effect is not able to. Thus the victim becomes stressed and gets relaxed after attacker gives his own "advice" on what to do next.

Reciprocation
Exchange is one of the basic principles of today's society and it is well reflected into human relationships as well. A lot of people expect gratitude and a lot of people expect that the gratitude is expected from them and they don't want to owe anything to anybody. No wonder that reciprocation effect is often successfully used in social engineering. The attacker does the victim a favor (the victim doesn't have to ask for anything) by which the need to reciprocation is created – the victim meets attacker's wishes when he needs "the favor". Reciprocation principle is often supported by corporate culture in which are employees led to a mutual assistance to the benefit of a client. In this generally established reciprocation principle suffices to call the victim and convince it with the use of the overload principle that you need to the benefit of a client necessary data that the victim is familiar with and that it is not possible to obtain that information from other source i.e. a superior.

Moral obligation and responsibility extension
A lot of people consider their moral obligation to help others, to act to the benefit of the organization they work for or to avoid damage or a problem if they can. Provoking the moral obligation to act is employed tactics of sociotechnics. The victim is placed into a situation, when it presumes that its decision or action will i.e. determine success or failure of whole organization. Decision making can be very hard for the victim so this technique is combined with technique of responsibility extension. The attacker convinces the victim that it is not responsible for the actions, but that the responsibility shifts towards the attacker.

Authority
People are used to please the authority; if they believe the attacker the he is a person with higher power or managerial rank, they do what they are asked. This technique is very sly. Hardly any employee admits that he/she i.e. doesn't recognize the voice of his/her superior on the phone (or that he/she doesn't even know him/her), less so to ask him/her to demonstrate the real identity.

Obedience and trustfulness
Obedience and trustfulness technique can be enforced on people who are fair-minded and faithful. These people tend to believe that everyone else is truthful and express their real feelings and wishes. They are credible in working process and fulfill their tasks responsibly. If the attacker (who convinces the victim that he is its co-worker) asks the victim credibly to do some activity, it carries it out because it goes together with its sense of fair-play and trust that their "partner" acts honestly on the behalf of the organization. They do so also in the situation when the request seems quite out of ordinary. They sort these thought out thanks to their inclination to trusting.

Fake relationships

Fake relationships technique very much involves the opportunity technique that is based on taking advantage of social network user's activities. Fake relationships are tied with intention of using the victim. The relationship can be based on i.e. sharing same values, opinions or seeking "same enemy". It turned out to be very successful form of fake relationship to create image of mutual parallel, so that the victim and the attacker share same life adventures and experiences, similar hobbies, values and mentality. Belief that someone has the same characteristics as we do, strongly supports our willingness to act in favor of this person and trust it, even though we do not have a credible reason to do so. It stands to reason that social networks are very helpful to this technique thanks their potential to reveal a lot of information which attacker can use and make himself to appear similar to the victim. Social network is also the place where relationship can start just "incidentally".

Whether the attacker uses any technique or the combination of techniques, couple basic motives that influence the victim to meet the attacker's wishes can be traced [5].

- Shifting of responsibility – the attacker persuades the victim that he is partially or completely responsible for the victim's actions.
- Gaining advantage from superior or important co-worker – the attacker evokes in the victim a belief, that it gains advantage from superior or co-worker by its actions. This advantage is supposed to be convenient in future.
- Sense of moral actions – the attacker persuades the victim that its actions are big help for someone who is in difficult situation and that it makes a good turn.
- Tying a personal relationship – the attackers communicates with the victim so intimately that it voluntarily fulfills his request not realizing that is manipulated.
- Sense of needfulness – the victim gains feeling that it makes important decision without a big time and effort input
- Uses more consulting than authoritative attitude towards the victim
- Builds long-term relationship with the victim during which the attacker asks for minor favors. The victim isn't then surprised if asked for something more significant.
  Is ever-ready and can react to eventual hesitancy or refusal of the victim
- Is able to communicate face to face with the victim so that he can use non-verbal communication while manipulating the victim

3   Internet and social networks penetration

If we consider social networks as a threat, we ought to ask ourselves how many people do use them. As the following data show, we are talking about mass phenomenon. Number of internet users is higher than 1.97 billion that means penetration close to 29 % [11]. Internet penetration by regions is shown on chart 1.

Social network is a file of relationships; formally sad, network contains objects (called also nodes) and reflects relationships among objects [12]. The objects are individuals, eventually organizations. If we have on mind the social networks on the internet, it is the combination of a webhosting service and specialized browser. The user signs up to the network (creates an account), creates structured profile and right from this point can search other users and be found by them. Within the frame of this mutual search can users offer "friendship" to others. These can be accepted which technically means that by clicking the mouse you agree with the offer. The relation of friendship means that users have mutually access to larger amount of data published on their profiles. Users who do not belong to friends have restricted access to other users' data, but it depends on particular setting of the user's profile and there are also differences between various networks.

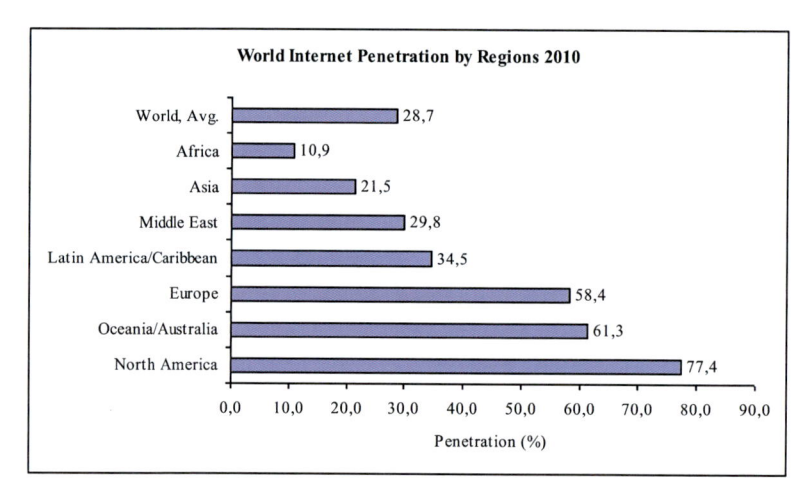

World Internet Penetration by Regions 2010

Region	Penetration (%)
World, Avg.	28,7
Africa	10,9
Asia	21,5
Middle East	29,8
Latin America/Caribbean	34,5
Europe	58,4
Oceania/Australia	61,3
North America	77,4

Chart 1: World internet penetration by regions 2010, Source: Internetworldstats.com/stats.htm, Miniwatts Marketing Group, Retrieved June 30, 2010

Around 90 % of internet users know at least one social network. The best known is Facebook, which 73 % have cognizance of. About 72 % of users make their own activity on social networks and every one of them is a member of by average two networks. Most popular is Facebook, which is used by 51 % of social networks users. Next is MySpace (20 %) followed by Twitter (17 %). For instance the most popular social network Facebook has approximately 400 million active users from which half signs up daily and 100 million accesses the network through their cell phone. One users of Facebook has 130 friends by average [9], whereas average quantity of friends on all social networks is 195. Prominent professional social network LinkedIn has over 65 million members, which is 9 % of all users [3].

Two basic reasons why people access social networks are for personal use, which means building friendly relations and sharing personal information, and for professional use that means building contacts based on field of study, eventually employment with the aim of building expert networks. In reality the personal use outweighs since 84 % of users belong to private networks only. About 13 % of users belong to personal and professional networks and only 3 % use only professional networks. Concerning the frequency of access, users log in 2 times a day by average to their network, but users of professional networks log in only 9 times a month. Most popular activities done while logged in are:

- Sending personal messages
- Viewing pictures (photos)
- Review/edit of their status
- Reaction towards other users statuses
- Picture (photo) upload

Many users publish hazardous information [20]. More than a half of users publish full date of birth (52 %), one fifth uploads photos of their children (21 %) and states their full names (13 %). Eight percent posts their home address and three percent publicize when they are about to leave their home.

Special types of social networks are virtual worlds. Virtual worlds are 3D internet environments where people gather via their virtual delegates, so called avatars. Virtual worlds are a parallel to real world, but regular physical laws do not apply. There is a big number of virtual worlds, but we will talk about virtual world called Second Life (SL). SL is one of the applications of recent Web 2.0. Web 2.0 enables communication model many to many (many people create the content and many people read it) and allows users to co-create the content and communicate with each other. SL virtual world is, as it was said, 3D Online Multi-Users Virtual Environment, free to access anytime from anywhere by anyone after downloading the client (from http://secondlife.com). The users are represented by unique avatars which are human-figures or other beings that have their own names and user can create their unique look. SL users communicate together, build, everything they have on their mind, including schools and companies, they talk, educate and do business.

SL has its own economy with its own currency, the Linden dollar or the Linden. This name is derived from SL creator; the Linden Lab. Lindens are exchangeable for USD and progressively for other currencies as well. SL economy is run by the ability of users to create and offer virtual products. For en example in first quarter of 2010 was the transaction value among the users 160 million USD. Number of participants on these transactions exceeded half a million, whereas the amount of unique accesses into SL environment is about 800 000 monthly. These values still rise and SL keeps its position as the world's largest virtual economy [18].

4 Exploitable information on the networks

As the number of internet and social networks users rise, as well as virtual worlds, the number of dishonest individuals, who are charmed by this environment, increases as well. Social networks contain a lot of information that the users publicize and that can be abused. According to a research made on 17 personal and professional networks it was uncovered which information can users post about them [10]. Number of information the user can post online in his profile is 157. In other words if the user creates profile on all these 17 networks, he could post 157 different information about him. We can divide data into static and dynamic. Static are these that stay the same, i.e. name, education, hobbies. Dynamic are those that change and reflect actual experiences and feelings of the user. Research states 15 entries that were present in at least eight selected networks, which means that these are considered crucial for profile creation. These entries include:

- Name and surname
- Nick (alias, pseudonym)
- Photo
- Personal info (about me)
- Date of birth, age
- Personal URL link (blog, webpage)
- Contact information (personal, workplace)
- Recommended way to contact
- User location (personal, professional)
- Profession, position
- Employer
- Education
- Hobbies (personal, professional)
- Languages (level)
- Relationships (information about personal and professional relationships)

Let's have a look on basic information that can be posted by Facebook users. A number of data can be later expanded and concretize. On pictures 1-5 are only default data entry forms. Picture 1 shows the page for personal information entry. It's obvious that the user is encourages to enter a lot of sensitive information including religious and political views. It is also possible to enter (with the use of following bookmark) the profile picture. A next option is to state information about the users' relationships (picture 2) together with their photos and the information about their relation between each other. The user can also post wide range of information concerning his hobbies (picture 4), interests, favorite music, literature, movies etc. Picture 4 shows categories that hold information about education and work experience. Picture 5 shows basic page of the privacy control settings. As it is possible to see in the unfolded selection of data entry, the user decides with whom to share certain information. The question is whether the user really cares about this setting and if so, how effective it really is. Unfortunately it ought to be said that this section has major weaknesses on both sides (the user and the Facebook operator).

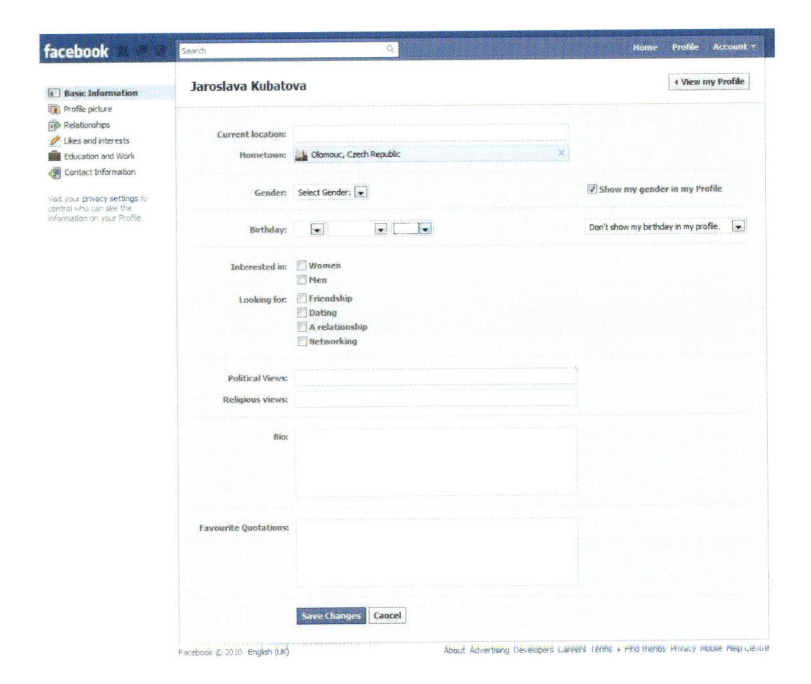

Picture 1: Basic information about the Facebook user

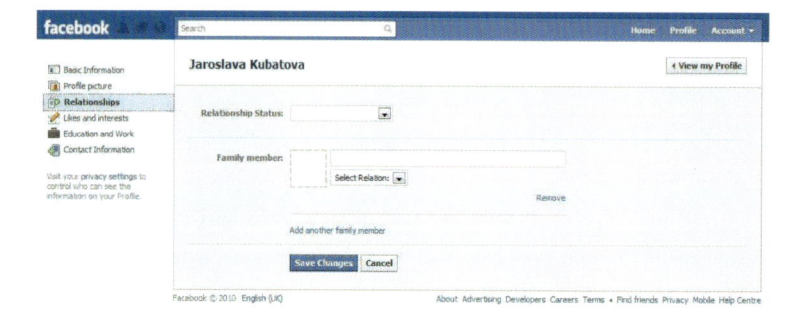

Picture 2: The Facebook user relationships information

Picture 3: Hobbies and interests of the Facebook user

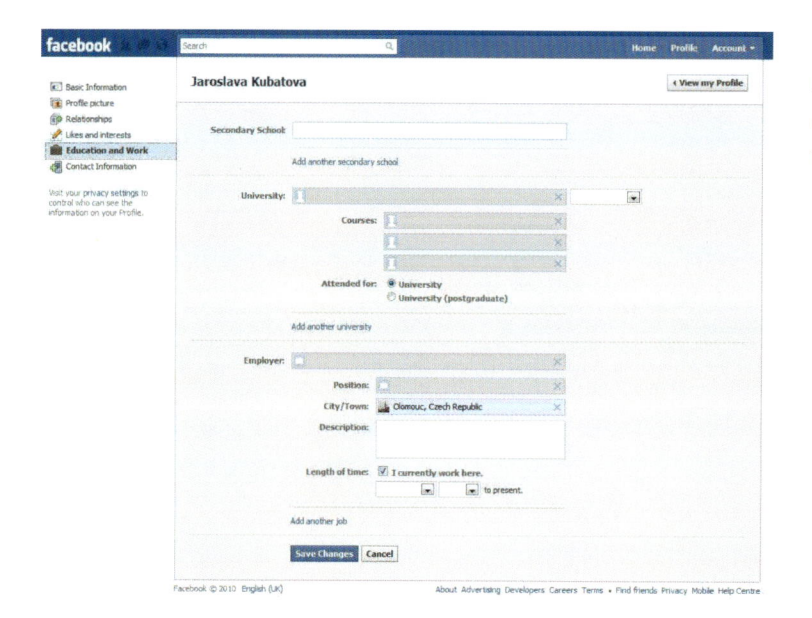

Picture 4: Education and employment of the Facebook user

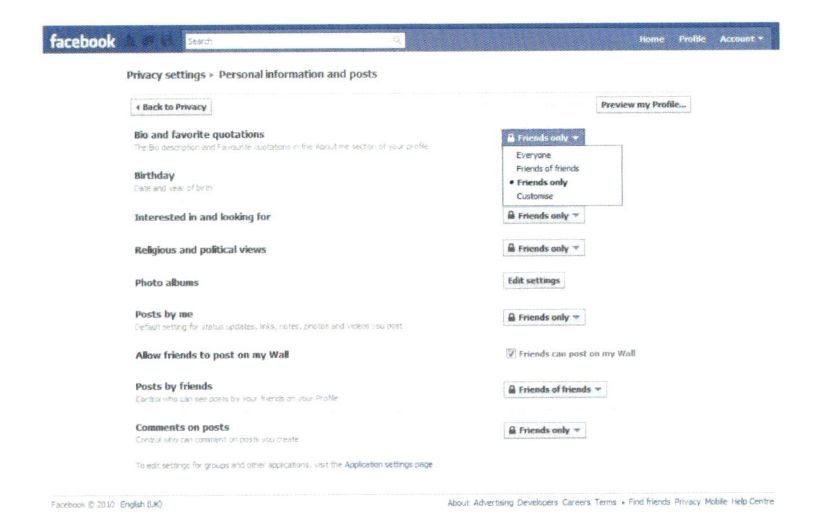

Picture 5: User privacy settings

5 Friendship on the social network – an opportunity or a threat?

It is obvious from the listed review of personal information that networks are attractive aim for sociotechnics. The users typically state their real e-mail, information about themselves and their friends, relationships, activities, professional background etc [4]. The easiest way to access this information is confirmed relation to the user. It means that the attacker tries to get among the victims' friends (different social networks use different names for friends i.e. contacts, but the principle stays the same). This process technically means that the attacker offers via corresponding application friendship to the victim. The victim accepts with only one click. As researches prove, gaining the friendship status can be surprisingly easy.

In 2008 Shawn Moyer and Nathan Hamiel created fake profile on LinkedIn of security expert Marcus Ranum [15]. They got the information about Ranum from Wikipedia and his personal web page.[1] This profile received many offers of friendship (connections on LinkedIn) and one of them was also a relative of Marcus Ranum. This proves how ease can be to fool the users of social networks. LinkedIn associates users with higher education and responsible work positions. To get the idea of searching and contact Marcus Ranum they had to have an idea about computer security field of study! Despite this they didn't have a chance to identify, that this is an attack on their data implemented in passive way (creating a profile and accepting the requests of friendship that came in).[2]

---

1 See <http://en.wikipedia.org/wiki/Marcus_J._Ranum>, <http://www.ranum.com>.
2 LinkedIn profile of Marcus Ranum does not exist on the date May 30, 2010.

In 2009 a team of scientists [4] executed to other experiments with the goal of gaining access to information from profiles of the social network users. First attack was based on cloning a profile on the same social network (profile cloning), the second one was based on cloning the user profile between two different sites (cross-site profile cloning). The attackers used iCloner application (identity cloner, free to download off the internet in multiple versions). This application finds user information in social networks, creates automatically their profile clones and sends friend requests to users from their friend lists.

In case of same network profile cloning the attackers chose existing profiles and on this very site (Facebook) they placed their clones from which they sent friend requests to friends of existing user. This way the attackers got to large amount of information from their victim's profiles. It turned out that in most cases the users accepted the repeated offer of the fake profile of existing user. It was so in 60% of cases. This can be explained with multiple reasons – the pure confidence to the sender of offer (who from whatever reason needs to have his offer re-accepted), or maybe the option that the user forgot, that he accepted the offer before so this case isn't suspicious not at all or the reason can be carelessness when the users accept every request. For some parties, the number of friends can sometimes be a reflection of their popularity, for this reason they are willing to accept whoever's offers. This can be proved by a simple experiment of security organization Sophos from 2007 [19]. The employees of the company created Facebook profile of Freddi, the frog. Freddi sent 200 friend requests and 82 was accepted, the 41 %. Freddis' profile[3] is on picture 6.

Picture 6: Profile of Freddi, the frog

---
3   Facebook profile of Freddie does not exist on the date May 30, 2010.

In second case of account cloning the attackers identified, again using the automat, the users who own profile on one network, but not on the other one (networks XING and LinkedIn were used). Application created profile clone of the user and placed it on the network he wasn't signed up to. At the same time the users' friends, who had their profile on the second network, were notified and got sent the friend request. In this case doesn't the suspicion rise as it is nothing out of ordinary on the fact that someone who came from other network wants to have the same friends on that network as well. In 100 hours were 56 % of requests confirmed [19].

6 Sociotechnics potential in Second Life

Communication in Second Life virtual world offers another one and relatively new way of employing sociotechnics. As it was noted above, in this world the users communicate via their virtual delegates, the avatars. And the look and behavior of the avatar can influence process of communication. One of the ways how to make convincingness of the avatar higher and influence the process and outcome of communication is planned expressing of emotions [16]. This thought has been drafted from Kensei Engineering (tagged also Emotional Engineering or Affective Engineering). Kensei (a method developed in Japan) takes into account feelings, sentiments and esthetic perception of humans and puts it into marketing, i.e. making a product. Product is made so that evokes emotional reaction, or more precisely pleasing, happy feeling and positive esthetical experience that support a decision of buying this product. Kensei principles are then easy to take over to 3D virtual world and influence communication and avatars' decisions (users' decisions).

Convincingness is influenced by a number of factors i.e. noted avatar look (image can be created according to the users' wishes, doesn't have to be only human, but also animal, sci-fi etc.), its' clothes (can also be changed according to wishes) and also the ways of communication. It is possible to communicate by voice chat or written chat. Written chat, or chat, (chat usually means written communication) is still more popular and used than voice chat. It is because voice chat requires more difficult technical amenities, is fairly unreliable, gets interrupted and if the users do not employ the option of private group, which needs some time, their voice can be heard by all the users who are present. The written chat can start the private conversation with double click. Picture 7 shows the written chat, so called the local chat that can be seen by all the users who are present in particular location and it also indicates the way to begin private discussion by sending instant message (IM).

Picture 7: Example of written chat and a way of sending private message (IM) in SL

For sociotechnics the written chat is more convenient method of communication, especially in the initial part of conversation. The approval for voice chat comes from a user after they get to know the second party a little bit more. As it is in other networks, the avatars create their own profile in SL. Example of such can be seen on picture 8. The user can enter information he likes, some information are default, such as which interest groups the member is user of or which of them he started. Sociotechnic has also in SL a source of information they can use to make a faux relationship.

As it was noted above, important aspect that influences the communication process and outcomes are emotions. With the intention of influencing the engagement people pretend some emotions by purpose, even though they do not really feel like that. This strategy appears to be successful [2]. Emotions that influence a discussion positively (in light of reaching the goal) are namely: joy, anger, empathy [13]. If people express joy or empathy, they are considered nice and pleasant. People who express anger are not considered nice and pleasant, but dominant and convincing. Effectivity of anger expression is tied to the level of submissivity – dominance of the receiver. Submissive individuals tend to bear back from the angry partner more than dominant individuals. The strategies in detail are as follows [13]:

Joy strategy
People express joy (they appear joyful on purpose) in case they want to appear well in front of others. From the point of communicating they emit positive emotions, such as joy, positive attitude, credibility or willingness to cooperate. Their expression then makes contact much easier. It fastens the trust development and cooperation with the communication partner.

Anger strategy
Person who expresses anger is perceived as aggressive and polemic. It is perceived as dominant, but not pleasant. But, if we use the anger strategy at a submissive individual, the outcome will be very good. However, other dominant person won't be affected by anger expression.

Strategy of empathy
Strategy of empathy is also the way, how to raise popularity and pleasure. A person, who reflects our own emotions, appears nice and congenial. Strategy is efficient in expressing positive emotions (i.e. joy sharing) and also in expressing negative emotions (i.e. sharing sadness).

Picture 8: Profile of avatar

Practically it's necessary to estimate the emotional state and the level of submissivity – dominance of the partner (in SL the user, his avatar) and then employ the right strategy of emotion expression. We need to face two things in SL. The first is that we do not see the real user, therefore we do not know his non-verbal signals, which help us to identify the attitude. The second is that expressing emotions via avatars is difficult; avatar can hardly combine verbal and non-verbal communication and it can, the user can't be sure that his communication partner takes notice. Picture 9 shows two attitudes of the avatar. Although the smile appears periodically no matter what the avatar says.

Picture 9: Non-verbal communication in SL

As it was said there is an option of voice chat. Through the voice we can identify the partners' attitude much easier compared to the written chat. The problem is that the voice chat isn't suitable to use with a stranger. Better option how to begin to communicate with a stranger is written chat. Basic form of chat is collective, so one chat serves all who are at the same location. It is very easy to begin communication in a pair and there is nothing suspicious when someone expresses interest in doing so. The reason behind this can be the need of elimination of the others who are present (in chat there are many different conversation which can be disruptive). Emotions are expressed by emoticons.

In the experiment, that was made by the authors of cited text, were used emoticons :-D for joy, :-(for sadness and [-X for anger. In Czech environment are the most popular emoticons **:)** for joy, **:(** for sadness and **>:(** for anger. Using different emoticons and abbreviations can express also other emotions and even escalate them, i.e. **:-o** astonishment, **:-O** horror. Interesting fact is that in different cultures do emoticons differ, i.e. in Asian cultures are emoticons expressed via "eyes". ^_^ smile, **T_T** sadness, ¬_¬~ anger.

In prepared experimental cases [13] (i.e. the decision of buying a motorcycle) was proved that persuading with the employment of emotional strategies is much more effective than unprepared impulsive behavior. The users rather deal with avatars who express their emotions, but this concerns rather expressions of joy or empathy. Joy and empathy strategy were equally effective, whereas anger strategy was not. Joy and empathy strategy emphasize the avatars' credibility, it appears to be successful to employ the strategy of empathy while communicating with the avatar that is angry and employing the joy strategy with the avatar that is if neutral attitude.

7   Focus Group on the theme Communication and Trust in SL

We explored the users' opinions on communication and trust in SL within the frame of Virtual Work research seminar that was led on Philosophical Faculty (FF) of the Palacký University (UP) in Olomouc. From the end of 2008 FF UP has been in SL virtual world (picture 10). The seat is used for whole range of purposes such as virtual lectures, occasional discussions (picture 11), for research or FF UP promotion etc.

Research seminar Virtual Work specializes on work of virtual teams that use the virtual world environment. A virtual team is a group of workers who are physically located on different places of the earth, they do not get together face-to-face, but communicate together via information and communication technologies. Number of activities of virtual teams can take place in the environment of the virtual world. Communication and mutual trust building in SL is then a major factor of effective virtual cooperation and also the research question. Students repeatedly expressed their opinions about communication and trust using focus group method in SL. Below, there are the opinions, that were in all studied groups of 21 students most frequent:

Picture 10: The seat of Palacky University in Second Life

Picture 11: A discussion in FF UP HQ in SL

- *Voice chat is very problematic way of communication; it's very unreliable and takes long to set up so that everybody can hear.*
- *Chat (written chat) is well arranged, I can start typing whenever I want and I don't have to be afraid of interrupting someone. It's possible to get back to previous lines and clarify what was said by whom.*
- *I'm able to use emoticons in chat, so everybody knows how serious I really was.*
- *In SL, I'm able to meet people from all over the world (one of the most common opinions on SL).*
- *There's more relaxed atmosphere in SL than in a real life.*
- *There's more openness of expression in SL.*
- *There are less communication barriers in SL.*
- *When I talk to someone in SL I don't really know who it is, the identity of the users is hidden.*
- *One doesn't need to be like his avatar, we are not face-to-face.*
- *It's easier to get together in SL than in a real life and I don't have to worry about what I got on.*
- *By creating a prefect avatar, one is able to compensate an esthetic defect he is worried about in a real life.*
- *There's a lack of non-verbal communication in SL.*
- *It's hard to express emotions in SL, using a gesture tool can be fairly easy especially for a beginner. It's quite a job to operate my avatar.*
- *I can't see the facial expressions of those who I talk with.*
- *I miss eye contact in SL.*
- *Contact in SL isn't personal.*
- *Fake profiles can be created and abused in SL.*
- *Trust building is slow in SL (frequent opinion).*
- *Before I start to trust someone is SL, it takes longer than in a real life.*
- *If I had to trust someone in SL, I'd have to get to know him personally.*

Above mentioned opinions confirm that written chat is preferred way of communication in SL. On one hand there's obvious caution if talking to strangers in SL, but on the other hand the users talk about the opportunity of relaxed and open communication with different people in SL. Based on outcomes of the focus groups and other above presented researches, it is justified to assume, that sociotechnics can be well employed even on SL users what needs to be counted with, while resolving security questions in organizations. However, it is necessary to bear in mind that we examined small sample of respondents which constitutes limitation on our conclusions. There are still many questions to examine. In 2008 we started our research based on a report Games for Virtual Team Building by Ellis, Luther, Bessiere and Kellogg [8]. As trust is a key factor for cooperation, we pay attention to this problem within our research. It is necessary to verify if it is possible to find a systematic pattern in opinions about trust and trustfulness in virtual environment. The next problem is how to deal with the answer to this first question. How to prepare individuals and organization for effective use of virtual environment without bearing the risk of socioattack?

8 Security measures against the socioattacks

The use of the internet for business, financial transactions and information exchange is expanding all the time. Computer system protection and computer literacy rises as well. Awareness of the dangers of social engineering and ways to protect ourselves does not rise though and this puts home users as well as companies into jeopardy [5]. Human is the biggest threat to social networks. If the described experiments turned into high extent attacks, the attackers would get data from millions of accounts. These could be abused in a various ways, usually they will be offered for sale for i.e. marketing purposes, which is much more positive than i.e. identity theft for the purpose of committing further crimes. The question is, if the social network providers protect the users against the attacks. The attackers used automatic applications against which does the protection exist. Social networks (applications) implement the test, that is supposed tell the real users and automats apart (robots, bots), so called CAPTCHA – completely automated public turning test to tell computers and humans apart, and stop the robot activity. As the experiments show, these tests can be bypassed. Vain effort is to strengthen the security against robots, if the users answer to frogs.

How should the organizations act in an effort to secure their data and at the same time employ the users that are members of social networks? Social network usage is personal matter, so the organization must assume that its employees will be members of some. Then it must also assume that it can be the aim of socioattacks. Security strategy of the organization must contain the social engineering attacks protection as well. It should cover the employee selection with relevant personal characteristics (manipulation immunity), continuous educational training of all employees, training and testing of employees that work in positions with higher socioattack risk and continuous analyze of suspicious incidents. For them to realize, it's useful to have them answer the question what would happen if they lost this data all of the sudden.

Workers who are responsible for data security in the organizations have to define clearly who and under which conditions are they allowed to communicate certain information. The end users should never be in doubt, whether they can share the information with certain person in unexpected situation. These rules have to be so strict and clear that the employees are sure that they cannot be the victim of socioattack, because they fully know, what they can share with whom and that they cannot leak the information to anyone else. They know that in case they'd done so, it's their responsibility and that they will be punished. Next the security incident monitoring has to be established. The employees would release reports about the incidents in time intervals and also they would have to report immediately in case of more serious incident.

The key workers (and thus in danger) are corporate IT experts, system administrators, customer service workers, tradesmen, personal assistants or receptionists. Even at the point of the worker selection for these positions the manipulation immunity has to be tested. Next they ought to be trained and tested on security management. These trainings that are based on social psychology must be repeated time to time, because their effect lowers with time. Trainings strengthen the employee resistance against psychological manipulation the sociotechnics are based on. Experienced sociotechnic will first try to build a credible relationship with the victim. The workers must learn which information will the sociotechnic want and which tactics can be used to get them. Conversation with a stranger that will hold the signs of sociotechnics must evoke the sense of imperilment in workers. In every case the workers fell threatened by socioattack they may not tell any sensitive data. The strong support from management must be present and the employee shouldn't be evaluated negatively if it is later demonstrated that the possible information exchange would be safe if followed through.

The training principles is based on worker exposure to model socioattacks and firming their correct reactions towards attacker's manipulative tries. The workers must learn about other signals of manipulative conversation. These signals include: unwillingness to tell contact details that would show the real identity, hasty conduct, hesitation and stammering, asking weird questions and of course asking for confidential information. The workers must be ready to ask the stranger questions and according to an answer react in the right way – don't share the confidential data and react according to security a management rule, which means to report the incident. Next phase of audit is executing a simulated socioattack. It is analyzed how the victim reacts as well as whether the victim recognizes the attack and whether it reports it.

Sociotechnic often contacts the victim long time before the very attack. Sensitive data users need to realize that not everyone who presents itself as a friend is friend. They need to be psychically immune to an extent that they refuse to tell confidential information to a friend, moreover to consider it as a security incident and report it. It's hard to admit that the relationship could be a sham, the reality is not easy. The Symantec Corporation stopped 100 potential attacks per second in 2009 by average [7]. We need to know that the attacks are still in progress and everyone can end up as a victim. The social network users are especially attractive aim for sociotechnics. To fight them off and not put their employers into danger, they must be cautious and abide with all described security guidelines. To meet this need next research is inevitable. Above all we have to examine the attackers, their new motives and methods. We have to examine the potential victims; it means every social network users, their behavior, their confidence in other users and the willingness to share information. The organizations have to find the reasonable balance between the benefits from the virtualization of work and the costs of security risk exclusion. This tasks demand interdisciplinary cooperation of IT experts, sociologists, psychologists, managers, economists and others. With regard to internet penetration rate it is deep-going research subject.

Literature

[1] A Multi-Level Defense Against Social Engineering. SANS Institute, 2003. Retrieved April 27, 2010 from <http://www.sans.org/reading_room/whitepapers/engineering/multi-level-defense-social-engineering_920>.

[2] Eduardo B. Andrade, Teck-Hua Ho: Gaming emotions. Technical Report, Experimental Social Science Laboratory, 2008. Retrieved May 26, 2010 from <http://www.rotman.utoronto.ca/userfiles/departments/marketing/File/Andrade%20PRESENTATION%20PAPER%20-%20Gaming%20Emotions.pdf>.

[3] Steven van Belleghem: Social Media around the World. Retrieved May 17, 2010 from <http://www.slideshare.net/stevenvanbelleghem/social-networks-around-the-world-2010>.

[4] Leyla Bigle, Thorsten Sturufe, Davide Balzarotti, Engin Kirda: All Your Contacts Are Belong to Us: Automated Identity Theft Attacks on Social Network. Paper presented at the International World Wide Web Conference, Madrid, April, 2009. Retrieved May 11, 2010 from <http://www.iseclab.org/papers/www-socialnets.pdf>.

[5] Alan N. Chantler, Roderic Broadhurst (2006): Social Engineering and Crime Prevention in Cyberspace. Technical Report, Justice, Queensland University of Technology. Retrieved April 12, 2010 from <http://eprints.qut.edu.au/7526/>.

[6] Crime and the Economy. Research conducted by the Police Federation of England and Wales. May 2009. Retrieved April 4, 2010 from <http://www.polfed.org/Crime_and_the_economy_paper_(2).pdf>.

[7] Cybercrime's Financial and Geographic Growth Shows No Slowdown during the Global Economic Crisis. Retrieved May 17, 2010 from <http://www.symantec.com/about/news/release/article.jsp?prid=20100419_02>.

[8] Jason B. Ellis, Kurt Luther, Katherine Bessiere, Wendy A. Kellogg (2008): Games for Virtual Team Building. Presented at ACM DIS 2008: The Conference on Designing Interactive Systems. Cape Town February 25 – 27, 2008. Retrieved August 3, 2008 from <http://jellis.org/work/vw-dis2008.pdf>.

[9] Facebook. Statistics. Retrieved Jun 2, 2010 from <http://www.facebook.com/press/info.php?statistics>.

[10] Ellen Husman, Jan van Bruggen, Peter Sloep, Martin Valcke, Rob Koper: Can I trust you? Personal profiling for a first impression of trustworthiness in virtual project teams. Ghent University. 2010. Retrieved May 5, 2010 from <http://hdl.handle.net/1820/2302>.

[11] Internet World Stats. Retrieved June 30, 2010 from <http://www.internetworldstats.com/stats.htm>.

[12] Charles Kadushin: Introduction to Social Network Theory. Retrieved March 29, 2010 from <http://home.earthlink.net/~ckadushin/Texts/Basic%20Network%20Concepts.pdf>.

[13] Brian Knutson (1996): Facial expressions of emotion influence interpersonal trait inferences. In: Journal of Nonverbal Behavior. 1996, 20, p. 165-182. Retrieved April 6, 2010 from <http://www-psych.stanford.edu/~span/Publications/bk96jnb.pdf>.

[14] Kevin D. Mitnick, William L Simon (2002): The Art of Deception, Indianapolis: Wiley Publishing p vi

[15] Shawn Moyer, Nathan Hamiel: Satan is on My Friends List: Attacking Social Networks. Retrieved April 26, 2010 from <http://www.blackhat.com/presentations/bh-usa-08/Moyer_Hamiel/BH_US_08_Moyer_Hamiel_Satan_is_on_my_Friends_List_Whitepaper.pdf>.

[16] Magalie Ochs, Helmut Prendinger: A Virtual Character's Emotional Persuasiveness. International conference on KANSEI Engineering and emotion research 2010. Retrieved May 3, 2010 from <http://magalie.ochs.free.fr/KEER2010-Ochs,Prendinger.pdf>.

[17] Karl R. Popper, (1945): The open society and its enemies, G. Routledge & sons, ltd, London.

[18] Second Life Economy Has Record Q1. Retrieved May 29, 2010 from <http://www.virtualworldsnews.com/2010/04/second-life-economy-has-record-q1.html>.

[19] Sophos Facebook ID probe shows 41 % of users happy to reveal all to potential identity thieves. Retrieved April 12, 2010 from <http://www.sophos.com/pressoffice/news/articles/2007/08/facebook.html>.

[20] Emma Woollacott: Most social network users court cybercrime. Retrieved May 23, 2010 from <http://www.tgdaily.com/security-features/49619-most-social-network-users-court-cybercrime-says-report>.

Kubátová, Jaroslava
Ass. Prof., Ph.D.

1988: Master Degree in Management and economy, Czech Technical University in Prague
1989–1998: Economist in private sector
1998–2001: Senior assistant, Department of Applied Economics, Philosophical Faculty, Palacký University Olomouc, Czech Republic
2002: Ph.D. in Political Science, Palacký University Olomouc, Czech Republic
Since 2002: Head of the Department of Applied Economics, Philosophical Faculty, Palacký University Olomouc, Czech Republic
2008: Associate Professor in Management and economy, habilitated at Tomáš Baťa University, Zlín, Czech Republic
Scientific Organization Membership: European Association for Security, Czech Society for Systems Integration

Zeitverteilung von Goldvorkommen

Volker Oppitz[1]

1 Anliegen und Abgrenzung

Seit Jahrzehnten liegen verschiedenste Voraussagen über die künftigen Fördermengen von Gold vor. In der Mehrzahl handelt es sich um statistische Befunde mit unterschiedlichen Trendfunktionen. Dem Verfasser dieser kurzen Abhandlung ist klar, dass die wissenschaftlich-geologische Befundung der Goldreserven unseres Planeten den Vorrang vor allen anderen Bewertungsversuchen besitzt. Als Hilfsmittel ist es jedoch gut, auch Mathematik und Statistik zur Auswertung von fachlichen Daten anzuwenden, wie hier mit Hilfe von Differentialgleichungen[2] [DGL] und der Wahrscheinlichkeitstheorie.

Die folgende Darlegung sollte in diesem Sinne verstanden werden. Falls dazu die Frage auftaucht, wozu das notwendig sein sollte, obwohl eine ganze Anzahl solcher statistischer Ergebnisse veröffentlicht vorliegen, dann besteht die hauptsächliche Antwort darin, dass in der wahrscheinlichkeitstheoretischen Erklärung der erzielten mathematisch-statistischen Befundung eine gewisse Neuheit vorliegt. Diese Sichtweise könnte durchaus auch für wissenschaftliche Datenauswertungen nützlich sein.

Mathematisch-statistische Grundlage für die Behandlung der Bergbaudaten über Goldfördermengen bildet eine der wichtigsten Wachstumsfunktionen, die logistische Verteilung[3].

---

[1] Lehrtätigkeit zu Unternehmensführung, Unternehmensstatistik und Wirtschaftsmathematik am Europäischen Institut für postgraduale Bildung an der Technischen Universität Dresden – EIPOS e. V. – und Repetitor in europäischen Doktorstudienprogrammen bei Jugend Arbeit Bildung e. V.
[2] DGL beschreiben Bewegungsgesetze in Natur und Gesellschaft. Diese Erfassung von Wachstumsvorgängen erleichtert den Zugang zu Beziehungen zwischen Erscheinungen und Vorgängen; denn sie offenbaren, wie sich Wachstum, ob positiv oder negativ, in Abhängigkeit von seinen verschiedenen Zuständen selbst verändert.
[3] Oppitz, V.: „Differentialgleichungen wirtschaftlichen Wachstums". In: Management, Heft 1/2007. Europäisches Institut für postgraduale Bildung an der TU Dresden e. V. ISBN 3-9809371-6-X.

Die monoton wachsende eindimensionale logistische Schwanenhalsfunktion[4] besetzt einen bevorzugten Platz in der Klasse der von minus bis gegen plus unendlich strebende Verteilungen mit Wendepunkt und Sättigung; die Prozessdauer besitzt keine Zeitschranke: $T \to \infty$, und braucht nicht beziffert zu werden.[5] Ihre 1. Ableitung stellt die Geschwindigkeit (Dichte) des Wachstums, die 2. Ableitung deren Beschleunigung bzw. Verzögerung dar. Die Anwendung erfasst ihre Nutzung sowohl als Trendfunktion für die Approximation der vorliegenden Daten über die Jahrtausende währende Goldförderung als auch für die wahrscheinlichkeitstheoretische Betrachtung künftig möglicher Goldfördermengen; selbstverständlich ist die Aussagekraft der Befunde wesentlich dadurch zu verbessern, wenn bereits bei der Ausgleichsrechnung für die Trendermittlung geologisch gefestigte Zukunftsdaten mit herangezogen werden. Das jedoch überforderte das Leistungsvermögen des Autors, der von Haus aus der Betriebswirtschaft, der Elektrotechnik und dem Maschinenbau zugehörig ist.[6]

2 Zeitabhängige logistische Verteilungsfunktion

Die für die Auswertung der Daten über die Goldförderung angewandte zeitabhängige logistische Verteilungsfunktion[7] weist ein ewiges Wendewachstum aus; sie wurde ursprünglich für die Beschreibung und Prognose des Bevölkerungswachstums in Schweden (Verhulst [1838]) entwickelt[8] und ist die am häufigsten verwendete mathematische Darstellung von Sättigungsprozessen mit einer progressiven und degressiven Phase[9]. Sie wächst stetig von Null ($t \to -\infty$) auf den positiven Wert des Sättigungsparameters y_S ($t \to \infty$), wenn die anderen Funktionsparameter κ, b ebenfalls positive Werte annehmen. Ihre Differentialgleichung ist eine Ausprägung des organischen Wachstums mit dem Proportionalitätsfaktor κ und der Mächtigkeit y durch Multiplikation mit der Variationsbreite des Wachstums ($y_S - y$):

$$\dot{y} = \kappa \cdot y \cdot (y_S - y) \quad \Rightarrow \quad \int \frac{dy}{y \cdot (y_S - y)} = \kappa \cdot \int dt + C, \quad y_S, \kappa > 0, \quad y_S > y.$$

---

4 Verwendung des Begriffes „Schwanenhalsfunktionen". Vgl. Oppitz, V.: „Die Verteilung des Arbeitsaufwandes in der Produktionszeit". In: Deutsche Flugtechnik, Heft 4/1961.
5 Ihre Eignung für Prozesse mit langer Dauer gilt besonders dann, wenn über die Randwerte des zeitlichen Prozessablaufs keine Aussagen oder nur Annahmen möglich sind.
6 Vgl.: http://www.prof-oppitz.de/
7 Oppitz, V.: Gabler Lexikon Wirtschaftlichkeitsrechnung. Wiesbaden 1995. S. 292 ff.
8 Anfang, Dauer und Ursprungsumfang des Bevölkerungswachstums sind höchstens als unsichere Schätzwerte bekannt.
9 Ihre Eigenschaft besteht darin, dass die zeitliche Größenzunahme eines Bestandes sich proportional zum Produkt aus vorhandenem Bestand y und der noch möglichen Bestandszunahme: $yS - y$, verhält. Während die Mächtigkeit y die Wachstumsproportionalität verstärkt, wirkt die beständig abnehmende Differenz zwischen Sättigung yS und erreichter Mächtigkeit y desto bremsender, je näher sich das Wachstum der Sättigung zu seiner Grenze hin bewegt.

Die linke Seite der Integralgleichung wird in einen Partialbruch umgewandelt:

$$\int \frac{dy}{y \cdot (y_S - y)} \Rightarrow \int \frac{dy}{y} + \int \frac{dy}{y_S - y} = \left(\ln|y| - \ln|y_S - y|\right) = \ln\left|\frac{y}{y_S - y}\right|.$$

Mit Hilfe des gewonnenen logarithmischen Terms ergibt sich die folgende Gleichung:

$$\ln\left|\frac{y}{y_S - y}\right| = \kappa \cdot t + C \Rightarrow \frac{y}{y_S - y} = e^{\kappa \cdot t + C} \Rightarrow \frac{y_S}{y} - 1 = e^{-(\kappa \cdot t + C)}.$$

Durch eine einfache Substitution für den Exponentialfaktor der Integrationskonstanten wird die zeitabhängige logistische Funktion gewonnen:

$$y = \frac{y_S}{1 + e^{-(\kappa \cdot t + C)}} = \frac{y_S}{1 + e^{-C} \cdot e^{-\kappa \cdot t}}. \quad b = e^{-C}, \quad b > 0 \Rightarrow \boxed{y = \frac{y_S}{1 + b \cdot e^{-\kappa \cdot t}}}$$

Die erste Ableitung der zeitabhängigen logistischen Funktion liefert die Dichtefunktion:

$$\dot{y} = \frac{y_S \cdot \kappa \cdot b \cdot e^{-\kappa \cdot t}}{\left(1 + b \cdot e^{-\kappa \cdot t}\right)^2}. \quad \text{Mit} \quad \dot{y} \cdot \frac{y_S}{y_S} \quad \text{und} \quad y^2 = \frac{y_S^2}{\left(1 + b \cdot e^{-\kappa \cdot t}\right)^2}.$$

Nach einer Substitution entsteht die vereinfachte Darstellung:

$$\dot{y} = \frac{\kappa \cdot y^2 \cdot b \cdot e^{-\kappa \cdot t}}{y_S}. \quad \text{Mit} \quad b \cdot e^{-\kappa \cdot t} = \frac{y_S}{y} - 1 \quad \text{gilt} \quad \dot{y} = \kappa \cdot y \cdot \left(1 - \frac{y}{y_S}\right).$$

Aus der 2. Ableitung der Funktion und ihrer Nullsetzung ergibt sich ihr Wendepunkt y_W, t_W, der den Wechsel von der Progression zur Degression des Wachstums bestimmt:

$$b, \kappa, y_S > 0, \quad \ddot{y} = \frac{y(t_W)}{y_S} - 1 + \frac{y(t_W)}{y_S} = 0 \Rightarrow t_W = \frac{\ln b}{\kappa}, \quad y_W = \frac{y_S}{2}.$$

Da die Mächtigkeit für $t \to -\infty$ den linken Randwert $y_A = 0$ bei Zeitreihen besitzt, die auch im negativen Definitionsbereich liegen, und für $t \to \infty$ den rechten Randwert y_S, ist der Wendewert y_W zugleich das statistische Mittel der Funktion. Bei Zeitreihen nur im positiven Definitionsbereich ist es sinnvoll, eine Ordinatentransformation mit einem Anfang y_A vorzunehmen.

Statt der schwierigen[10] mathematische Näherung der Werte der Funktionsparameter: Faktor b, Sättigung y_S und Exponent κ, erfolgt die Approximation i. d. R. computergestützt[11].

$$y(t) = \frac{y_S}{1 + b \cdot e^{-\kappa \cdot t}}, \quad -\infty \leq t \leq \infty \quad \Leftrightarrow \quad [\kappa, b, y_S] \equiv \sum_{i=1}^{n} (y(t_i) - y_i^*)^2 \to \text{Min} \;^{12}$$

$$\sigma = \sqrt{\frac{1}{n-3}} \cdot \sqrt{\sum_{i=1}^{n} (y(t_i) - y_i^*)^2}, \quad t_W = \frac{\ln b}{\kappa}, \quad y_W = \frac{y_S}{2}$$

„Die Goldgewinnung begann vermutlich vor ca. 6500 Jahren in der Kupferzeit. Sowohl in Europa, Asien, als auch in Afrika war Gold seit der Entdeckung sehr begehrt und wurde aufgrund seiner Seltenheit als wertvoll erachtet. Der Legende nach sollen im 4. Jahrtausend vor Christus ägyptische Arbeiter unter ihrer Feuerstelle einen Brocken Gold entdeckt haben. Aufgrund der Hitze soll im Boden enthaltenes Gold geschmolzen und sich nach der Abkühlung in diesen glänzenden Klumpen verwandelt haben. Die gesamte Goldförderung der Menschheit – Stand: 2009[13]" (vgl. Tab. 1) soll approximiert werden. Die Werte der Funktionsparameter werden berechnet, die Grafik der Funktions- und Zeitreihenwerte (vgl. Bild 1) und ein Listenausschnitt der Funktionswerte (vgl. Tab. 2) werden ausgegeben.

Epoche	Zeitspanne	y [t]	$\bar{t}$ [a]	Σy
Kupferzeit	4500–2101 BC	900	–3300	900,00
Bronzezeit	2100–1201 BC	2550	–1650	3450,00
Eisenzeit	1200–51 BC	4150	–575	7600,00
Im alten Rom	50 BC–500	2500	225	10100,00
Mittelalter	501–1492	2500	996	12600,00
Entdeckung neue Welt	1493–1800	4400	1646	17000,00
19. Jahrhundert	1801–1900	12200	1850	29200,00
20. Jahrhundert	1901–2000	101800	1950	131000,00
21. Jahrhundert	2001–2008	17752	2005	148752,00

Tab. 1: Goldförderung der Menschheit

---

10 Vgl. Oppitz, V.: „Optimierter Programmablauf bei logarithmischer Regression durch Ausgleichsfunktionen mit Exponentialteil und additivem Glied". In: Rechentechnik/Datenverarbeitung, Heft 6/1974.
11 Oppitz, V.: OR_MAT© Mathematik-Software für Wirtschaft und Technik. 105 Seiten Text, Software mit Hypertext auf CD-ROM. 2. Auflage. UBI-Verlagsgesellschaft mbH Dresden 1997.
12 Computerprogramm: **LDF**.
13 http://www.silberinfo.com/gold/bilanz.html. Daten entnommen am 3.11.09.

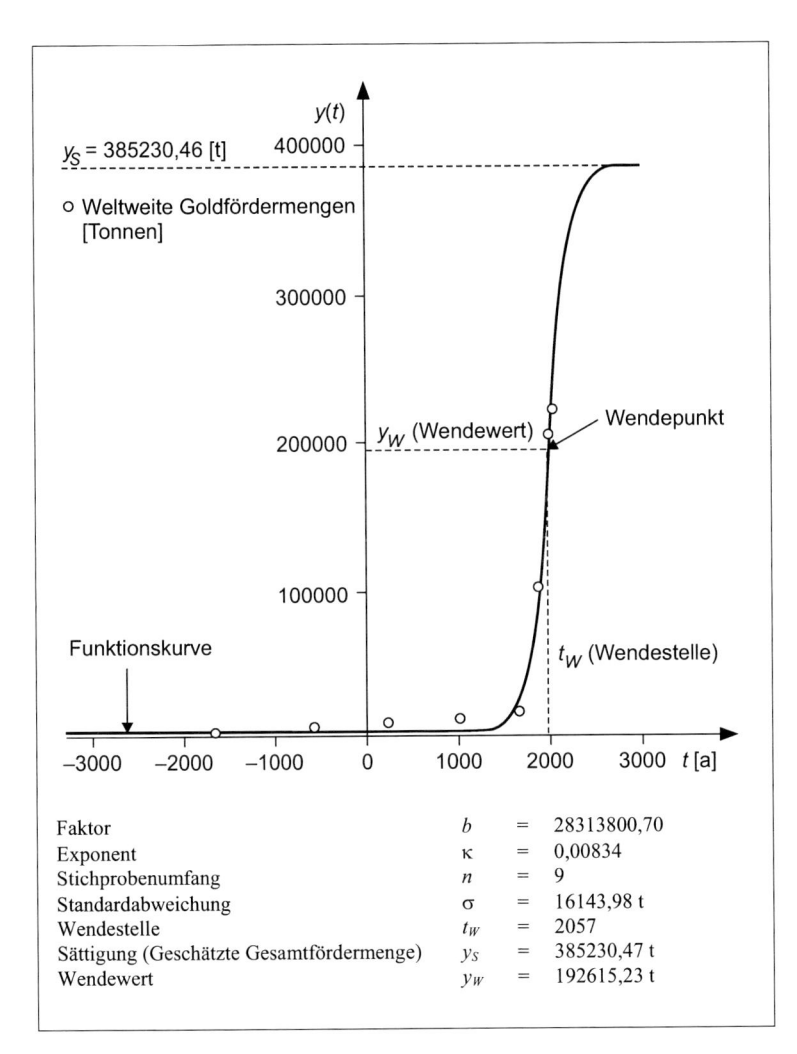

Bild 1: Funktionskurve der logistischen Verteilung kumulierter Goldfördermengen

y_S = 385230,46 [t]

○ Weltweite Goldfördermengen [Tonnen]

Funktionskurve

y_W (Wendewert)   Wendepunkt

t_W (Wendestelle)

Faktor	b	=	28313800,70
Exponent	κ	=	0,00834
Stichprobenumfang	n	=	9
Standardabweichung	σ	=	16143,98 t
Wendestelle	t_W	=	2057
Sättigung (Geschätzte Gesamtfördermenge)	y_S	=	385230,47 t
Wendewert	y_W	=	192615,23 t

Jahr	y [10^3 kg]	Jahr	y [10^3 kg]	Jahr	y [10^3 kg]	Jahr	y [10^3 kg]
1910	153372,38	1940	177696,75	1970	202607,30	2000	227260,71
1920	161365,34	1950	185976,23	1980	210895,42	2010	235278,42
1930	169483,05	1960	194290,32	1990	219123,36	2020	243149,16

Tab. 2: Funktionswerte kumulierter Goldfördermengen

3 Zeitabhängige logistische Dichtefunktion

In der Regel ist bei historischen Analysen ein Rückgriff auf einzelne Jahrsdaten üblich[14] (vgl. Bild 2); kumulierte Daten sind höchst selten, weil meist zu große Zeitlücken vorhanden sind.

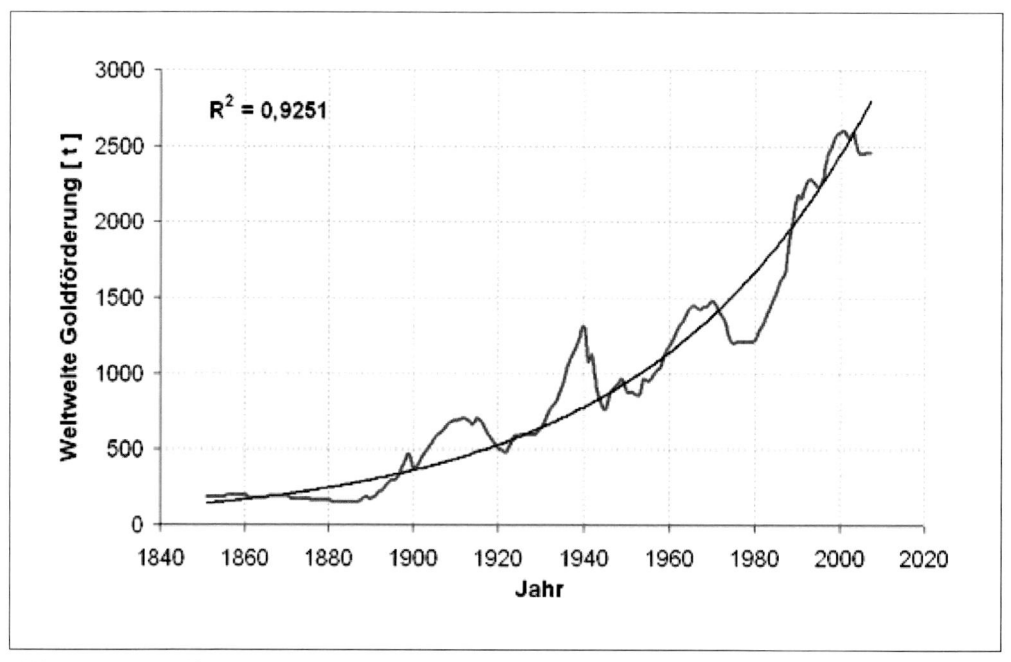

Bild 2: Jährliche Goldfördermengen

Um statistische Befunde auch dann zu ermöglichen, wenn die Zeitreihe keine äquidistanten Förderzeitpunkte verzeichnet, erfolgt eine Approximation mit der ersten Ableitung der zeitabhängigen logistischen Funktion $y(t)$, der logistischen Dichtefunktion $\varphi(t)$.

$$\varphi(t) = \dot{y} = \frac{y_S \cdot \kappa \cdot b \cdot e^{-\kappa \cdot t}}{(1 + b \cdot e^{-\kappa \cdot t})^2}, \quad -\infty < t < \infty \quad \Leftrightarrow \quad [\kappa, b, y_S] \equiv \sum_{i=1}^{n}(\varphi(t_i) - \varphi_i)^2 \to \text{Min}\ ^{15}$$

$$\sigma = \sqrt{\frac{1}{n-3} \cdot \sum_{i=1}^{n}(\varphi(t_i) - \varphi_i)^2}, \quad t_W = \frac{\ln(b)}{\kappa}, \quad y_W = \varphi(t_W)$$

---

14 Vgl. Müller, J.: http://www.goldseiten.de/modules/news/print.php?storyid=9458. Grafische Darstellung entnommen am 4.11.09.
15 Computerprogramm: **LDO**.

Eine Zeitreihe nach einer Grafik von Goldfördermengen[16] (vgl. Bild 3), ergänzt um das Jahr 2008[17] (vgl. Tab. 3), dient der Schätzung der Parameterwerte der logistischen Dichtefunktion.

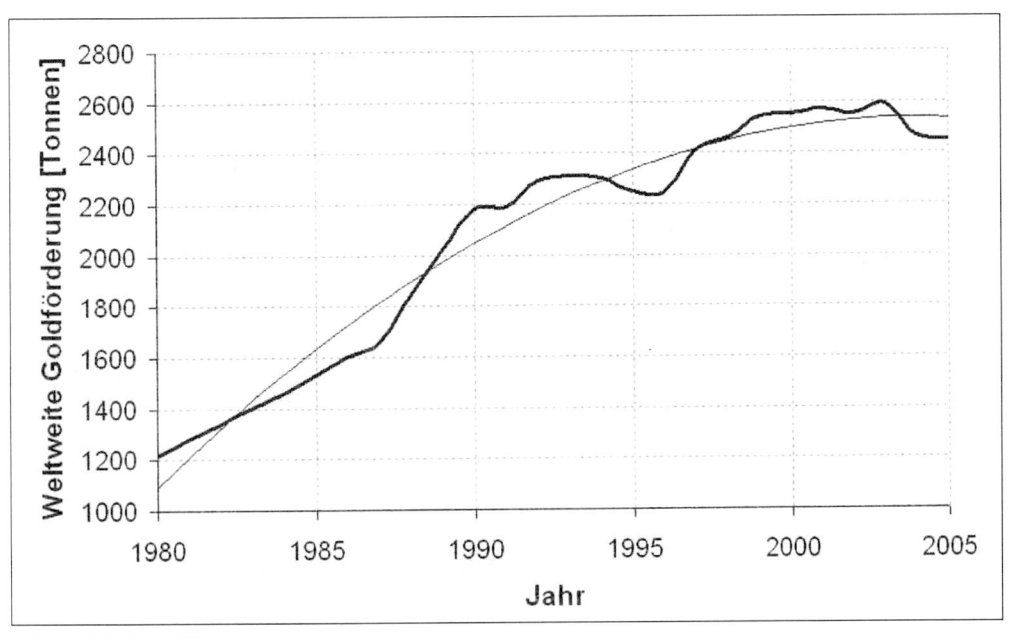

Bild 3: Jährliche Goldfördermengen

Die Funktionswerte (vgl. Tab. 4) und die Funktionskurve (vgl. Bild 4) werden ausgegeben.

t	φ [t/a]	t	φ [t/a]	t	φ [t/a]	t	φ [t/a]
1980	1200	1990	2200	2000	2550	2005	2495
1985	1550	1995	2250	2003	2590	2008	2385

Tab. 3: Verlauf der jährlichen Goldfördermengen

---

16 Vgl.: Müller, J.: Generation Gold. Rottenburg 2007. S. 134.
17 Vgl.: „Mit einem Rückgang um 62 Tonnen auf 2.385 Tonnen sei die Goldförderung im Jahr 2008 nach GFMS-Daten wiederholt deutlich gesunken. www.fondscheck.de/.../analysen-Branchen-1861701.html. Entnommen: 29.12.2009, 17.00 Uhr.

$\varphi(t)$ [t/a]

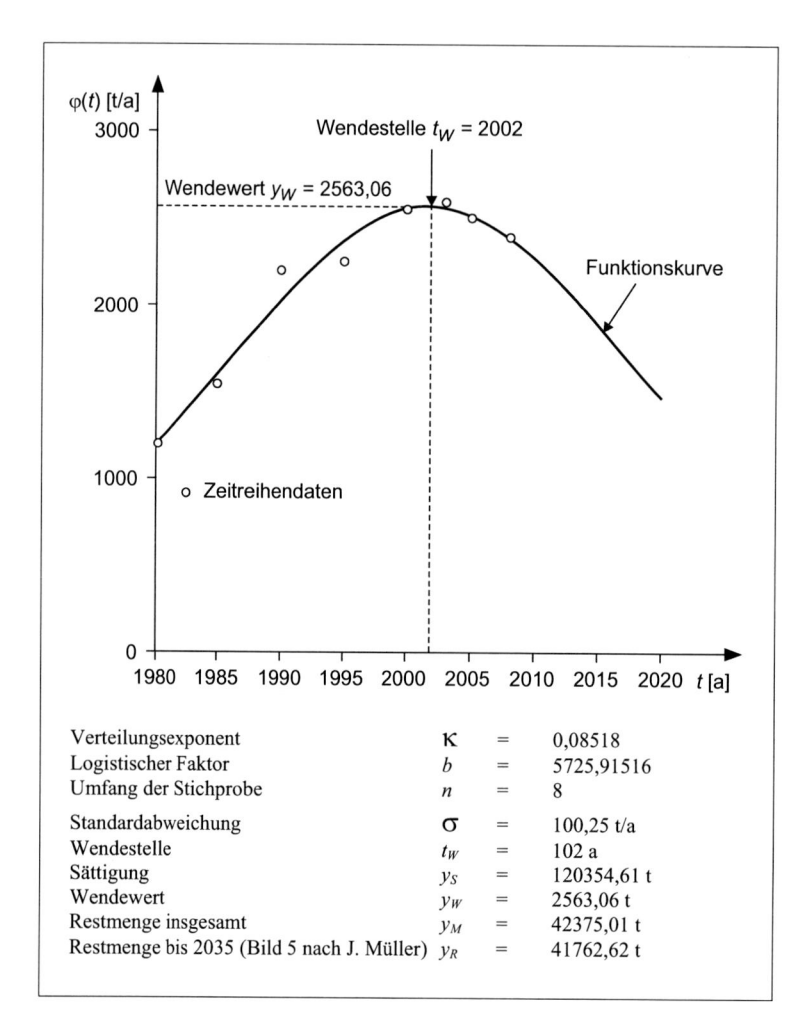

Wendestelle $t_W = 2002$
Wendewert $y_W = 2563{,}06$
Funktionskurve
○ Zeitreihendaten

Bild 4: Logistische Dichtefunktion $\varphi(t)$ der jährlichen Goldfördermengen

Verteilungsexponent	κ	=	0,08518
Logistischer Faktor	b	=	5725,91516
Umfang der Stichprobe	n	=	8
Standardabweichung	σ	=	100,25 t/a
Wendestelle	t_W	=	102 a
Sättigung	y_S	=	120354,61 t
Wendewert	y_W	=	2563,06 t
Restmenge insgesamt	y_M	=	42375,01 t
Restmenge bis 2035 (Bild 5 nach J. Müller)	y_R	=	41762,62 t

t	φ [t/a]	t	φ [t/a]	t	φ [t/a]
1980	1214,22	1995	2371,98	2010	2259,60
1985	1614,95	2000	2551,53	2015	1879,06
1990	2028,51	2005	2509,37	2020	1462,22

Tab. 4: Funktionswerte der Goldfördermengen

Die angegebene Restgoldmenge[18] beruht auf einer unbenannten Funktion: $t = 0$ (1980), $\varphi_T = 0$ für $t = 55$ (2035) (vgl. Bild 5), wie z. B. auf der folgenden modifizierten Törnquistfunktion[19]:

$$\varphi(t) = y_S \cdot \int_{t=25}^{t=55} (T-t) \cdot \frac{t-t_o}{t+t_u^T} \cdot dt = 49562{,}84 \ [t], \quad y_S = 295{,}38, \quad \begin{cases} t_o = -1{,}0775 \\ t_u = 1{,}0758 \end{cases}[20]$$

Die logistische Dichtefunktion liefert dagegen niedrigere Werte:

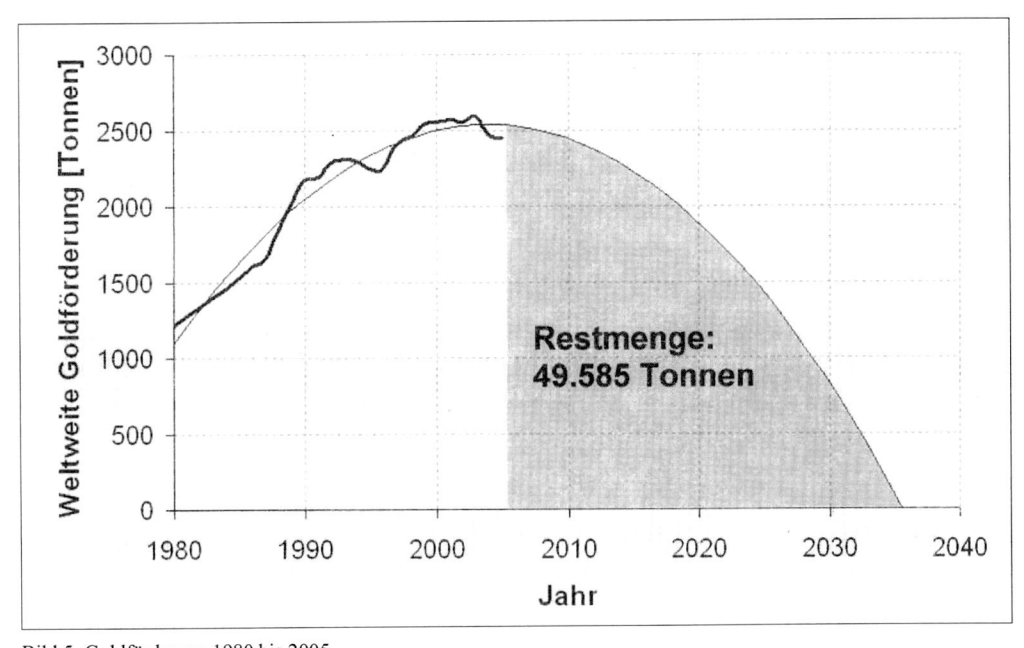

Bild 5: Goldförderung 1980 bis 2005

$$t \to 2035: \quad y_R = \int_{t=2005}^{t=2035} \frac{y_S \cdot \kappa \cdot b \cdot e^{-\kappa \cdot t}}{(1 + b \cdot e^{-\kappa \cdot t})^2} \cdot dt = 41762{,}62 \ [t], \quad \text{vgl. Bild 6,}$$

$$t \to \infty: \quad y_R = \int_{t=2005}^{t \to \infty} \frac{y_S \cdot \kappa \cdot b \cdot e^{-\kappa \cdot t}}{(1 + b \cdot e^{-\kappa \cdot t})^2} \cdot dt = 42375{,}01 \ [t], \quad \text{vgl. Bild 7.}$$

---

18 Vgl.: Müller, J.: Generation Gold. Rottenburg 2007. S. 141.
19 Oppitz, V.: Unternehmensstatistik. Dresden 2005. S. 479 ff.
20 Computerprogramm: **LDP.**

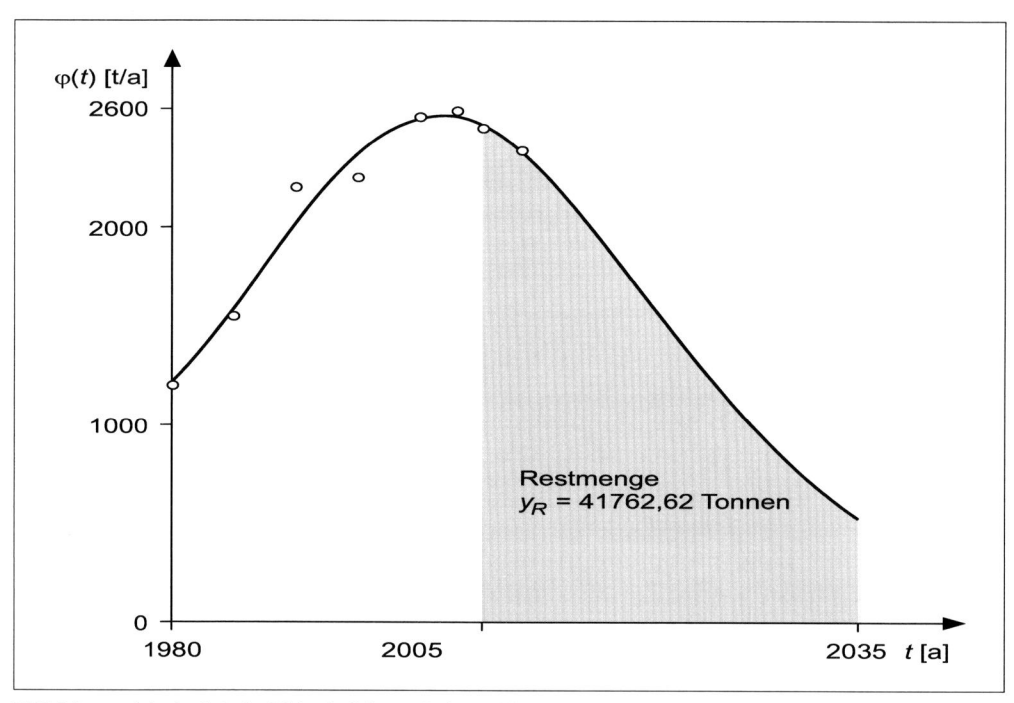

Bild 6: Integral der logistische Dichtefunktion $\varphi(t)$ der Goldfördermengen mit dem oberen Quantil nach J. Müller

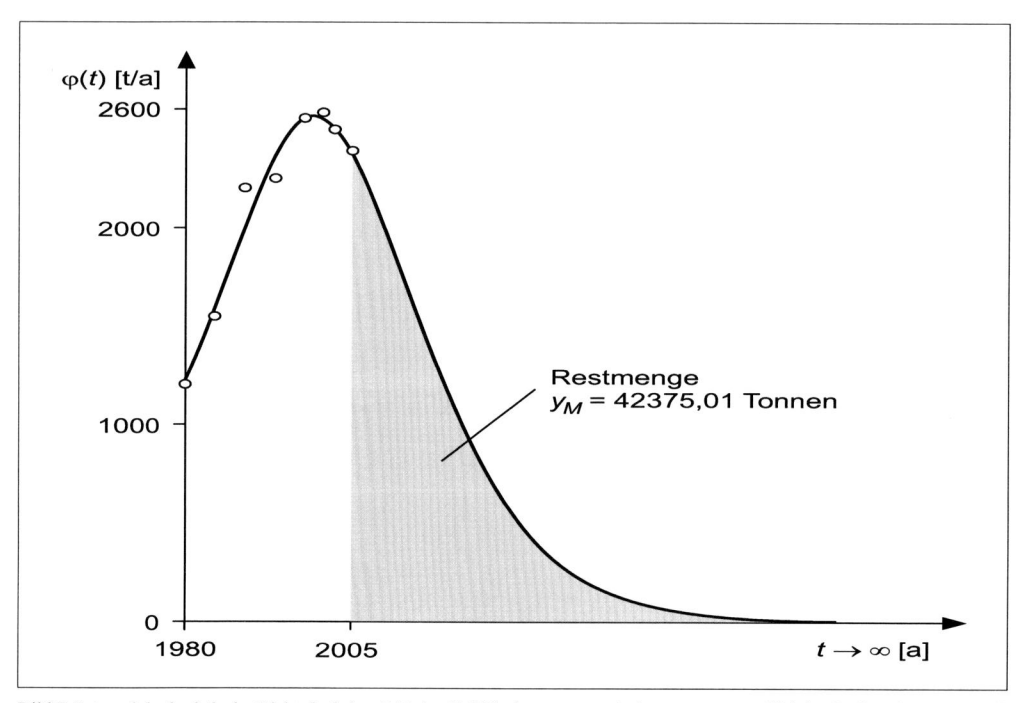

Bild 7: Integral der logistische Dichtefunktion $\varphi(t)$ der Goldfördermengen mit dem gegen unendlich laufenden oberen Quantil

4 Logistische Wahrscheinlichkeitsverteilung

Für die wahrscheinlichkeitstheoretische Anwendung der logistischen Verteilung[21] wird die Fläche unter der Dichtefunktion mit dem Sättigungswert: $y_S = 1$, normiert. Dann heißt eine stetig verteilte Zufallsgröße X logistisch verteilt mit den Parametern μ und σ ($\mu \in \mathbb{R}$, $\sigma > 0$), wenn für ihre Wahrscheinlichkeitsdichte f_X bzw. für ihre Verteilungsfunktion F_X gilt:

$$f_X(z) = \frac{e^{-z}}{\beta \cdot (1+e^{-z})^2} \quad \text{bzw.} \quad F_X(z) = \frac{1}{1+e^{-z}} \quad \text{mit} \quad z = \frac{x-\mu}{\beta}, \quad \beta = \frac{\sigma \cdot \sqrt{3}}{\pi}, \quad x-\text{reell}.$$

Die standardisierte logistische Wahrscheinlichkeitsverteilung ($\mu = 0$, $\sigma = 1$) wird durch die folgende Dichtefunktion $f_X(x)$ und Verteilungsfunktion $F_X(x)$ charakterisiert (vgl. Bild 8):

$$f_X(x) = \frac{1}{(1+e^{-x \cdot \frac{\pi}{\sqrt{3}}})^2} \cdot e^{-x \cdot \frac{\pi}{\sqrt{3}}} \quad \text{und} \quad F_X(x) = \frac{1}{1+e^{-x \cdot \frac{\pi}{\sqrt{3}}}}.$$

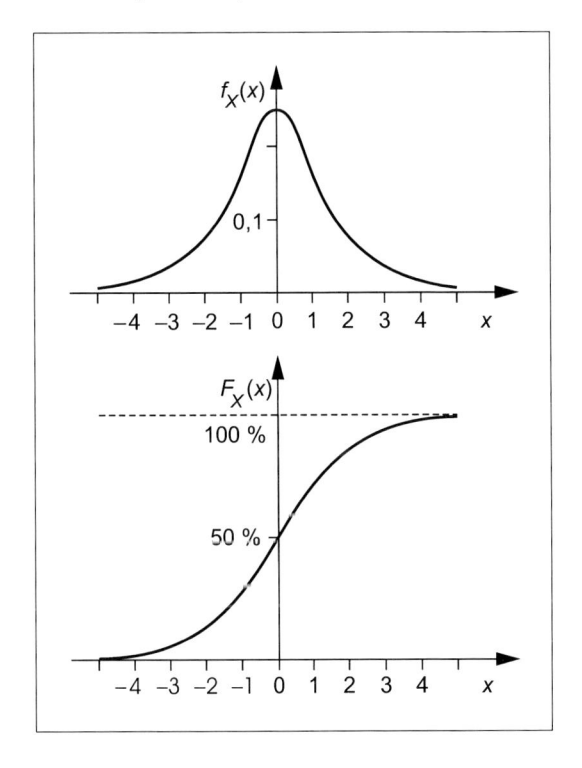

Bild 8: Dichtefunktion und Verteilungsfunktion

---

21 Computerprogramm: **LWD.**

Falls für die Stichprobe keine anteiligen Häufigkeiten verfügbar sind, weil Angaben über die Mächtigkeit in der Grundgesamtheit i. d. R. fehlen, ist die Schätzung der Parameter der logistischen Dichtefunktion nach einer Ordinatentransformation mit den Hilfsgrößen f_A, f_W erforderlich. Bei der wahrscheinlichkeitstheoretischen Auswertung werden aber nur die logistischen Wahrscheinlichkeitsparameter betrachtet und die Hilfsgrößen vernachlässigt.

$$y(x) = f_A + \frac{(f_W - f_A)}{\beta \cdot (1 + e^{-\frac{x-\mu}{\beta}})^2} \cdot e^{-\frac{x-\mu}{\beta}} \quad \rightarrow \quad f_X(x) = \frac{1}{\beta \cdot (1 + e^{-\frac{x-\mu}{\beta}})^2} \cdot e^{-\frac{x-\mu}{\beta}}.$$

Dieser Dichtefunktion $f_X(x)$ entspricht die wahrscheinlichkeitstheoretische Verteilung $F_X(x)$; diese ist dann für die Vornahme von Zukunftsaussagen geeignet, beispielsweise darüber, zu welchem wahrscheinlichen Zeitpunkt x_Z ein bestimmtes Ereignis $F_X(x_Z) = F_Z$ zu erwarten ist. Der vermutete Zeitpunkt x_Z ist das obere Quantil, d. h. die obere Integralgrenze der logistischen Dichtefunktion. Bei Verwendung der logistischen Wahrscheinlichkeitsverteilung kann x_Z durch Umstellung der Funktion $F_X(x_Z)$ expliziert werden:

$$F_X(x) = \frac{1}{1 + e^{-\frac{x-\mu}{\beta}}} \quad \rightarrow \quad F_Z = \frac{1}{1 + e^{-\frac{x_Z-\mu}{\beta}}} \quad \rightarrow \quad x_Z = \mu - \beta \cdot \ln\left(\frac{1}{F_Z} - 1\right).$$

Der Berechnung beginnt mit der Regressionsanalyse zur Bestimmung der Parameter der logistischen Dichtefunktion und endet mit der Feststellung eines vermuteten künftigen Zeitpunktes x_Z, bei dem eine bestimmte Dichte F_z der logistischen Verteilung zu erwarten ist.

$$y(x) = f_A + \frac{(f_W - f_A) \cdot e^{-\frac{x-\mu}{\beta}}}{\beta \cdot (1 + e^{-\frac{x-\mu}{\beta}})^2}, \quad [f_A, f_W, \beta, \mu] \equiv \sum_{i=1}^{n}(y(x_i) - x_i)^2 \rightarrow \text{Min!} \quad \sigma = \beta \cdot \frac{\pi}{\sqrt{3}}$$

$$\sigma_{y(x)} = \sqrt{\frac{\sum_{i=1}^{n}(y(x_i) - x_i)^2}{n-4}}, \quad F_X(x) = \int_{-\infty}^{x_Z} \frac{dx}{1 + e^{-\frac{x-\mu}{\beta}}} \rightarrow x_Z = \mu - \frac{\sqrt{3}}{\pi} \cdot \sigma \cdot \left(\frac{1}{F_Z} - 1\right), \quad E(x) = \mu$$

Aufgrund einer zeitgebundenen Stichprobe[22] der weltweiten Fördermengen an Gold (vgl. Tab 5) sollen die Parameter der logistischen Funktion ermittelt und die Funktionskurve mit den gemessenen Häufigkeiten (vgl. Bild 9) ausgegeben werden. Das logistische Mittel und die Varianz sind zu berechnen. Außerdem ist der vermutliche Zeitpunkt wahrscheinlichkeitstheoretisch abzuschätzen, bei dem ein bestimmter Anteil des insgesamt verfügbaren Goldvorkommens der Erde gefördert worden sein wird.

Jahr	t	y^* [t/a]	Jahr	t	y^* [t/a]
1900	0	400	2000	100	2590
1980	80	1200	2001	101	2595
1985	85	1550	2002	102	2560
1990	90	1995	2003	103	2600
1995	95	2092	2004	104	2450

Tab. 5: Entwicklung von Goldfördermengen

---

22 Vgl.: Müller, J.: Generation Gold. Rottenburg 2007. S. 136. Daten aus den grafischen Darstellungen, entnommen am 4.11.09.

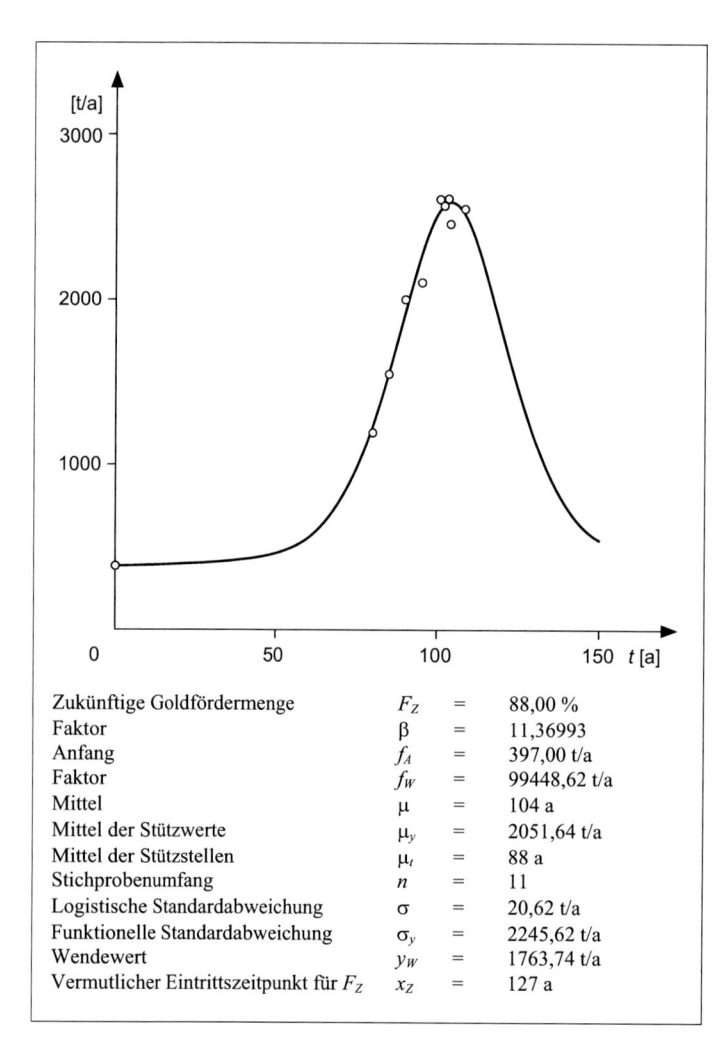

Bild 9: Funktionskurve der logistischen Verteilung diskreter Goldfördermengen

Zukünftige Goldfördermenge	F_Z =	88,00 %
Faktor	β =	11,36993
Anfang	f_A =	397,00 t/a
Faktor	f_W =	99448,62 t/a
Mittel	μ =	104 a
Mittel der Stützwerte	μ_y =	2051,64 t/a
Mittel der Stützstellen	μ_t =	88 a
Stichprobenumfang	n =	11
Logistische Standardabweichung	σ =	20,62 t/a
Funktionelle Standardabweichung	σ_y =	2245,62 t/a
Wendewert	y_W =	1763,74 t/a
Vermutlicher Eintrittszeitpunkt für F_Z	x_Z =	127 a

Der Zeitausblick liegt *erstens* auf dem Mittel der Förderung des gegenwärtig auf unserem Planeten als abbaufähig eingeschätzten Goldvorkommens im Jahre 2004 ($x = 104$), das Jahr, das zugleich die Wendestelle der bisher ansteigenden Fördermengen zu einem fallenden Zuwachs der Fördermengen anzeigt, und betrifft *zweitens* das Jahr 2027, bis zu dem vermutlich bereits achtundachtzig Prozent dieses weltweiten Goldvorkommens gefördert worden sein dürften.

5 Anwendungshinweis

Beim Gebrauch der logistischen Verteilung ist – wie generell bei zeitlich unbegrenzten Verteilungsfunktionen ($-\infty < t < \infty$) – zu beachten, dass die untersuchte Erscheinung auch tatsächlich keinen zeitlich begrenzten Definitionsbereich besitzt. Ansonsten tritt ein grundsätzlicher Fehler auf, der sich oft – aber nicht immer, weil manchmal die berechnete Größe durchaus den Anschein eines richtigen Ergebnisses erwecken kann – in wenig sinnvollen Befunden äußern kann. Dazu ein „Beispiel: Aufgrund langjähriger Erfahrungen weiß man, dass die Lebensdauer von elektrischen Zahnbürsten logistisch verteilt ist mit dem Erwartungswert 8 Jahre und der Varianz $\sigma^2 = 4$ Jahre^2. ... Jetzt suchen wir den Zeitpunkt, an dem 95 % aller Zahnbürsten noch intakt sind:

$$F^{-1}(0{,}0005) \approx 8 - 1{,}10 \cdot \ln \frac{1 - 0{,}0005}{0{,}0005} \approx -0{,}36044.$$

Die Antwort ist absurd: ca. 4 Monate vor der Herstellung. In diesem wird angenommen, dass die Lebensdauer der Zahnbürsten im weiten Bereich (aber nicht im ganzen $\mathbb{R}$[23]) gut der theoretischen Verteilung entspricht."[24] Bei der Vielzahl zeitabhängiger Verteilungen, die einen Definitionsbereich mit dem unteren Randwert: $x_1 \geq 0$, aufweisen, sollte hypothetisch geprüft werden, eine passende davon auszuwählen und für das Zahnbürstenproblem anzuwenden.

---

23 Synonym: Definitionsbereich.
24 Vgl. http://de.wikipedia.org/wiki/Logistische_Verteilung.

Oppitz, Volker
Prof. Dr. rer. oec. habil.

1950–1951: Fachschulstudium an der Deutschen Müllerschule in Dippoldiswalde
1952: Abschluss der Ingenieurschule für Maschinenbau und Elektrotechnik Dresden
1956: Diplom-Ingenieurökonom, TH Dresden
1970: Promotion, TU Dresden
1971: Facultas docendi, TU Dresden
1981: Habilitation, Universität Rostock, Institut für Wirtschaftsführung
1972: Honorardozent, TU Dresden, Betriebswirtschaft
1987: Außerordentlicher Professor, TU Dresden, Betriebswirtschaft
1990–1991: Professor für Unternehmensführung/ Operationsforschung und Produktionsmanagement, TU Dresden
1991–1993: Dozent an der Akademie für Weiterbildung und Wissenstransfer an der TU Dresden e. V. – AWW –
1994–1996: Projektleiter „Immobilienwirtschaft" an der AWW e. V.
seit 1992: Geschäftsinhaber von „Text, Grafik & Software, Wirtschaftsberatung", Dresden
2007–2009: Mitglied im Wissenschaftlichen Beirat des Akademischen Europa-Seminars (AES) des EIPOS e. V. und Dozent im AES
seit 1996: Dozent am Europäischen Institut für postgraduale Bildung an der Technischen Universität Dresden e. V. – EIPOS –

Juristische Interpretation in Theorie und Praxis und juristische Argumentation in der Tschechischen Republik[1]

Tomáš Hulva

Rechtsnormen sind das Ergebnis legislativer Tätigkeit. Ihr Zweck ist es, das Verhalten der Adressaten des Rechts (der Rechtssubjekte) zu regeln. Nachdem eine Rechtsnorm in Kraft tritt und so in die Rechtssphäre ihrer Adressaten eintritt, müssen diese notwendigerweise die Rechtsnorm richtig interpretieren, und bei einer praktischen Anwendung der Rechtsnorm nach außen hin müssen sie auch auf geeignete Weise rechtlich argumentieren. Konsequente juristische Interpretation und geeignete Rechtsargumentation sind der Hauptschlüssel zum Erfolg in Rechtsstreiten oder bei Vertragsverhandlungen.

Die juristische Interpretation ließe sich in vereinfachter Form als auf Inhalt und Zweck einer Rechtsnorm gerichtete Rechtsauslegung definieren. Die Interpretation ist für die Rechtspraxis sehr wichtig, man könnte sagen unentbehrlich, und dies insbesondere dann, wenn Rechtsnormen allgemeinen Charakters auszulegen sind. Die Auslegung von Rechtsnormen ist ein in der Rechtspraxis richtungweisendes Institut für das Verständnis der Inhalte. Gerade dank der Auslegung der Rechtsnormen kann das Recht aus einer gewissen Bandbreite heraus „auf den Punkt" gebracht werden. Die Rechtsargumentation ist dann die Applikation der interpretierten objektiven Rechtsnorm in dem konkreten Fall, auf den die interpretierte Rechtsnorm angewandt wird. Das Interpretieren aller Rechtsnormen ist dringend geboten. Bei der Anwendung von Rechtsnormen, die in ihrem Wesen allgemein sind, kommen wir jedoch ohne Interpretation nicht aus. Die geeignete rechtliche Interpretation der Rechtsnormen führt in der Regel zu

---

[1] Rezensent dieses Aufsatzes und externer Experte des Autors war Dr. jur. Dirk Plagemann, Mitglied des Präsidiums des Europäischen Instituts für Postgraduale Bildung an der Technischen Universität Dresden e. V. – EIPOS –.

einer perfekten rechtlichen Argumentation, die dann Grundlage das professionelle Führen von Rechtsstreiten ist.[2]

Die Interpretation besitzt für die Rechtspraxis völlig prinzipielle **Funktionen**. Die erste ist die **Gewährleistung der Werte Rechtssicherheit** (der formellen Gerechtigkeit) und **materielle Gerechtigkeit** (die auf einer bestimmten gleichen Bewertung beruht), die der eigentliche Sinn des Rechts sind. Normativität ist vor allem Allgemeinheit und daraus folgende Gleichheit und Vorhersehbarkeit. Eine rein individuelle und ad hoc formulierte und begründete Regel ist jedoch keine Norm. Bei der Interpretation geht es insbesondere um die praktische Funktion des Rechts. Letztendlich ist es gerade die Rechtspraxis, die Applikation und Realisierung der Rechtsnormen, die bei aller Relativität möglicher Interpretationsverfahren und -schlüsse ein eindeutiges und in seiner Art endgültiges Urteil erfordert. Wir können auch eine gewisse **machtorganisatorische Funktion** der Interpretation auf dem Gebiet des Rechts formulieren, die darin besteht, dass bestimmte Institutionen in einem bestimmten, durch Rechtsnormen gegebenen Umfang mit der Befugnis ausgestattet sind, normative Rechtstexte verbindlich auszulegen und somit die Anwendungspraxis zu vereinheitlichen. Diese machtorganisatorische Funktion der Interpretation im Rechtsbereich haben vor allem die Gerichte zu erfüllen. Das Vorgenannte schlägt sich auch in einer weiteren wichtigen Funktion der Interpretation nieder, in der Argumentationsfunktion. **Die Interpretation ist ein wesentlicher Bestandteil der Argumentation, die Interpretationsergebnisse dienen als wichtige Argumente im Rechtsstreit.** Aus hermeneutischer Sicht geht es nur um das Maß an Überzeugungskraft der Argumente. Die optimale Ebene der Verbindung aller Interpretationsfunktionen beruht darauf, dass die betreffende Institution (z. B. Oberster Gerichtshof der Tschech. Rep., Verfassungsgericht der Tschech. Rep., Gerichtshof der Europäischen Union u. ä.) organisch beide Ebenen vereint, sowohl offizielle Autorität ist als auch natürliche Autorität mit überzeugender und konstanter Argumentation bei der Begründung ihrer Entscheidungen.

Die Interpretation ist zugleich mehr oder weniger ein Prozess der nachträglichen Formung des Rechts. Die **im Prozess der Normenbildung formulierten Verhaltensregeln** in Form von normativen Sätzen stellen das **primäre Interpretationsobjekt** dar. Im Rahmen des derart geschaffenen Argumentationsraums spielen die **Werte, Prinzipien, Traditionen**, die **Doktrin** u. ä. nur die **Rolle von sekundären Objekten**, durch deren Interpretation die Verhaltensregeln präzisiert werden, insbesondere im Rahmen der Anwendung über den Standard hinausgehender Interpretationsdirektiven.

---

[2] Siehe: Hulva, T. Ochrana spotřebitele [Verbraucherschutz]. 1. Ausgabe. Prag: Aspi, a.s., 2005; Hulva, T. Právo ochrany spotřebitele pro neprávníky [Verbraucherschutzrecht für Nichtjuristen]. 1. Ausgabe. Prag: Aspi, a.s., 2006; Hulva, T. Ochrana majetku [Vermögensschutz]. 1. Ausgabe. Prag: LINDE Prag, a.s., 2008.

Bei der Schaffung von Rechtsregeln wendet man primär Mittel der komparativen und teleologischen Methode an zur Formulierung des Zwecks der Rechtsgestaltung (der sog. Grundsätze eines Gesetzes) und seiner anschließenden Darstellung in normativen Sätzen mit Mitteln linguistischer, logischer und systematischer methodologischer Direktiven. Der Verfasser der Norm sollte bei der Formulierung der Rechtsnormen vorausschauend sein, auf welche Art und Weise der von ihm geschaffene normative Text ausgelegt werden wird.

Die **Interpretation der Rechtsregeln erfordert** zu einem gewissen Maß die umgekehrte Vorgehensweise, bei der man von **linguistischen Verfahren über logische und systematische Verfahren bis zur eventuellen Argumentation mit Zwecken, Prinzipien und Werten** im Rahmen des gegebenen normativen Textes und seiner Mehrdeutigkeit vorgeht.

Was die **Prozessverbindlichkeit der Interpretationsschlüsse** betrifft, so handelt es sich in der Regel um konkrete Applikationssituationen, in denen das das Recht anwendende Organ an die Ansicht (Interpretation) des Organs der höheren Instanz gebunden ist. In der tschechischen Rechtsordnung handelt es sich typischerweise um die Pflicht eines Gerichts erster Instanz, die Entscheidung des Berufungsgerichts bzw. des Obersten Gerichtshofes im Rahmen eines Revisionsverfahrens zu respektieren, wenn dieses Gericht die Entscheidung des Gerichts erster Instanz aufhebt, eine prozesslich verbindliche Rechtsinterpretation vornimmt und dem Gericht erster Instanz auferlegt, in der betreffenden Sache in Einklang mit der Rechtsauslegung des im Rechtszug übergeordneten Gerichts zu entscheiden.[3]

---

3   **Eingehender**: Abrahámová, E. Interpretační postupy v práve. Právny obzor 5/1997. Bratislava: Ústav státu a práva Slovenskej akadémie vied, 1997; Alexy, R. Theorie der juristischen Argumentation. Frankfurt am Main, 1991; Bydlinski, F. Juristische Methodenlehre und Rechtsbegriff. Wien, 1991; Esser, J. Vorverständnis und Methodenwahl in der Rechtsfindung. Frankfurt am Main, 1970; Gerloch, A., Maršálek, P. Problémy interpretace a argumentace v soudobé právní teorii a právní praxi. Sborník příspěvků z vědeckého kolokvia kateder teorie práva právnických fakult České republiky (Milovy 19. –20.06.2002). Prag: EUROLEX BOHEMIA s.r.o., 2003; Gerloch, A. K metodám interpretace a argumentace v judikatuře Ústavního soudu České republiky. In: Zborník konferencie Zjednocovánie a vývoj judikatúry ústavných súdov. Levoča 2000, S. 51–62; Gerloch, A. Problémy interpretace a argumentace v soudobe právní teorii a právní praxi. In: Sborník příspěvků z vědeckého kolokvia kateder teorie práva právnických fakult České republiky (Milovy 19. –20.06.2002); Holländer, P. Interpretace ústavního práva: metodologický hlavolam? In: Pocta Vladimíru Mikule k 65 narozeninám. Prag, 2002, S. 47–90; Knapp, V. Teorie Práva. Prag, 1995; Knapp, V. Vědecká propedeutika. Bratislava 1993, S. 24; Knapp, V. Zvláštní logické argumenty v tvorbě práva. Právník 10/1979, Prag: Academia, 1979; Knapp, V., Gerloch, A. Logika v právním myšlení. Prag, 2000; Pavčnik, M. Juristisches Verstehen und Entscheiden. Wien, 1993; Savigny, F. C. System des heutigen Römischen Rechts. Berlin 1840; Stelmach, J. Wspólczesna filozofia interpretacji prawniczej. Krakow, 1995; Štenglová, I., Pláva, S., Tomsa, M. a kol. Obchodní zákoník. Komentář. 11. Ausgabe. Prag: C. H. Beck, 2006; Telec, I. Metodika výkladu právních předpisů. Právně hermeneutická technika. Brno 2001; Weinberger, O. Přirozené právo a právnická argumentace. Právník 3/1993. Prag: Academia, 1993; Zieliński, M. Wspólczesne problemy wykladni prawa. Państwo i prawo 8–9/1996.

Die Interpretation des Rechts ist hinsichtlich des Typs in folgende Auslegungstypen zu gliedern:

a) Auslegung der Rechtsnorm nach der allgemeinen Rechtstheorie,
b) Auslegung der Rechtsnorm nach den allgemeinen Rechtsgrundsätzen und nach den Grundsätzen der einzelnen Rechtsgebiete,
c) Auslegung nach den für eine konkrete Rechtsvorschrift spezifischen Auslegungsregeln,
d) Auslegung nach den in einem Vertrag enthaltenen Auslegungsregeln.

1 Auslegung der Rechtsnorm nach der allgemeinen Rechtstheorie

Die Rechtstheorie kennt **mehrere Auslegungskategorien**, die sich mitunter noch weiter aufgliedern. Als grundsätzliche Kategorien können die sprachliche, die historische und die logische Auslegung angesehen werden.

Die **sprachliche Auslegung** ist in der Regel eine Auslegung, deren Zweck es ist, festzustellen, welche Bedeutung sich aus der Norm durch reine Analyse der Bedeutung der einzelnen Worte und der Bedeutung der Verbindung dieser Worte ergibt. Um eine sprachliche Auslegung handelt es sich dann, wenn die Rechtsnorm nach den Grundsätzen der Grammatik erklärt wird, dies mit dem Ziel, den Wortlaut der Rechtsnorm und die Bedeutung der verwendeten Begriffe zu erfassen. Nach der Judikatur des Verfassungsgerichts stellt die sprachliche Auslegung lediglich eine erste Annäherung an die anzuwendende Rechtsnorm dar und ist der Ausgangspunkt zur Klärung und Verdeutlichung ihres Sinns und Zwecks, denen auch eine Reihe von weiteren Verfahren dient, wie die logische und systematische Auslegung, die Auslegung e ratione legis usw.[4]

Die **historische Auslegung** ist wichtig für einen vertikalen Vergleich der Rechtsgestaltungen (Vergleich der Rechtsgestaltungen zu verschiedenen Zeiten), woraus sich Zweck und Sinn des Gesetzes ergeben können. Insbesondere ist das Ziel zu untersuchen, das vom Gesetzgeber mit der Verankerung der neuen Rechtsnorm verfolgt wurde und das aus der entsprechenden Gesetzbegründung hervorgeht.

Zum Beispiel kann es notwendig werden, die Rechtsgestaltung des Instituts der im Bürgerlichen Gesetzbuch verankerten Verbraucherverträge detailliert zu analysieren. In diesem Mo-

---

[4] Erkenntnis des Verfassungsgerichts der Tschechischen Republik vom 06.05.2004, GZ. III ÚS 258/03, Erkenntnis des Verfassungsgerichts der Tschechischen Republik vom 20.12.2007, GZ. IV. ÚS 1133/07, Erkenntnis des Verfassungsgerichts der Tschechischen Republik vom 12.09.2007, GZ. Pl. ÚS 87/06.

ment ist es unerlässlich, festzustellen, wann die das Bürgerliche Gesetzbuch novellierende Rechtsnorm in Kraft trat und was der Grund für diese Änderung war. Dazu dienen ein Vergleich der vorherigen und der neuen Rechtsgestaltung sowie die Ermittlung der Gründe, weshalb es zur Novellierung des Bürgerlichen Gesetzbuches kam.

Die **teleologische Auslegung** – sie betont den Zweck der Rechtsnorm unter Berücksichtigung der gesellschaftlichen Bedingungen zur Zeit ihrer Anwendung, und zwar mit Hilfe von Rechtsgrundsätzen (siehe weiter unten).

Der **komparativen Auslegung** gebührt auch ein Platz bei der Rechtsinterpretation. Sie beschäftigt sich mit dem Vergleich gleicher oder ähnlicher Rechtsinstitute in verschiedenen Rechtsordnungen anderer Staaten möglichst mit der gleichen Rechtskultur (wir unterscheiden die angloamerikanische, die kontinental-europäische, die islamische Rechtskultur).

Die **systematische Auslegung** – sie legt eine Rechtsnorm in Hinblick auf deren systematische Einordnung in Rechtsvorschriften und in der Rechtsordnung sowie in Hinblick auf den Zusammenhang der Rechtsnorm mit anderen Rechtsnormen aus, seien diese nun in derselben Rechtsvorschrift enthalten oder an einer anderen Stelle der Rechtsordnung.

Die bedeutendste Auslegungskategorie ist in Verbindung mit der sprachlichen Auslegung die **logische Auslegung**. Die logische Auslegung verwendet folgende Argumente:

- das **Argument der umgekehrten Bedeutung, den Umkehrschluss** (argumentum e contrario), wenn also z. B. die Norm bestimmt, „die Firma einer Gesellschaft darf nicht verwechselbar oder irreführend sein", so bedeutet dies, dass die Firma jede andere Eigenschaft mit Ausnahme der vorgenannten besitzen darf,
- den **Schluss vom Kleineren auf das Größere** (argumentum a minore ad maius), er bezeichnet z. B. diese Situation: wenn die Norm bestimmt, dass das Befahren einer Brücke für Personenkraftwagen über 2 Tonnen verboten ist, so gilt dies erst recht für Lastkraftwagen (dies wird in der Regel bei Verboten angewandt),
- den **Schluss vom Größeren auf das Kleinere** (argumentum a maiore ad minus), er kann mit folgendem Beispiel erfasst werden: wenn es erlaubt ist, sperriges Gepäck mitzuführen, so ist es erst recht erlaubt, Handgepäck mitzuführen (dies wird in der Regel bei Erlaubnissen angewandt),
- das **Argument der Analogie** eines (ähnlichen) Gesetzes und Rechts (argumentum analogia legis et iuris) mit einer bestimmten Reihenfolge. Dieses Argument wird in der Praxis dann angewandt, wenn keine erforderliche Bestimmung gefunden werden kann, jedoch ein ähnliches Problem an einer anderen Stelle im Gesetz oder in der Rechtsordnung geregelt wird (analogia legis). Neben der Analogie eines Gesetzes ist noch die Analogie des Rechts (ana-

logia iuris) zu unterscheiden, die weitere Zusammenhänge in Recht und Rechtsordnung nutzt. Gibt es nämlich auch keine ähnliche Rechtsnorm, so sind auf den ungeregelten Fall die Rechtsgrundsätze anzuwenden, auf denen die zivilrechtliche bzw. privatrechtliche Ordnung aufgebaut ist. Wenn selbst diese Rechtsgrundsätze fehlen, so sind in derartigen Ausnahmefällen als ultima ratio die Ideen der Billigkeit anzuwenden (aequum et bonum).[5]

2 Auslegung von Rechtsnormen nach den allgemeinen Rechtsgrundsätzen und nach den Grundsätzen der einzelnen Rechtsgebiete

Neben den Auslegungsregeln spielen bei der Anwendung des Rechts die allgemeinen Grundsätze eine wichtige Rolle. Dabei sind einerseits die Grundsätze in Betracht zu ziehen, die für das Recht als Ganzes gelten und andererseits jene Grundsätze, die für das einzelne Rechtsgebiet spezifisch sind. Charakterisieren wir also die allgemeinen Grundsätze, nach denen sich die Adressaten des Rechts bei der Auslegung einer Rechtsnorm in der Rechtsordnung zu richten haben, und zwar was den privatrechtlichen Bereich betrifft.

Verfassungsprinzipien (für die Rechtsordnung als Ganzes geltende Grundsätze)

- das **Gesetzlichkeitsprinzip** legt fest, dass die Staatsmacht nur in vom Gesetz bestimmten Fällen und Grenzen ausgeübt werden darf, sowie nur in der vom Gesetz festgelegten Art und Weise [Artikel 2, Abs. 2 der Charta der Grundrechte und -freiheiten, im Folgenden nur „CGRF"];
- das **Prinzip „jeder kann tun, was nicht durch Gesetz verboten ist und niemand darf gezwungen werden, etwas zu tun, was nicht durch Gesetz auferlegt wird"** (Artikel 2 Abs. 4 der tschechischen Verfassung);
- das **Prinzip** der **Unantastbarkeit des Vermögens** verankert das Recht jedes Einzelnen, Eigentümer haben zu können. Die CGRF begründet für jeden Eigentümer den gleichen Umfang an Rechten und Pflichten sowie den gleichen Schutz des Eigentums in Bezug auf den Eigentumsgegenstand (Artikel 11 Abs. 1 CGRF);
- das **Prinzip der Erbschaftsgarantie** geht von der grundsätzlichen Möglichkeit des Übergangs der Vermögenswerte vom Erblasser auf die Erben aus, ob nun gesetzlich oder testa-

---

5 Siehe: Harvánek, J. a kol. Teorie práva. 1. Ausgabe. Brno: Rechtsfak. Masarykuniv. Brno, 1998, S. 172 ff.; Gerloch, A. Problémy interpretace a argumentace v soudobé právní teorii a právní praxi. In: Sborník příspěvků z vědeckého kolokvia kateder teorie práva právnických fakult České republiky (Milovy 19.-20.06.2002); Hulva, T. Ochrana spotřebitele. 1. Ausgabe. Prag: Aspi, a.s., 2005; Hulva, T. Právo ochrany spotřebitele pro neprávníky 1. Ausgabe. Prag: Aspi, a.s., 2006; Hulva, T. Ochrana majetku. 1. Ausgabe. Prag: LINDE Prag, a.s., 2008; Knapp, V. Teorie Práva. Prag, 1995; Knapp, V., Gerloch, A. Logika v právním myšlení. Prag, 2000.

mentarisch. Dieses Prinzip ist eine Auswirkung des Prinzips der Unantastbarkeit des Eigentums, wobei dem Eigentümer das Recht zuerkannt wird, über sein Eigentum auch für den Fall seines Todes zu verfügen (Artikel 11 Abs. 1 CGRF);
- das **Prinzip des Missbrauchverbots des Eigentumsrechts** bedeutet das Verbot, Eigentum zum Nachteil von Rechten anderer zu missbrauchen oder es durch im Widerspruch zu gesetzlich geschützten Gemeininteressen vorgenommene Handlungen zu missbrauchen. Die Ausübung des Eigentumsrechts darf die menschliche Gesundheit, die Natur und die Umwelt nicht über das durch Gesetz bestimmte Maß hinaus schädigen (Artikel 11 Abs. 3 CGRF);
- das **Prinzip der Gesetzlichkeit der Eigentumsrechtsbeschränkung** ist eine der Äußerungen der Gesetzlichkeit, bei der eine Enteignung in Form von Entzug oder Einschränkung des Eigentumsrechts nur bei Erfüllung folgender kumulativer Bedingungen möglich ist:
    a) durch Gesetz,
    b) im öffentlichen Interesse,
    c) gegen Entschädigung (Artikel 11 Abs. 4 CGRF);
- das **Prinzip des Rechts auf einen gerechten Prozess**, ausgedrückt mit den Worten *„jeder hat das Recht, vor einem unparteiischen und unabhängigen Gericht sein Recht zu betreiben"*. Es ist ein Prinzip, das in den Bereich der Geltendmachung subjektiver Rechte auf dem Prozessweg fällt. Dieser Grundsatz erfüllt seine praktische Funktion vor allem dann, wenn die geschädigte natürliche oder juristische Person sich entscheidet, sich wirksam zu verteidigen und die Einhaltung von materiell-rechtlichen Normen sowie Sanktionen für deren Verletzung zu betreiben (Artikel 36 CGRF);
- das **Prinzip der Überprüfbarkeit von Verwaltungsbescheiden durch das Gericht**, das so ausgedrückt wird: *„wer behauptet, dass seine Rechte durch die ungesetzliche Entscheidung eines Verwaltungsorgans verletzt wurden, kann sich mit einer Klage an das Gericht wenden"*. Dieses Prinzip ist insbesondere in Zusammenhang mit dem Prinzip der Gleichheit der Subjekte im Zivilverfahren von Bedeutung. Im Verwaltungsverfahren agiert das Verwaltungsorgan von einer Machtposition aus, d. h. es entscheidet allein unter anderem auch über seine Rechte bzw. die Rechte des Staats. Demgegenüber sind die Gerichtsorgane grundsätzlich unparteiisch und entscheiden nach dem Grundsatz der Gleichheit aller Parteien des Gerichtsverfahrens (Artikel 37 CGRF).

Zivilrechtliche Prinzipien

- das **Prinzip der Willensautonomie und Vertragsfreiheit** wird so ausgedrückt, dass es im Ermessen jedes Subjekts liegt, ob es eine Rechtshandlung vornimmt, mit wem sie diese Rechtshandlung vornimmt und welchen Inhalt sowie welche Form sie haben wird;

- das **Prinzip der Gleichheit der Subjekte** ist eine Äußerung der privatrechtlichen Methode der Rechtsgestaltung. Dies hat die Bedeutung, dass keines der Subjekte das Recht hat, über die Rechte und Pflichten des anderen zu entscheiden, hier gilt also keine Über- und Unterordnung wie im öffentlichen Recht;
- das **Prinzip „Das Recht ist für den Wachsamen geschrieben"** (vigilantibus iura scripta sunt) ist ein Grundsatz, der darauf aufmerksam machen soll, dass das Recht ein Werkzeug in der Hand der Fähigen ist;
- das **Prinzip des zivilrechtlichen Wandels** ist keineswegs ein Prinzip, sondern eine Prinzipienkategorie, die folgende Prinzipien umfasst:
  - **Verträge sind einzuhalten** (pacta sunt servanda),
  - **das Gesetz ist nicht rückwirkend anwendbar** (lex retro non agit),
  - **Prinzip des Schutzes erworbener Rechte**,
  - **Prinzip des Schutzes von Rechten Dritter** (man darf nicht in die Rechte und Pflichten Dritter ohne deren Wissen eingreifen) und
  - das **Prinzip des Schutzes von Treu und Glauben** (seine Bedeutung beruht in der Gewährung von Schutz für Subjekte, die in rechtlicher Absicht handeln);
- das **Prinzip des Missbrauchverbots von Zivilrechten** (§ 3 Abs. 1 Gesetz Nr. 40/1964 Sb., Bürgerliches Gesetzbuch in der Fassung späterer Vorschriften, [im Folgenden nur „BGB"]) bedeutet, dass das Gericht keinen Anspruch auf eine Handlung anerkennt, zu der das Subjekt zwar formell berechtigt ist, die jedoch in ihrem Charakter schikanös ist. In der Praxis handelt es sich Handlungen, die wir so beschreiben könnten, dass der Zweck der Ausübung eines Rechts nicht der faktische Nutzen des Berechtigten ist, sondern dass das Recht lediglich oder vor allem mit dem Zweck ausgeübt wurde, ein anderes Subjekt – den Verpflichteten – zu schädigen.[6]

3 Auslegung nach für eine konkrete Rechtsvorschrift spezifischen Auslegungsregeln

Die Auslegung nach den spezifischen Auslegungsregeln einer konkreten Rechtsvorschrift ist eine nach gesetzlichen Bestimmungen vorgenommene Auslegung, wobei diese gesetzlichen Bestimmungen dem Ausleger einen bestimmten gesetzlichen Rahmen vorgeben, wie er primär bei der Auslegung vorzugehen hat. Dieser Interpretationstyp bezieht sich jedoch nicht mehr auf die Interpretation von Rechtsvorschriften. Die Interpretation von Rechtsvorschriften erfolgt nach dem weiter oben angeführten Verfahren, d. h. aufgrund von allgemeinen, von der Rechtstheorie anerkannten Vorgehensweisen zur Interpretation der Rechtsnorm sowie aufgrund von

---

6 **Eingehender**: Fiala, J. a kol. Občanské právo hmotné. 3. Ausgabe. Rechtsfak. Masarykuniv. Brno: Doplněk, 1993, S. 16 ff., Knappová M., Švestka, J. a kol.: Občanské právo hmotné. Svazek I., 3. Ausgabe. Prag: ASPI, a.s., 2002, S. 47 ff.

allgemeinen oder bestimmte Rechtsgebiete betreffenden Rechtsgrundsätzen. Die Interpretation nach von einer konkreten Rechtsvorschrift spezifizierten Auslegungsregeln bezieht sich auf Rechtshandlungen von Rechtssubjekten, die sie nach dieser Rechtsvorschrift vorgenommen haben und die auch in Einklang mit den rechtlichen Auslegungsvorschriften der betreffenden Rechtsvorschrift zu interpretieren sind.

Interpretation von Rechtshandlungen nach dem tschechischen Bürgerlichen Gesetzbuch

Das Bürgerliche Gesetzbuch enthält seine Auslegungsregeln in der Bestimmung des § 35 Abs. 2 und 3. Das Bürgerliche Gesetzbuch unterscheidet die Auslegungsweise von Rechtshandlungen danach, ob es sich um eine in Worten ausgedrückte Rechtshandlung handelt oder nicht.

Wird eine Rechtshandlung in Worten ausgedrückt, so gibt das BGB an, dass sie nicht nur nach ihrer sprachlichen Äußerung auszulegen ist, sondern insbesondere auch nach dem Willen dessen, der die Rechtshandlung vornahm, sofern dieser Wille nicht im Widerspruch zu seiner Bekundung steht. *Ein Beispiel kann eine Situation sein, in der eine Berechtigte nach der Bestimmung des § 5 Abs. 1 Gesetz Nr. 87/1991 Sb. „über die außergerichtlichen Rehabilitationen" den Verpflichteten zur Herausgabe einer Familienvilla aufforderte, und zwar ohne in ihrer Aufforderung auch das sich unter der Familienvilla befindende Grundstück und den anliegenden Garten zu fordern. Es ist jedoch eindeutig: obwohl die Berechtigte diese anliegenden Grundstücke nicht ausdrücklich gefordert hatte und obwohl es sich um gesonderte Liegenschaften handelt, war ihr Wille die Rückgabe nicht nur der Familienvilla, sondern auch die der anliegenden Liegenschaften. Das Verfassungsgericht sah in seiner Auslegung des § 35 Abs. 2 BGB die Rechtshandlung der Berechtigten als eine Rechtshandlung an, mit der sie nicht nur die Familienvilla, sondern ebenfalls die anliegenden Grundstücke forderte.*[7] Zugleich ist darauf hinzuweisen, dass auch die Auslegung des Willens nach § 35 Abs. 2 BGB ihre Grenzen hat. Der tatsächliche Wille desjenigen, der die Rechtshandlung vornahm, kann in seiner Auslegung nur unter der Voraussetzung relevant sein, dass er nicht im Widerspruch zu seiner eindeutigen sprachlichen Bekundung steht.

Wird die Rechtshandlung anderweitig als in Worten ausgedrückt, so führt das BGB an, dass diese Rechtshandlungen danach auszulegen sind, was die Art ihrer Äußerung üblicherweise bedeutet. Dabei ist der Wille dessen zu berücksichtigen, der die Rechtshandlung vornahm, und es ist der gute Glauben dessen zu schützen, für den die Rechtshandlung bestimmt war.

---

[7] Erkenntnis des Verfassungsgerichts der Tschechischen Republik vom 28.09.1998, GZ. IV ÚS 189/98.

Die die Interpretation der Rechtshandlungen nach dem Bürgerlichen Gesetzbuch regelnde Rechtsnorm ist leider zurzeit unzulänglich und zu kurz gefasst und daher kann diese nicht als gerecht in Hinblick auf eine Reihe von Situationen angesehen werden, in die die Parteien privatrechtlicher Beziehungen in der Praxis geraten können. Demgegenüber erfasst die Rechtsgestaltung der Auslegung von Rechtshandlungen nach der Bestimmung des § 266 Handelsgesetzbuch (im Folgenden nur „HGB") weitaus besser noch weitere mögliche Umstände und Situationen. Auf zivilrechtliche Beziehungen können jedoch die betreffenden Bestimmungen über die Interpretation von Rechtshandlungen nach dem HGB nicht bezogen werden, und dies auch nicht mit Hilfe der Rechtsinterpretation analogia legis. Der in Vorbereitung befindliche Entwurf des Bürgerlichen Gesetzbuchs enthält jedoch völlig neue Interpretationsregeln für Rechtshandlungen, die das Gute und Nützliche aus der zivilrechtlichen und aus der handelsrechtlichen Gestaltung verbindet.[8]

Interpretation von Rechtshandlungen nach dem tschechischen Handelsgesetzbuch

Das Handelsgesetzbuch führt in seinem § 266 die in § 35 Abs. 2 und 3 BGB enthaltenen allgemeinen Interpretationsregeln näher aus.

Bei der Auslegung der nach dem HGB vorgenommenen, weiter unten beschriebenen Rechtshandlungen sind alle mit der Willensbekundung zusammenhängenden Umstände zu berücksichtigen. Insbesondere handelt es sich um Handlungen zum Abschluss von Verträgen, um die eingeführte Praxis zwischen den Vertragsparteien sowie um das Verhalten der Vertragsparteien nach Vertragsabschluss oder Vornahme einer anderen Rechtshandlung. Eine wichtige Rolle spielen dabei E-Mail-Nachrichten, auf deren Grundlage es zur Übereinkunft über den konkreten Inhalt der Rechtshandlung kam, Zeugenaussagen von bei den Verhandlungen über die Vornahme der Rechtshandlung anwesenden Zeugen u. ä.

Nach den Bestimmungen des Handelsgesetzbuches ist eine **Willensbekundung primär nach der Absicht des Handelnden auszulegen.** Die Absicht der handelnden Person ist eine subjektive Kategorie, die subjektiv für eine konkrete schuldrechtliche Beziehung zu untersuchen ist, also für die Umstände des Vertragsabschlusses und hinsichtlich der Kenntnis des Vertragszwecks der anderen Vertragspartei. Aus dem genannten Grund, um dem Adressat der Handlung dem Einwand zu entziehen, dass ihm die Absicht des Handelnden nicht bekannt gewesen

---

8 **Eingehender**: Fiala, J. a kol. Občanské právo hmotné. 3. Ausgabe. Brno: Doplněk, 1993; Jehlička, O., Švestka, J., Škárová, M. a kol. Občanský zákoník. Komentář. 7. Ausgabe. Prag: C. H. Beck, 2002; Knappová, M., Švestka, J. a kol. Občanské právo hmotné 1. 3. Ausgabe. Prag: ASPI a.s., 2002.

sei, ist es daher angebracht, in den Inhalt der Rechtshandlungen den Zweck aufzunehmen, der mit der Rechtshandlung erreicht werden soll.

Erst **sekundär**, wenn also die Rechtsvorschrift nicht nach der subjektiven Absicht der handelnden Person ausgelegt werden kann, in der Regel dann, wenn die andere Vertragspartei sich darauf beruft, dass ihr der Vertragszweck nicht bekannt war, **ist die Willensbekundung des Handelnden nach einem objektiven Gesichtspunkt zu untersuchen**, und zwar nach der Bedeutung, die eine Person in der Stellung des Adressaten der Rechtshandlung der Willensbekundung des Handelnden üblicherweise beimessen würde.

Was die Ausdrücke betrifft, die im Geschäftsverkehr verwendet werden, so sind diese Bedeutungen nicht durch sprachliche Auslegung zu interpretieren, sondern durch die Bedeutung, die diese Ausdrücke im üblichen Geschäftsverkehr besitzen.

Zugleich regelt das Handelsgesetzbuch das Maß der Haftung für eine ungenaue oder abweichende Auslegung zulassende Ausdrücke, die in der Rechtshandlung enthalten sind.
Die Auslegung der Rechtshandlung erfolgt dann zulasten jener Partei, die bei der Verhandlung als erste diesen Ausdruck verwendet hat. Wiederum ist es in der Rechtspraxis notwendig, die Verwendung eines derartigen Ausdrucks durch eine konkrete Partei nachzuweisen. In der Regel erfolgt der Beweis durch Vernehmung von bei den Geschäftsverhandlungen der Parteien anwesenden Zeugen, durch Vernehmung der Teilnehmer (also der natürlichen Personen – der Unternehmer oder der Organe der Geschäftsführung von Handelsgesellschaften, Kapitalgesellschaften oder Genossenschaften), aber auch durch Vorlegen von E-Mail-Nachrichten, die den schriftlichen Ablauf und die Korrespondenz der Verhandlungen zwischen den Vertragsparteien nachweisen. Auf eine Beweisführung mittels E-Mail-Nachrichten kann man sich jedoch nicht völlig verlassen, wenn die E-Mails nicht mit einer elektronischen Unterschrift nach besonderer Rechtsvorschrift versehen sind. Die Gerichte lassen E-Mails als Beweismaterial häufig generell nicht zu, auch wenn meiner Meinung nach diese Praxis nicht richtig ist, denn nach der Bestimmung des § 125 ZPO *„können als Beweis alle Mittel dienen, mit denen der Sachverhalt ermittelt werden kann, insbesondere Zeugenvernehmungen, Sachverständigengutachten, Berichte und Stellungnahmen von Organen, natürlichen und juristischen Person, notarielle Niederschriften und Niederschriften von Gerichtsvollziehern sowie sonstige Urkunden, Befunde und Vernehmungen von Teilnehmern"*. E-Mails sind daher als Beweismittel nicht ausgeschlossen und was ihre Echtheit, ihren Zugang und ihren Inhalt betrifft, so ist es Sache der anderen Partei des Rechtsstreits, sich gegebenenfalls auf die Unechtheit, den Nicht-Zugang oder ihre und Unglaubwürdigkeit zu berufen. Dann liegt es im Ermessen des Gerichts bei seiner freien Bewertung der Beweise, welcher Partei des Rechtsstreits es Recht gibt. Letztendlich hat das Gericht im Sinn von § 132 ZPO die Beweise *„nach eigenem Ermessen zu bewerten, und zwar jeden Beweis gesondert und alle Beweise in ihrem gegenseitigen Zusammenhang, wobei es*

sorgfältig alles zu berücksichtigen hat, was im Verfahren zutage gekommen ist, einschließlich dessen, was die Teilnehmer angegeben haben".

Zusammenfassung der Auslegung von Rechtshandlungen nach dem Handelsgesetzbuch:

- eine Willensbekundung ist primär nach der Absicht der handelnden Person auszulegen, unter der Bedingung, dass dem Adressaten diese Absicht bekannt war oder ihm hätte bekannt sein müssen,
- war dem Adressaten die Absicht nicht bekannt, und zwar auch nicht nach den Umständen des Falls, so ist sekundär das Vorgenannte nur unter der Voraussetzung anzuwenden, dass die Willensbekundung nach der Absicht der handelnden Person ebenso von einer anderen Person in der Stellung des Adressaten ausgelegt worden wäre;
- eine Willensbekundung, die einen verschiedene Auslegungen zulassenden Ausdruck enthält, ist im Zweifelsfalle zulasten jener Person auszulegen, die den Ausdruck unbestritten als erste verwendete;
- bei der Auslegung der Willensbekundung des Handelnden sind alle mit der Willensbekundung zusammenhängenden Umstände (Verhandlung über den Vertragsabschluss, eingeführte Praxis zwischen den Teilnehmern einer Rechtshandlung) zu berücksichtigen.[9]

4 Auslegung nach den im Vertrag enthaltenen Auslegungsregeln

Die Auslegung nach den im Vertrag enthaltenen Auslegungsregeln ist eine weitere Auslegungsmöglichkeit der Rechtshandlungen. Auszugehen ist von dem grundlegenden Rechtsprinzip „was nicht durch Gesetz verboten ist, ist erlaubt". Die zivilrechtlichen Normen sind von dispositivem Charakter, was zugleich durch das Prinzip der Autonomie des Willens der Vertragsparteien determiniert ist, deren untrennbarer Bestandteil die Vertragsfreiheit ist, unter die ebenfalls das Recht der Vertragsparteien fällt, den Vertragsinhalt zu bestimmen. Die Vertragsparteien können auch Regeln zur Auslegung des zu schließenden Vertrages vereinbaren. Diese sind insbesondere dann wichtig, wenn ein Vertrag mit internationalen Elementen geschlossen wird, bei dem die kontinental-europäische Rechtskultur auf eine andere Rechtskultur trifft, (z. B. auf die angloamerikanische oder islamische Rechtskultur). Die genannten Rechtskulturen haben ihre eigenen Rechtsgrundsätze und Regeln zur Auslegung von Rechtsnormen sowie Rechtshandlungen. Einem Konflikt über die Auslegungsart der Rechtsnormen empfiehlt sich daher durch Verankerung geeigneter Interpretationsregeln der Vertragsbestimmungen im Ver-

---

9 **Eingehender**: Štenglová, I., Pláva, S., Tomsa, M. a kol. Obchodní zákoník. Komentář. 11. Ausgabe. Prag: C. H. Beck, 2006, S. 992.

trag selbst vorzubeugen. Die Vertragsparteien können die Interpretationsregeln und die Grundsätze, auf denen die schuldrechtliche Vertragsbeziehung aufgebaut wird, z. B. auf folgende Weise formulieren:

„Die Parteien sind übereingekommen, dass strittige oder mehrdeutige Formulierungen sowie Ausdrücke von unterschiedlicher Bedeutung in den einzelnen Staaten von den Parteien nach folgenden Grundsätzen interpretiert werden:

1. **Grundsatz Treu und Glauben**. Dieser Grundsatz ist als ein auf dem Vorteil der ohne unlautere Nebenabsichten gesinnten Partei beruhender Grundsatz zu verstehen. Seine Bedeutung besteht im Schutz jener Partei, die im guten Glauben handelte, also keineswegs mit schlechten Absichten oder Nebenabsichten.
2. **Grundsatz der Autonomie des Willens der Parteien**. Dieser Grundsatz äußert sich im Vorrang der vertraglichen Vereinbarungen vor den Buchstaben des UN-Abkommens über den internationalen Warenkauf, dem ansonsten dieser Vertrag unterliegt.
3. **Grundsatz der Bewertung der Handlungen einer Person nach objektiven Kriterien**. Der Grundsatz besagt, dass eine bestimmte Erscheinung, die von relativem Wesen ist und die in der Regel zugunsten einer Partei spricht, objektiv auszulegen ist, das heißt auf eine allgemeine Art und nicht auf eine auf der subjektiven Sichtweise einer konkreten Partei beruhende Art.
4. **Grundsatz der gegenseitigen Informationspflicht der Parteien**. Aus diesem Grundsatz ergibt sich die Pflicht der Vertragsparteien, sich gegenseitig über wesentliche Umstände zu informieren, die bei der Vertragsausführung entstehen. Die Informationspflicht bezieht sich daher auf solche Umstände, deren Folge die Möglichkeit einer bestimmten Handlung, die Pflicht zu einer bestimmten Handlung, die Möglichkeit einer Unterlassung oder die Pflicht zu einer Unterlassung für eine der Parteien dieses Vertrages ist.
5. **Grundsatz des Verbots des Rechtsmissbrauchs**. Dieser Grundsatz beruht auf dem Verbot von Handlungen, die gegenüber der Gegenpartei schikanösen Charakter hätten. Es handelt sich um solche Handlungen, die die Notwendigkeit eines bestimmten Verhaltens einer Partei zugunsten der anderen Partei zur Folge haben, wobei diese andere Partei durch dieses Verhalten der ersten Partei keinen oder nur unwesentlichen Vorteil zieht, während das Verhalten der ersten Partei für diese mit Schwierigkeiten oder hohen Kosten verbunden ist.
6. **Grundsatz der Subsidiarität des Gesetzes**. Aufgrund dieses Grundsatzes sind die Parteien überein gekommen, dass zur Füllung von Lücken in der Gestaltung der Rechtsbeziehung zwischen Verkäufer und Käufer, die weder durch diesen Vertrag noch durch das UN-Abkommen über den internationalen Warenkauf gedeckt sind, das Recht jenes

Staates angewandt wird, auf den die Kollisionsnormen jenes Staates verweisen, in dem der Verkäufer seinen Sitz hat.
7. **Grundsatz des gütlichen Handelns zwischen den Parteien.** Dieser Grundsatz beruht auf der Pflicht beider Parteien, an ihre Verpflichtung verantwortungsbewusst heranzugehen, so dass deren in der Präambel dieses Vertrages genannter Zweck erfüllt wird. Damit hängt die Verpflichtung der Parteien zusammen, gegenseitige Streitigkeiten stets und unter allen Umständen zunächst auf gütlichem Weg beizulegen und sich erst subsidiär an den Schiedsrichter zu wenden, den sich die Parteien in Einklang mit diesem Vertrag wählen."

Fazit

Wir können konstatieren, dass die Rechtsordnung durch rigorose Rechtsnormen gestaltet ist, die mehr oder weniger allgemein sind. Aus diesem Grund können nicht immer sämtliche Varianten eines möglichen sozialen Verhaltens der einzelnen Subjekte vorausgesehen werden und so ist es unerlässlich, sich zur Erreichung des Gesetzesziels mit einer Auslegung der Rechtsnormen zu helfen, die grundsätzlich in der vom Gesetzgeber vorgegebenen Richtung zu erfolgen hat. Diese Richtung kann z. B. den Gesetzbegründungen entnommen werden. Auf diese Weise wird auch zugleich mit der Rechtsargumentation das Judikatursystem geschaffen. Es stützt sich nicht nur auf die Auslegungsmethoden, sondern ebenfalls auf die für das Recht als Ganzes allgemein oder nur für konkrete Rechtsgebiete geltenden Hauptprinzipien. Die Kunst der Anwendung der Rechtsvorschriften auf die vorgenannte Art und Weise hat für den Nutzer des Rechts nicht nur die reine Kenntnis des Rechts zur Folge, sondern auch die Einsicht in dessen praktische Bedeutung.

Literatur

Gerloch, A., Maršálek, P. Problémy interpretace a argumentace v soudobé právní teorii a právní praxi. Sammelband der Beiträge zum wissenschaftlichen Kolloquium der Lehrstühle für Rechtstheorie der juristischen Fakultäten der Tschechischen Republik (Milovy 19.-20.06.2002). Prag: EUROLEX BOHEMIA s.r.o., 2003.

Abrahámová, E. Interpretační postupy v práve. Právny obzor 5/1997. Bratislava: Institut für Staat und Recht der Slowakischen Akademie der Wissenschaftler, 1997.

Alexy, R. Theorie der juristischen Argumentation. Frankfurt am Main, 1991.

Bydlinski, F. Juristische Methodenlehre und Rechtsbegriff. Wien, 1991; *Esser, J.* Vorverständnis und Methodenwahl in der Rechtsfindung. Frankfurt am Main, 1970.

Gerloch, A. K metodám interpretace a argumentace v judikatuře Ústavního soudu České republiky. In: Sammelband der Konferenz Vereinheitlichung und Entwicklung der Judikatur der Verfassungsgerichte. Levoča 2000, S. 51–62.

Gerloch, A. Problémy interpretace a argumentace v soudobé právní teorii a právní praxi. In: Sammelband der Beiträge zum wissenschaftlichen Kolloquium der Lehrstühle für Rechtstheorie der juristischen Fakultäten der Tschechischen Republik (Milovy 19.-20.06.2002).

Holländer, P. interpretace ústavního práva: metodologický hlavolam? In: Ehrung für Vladimír Mikule zum 65. Geburtstag. Prag, 2002, S. 47–90.

Hulva, T. Ochrana spotřebitele. 1. Ausgabe. Prag: Aspi, a.s., 2005.

Hulva, T. Právo ochrany spotřebitele pro neprávníky 1. Ausgabe. Prag: Aspi, a.s., 2006.

Hulva, T. Ochrana majetku. 1. Ausgabe. Prag: LINDE Prag, a.s., 2008.

Kelsen, H. Ryzí nauka právní metoda a základní pojmy. Prag 1933, S. 7.

Knapp, V. Teorie Práva. Prag, 1995; *Knapp, V.* Vědecká propedeutika. Bratislava 1993, S. 24.

Knapp, V. Zvláštní logické argumenty v tvorbě práva. Právník 10/1979, Prag: Academia. 1979.

Knapp, V., Gerloch, A. Logika v právním myšlení. Prag, 2000.

Kühn, Z. Základní modely soudcovské argumentace. Právník 4/2001. Prag: Academia, 2001.

Lakatoš, M. K otázce poznání práva v právu a právní vědě. Právník 6/1991. Prag: Academia, 1991, S. 731.

Larenz, K. Methodenlehre der Rechtswissenschaft. Berlin 1979.

Neubauer, Z. Právní věda v klasifikaci věd. In: Sammelband zu Ehren des 60. Geburtstages von František Weyr. Prag, 1939, S. 195.

Pavčnik, M. Juristisches Verstehen und Entscheiden. Wien, 1993.

Savigny, F. C. Systém des heutigen Römischen Rechts. Berlin 1840.

Stelmach, J. Wspólczesna filozofia interpretacji prawniczej. Krakow, 1995.

Telec, I. Metodika výkladu právních předpisů. Právně hermeneutická technika. Brno 2001.

Weinberger, O. Přirozené právo a právnická argumentace. Právník 3/1993. Prag: Academia, 1993.

Zieliński, M. Wspólczesne problemy wykladni prawa. Państwo i prawo 8–9/1996.

Hulva, Tomáš
JUDr.

ADVOKÁTNÍ KANCELÁŘ Mgr. Antonín Hulva & JUDr. Tomáš Hulva, Opava, nám. Republiky 1, PSČ 746 01

Der Verfasser ist Rechtsanwalt in Opava (Troppau), Doktorand am Lehrstuhl für Zivilrecht der Masaryk-Universität Brno (Brünn) und Fachassistent am Lehrstuhl für Wirtschaftsjournalistik der Wirtschaftsfakultät an der VŠB – Technischen Universität Ostrava

(Weitere Details siehe http://www.muni.cz/people/41426/cv?lang=en)

Rezensionen zu Büchern und Dissertationen mit Bezug zu den Themen dieser Zeitschrift

Rezension zum Buch

Risikoorientiertes Lieferantenmanagement – Eine empirische Analyse

des Autors Thomas Zawisla

von Elmar Bräkling[1]

Das rezensierte Buch erschien im TCW Transfer-Centrum GmbH & Co. KG, München, 2008, ISBN 978-3-937236-46-9.

Einführende Bemerkungen

Bei der Gestaltung dynamischer Wertschöpfungsnetzwerke in der Industrie stellt das Lieferantenmanagement heute einen kritischen Erfolgsfaktor dar, um in den globalen Märkten nachhaltig Wettbewerbsvorteile generieren und sichern zu können. Die eigenen Kernkompetenzen müssen mit den Möglichkeiten anderer Marktteilnehmer gezielt vernetzt werden, um jederzeit die Produkte zu entwickeln und zu fertigen, die der Kunde aktuell vom Markt fordert: Schneller, präziser und effizienter als die Konkurrenz – und das auf dem Spielfeld der globalen Märkte.

In diesem Kontext hat das **Lieferantenmanagement in den vergangenen Jahren bereits einen festen Platz in der Diskussion um die Eröffnung betrieblicher Erfolgspotenziale eingenommen.** Das **klassische Lieferantenmanagement** war dabei **stark chancenorientiert**:

- Wie gestaltet ein Unternehmen seine Lieferantenbasis strategisch sinnvoll aus?
- Wie werden Lieferanten dabei ausgewählt und bewertet? Wie können Lieferantenbeziehungen systematisch weiterentwickelt werden?
- Wie kann die Performance der Lieferantenbeziehungen gesteuert werden?

---

[1] Prof. Dr.-Ing., Fachhochschule Koblenz; Fachbereich Betriebswirtschaft, ABWL, insb. Beschaffung und Logistik und Dozent beim EIPOS e. V.

Es handelt sich hier um klassische Fragen chancenorientierten Lieferantenmanagements. Der **Fokus** liegt auf der **Leistungssteigerung der eigenen Organisation**.

In modernen globalen Märkten reicht die reine Chancenorientierung des Lieferantenmanagements jedoch heute nicht mehr aus. Die Finanz- und Wirtschaftskrise der vergangenen Jahre hat **neue Herausforderungen** in den Mittelpunkt der betrieblichen Diskussion gerückt:

- Wie kann man in schwachen und volatilen Märkten erfolgreich agieren?
- Wie geht man mit Insolvenzen in der eigenen Supply Chain um?
- Was bedeuten Prognoseunsicherheiten für die Planung der eigenen Supply-Chain?
- Was sind die besonderen Herausforderungen in globalen Supply-Chain-Partnerschaften?

Sicher sind diese beispielhaft herausgestellten Fragestellungen nicht vollkommen neu - aber sie werden heute in einer anderen Intensität diskutiert als in den Zeiten vor der Krise. Diese Diskussion macht deutlich, dass es **neben der Chancenorientierung** eine zweite Sichtweise braucht, die gezielt in das Lieferantenmanagement zu integrieren ist: Die **Sichtweise des Risikomanagements**.

An dieser Stelle greift das Buch von Zawisla. Ihm gelingt es in schlüssiger Weise, die wichtigen Aspekte des Risikomanagements in das klassische, chancenorientierte Lieferantenmanagement zu integrieren. Systematisch erarbeitet er ein Modell für ein risikoorientiertes Lieferantenmanagement und zeigt auf, wie dies in der Praxis ausgestaltet werden kann. Dabei folgt sein Buch einer schlüssigen Struktur:

- Kapitel 1: Einleitung,
- Kapitel 2: Konzeptioneller Bezugsrahmen und theoretische Modellbildung,
- Kapitel 3: Empirische Untersuchung der Einflussgrößen auf das Lieferantenmanagement,
- Kapitel 4: Gestaltungsfelder des risikoorientierten Lieferantenmanagements,
- Kapitel 5: Typenbasierte Gestaltungsempfehlungen für risikoorientierte Lieferantenmanagement-Systeme,
- Kapitel 6: Zusammenfassung,
- Kapitel 7: Literaturverzeichnis.

Das Modell des risikoorientierten Lieferantenmanagements

In den ersten beiden Kapiteln seines Buches stellt der Autor in umfassender Weise den aktuellen Literaturstand zum Thema dar und entwickelt ausgehend vom klassischen (chancenorientierten) Lieferantenmanagement ein Modell des risikoorientierten Lieferantenmanagements. Bei der Entwicklung seines Modells folgt der Autor dem Analyse-Synthese-Prinzip.

Im ersten Schritt werden die Elemente des klassischen Lieferantenmanagements detailliert analysiert. So stellt der Autor heraus, dass ein funktionierendes Lieferantenmanagementsystem mit den phasenorientierten Elementen der

- Gestaltungen der Lieferantenbasis,
- Lieferantenbewertung,
- Lieferantenentwicklung und -förderung,
- Lieferantenintegration sowie
- Lieferantenauditierung und -überwachung

die Voraussetzung für eine erfolgreiche Integration der Aspekte des Risikomanagements darstellt.

In den einzelnen Phasen des Lieferantenmanagements gilt es dann, die wesentlichen Aspekte aus dem Risikomanagement angemessen zu berücksichtigen:

- Risikoidentifikation,
- Risikoanalyse und -bewertung,
- Risikohandhabung und
- Risikoüberwachung.

Es entsteht aus einer Synthese der Aspekte und Phasen des Lieferanten- und Risikomanagements das Modell eines risikoorientierten Lieferantenmanagement Systems.

Die spätere konkrete praktische Ausgestaltung des risikoorientierten Lieferantenmanagements im Unternehmen hängt dann wesentlich von den Risiko-Einflussgrößen **Lieferant, Bedarf und Markt** ab, die auf die Abnehmer-Lieferanten-Beziehung einwirken. Die folgende Abb. 1 gibt das Modell des risikoorientierten Lieferantenmanagement und seiner Einflussfaktoren von Zawisla im Gesamtüberblick wieder.

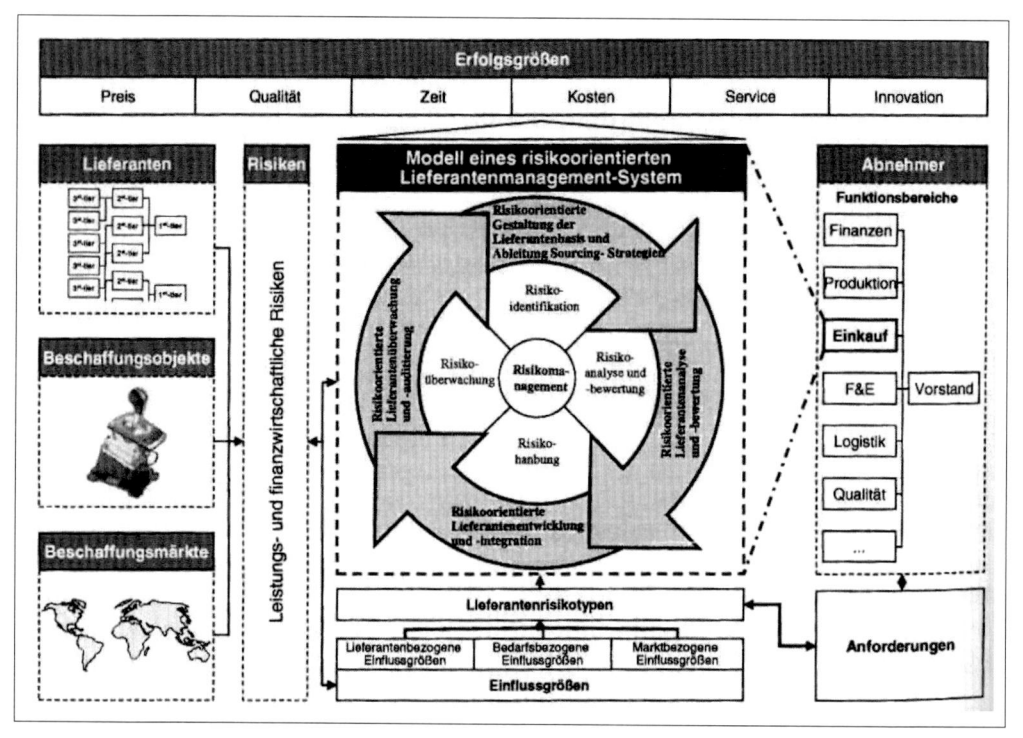

Abb. 1: Modell eines risikoorientierten Lieferantenmanagements, Quelle - Zawisla, T.: Risikoorientiertes Lieferantenmanagement; TCW 2008; S. 98

Einflussgrößen auf das Lieferantenmanagement

Lieferantenbezogene, bedarfsbezogene und marktbezogene Risiko-Einflussgrößen prägen die praktische Ausgestaltung des risikoorientierten Lieferantenmanagement. Solche Risiken sind z. B. Insolvenz-, Finanz-, Abhängigkeits-, Versorgungs-, Produkthaftungs- oder Standortrisiken. In Abhängigkeit von der Ausprägung der Risiko-Einflussgrößen in spezifischen Lieferanten-Abnehmer-Beziehungen können Lieferantenrisikotypen typologisiert und Gestaltungsempfehlungen für das Lieferantenmanagement auf Basis des Modells des risikoorientierten Lieferantenmanagements abgeleitet werden. Dieser Zusammenhang wird in der folgenden Abbildung verdeutlicht.

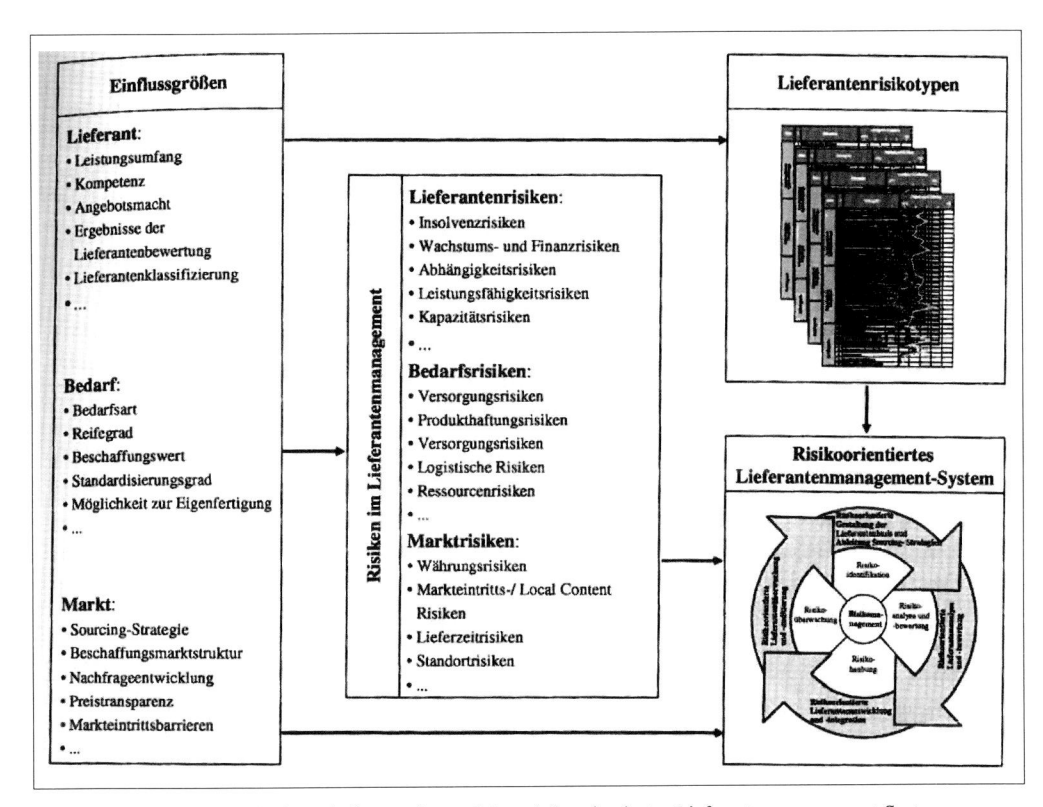

Abb. 2: Zusammenhang zwischen Einflussgrößen und dem risikoorientierten Lieferantenmanagement-Systemen,
Quelle - Zawisla, T.: Risikoorientiertes Lieferantenmanagement; TCW 2008; S. 107

Im ersten Schritt befasst sich der Autor jedoch zunächst mit den Risiko-Einflussgrößen. Auf Basis einer umfassenden empirischen Analyse von Abnehmer-Lieferantenbeziehungen gelingt es ihm die wesentlichen Risiko-Einflussgrößen auf das risikoorientierte Lieferantenmanagement zu identifizieren, zu verdichten und zu clustern. Auf Basis der drei Haupt-Einflüssen

- Beschaffungsmarkt,
- Beschaffungsobjekt und logistische Anforderungen
- sowie Lieferantenprofil und -leistungsfähigkeit

ordnet der Autor dabei jeder analysierten Abnehmer-Lieferanten-beziehung einen Grad der Risikoposition zu. Je höher der Grad der Risikoposition, desto höher ist das Risiko dieser spezifischen Abnehmer-Lieferantenbeziehung zu bewerten. Die ermittelten Ergebnisse der empirischen Analyse werden systematisch zusammengefahren, kompakt aufbereitet und für weitergehende Analysen in Form einer dreidimensionalen Würfelmatrix (Risikomatrix) bereitgestellt. Die Ergebnisse dieser Analyse sind in Abb. 3 wiedergegeben.

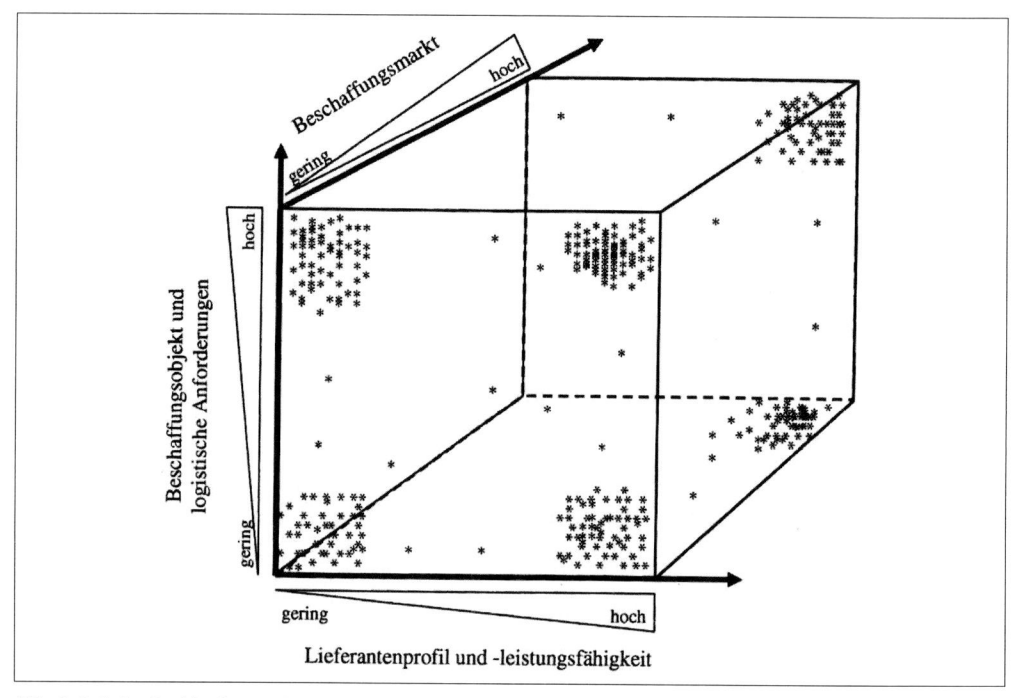

Abb. 3: Relative Positionierung der Lieferanten, Quelle - Zawisla, T.: Risikoorientiertes Lieferantenmanagement; TCW 2008; S. 132

Auf Basis der empirischen Analyseergebnisse grenzt Zawisla in der Risikomatrix sechs typische Risiko-Cluster ab und nimmt eine Ableitung von **sechs Lieferantenrisikotypen** vor:

- Risk-Indifferent,
- Risk-Supplier,
- Supply-Risk,
- Risk-Challenge,
- Complete-Risk und
- Risk-Supplier/-Market.

Im Folgenden erarbeitet er für jeden Lieferantenrisikotyp ein spezifisches Ausprägungs- und Bedeutungsprofil.

So entsteht systematisch ein kompakter, aber dennoch präziser und abgrenzender Überblick über die verschiedenen Ausprägungen von Abnehmer-Lieferantenbeziehungen unter Reflexion von Risikogesichtspunkten. Abb. 4 zeigt beispielhaft den Risikotyp „Risk-Challenge".

Faktor	#	Einflussgröße	Ausprägung und Bedeutung gering 1 — 2 — 3 — 4 — hoch 5
Beschaffungsobjekt und logistische Anforderungen	1	Bedarfsart (Ansatzpunkt zur Optimierung)	
	2	Reifegrad des Bedarfs (Ansatzpunkt zur Optimierung)	
	3	Anzahl der Lieferanten beim Bedarf (Ansatzpunkt zur Optimierung)	
	4	Beschaffungswert des Bedarfs	
	5	Technische Komplexität des Bedarfs (Ansatzpunkt zur Optimierung)	
	6	Möglichkeiten zur Eigenfertigung	
	7	Kosten/ Möglichkeiten Produktwechsels (Ansatzpunkt zur Optimierung)	
	8	Bestell-/ Bedarfsmengenschwankungen	
	9	Schnittstellenanforderungen (Ansatzpunkt zur Optimierung)	
	10	Produkthaftung	
	11	Standardisierungsgrad des Bedarfs (Ansatzpunkt zur Optimierung)	
	12	Wiederbeschaffungszeiten (Ansatzpunkt zur Optimierung)	
Lieferantenprofil und -leistungsfähigkeit	13	Leistungsumfang des Lieferanten (Ansatzpunkt zur Optimierung)	
	14	Kompetenz des Lieferanten (Ansatzpunkt zur Optimierung)	
	15	Ergebnisse der Lieferantenbewertung	
	16	Angebotsmacht des Lieferanten (Ansatzpunkt zur Optimierung)	
	17	Lieferantenklassifizierung	
	18	Art der Abnehmer-Lieferanten-Bezieh. (Ansatzpunkt zur Optimierung)	
	19	Kosten/ Möglichkeiten eines Lieferantenwechsels	
	20	Finanzielle Stärke/ Unabhängigkeit des Lieferanten	
	21	Vertragslaufzeiten mit dem Lieferanten	
	22	Anforderungen an die technische Zusammenarbeit	
	23	Flexibilität des Lieferanten	
	24	Kooperationsbereitschaft/ -grad	
Beschaffungsmarkt	25	Beschaffungsmarktselektion	
	26	Beschaffungsmarktstruktur (Ansatzpunkt zur Optimierung)	
	27	Nachfrageentwicklung am Beschaffungsmarkt	
	28	Preistransparenz	
	29	Markteintrittsbarrieren/ Local-Content-Anforderungen	
	30	Marktpreisschwankungen	
	31	Währungsmanagement	
	32	Geographische Präsenz des Lieferanten	
	33	Politische, rechtliche und kulturelle Unterschiede	

—— Ausprägung   ······ Bedeutung

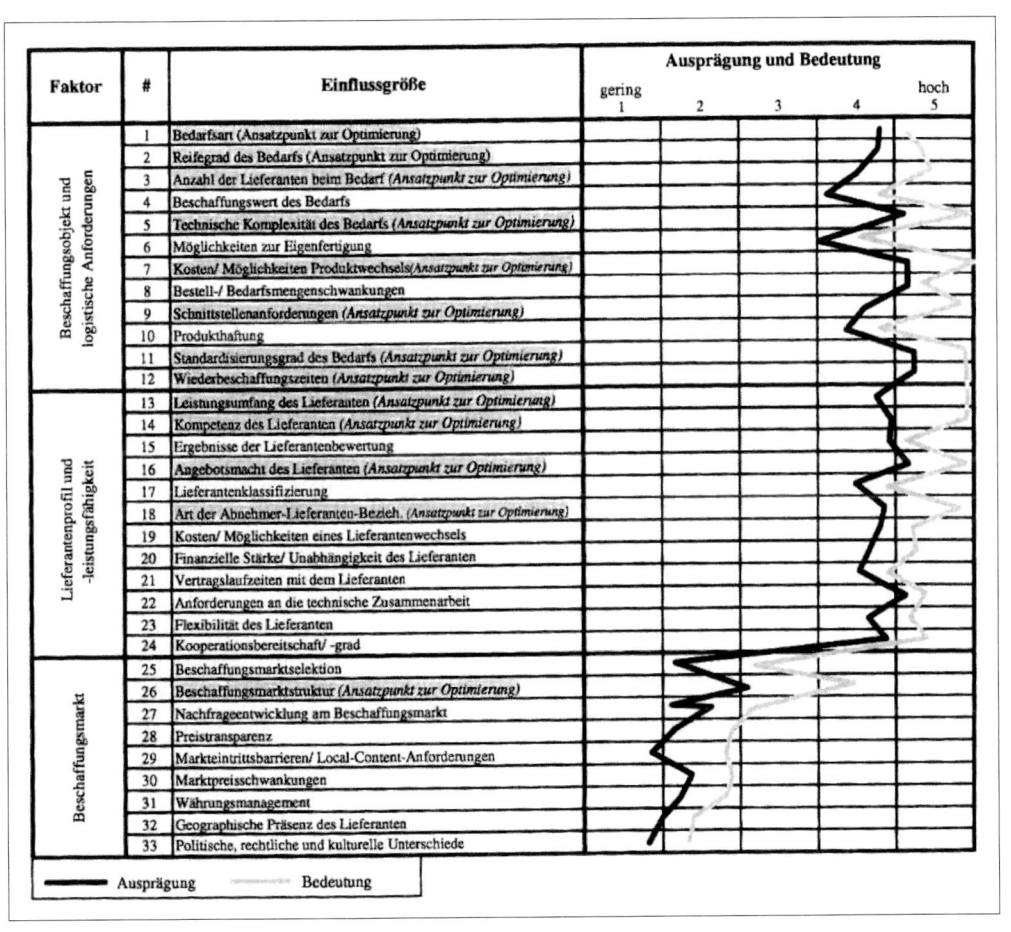

Abb. 4: Ausprägungs- und Bedeutungsprofil „Risk-Challenge", Quelle - Zawisla, T.: Risikoorientiertes Lieferantenmanagement; TCW 2008; S. 148

Gestaltungsfelder des risikoorientierten Lieferantenmanagement

Nach der Ableitung der Lieferantenrisikotypen widmet sich Zawisla den Gestaltungsfeldern des risikoorientierten Lieferantenmanagements. Dabei folgt er den Phasen seines erarbeiteten Modells. Für die einzelnen Phasen – der Gestaltung der Lieferantenbasis und Ableitung von Sourcing-Strategien, der risikoorientierten Lieferantenanalyse und -bewertung, der risikoorientierten Lieferantenentwicklung und -integration, sowie der risikoorientierten Lieferantenüberwachung und -auditierung – arbeitet der Autor systematisch Methoden des Risikomanagements auf. Die einzelnen Methoden stellt er im Detail anhand von Fallbeispielen anschaulich dar. Struktur, Einsatz und Wirkung der Methoden werden so für den Leser deutlich. Schließlich entsteht für jede einzelne Phase des Lieferantenmanagements eine Matrix einsetzbarer Metho-

Methoden und Instrumente zur Risikoanalyse und -bewertung	Lieferantenrisiken									Bedarfsrisiken							Marktrisiken						
	Ressourcen- und Flexibilitätsrisiko	Wachstums- und Finanzrisiko	Leistungsfähigkeitsrisiko	Risiko aus Know-how-Verlust/Outsourcing	Übernahmerisiko	Abhängigkeitsrisiko	Qualitätsrisiko	Vertragsrisiko	Insolvenzrisiko	Komplexitätsrisiko	Versorgungsrisiko	Prozess- und Schnittstellenrisiko	Lager- und Bestandsrisiko	Liefer- und logistisches Risiko	Technisches Produkt-/Haftungsrisiko	Risiko aus Local-Content-/Marktanforderungen	Konjunkturrisiko	Währungsrisiko	Preisrisiko	Länder- und Standortrisiko	Kapazitätsrisiko		
Risikorating von Lieferanten	◐	●	◐	○	○	●	○	◐	●	◐	◐	○	○	◐	◐	○	◐	○	◐	○	◐	●	
Risikoportfolio und Risikoprofile	○	○	●	●	○	◐	◐	●	◐	◐	●	◐	●	●	●	◐	○	◐	○	○	○	●	
Risikoranking	◐	◐	◐	◐	●	●	◐	○	○	◐	◐	◐	●	●	◐	○	◐	○	◐	○	◐	○	
Risiko-Scoring-Verfahren / DUNS-Scores	◐	◐	●	●	●	●	◐	○	○	◐	●	●	◐	●	●	○	◐	○	◐	○	◐	●	
Risikoklassifizierung/ Risikoranglisten	◐	◐	◐	◐	◐	◐	◐	○	○	●	●	◐	●	●	◐	○	◐	◐	◐	◐	◐	◐	
Risiko-Chancen-Kalkül	○	○	◐	●	○	◐	◐	○	○	○	◐	○	○	○	○	○	○	◐	○	◐	○	◐	
Value-at-Risk	◐	◐	○	○	◐	◐	◐	◐	◐	○	◐	●	●	◐	◐	○	○	●	○	○	●		
Simulationsverfahren	○	○	○	○	◐	○	○	○	◐	○	○	●	●	◐	●	○	●	●	●	○	○		
Realoptionen	○	◐	○	◐	○	◐	○	○	○	○	○	○	○	○	◐	●	●	◐	○	○			

Geringe Eignung ○ ◐ ● Hohe Eignung

Abb. 5: Methoden und Instrumente der Risikoanalyse und –bewertung, Quelle - Zawisla, T.: Risikoorientiertes Lieferantenmanagement; TCW 2008; S. 224

den und Instrumente mit einer Bewertung ihrer Eignung im Hinblick auf das Management von Lieferanten-, Bedarfs- und Marktrisiken. Die nachfolgende Abbildung 5 stellt beispielhaft eine erarbeitete Methodenmatrix für die Phase der Risikoanalyse und -bewertung dar.

In Summe erarbeitet der Autor einen umfassenden und tief gehenden Risikomanagement-Methodenüberblick, der Chancen und Risiken des Methodeneinsatzes transparent macht. Diese Ausarbeitung ist für das praktische Lieferantenmanagement eine wichtige Hilfestellung, um Risikogesichtspunkte systematisch in die Gestaltung und Steuerung der Abnehmer-Lieferantenbeziehungen integrieren zu können.

Risikotypenbasierte Gestaltungsempfehlungen

Im fünften Kapitel werden die abgeleiteten Lieferantenrisikotypen und herausgearbeiteten Gestaltungsmöglichkeiten des Risikomanagements vernetzt. Kompakt und systematisch wird dargestellt, welche Methoden und Instrumente des Risikomanagements in welcher Phase des Lieferantenmanagements sinnvoll für welchen Lieferantenrisikotyp geeignet sind. So wird schnell deutlich, wie der Methodeneinsatz zwischen den Lieferantenrisikotypen differenziert und effizient gestaltet werden kann. Die folgende Abbildung 6 zeigt beispielhaft die Methodenmatrix in der Phase der Lieferantenentwicklung und Integration auf.

Diesem Überblick folgt dann jeweils für die einzelnen Lieferantenrisikotypen eine Detailanalyse, die typspezifisch auf die wichtigsten Gestaltungselemente eingeht. In Summe entsteht in Kapitel 5 ein **kompakter und dennoch schlüssiger Leitfaden**, der für den Einsatz von Risikomanagement- Methoden Orientierung gibt: Welche Methode macht bei welchem Lieferantenrisikotyp in welcher Phase des Lieferantenmanagements Sinn.

Methoden und Instrumente der risikoorientierten Lieferantenentwicklung und -integration		Risk-Indifferent	Risk-Supplier	Supply-Risk	Risk-Challenge	Complete-Risk	Risk-Supplier/-Markt
Risikohandhabungsstrategien	Risikovermeidung	●	◐	◐	●	●	◐
	Risikobegrenzung	○	●	●	●	●	●
	Risikominderung/-prävention	◐	●	●	●	●	●
	Risikoübernahme/Selbsttragen	○	◐	○	◐	◐	◐
	Risikobegrenzung/-überwälzung	●	○	◐	○	○	○
Lieferantenentwicklung und -integration	Lieferantenentwicklung/Steigerung der Fähigkeiten	◐	●	◐	●	●	●
	Intensivierung/Erweiterung Zusammenarbeit	○	○	◐	◐	◐	◐
	Partnerschaftskonzepte	◐	○	◐	◐	●	◐
	Lieferantenintegration/Supplier Roadmaps	◐	◐	●	◐	●	●
	Anlieferkonzepte	○	○	◐	◐	●	●
	Lieferanten-/Kostenprogramme	○	●	◐	●	●	◐
	Wertanalyse mit Lieferanten/Produktkliniken	○	◐	●	●	●	○
	Lieferantenförderung/-schulungen	○	●	◐	●	●	●
	Anreiz- und Sanktionssysteme	◐	◐	◐	◐	●	◐
	Vertragsgestaltung/Rahmenverträge	◐	●	●	●	●	●
	Lieferantenworkshops/GENESIS	○	●	◐	●	◐	◐
	Finanzielle Beteiligung beim Lieferanten	○	◐	○	◐	●	◐

Geringe Eignung ○ ◐ ● Hohe Eignung

Abb. 6: Gestaltungsempfehlungen für die risikoorientierte Lieferantenentwicklung und -integration - Zawisla, T.: Risikoorientiertes Lieferantenmanagement; TCW 2008; S. 320

Fazit

Die Veränderung der Wertschöpfungsnetzwerke in den globalen Märkten stellt den Lieferantenmanager heute vor neue Herausforderungen. So ist und bleibt es weiterhin von zentraler Wichtigkeit, chancenorientiert Lieferantenpartnerschaften zu gestalten, aufzubauen und zu steuern. Um dabei nachhaltig erfolgreich zu sein, braucht es bei dieser Aufgabenstellung ein **Gleichgewicht aus der Betrachtung von Chancen- und Risikoaspekten**. Daher ist die systematische Integration von Aspekten und Methoden des Risikomanagements in das Lieferantenmanagement ein wichtiger Baustein bei der Gestaltung und Steuerung erfolgreicher Lieferantenbeziehungen. Die Bedeutung und die positive Wirkung eines risikoorientierten Lieferantenmanagement werden auch von MICHELI, CAGNO und DI GIULIO in einer aktuellen Studie „Reducing the total cost of supply through risk-efficiency-based supplier selection in the EPC industry"[2] unterstrichen. Somit ist die Aktualität und Bedeutung des bearbeiteten Themas nochmals klar herausgestellt.

In diesem Kontext sind das vom Autor erarbeitete Modell für ein risikoorientiertes Lieferantenmanagement und die aufgezeigten Möglichkeiten des Praxistransfers für den erfahrenen Lieferantenmanager eine wertvolle und hilfreiche Unterstützung. Breite und Tiefgang des Buches ermöglichen dem erfahrenen (Fach-)Leser eine systematische und strukturierte Optimierung seines Lieferantenmanagements. Für Fachleute ist eine direkte Nutzung des Modells und der aufgezeigten Risikomanagement-Methoden in der täglichen Arbeit schnell möglich. Das aufgezeigte Modell und die strukturierte Kopplung der Phasen des Lieferantenmanagements, der Phasen des Risikomanagements, der abgeleiteten Lieferantenrisikotypen und der methodischen Gestaltungsmöglichkeiten des Risikomanagements, ermöglichen es in effektiver wie effizienter Weise Risikoaspekte in das Lieferantenmanagement zu integrieren.

Für den Einsteiger empfiehlt sich eher eine abgestufte Vorgehensweise. Zunächst ist es sicherlich sinnvoll, sich mit den Phasen und Methoden des klassischen, (chancenorientierten) Lieferantenmanagement auseinanderzusetzen, um ein Verständnis für das Thema und die grundsätzliche Zielrichtung des Lieferantenmanagements zu erarbeiten. Wenn diese Themen durchdrungen sind, empfiehlt sich auch für den Einsteiger – dann mit „Lieferantenmanagement-Hintergrund" – im zweiten Schritt der Einstieg in diese Lektüre.

---

[2] Micheli, Cagno, Di Giulio: Reducing the total cost of supply through risk-efficiency-based supplier selection in the EPC industry, In: Journal of Purchasing & Supply Management; September 2009; Verlag ELSEVIER; S. 166 – 177.

Weitere Literatur

BÜSCH, M.: Strategisches Beschaffungsmanagement: Eine praxisorientierte Einführung. ISBN-13: 978-3834908117, Gabler Verlag, Wiesbaden 2009.

KREUZPOINTER, A.; REIßER, R.: Praxishandbuch Beschaffungsmanagement. ISBN 978-3-8349-0080-7, Gabler Verlag, Wiesbaden 2006.

BÜSCH, M.: Praxishandbuch Strategischer Einkauf. ISBN 978-3-8349-0422-5, Gabler Verlag, Wiesbaden 2007.

ARNOLD, U.: Beschaffungsmanagement. ISBN 3-7910-9219-7, Schäffer-Pöschel Verlag, Stuttgart 1999.

MONCZKA, R.; TRENT, R.; HANDFIELD, R.: Purchasing and Supply Chain Management. ISBN 0-324-20254-7, ITP, Mason, Ohio 2006.

KOPPELMANN, U.: Beschaffungsmarketing. ISBN 3-540-40706-5, Springer Verlag, Berlin Heidelberg 2004.

HAHN, D.; KAUFMANN, L. (HRSG.): Handbuch industrielles Beschaffungsmanagement. ISBN 3-409-22253-7, Gabler Verlag, Wiesbaden 2002.

ARNOLD, U.; KASULKE, G.: Praxishandbuch innovative Beschaffung: Wegweiser für den strategischen und operativen Einkauf. ISBN-13: 978-3527501144, Wiley-VCH, Weinheim 2006.

WILDEMANN, H.: Advanced Purchasing. ISBN 13: 978-3-934155-38-1, TCW, München 2009.

WILDEMANN, H.: Offshoring - Outsourcing – Optimierung. ISBN 13: 978-3-937236-34-6, TCW, München 2009.

Rezension zum Buch
Erneuerbare Energien.
Einsatzmöglichkeiten – Technologien – Wirtschaftlichkeit
des Autors Jörn Krimmling

Manfred Schmidt[1]

Das rezensierte Buch erschien in der Verlagsgesellschaft Rudolf Müller, Ort, 2009, ISBN 987-3-481-02545-8

Mit diesem Titel legt Krimmling sein inzwischen drittes Buch vor. Seine bisherigen Buch-Veröffentlichungen beziehen sich auf die Energieversorgung von Gebäuden, und auch das jetzt erschienene Buch fokussiert sich auf Gebäude, obwohl im Titel allgemein von erneuerbaren Energien gesprochen wird. Es geht dem Autor aber ausschließlich um den Einsatz von Energien aus regenerativen Energiequellen (EREQ) im Gebäudebereich. Deshalb beginnt er mit dem Gebäude und seinem Energiebedarf, um dann alle EREQ aufzulisten, auch wenn sie mit der Gebäudeenergieversorgung nur wenig oder nicht unmittelbar zu tun haben.

Ab dem vierten Kapitel werden dann die konkreten Möglichkeiten besprochen, wie mit EREQ unmittelbar ein Gebäude mit Energie versorgt werden kann. Die Zukunftsaufgabe, Häuser zu entwickeln, die nicht nur Energieverbraucher sind, sondern die ihre benötigte Energie selbst produzieren, wird nicht explizit erläutert. Dafür wird sehr ausführlich z. B. die Wirkungsweise eines 4-Takt-Motors besprochen.

Sehr hilfreich für den Leser sind die vielen Beispiele, die den behandelten Stoff erfahrbarer machen. Und da kann der Autor aus dem Vollen schöpfen durch seine Lehrtätigkeit und als Geschäftsführer eines Ingenieurbüros, das sich im weitesten Sinne mit der Energieversorgung von Gebäuden beschäftigt.

---

[1] em Professor, Dr.-Ing. habil. EUR ING., Professor für Energieversorgungstechnik und Regenerative Energiequellen, Hochschule Zittau/Görlitz, Mentor der Fachfortbildung Sachverständiger für Energieeffizienz von Gebäuden beim EIPOS e. V.

Neben den technischen Aspekten der regenerativen Gebäudeenergieversorgung werden im Buch auch deren gesetzlichen Anforderungen und Fördermöglichkeiten sowie deren ökologische und wirtschaftliche Bewertung besprochen. In einem Anhang befinden sich – für den Leser sehr hilfreich – ein Glossar, relevante Normen und Richtlinien, Gesetze, Verordnungen und Vorgaben sowie ein Literatur- und Stichwortverzeichnis. Es sollte erwähnt werden, dass sowohl Normen und Richtlinien als auch Förderbedingungen, Gesetze und Verordnungen momentan sehr kurzlebig sind.

Verbesserungsmöglichkeiten bestehen noch darin, die neuen Formelzeichen, z. B. für Volumen- und Massestrom, zu verwenden, bei gleichen Bezeichnungen zu bleiben (immer Wärmeübertrager und nicht gelegentlich auch Wärmetauscher), bei den Maßeinheiten hinter dem Bruchstrich nicht einmal runde und dann auch eckige Klammern zu verwenden und den solaren Deckungsgrad nicht nur für thermische Solaranlagen zu reklamieren.

Für Leser technischer Literatur etwas ungewöhnlich ist, dass das Zitieren nicht über ein nummeriertes Literaturverzeichnis erfolgt. Und bei den vielen Hinweisen auf eines seiner vorherigen Bücher kommt die Frage auf, worin der Neuheitswert des vorliegenden Buches besteht. Falls der Leser dieser Rezension nicht schon das Werk „Atlas der Gebäudetechnik" des Autors besitzt, ist ihm das rezensierte Buch aber sehr zu empfehlen.

Inhaltsverzeichnis

1	Einleitung
2	Energiebedarf von Gebäuden
3	Erneuerbare Energiequellen
4	Solarthermische Anlagen
5	Fotovoltaikanlagen
6	Wärmepumpen
7	Wärmeerzeuger für biogene Brennstoffe
8	Kraft-Wärme-Kopplung mit erneuerbaren Brennstoffen
9	Klimatisierung mit erneuerbaren Energien
10	Gesetzliche Anforderungen und Fördermöglichkeiten
11	Ökologische und wirtschaftliche Bewertung
12	Anhang

Rezension zur Dissertation

Modellanalyse der verbrauchsorientierten Bedarfsprognose und Entwicklung der Methode der Bedarfsprognose mit Änderungsraten

des Autors Volker Oppitz

von Werner Weichelt[1]

Persönliche Daten des Doktoranden: Dr. Volker Oppitz
Universität: Comenius-Universität Bratislava
Universitätsbetreuer: doc. RNDr. Ing. Ľudomír Šlahor, PhD.
Promotionsbegleitendes Weiterbildungsprogramm: Akademisches Europa-Seminar des EIPOS e. V.
Tag der Immatrikulation: 15.6.2004
Tag der erfolgreichen Verteidigung: 23.3.2009

In der Materialwirtschaft besteht ein bedeutendes technisch und ökonomisch determiniertes Problem mit erheblicher wirtschaftlicher Wirkung: Die vorlaufende Erkenntnis des Materialplaners über die rechtzeitige Bestellung und Bereitstellung des benötigten Materials. Es ist bekannt, dass Nachlässigkeiten auf diesem Gebiet große Schwierigkeiten in der Praxis hervorrufen. Jede Bemühung, die derzeitige Bedarfsermittlung zu qualifizieren, ist aus diesem Grunde wissenschaftlich und praktisch ergiebig.

Die vorliegende Dissertation ist klar gegliedert und logisch aufgebaut. Mit einem umfangreichen Quellenstudium wird vom aktuellen Wissensstand ausgegangen, die verbesserungswürdige heuristische Methode dargestellt, sie einer begründeten Kritik unterzogen, um daraus das neue Vorhersagemodell zu entwickeln und vorzustellen. Ein Verfahrensvergleich rundet die Erkenntnisse ab.

---

[1] Prof. Dr. sc. oec., freischaffender Dozent an der Weiterbildungsakademie Euro Education carriére Gesellschaft Chemnitz

Dieser Aufgabe hat sich der Autor gestellt. Ausgehend von dem Anwendungsstand der Materialbedarfsvorhersage in Theorie und Praxis wurde ein Modell gesucht, das eine einfachere Handhabung, eine höhere Vorhersagezuverlässigkeit und höhere Prognosequalität zulässt. Dieses neu entwickelte Modell ist mathematisch-statistisch fundiert und verbrauchsorientiert aufgebaut. Als Methode der Bedarfsprognose mit Änderungsraten wurden vier Prognosemodelle (5. Kapitel) erarbeitet. Das Ziel der Untersuchung bestand in der Überwindung der Nachteile des verbreiteten Prinzips der exponentiellen Glättung als heuristisches Verfahren mit der intuitiven Wahl von Parametern. Im Ergebnis entstand ein Verfahren auf der Basis der Berechnung von Änderungsraten, deren Wertbestimmung die Gesamtheit einer Bedarfszeitreihe umfasst (vgl. S. 1) und so eine verbesserte Prognosegüte erreicht.

Für die wissenschaftliche Durchdringung dieser betriebswirtschaftlich interessanten Problematik hat der Autor methodische Ausgangspunkte gewählt (Kapitel 2): Die programmorientierte, die verbrauchsorientierte und die subjektive Methode. Er konzentrierte sich auf die verbrauchsorientierte Materialbedarfsrechnung; in einem allgemeinen Überblick über die Bedarfsvorhersage werden die beiden anderen Methoden kurz erwähnt (S. 6 bis 10). Damit ist die Arbeit vornehmlich auf Unternehmen gerichtet, die über ein relativ stabiles Produktionsprogramm – etwa der Großserienfertigung – verfügen. Mit einer programmorientierten Bedarfsvorhersage wären sicher noch andere Inhalte, auch technisch abhängige, verbunden (für die weitere Forschungsaufgaben wünschenswert ist). Für das wissenschaftliche Ergebnis der vorgelegten Dissertation ist das jedoch unerheblich.

Im Unterschied zur gebräuchlichen Methodik werden die Glättungsverfahren nach ihren Entwicklungsvorschriften eingeteilt, und zwar in mathematisch-statistische und heuristische. Daraus gewinnt der Autor nützliche Erkenntnisse zur Analyse und zum Vergleich dieser Verfahren, die schließlich seine Schlussfolgerungen begründen. Damit sämtliche Glättungsverfahren prognostisch wirken können, sind die typischen Merkmale einer Bedarfsreihe zu analysieren. In Kapitel 3 sind dazu mögliche Bedarfsverläufe und Komponenten aufgearbeitet worden. Das inhaltliche Problem ist die Korrelation der vergangenen Bedarfswerte mit einem idealisierten Bedarfsverlauf in der Zeitreihe. Man benutzt dazu die Verfahren der grafischen Analyse, der Autokorrelationsanalyse und der Regressionsanalyse (vgl. Abschn. 3.1.1 bis 3.1.3).

Die Merkmalswerte einer solchen Bedarfszeitreihe sind besser als allein mit dem Prinzip der heuristischen exponentiellen Glättung mit aus der mathematischen Statistik stammenden Vorschriften auszugleichen (Abschnitt 3.2).

Mathematisch-statistische Glättungsverfahren haben den Vorteil, sich logischer mathematischer Vorschriften zu bedienen. Hier werden zugrunde gelegt:

- gleitende Durchschnittsberechnung;
- saisonaler gleitender Durchschnitt mit Saisonbereinigungen
  - bei konstanter Saisonfiguration,
  - bei variabler Saisonfiguration.

Bezogen auf die spezifischen Anforderungen der Materialwirtschaft sind die mathematischen Methoden angepasst worden. Beispielsweise ist der gleitende Durchschnitt einer Zeitreihe mit Daten aus der Vergangenheit notwendigerweise um Schätzwerte ergänzt, damit der ermittelte Bedarfswert anstelle der Intervallmitte dem letzten Zeitindex des Beobachtungszeitraums zugeordnet ist – eine ganz praktische Anforderung. Hier ist auch die Güte der Vorhersagewerte mit angesprochen, indem ein größerer Parameterwert anzustreben ist. Damit können zufällige Schwankungen des Materialbedarfs ausgeglichen werden, weil so die Gewichtung der einzelnen Komponenten abnimmt. Leider geht der Autor dabei nicht näher auf die Auswirkung möglicher struktureller Änderungen in der Zeitreihe ein, weist aber darauf hin.

In der Absicht, heuristische Glättungsverfahren zu implementieren, falls sie geeignet sein sollten, in die wissenschaftliche Vielfalt der Aufgabe tiefer einzudringen, wurden die auf dem Prinzip der exponentielle Glättung beruhenden Verfahren mit behandelt. Die Daten aus der Vergangenheit werden herangezogen, um einen einfachen Wert für die Zeitreihe zu berechnen, der für die künftige Periode der Beschaffung maßgebend sein kann. Wegen der praktischen Erkenntnis, dass die jüngsten Merkmalswerte in der Zeitreihe die größte Aktualität besitzen, erfolgt bei der Glättung die Gewichtung der einzelnen Werte exponentiell fallend. Es wird daraufhin erläutert, mit welchem Erkenntnisgewinn folgende Methoden ausgestattet sind:

- Exponentielle Glättung 1. Ordnung
  - mit Gewichtung der Vergangenheitswerte,
  - in subjektiver Lösung,
  - oder mit Optimierung des Glättungsfaktors;

- Exponentielle Glättung 2. Ordnung
  - mit Ermittlung der Trendgeraden, auf der die Prognose liegen kann,
  - nach Glättung des Periodengrundwertes,
  - und des Steigungsfaktors;

- Exponentielle Glättung 2. Ordnung
  - mit Variabilität der Anpassung an ein Fehlermaß.

Mit einer gründlichen Analyse des aktuellen Wissensstandes in Kapitel 4 stellt der Autor ausführlich theoretische und praktische Einwände gegen die Methode der exponentiellen Glättung dar. Er polemisiert nicht ausschließlich gegen diese Verfahren. Es wird geprüft, ob man Vorteile der heuristischen mit den Verfahren der mathematischen Statistik verbinden kann.

Um zu der Erkenntnis zu gelangen, ob die heuristischen Methoden nicht doch gut verwertbare Anteile für das neue Vorhersagemodell erbringen können, ist eine gründliche Untersuchung angestellt worden, und zwar

– nach dem Wert des Glättungsparameters,
– nach dem Startwert der Zeitreihe,
– nach der Summenhypothese für die Glättungsgewichte,
– nach der Zielorientierung mittels Zirkelberechnung.

Die Ausführungen sind in ihrer mathematischen Dimension überproportioniert. Man bekommt letztendlich zu erfahren, dass die heuristische exponentielle Glättung durch ihre Einfachheit besticht – also relativ gut praktizierbar ist. Erkenntnistheoretisch ist darüber hinaus von bleibender Bedeutung die Einführung der proportional zu einer geometrischen Folge zeitlich abnehmenden Gewichtung der vergangenen Daten. Allerdings bietet vornehmlich der Anteil der Zielerfassung durch die Zirkelberechnung Anlass zu kritischer Betrachtung.

Mit Kapitel 5 liegt der modellierte Erkenntnisgewinn vor: Die Bedarfsvorhersage mit Änderungsraten. Unter Ausschluss willkürlicher Festlegung von Berechnungsgrößen wird das neue Verfahren auf der Basis eines streng logischen Vorgehens entwickelt. Das Modell baut sich auf zwei Prämissen auf: Dem Verankerungspunkt in Verwendung der jüngsten Merkmalswerte und der mittleren Änderungsrate als Mess- und Auswertungsvorgang der relativen Veränderungen. Auch hier spielt die mathematische Beschreibung eine überragende Rolle. Ein stärkeres Aufzeigen der realen materialwirtschaftlichen Veränderungsbedingungen wäre nützlich gewesen. So hat sich die Aussage konzentriert auf den rechnerischen Inhalt

– der statischen Änderungsraten,
– der dynamischen Änderungsraten,
– der Fortschreibung der Änderungsraten,
– der gleitenden Bestimmung der mittleren Änderungsrate,
– der Funktionsverankerung im mittleren jüngsten Wert,
– sowie der regressionsanalytischen Optimierung.

Der Autor erweist sich hierbei als wirtschaftsmathematisch sehr versiert. Der anschließende Vergleich der Verfahren (Kapitel 6) gibt Auskunft, womit die besten Prognosen erstellt werden können. Sorgfältig überprüft der Autor vier unterschiedliche Aspekte:

- Vergleich aller Modelle,
- Vergleich der beiden Prognoseverfahren,
- Vergleich der Variationskoeffizienten,
- Vergleich der Arten der Mittelwertsicherung.

In einem 100seitigen Anhang werden die Ergebnisse der Berechnungen übersichtlich, das heißt tabellarisch und grafisch dargestellt. Die Aussagen in der Dissertation werden damit intern nachprüfbar und gründlich untermauert.

Im Fazit wird die Vorteilhaftigkeit des entwickelten Modells herausgearbeitet. Es erweist sich hinsichtlich der Treffsicherheit der Vorhersage, der Qualität der Prognose und des Aufwandes als überlegen. Der neue wissenschaftliche Lösungsansatz hat sich bestätigt. Das Verfahren der Bedarfsprognose mit Änderungsraten ist geeignet, in der Praxis der Materialwirtschaft in entsprechenden Unternehmen praktiziert zu werden.

Gliederung der Arbeit

1. Einleitung
2. Materialbedarfsvorhersage
3. Glättungsverfahren
4. Theoretische und praktische Einwände zur Methode der exponentiellen Glättung
5. Bedarfsvorhersage mit Änderungsraten
6. Verfahrensvergleich
7. Zusammenfassung und Ausblick
8. Literaturverzeichnis

Rezensionen zum Buch
Eine kurze Geschichte der Spekulation
des Autors John Kenneth Gailbraith

Eichhorn-Verlag, 2010. ISBN: 9783821865119, Seiten: 122

„Es sind Szenen wie aus einem Wirtschaftsthriller: vornehme Frauen, die für den Erwerb einer Aktie mit Börsenmaklern ins Bett steigen; betrügerische Banker, die der Aufsichtsbehörde Nägel unter den Goldmünzen als Einlagensicherung andrehen; oder angesehene Politiker, die ihren guten Ruf an ein offensichtliches Pyramidensystem verkaufen. Die vielen Geschichten, die John Kenneth Galbraith mit einer gewissen Genugtuung zum Besten gibt, sind traurig, aber wahr: Sie entlarven den Marktteilnehmer als gierigen, irrationalen, ja oft sogar schwachsinnigen Menschen, der partout nicht aus der jahrhundertealten Geschichte der Spekulation lernen will. Er müsste sich dann nämlich mit einer unangenehmen Wahrheit abfinden: Nicht die Banker und Ganoven, die mangelnde Finanzmarktregulierung oder die Naturgewalten sind schuld daran, dass es in schöner Regelmäßigkeit knallt. Nein, wir sind es selbst, weil wir stets von Neuem der Verheißung einer wunderbaren Geldvermehrung auf den Leim gehen. Der 2006 verstorbene Autor hat 1990 ein mitreißendes Buch mit prophetischem Charakter geschrieben. *getAbstract* legt es allen ans Herz, die beim nächsten Knall nicht zu den Dummen gehören wollen.

Über den Autor

John Kenneth Galbraith (1908–2006) war einer der weltweit bekanntesten Ökonomen. Der in Kanada geborene Wirtschaftsprofessor lehrte an den Universitäten Harvard und Princeton und beriet mehrere amerikanische Präsidenten. Er hat mehr als 30 Bücher geschrieben, darunter *Die Ökonomie des unschuldigen Betrugs*."

(Quelle: http://www.getabstract.com/servlets/Affiliate?u=free_download_summer_reading&l=2&i=510787&e=JBZZOBQJNT&ap=/ShowAbstract.do?dataId=13739; Zugriff 100707

„Es ist eine bissige, höchst vergnüglich zu lesende Lektion in Sachen menschlicher Dummheit und Unbelehrbarkeit. In zwei mal zwei Stunden hat man das Buch gelesen. Lachend und traurig zugleich. Eine kurze Geschichte der Spekulation ist das Buch eines Weisen, der sich lustig macht über die fixe Bereitschaft der Menschheit, sich begeistert ins Unglück zu stürzen und sich jedes Mal davon zu überzeugen, dass diesmal alles ganz anders ist, dass diesmal dem Rausch kein Kater, dem Aufstieg kein Abstieg folgen wird. Galbraith hat die Hoffnung aufgegeben ... Das gibt dem Buch bei allem bärbeißigen Humor einen Grundton tiefer Trauer."

(Arno Widmann, Frankfurter Rundschau, 25. März 2010)

Internetquelle: http://www.eichborn.de/eb/eichborn/buecher/kategorie/erzaehlerisches-sachbuch/titel/eine_kurze_geschichte_der_spekulation-1/; Zugriff 100707

A Short History of Financial Euphoria

by John Kenneth Galbraith

Penguin, 1994

ISBN: 9780140238563
Pages: 128

"John Kenneth Galbraith's short, literary book on financial speculation and the inevitability of subsequent economic catastrophe contends that devastating financial collapse is built into the free-enterprise system – an idea as intriguing today as it was when this book debuted in the mid-1990s. The late famous economist ended this treatise with a chilling question: "When will come the next great speculative episode and in what venue will it recur?" Everyone now knows the answer to that question all too well. Alarmingly, according to Galbraith, the travails that capitalist economies are now grimly experiencing will recur over and over. getAbstract suggests that anyone who wants to understand the kinks in the system – and human nature – that will continue to lead to hugely devastating, economic train wrecks should read Galbraith's book.

About the author

World-famous economist John Kenneth Galbraith taught at Harvard and Princeton, and wrote more than 40 books. He served as U.S. Ambassador to India for President John F. Kennedy. Galbraith died in 2006."

Source: http://www.getabstract.com/ShowAbstract.do;jsessionid=abcB6g9CYoA2f73yOmSMs?dataId=12411; Account 100707

Rezension der Dissertation

Kundentypologie im Reisegeschäft – Qualitative empirische Untersuchung

des Autors Uwe Lorenz

von Ulrike Stopka[1]

Persönliche Daten des Doktoranden: Diplompädagoge Uwe Lorenz, PhD (Dr. phil.)
Universität: Palacký-Universität Olomouc, Philosophische Fakultät, Tschechische Republik
Universitätsbetreuer: doc. PhDr. Dušan Šimek, Lehrstuhl für Soziologie und Andragogik
Externer Experte: Dr. Klaus Gersten, Geschäftsführer der T.O.P. GmbH, Heidenau
Promotionsbegleitendes Weiterbildungsprogramm: Akademisches Europa-Seminar (AES) am Europäischen Institut für postgraduale Bildung an der Technischen Universität Dresden e. V. – EIPOS –
Tag der Immatrikulation: 30. 06. 2003
Tag der erfolgreichen Verteidigung: 10. 06. 2008

1 Motivation und Zielsetzung der Arbeit

Die Tourismusindustrie sieht sich seit Beginn der 2000er Jahre infolge stark veränderter wirtschaftlicher, gesellschaftlicher und ökologischer Rahmenbedingungen einem steigenden Wettbewerbsdruck und dynamischen Transformationsprozessen auf der Branchen- und Unternehmensebene ausgesetzt. Kundenloyalität, Kundenbindung und -zufriedenheit, aber auch die Gewinnung von Neukunden, stehen daher im Mittelpunkt der unternehmerischen Aufmerksamkeit. Für Reiseveranstalter, Reisemittler und sonstige Leistungsträger der Tourismuswirtschaft wird es zur existentiellen Aufgabe, ihre Kunden zu kennen, ihr zukünftiges Nachfrageverhalten im Zusammenhang mit wechselnden Lebensstilen und aufkommenden Trends zu erforschen und ständig im Blick zu behalten, um darauf schließlich das strategische Handeln des Unternehmens ausrichten zu können.

---

[1] Prof. Dr. oec. habil., Fakultät für Verkehrswissenschaften "Friedrich List", Technische Universität Dresden

In diesem Sinne formuliert der Autor folgende Zielsetzungen, die er mit seiner Arbeit erreichen möchte:

- Analyse der Kundenbeziehungen eines mittelständischen (Reise-) Dienstleisters,
- qualitative Untersuchung des Reise- und Freizeitverhaltens ausgewählter Kunden und daraus abgeleitet die Entwicklung einer Kundentypologie,
- Aufklärung möglicher gesetzmäßiger Sinnzusammenhänge von Verhaltensmerkmalen der Konsumenten und Ableiten von Schlussfolgerungen für die Gestaltung von Kundenbeziehungen und Reisedienstleistungen.

Wenngleich es sich hier streng genommen nicht um die Formulierung von Forschungsfragen in engerem Sinne handelt, wird die Zielsetzung der Dissertation deutlich herausgearbeitet und abgegrenzt.

2 Betrachtungen zur gewählten Methodik und zum Stand der Wissenschaft

Methodisch hat sich der Verfasser der Dissertation für die qualitative empirische Sozialforschung entschieden, bei der die Erhebung nichtstandardisierter Daten und deren interpretative Auswertung als wesentliche Analysemittel zum Einsatz kommen. Dies hat verschiedene Ursachen. Zum einen ist der Autor bedingt durch sein früheres Studium und Tätigkeitsfeld den Wissenschaftsdisziplinen der Soziologie und Andragogik stark verhaftet, deren Forschungsgerüst und wissenschaftstheoretische Grundlagen in weiten Teilen auf der Untersuchung von Werten, Wissen, Bedürfnissen, Motivationen und Handlungsorientierungen von Personen einer befragten Stichprobe beruhen. Zum zweiten begründet der Verfasser den Ansatz der qualitativen empirischen Sozialforschung damit, dass es in der Marketingpraxis von Touristikunternehmen vielmehr darauf ankommt, auf die Sprache der Konsumenten zu hören sowie ihre Reisemotivationen und -erfahrungen mittels persönlicher Interviews umfassend zu ergründen, anstelle mit dem Setzen von „Kreuzchen" in standardisierten Fragebögen zu quantitativen Aussagen hinsichtlich Kundenwünschen, Reiseverhalten, -absichten oder einer Kundensegmentierung zu gelangen. Dazu bemerkt der Verfasser auf S. 1 im Vorwort der Dissertation kritisch, dass die gewünschten Entwicklungstendenzen durch die Gestaltung der Fragebögen und die Art und Weise der Erhebung oftmals „herbeigefragt" werden und sich daher eher „im Kopf des Marktforschers/Beraters abspielen", als dass sie geeignet seien, die tatsächlichen Bedürfnisse, Motivationen und Reiseabsichten der Kunden zu eruieren. Damit wird der grundlegende Methodenstreit zwischen quantitativ und qualitativ orientierten Sozialforschern thematisiert.

Den Vertretern der qualitativen empirischen Forschungsmethodik wird häufig ein gewisses willkürliches Vorgehen, ein hoher Grad an Subjektivität, kleine Fallzahlen, keine Repräsentativität und damit Fragwürdigkeit der erhobenen Daten unterstellt. Gütekriterien empirischer Forschung wie Reliabilität und Validität seien nicht erfüllt [1]. Demgegenüber wird an der quantitativen empirischen Forschungsmethodik der bewusste Verzicht auf die Berücksichtigung sozialer Phänomene und hermeneutischer Betrachtungsweisen kritisiert, die eben nicht auf dem Weg einer massenhaften Datenerhebung über schriftliche Fragenbögen sowie telefonische oder online-Befragungen per Internet realisiert werden können. In diesem Widerstreit der Meinungen sind zur Entkräftung der Kritikpunkte, denen sich die qualitative Sozialforschung ausgesetzt sieht, eine Reihe von methodisch kontrollierten Verfahren entwickelt worden, wie z. B. die Grounded Theory, ein sozialwissenschaftlicher Ansatz zur systematischen Auswertung vorwiegend qualitativer Daten (Interviewtranskripte, Beobachtungsprotokolle), die dokumentarische Methode nach Ralf Bohnsack als reflektierendes Interpretationsverfahren transkripierter Interviews oder die qualitative Inhaltsanalyse, die einer systematischen und intersubjektiv überprüfbaren Textanalyse dient. Diese unterschiedlichen wissenschaftstheoretischen Zugänge werden vom Autor, Herrn Dr. Lorenz, in Kapitel 3.2[2] der Dissertation umfassend reflektiert. Schließlich plädiert er auf S. 2 der Dissertation dafür, „Mut zu qualitativen empirischen Untersuchungen" aufzubringen, um die qualitative Sozialforschung auch für die Wirtschaft – hier im Speziellen für Marktforschungszwecke und daraus abgeleitet Marketing- und Vertriebsprozesse in einem mittelständischen Reiseunternehmen – verstärkt nutzbar zu machen. Dies ist vor allem auch vor dem Hintergrund zu sehen, dass Marktforschungsstudien in der Tourismuswirtschaft heute nahezu ausschließlich auf den o. g. quantitativen Erhebungsmethoden beruhen (vgl. dazu [3], [4], [5], [6]). Insofern ist es durchaus verdienstvoll, dass mit der vorliegenden Arbeit der Beweis angetreten wird, dass qualitative Untersuchungen zum Kundenverhalten in der Tourismusbranche nicht nur notwendig, sondern tatsächlich auch praktizierbar sind, wenn es beispielsweise um das Aufspüren von Trends, die Erforschung von realen Kundenbedürfnissen oder die Bereitstellung typgerechter Reiseangebote geht. Die üblicherweise in der Literatur und Praxis vorzufindende pauschale Unterscheidung der Nachfragergruppen nach soziodemografischen Merkmalen oder Reiseanlass, -intensität, -region, -dauer, -entfernung, Organisationsform, Unterkunft etc. wird hier mit dem Ziel einer individuelleren und bedarfsgerechteren Kundenansprache durch eine qualitativ sozialwissenschaftlich geprägte Segmentierung ersetzt. Dabei geht der Verfasser notwendigerweise auf induktive Art und Weise vor.

In dem durch Tiefeninterviews und Einzelfallinterpretationen gewonnenen empirischen Material werden innere Strukturen sichtbar gemacht sowie intern homogene, aber extern heterogene phänomenologische Konsumententypen klassifiziert. Erste Ansätze einer Verifikation der Er-

---

2   Hierbei ist anzumerken, dass die Nummerierung der Kapitel im Inhaltsverzeichnis leider nicht mit der im Text der Arbeit übereinstimmt. Die Rezensentin bezieht sich bei der Angabe der Kapitel auf die Nummerierung der Kapitel im Textteil.

gebnisse nimmt der Autor im Rahmen von Weiterbildungsszenarien für Produktmanager, Reiseberater und Reiseleiter sowie bei der inhaltlichen Neugestaltung des Marken-Slogans seines Unternehmens vor.

3 Aufbau und Inhalt der Arbeit

Die Dissertation umfasst neben einem Vorwort insgesamt fünf Kapitel, die sachlogisch stringent aufeinander aufbauen und gut geeignet sind, die Aufgabenstellung umfassend zu bearbeiten und einer Lösung zuzuführen.

Im Vorwort geleitet der Verfasser den Leser zur Thematik hin und setzt sich mit Tendenzen der Trendforschung zum Reiseverhalten auseinander. Dabei handelt es sich um eine Art „Auskopplung" aus dem Textteil der Dissertation, was zu deren inhaltlicher Straffung beigetragen hat. Hieraus ist sicherlich auch zu erklären, dass ab S. 3 des Vorwortes die Überschriften plötzlich mit einer Dezimalgliederung, beginnend mit 1.1.1, versehen sind. Abgesehen von diesem rein formalen Aspekt, lässt das Vorwort bereits die kritische Auseinandersetzung mit branchenüblichen Forschungsmethoden erkennen und erzeugt beim Leser eine entsprechende Erwartungshaltung.

Nach Kapitel 2 zur Einleitung und Zielsetzung der Arbeit schafft sich der Autor mit Kapitel 3 den theoretischen Bezugsrahmen für seine empirischen Untersuchungen. Er beleuchtet u. a. den Begriff „Typus" und gegenwärtig aktuelle Konsumententypologien im Sinne von Klassifikation oder Systematik, bevor er auf die Motivationstheorie zu sprechen kommt. Da die zu entwickelnde Kundentypologie auf der qualitativen empirischen Sozialforschung aufsetzt, muss sich der Verfasser mit Motivstrukturen für ein bestimmtes Kundenverhalten auseinandersetzen. Dabei greift er auf die Motive „Leistung", „Macht" und „Anschluss" zurück, die Heckhausen 2006, basierend auf der Theorie von McClelland (1961), als die drei dominierenden Resultanten bezeichnet hat (vgl. [7]). Eine darüber hinausgehende anderweitige Auseinandersetzung oder Diskussion von möglichen Motivationsmodellen bzw. Motivstrukturen[3] im Zusammenhang mit der für den Tourismusmarkt geforderten mehrdimensionalen verhaltensorientierten Typenbildung erfolgt leider nicht. Die genannten drei Motive finden sich in Kapitel 5 in den jeweiligen Tabellen als implizierte Motivstruktur bei den einzelnen Untersuchungsobjekten (interviewten Personen) zur Kontrastierung der Typenzugehörigkeit im Selbst- und Reisebüroverständnis wieder und werden dort auch einer bestimmten Bewertung (versehen mit „+" oder „-") unterzogen. Diese Vorzeichen sind offensichtlich im Sinne von „vorhanden" oder

---

[3] z. B. Motivklassifikation nach Maslow, Herzberg, das integrierte Motivationsmodell von Schuler, das Reiss-Profil und die Theorie der 16 Lebensmotive oder die PSI-Theorie (vgl. [8])

„nicht vorhanden" bzw. „positiv ausgeprägt" oder „negativ ausgeprägt" zu interpretieren. Das lässt sich für den Leser aus den jeweils begleitenden Textinterpretationen so vermuten, wird vom Verfasser jedoch nicht eindeutig im Sinne von Skalierungs- oder Interpretationshinweisen erläutert.

Im weiteren Fortgang des 3. Kapitels folgt ein Überblick zum aktuellen Stand empirischer Untersuchungen zu Kundentypologien und Reisemotiven einschließlich der Darstellung der im Unternehmen des Autors verwendeten Scoring-Methode. Danach wird wiederum auf die Erläuterung wissenschaftstheoretischer Konstrukte und Zugänge, die den Untersuchungen der Dissertation zu Grunde liegen (kritischer Realismus, interpretative Soziologie und erkenntnistheoretischer Konstruktivismus der Hermeneutik sowie das interaktiv-zyklische Prozessmodell) zurückgegriffen. Schließlich beleuchtet der Autor am Ende dieses Kapitels die Möglichkeiten der Kombination von qualitativer und quantitativer Sozialforschung und entscheidet sich letztlich dafür, einen Beitrag zur Weiterentwicklung der qualitativ-interpretierenden Methoden der Konsumentenforschung zu leisten.

Die grundsätzliche Methodologie der Untersuchung wird im Kapitel 4 dargelegt. Untersuchungsobjekte sind Kundinnen und Kunden des vom Autor geführten Reiseunternehmens, deren zu erarbeitende Typologie am Ende auch den Ansprüchen der Unternehmenspraxis genügen soll. Mit Hilfe eines Leitfadens werden 15 Untersuchungsfälle (insgesamt 24 Personen) in narrativen Interviews zu den Themen Freizeit, Reisen und Urlaub, d. h. zum Freizeitverhalten im Allgemeinen und Reiseverhalten im Speziellen, befragt. Die bewusste, systematische Auswahl der Stichprobe erfolgt nach den Kriterien Alter, Familienstand, sozioökonomische Herkunft (jetzige/frühere Tätigkeit), geografische Herkunft (Wohnort) und Kundenbeziehung zum Reiseveranstalter. Sie ist in Bezug auf die soziodemographischen und -ökonomischen Merkmale der Grundgesamtheit (ca. 8.000 Direktkunden des Dresdner Reiseunternehmens) repräsentativ. Der weitere Gang der Forschungsarbeiten umfasst die Vertextung der Interviews mit anschließender Textinterpretation, die Analyse der begrifflichen Repräsentationen, die Identifizierung von Merkmalen und Zuordnung der Interviewzitate, die Darstellung von Kontrastierungen und aufgefundenen Merkmalen sowie Merkmalskombinationen und schließlich die Bildung einer Kundentypologie.

Das 5. Kapitel, das vom Umfang her mehr als die Hälfte der Dissertation umfasst, ist der Ergebnisdarstellung gewidmet. Diese beginnt mit ausführlichen begrifflichen Repräsentationen der Probanden zum Thema Reisen als solchem, Reisezielen, Reiseverkehrsmitteln und Reiseunterkünften. Die sich anschließende Konstruktion einer Kundentypologie erfolgt unter dem Vergleichshorizont persönlicher Initiative oder Nicht-Initiative, d. h. es werden die phänomenologischen Typen „Reise-Initiator" und „Mit-Reisender", letzterer wiederum differenziert nach „Begeisterter Mitreisender", „Retrospektiv begeisterter Mit-Reisender" und „Reisemuffel" unterschieden. Diese Typologie ist sicherlich aus der Marketingperspektive eines Reiseveranstalters in Hinblick auf eine gezielte Kundenansprache und Marktbearbeitung gut verständlich, hätte aber aus theoretischer Sicht einer tiefer gehenden Begründung bedurft. Im Ergebnis der Kontrastierung der Typzugehörigkeit im Selbst- und Reisebüroverständnis werden im Kapitel 6 insgesamt 24 Konsumententypen herausgearbeitet, die konsequenterweise weitab von der oben erwähnten branchenüblichen Kundensegmentierung der Tourismuswirtschaft liegen. Da es sich hierbei um höchstindividuelle Konsumententypen handelt, wäre im Sinne einer praktikableren Handhabbarkeit sicherlich der Versuch lohnenswert gewesen, diese auf einem höheren Abstraktionsniveau nochmals zu bündeln. Im weiteren Verlauf diskutiert der Autor die Anwendbarkeit der erarbeiteten Kundentypologie in der beruflichen Praxis seines Reiseunternehmens, so z. B. für die zielgruppenspezifische Produktentwicklung, die Stabilisierung der Kundenbeziehungen oder die Schulung der Reisleiter. In diesem Zusammenhang hätte sich der Leser jedoch umfassendere Hinweise zur Nutzung bzw. zum Umgang mit dieser Kundentypologie in anderen Unternehmen der Branche gewünscht. Abschließend verweist Herr Dr. Lorenz auf die Bedeutung der Untersuchungsergebnisse für die wissenschaftliche Weiterentwicklung der Soziologie und Andragogik.

4 Einschätzung der wissenschaftlichen Erkenntnisse und Praxisrelevanz

Herr Dr. Lorenz hat ausgehend von einem soliden theoretischen Bezugsrahmen und einer profunden Kenntnis des notwendigen Theoriengebäudes auf dem Weg der empirischen qualitativen Sozialforschung einen innovativen Ansatz der Kundensegmentierung in der Tourismuswirtschaft erarbeitet. Angesichts der dabei entstandenen sehr spezifischen und auf höchster Individualität basierenden Konsumententypologie ergibt sich natürlich sofort die Frage nach deren Verallgemeinerungswürdigkeit. Hierzu vermerkt der Autor auf S. 168 richtigerweise, dass die aus den vertexteten Kundeninterviews explizierten Konsumententypen einer Ausdehnung der Untersuchung auf eine größere Zahl von Kunden in Bezug auf die Grundgesamtheit und einer vertiefenden wissenschaftlichen Betrachtung bedürfen. Dazu ist es sicher angebracht, die Validität der gefundenen Kundentypologie in ähnlich gelagerten Reiseunternehmen zu verifizieren.

Die phänomenologisch typisierende Einteilung der Kunden in „Reise-Initiatoren" und „Mit-Reisende" wird im Unternehmen des Autors bereits weitgehend umgesetzt. Insofern könnte diese Dichotomie durchaus als verallgemeinerungswürdig angesehen werden, was hingegen in Bezug auf die 24 Konsumententypen aus dem Selbst- und Reisebüroverständnis der Kunden heraus nur schwer vorstellbar ist. Sicherlich ist der bewusste Umgang mit den der Typologie zu Grunde liegenden Schlüsselmotiven für die Erstellung eines Regel- und Hinweiskataloges für die Reiseleitertätigkeit oder die Entwicklung innovativer Produktideen für die Produktmanager im Unternehmen des Autors sehr hilfreich und mag in dieser Hinsicht den ersten Praxistest bestanden haben. Der Nachweis einer breiten Umsetzbarkeit und Wiederholbarkeit der Typologisierung sowie die vollständige Erfüllung des auf S. 40 formulierten Anspruchs, „Ordnung und Übersichtlichkeit in die scheinbar unübersehbare Vielfalt resultierenden Reiseverhaltens zu bringen", steht jedoch noch aus. Auf diesen weiteren Forschungsbedarf weist Herr Dr. Lorenz im zusammenfassenden Kapitel 6 auch ausdrücklich hin.

5 Zusammenfassung

Der Autor hat mit seiner Dissertation eine jenseits der üblichen Pfade angesiedelte Kundentypologie für das Reisegeschäft erarbeitet. Er wählt dazu einen sozialwissenschaftlichen Ansatz, der durch die merkmalsgestützte qualitative Forschungsmethodik eine neuartige Facette in die touristische Marktforschung einbringt. Dies dient letztlich dem Ziel, den verschärften Wettbewerbsbedingungen im hart umkämpften Tourismusmarkt durch veränderte Kundenansprache, zielgruppengenauere Produktinnovationen und Zuwachs an Kundenbindung besser entsprechen zu können. In diesem Sinne war es eine sehr sinnvolle Entscheidung des Autors, berufliche Notwendigkeiten aus der Sicht des Geschäftsführers eines Reiseunternehmens mit dem Schritt der wissenschaftlichen Weiterqualifikation zu verbinden. Dies wird in der unmittelbaren praktischen Relevanz der Untersuchungsergebnisse für den Leser deutlich spürbar. Wissenschaft und Praxis gehen in der Dissertation eine gelungene Symbiose ein. Das ist eine Tatsache, die im akademischen Weiterbildungsgeschehen an Universitäten nicht in jedem Fall als Selbstverständlichkeit anzutreffen ist. So konnte der Autor z. B. den Markenauftritt seines Reiseunternehmens den Motivationen, Wünschen und Gefühlen seiner Kunden, die er in den Tiefeninterviews mit den Probanden gewonnen hat, authentisch anpassen. Auch wenn die Rezensentin mehr im Feld der betriebswirtschaftlich orientierten Marktforschung tätig ist, bei der die quantitative Messung und Bewertung der Zusammenhänge zwischen Wettbewerbern, Kunden und Unternehmen im Vordergrund steht, kann dem qualitativ sozialwissenschaftlichen Ansatz von Herrn Dr. Uwe Lorenz das Beschreiten eines innovativen, zeitgemäßen Weges bescheinigt werden. In gesättigten Märkten setzt sich immer mehr die Erkenntnis durch, dass die Berücksichtigung von Motivation, Verhalten und „Stimme" der Kunden, also der weichen individuellen Persönlichkeitsmerkmale, für Produktentwicklungen, Marketing, Absatzförderung und Customer Relation Management im Sinne von Vermögenswerten für den unternehmerischen Erfolg unabdingbar werden.

Quellenverzeichnis und weiterführende Literatur

[1] Aaron, C.: Messung und Methode in der Soziologie. Suhrkamp, Frankfurt, 1974

[2] Steinke, J.: Kriterien qualitativer Forschung. Juventa, Weinheim, 1999

[3] Die Deutsche Tourismusanalyse der BAT Stiftung für Zukunftsforschung 2010 befragte 4.000 Bundesbürger ab 14 Jahren nach ihrem Urlaubsverhalten 2009 und Reiseabsichten für 2010, Stiftung für Zukunftsfragen: Forschung aktuell, 221, 31. Jg., 10.02.2010

[4] Die Urlauberstudie des Europäischen Tourismus Instituts 2008 zu Urlaubsplänen, Reisezielen und Reisorganisation der Deutschen basierte auf 2.000 Telefoninterviews, ETI Trier 2008, www.eti.de/Pressemitteilungen

[5] Die internationale Studie des Marktforschungsinstituts Harris Interactive (USA) hat 2010 die Urlaubsansprüche und das Urlaubsverhalten im Auftrag des Online-Portals Expedia bei 8.000 Personen in Dänemark, Deutschland, Frankreich, Großbritannien, Italien, Norwegen, Schweden, Spanien und USA über eine Online-Befragung erforscht, www.stern.de/reise/deutschland/studie-zum-reiseverhalten-im-urlaub-reist-der-job-mit-an-den-strand-1576366.html, Juni 2010

[6] Die Reiseanalyse der Forschungsgemeinschaft Urlaub und Reisen e. V. wird als bevölkerungsrepräsentative Befragung zur Erfassung und Beschreibung des Urlaubs- und Reiseverhaltens der Deutschen sowie ihrer Urlaubsmotive und -interessen seit 1970 kontinuierlich jedes Jahr durchgeführt. 2010 wurden im Rahmen einer face-to-face Befragung mehr als 7.500 Personen (Auswahl: Random Route) persönlich in den Haushalten zu urlaubsbezogenen Themen befragt. Des Weiteren werden Reiseanalysen online erstellt, wie z. B. die Onlineerhebung im Mai und November 2009 mit je 2.000 Personen zu Kurz- und Städtereisen, FUR Reiseanalysen, www.fur.de

[7] http://de.wikipedia.org/wiki/Leistungsmotivation#Psychologische_Modelle_der_Leistungsmotivation

[8] http://de.wikipedia.org/wiki/Motivation

EIPOS-Publikationen

Publikationen des EIPOS e. V.

2010

HERTEL, G. H.; LEHMANN, G.; OPPITZ, V. (Hrsg.)
Wissenschaftliche Zeitschrift EIPOS, Jahrgang 3 (2010) Heft 1
Wissenschaftliche Originalbeiträge zu Regionalmanagement sowie Wirtschaft, Finanzen, Führung; Rezensionen
285 Seiten, expert verlag, Renningen, 2010, ISBN 978-3-8169-3018-1, ISSN 1868-3517

HERTEL, G. H.; LEHMANN, G.; OPPITZ, V. (Hrsg.)
Wissenschaftliche Zeitschrift EIPOS, Jahrgang 3 (2010) Heft 2
Sonderausgabe „20 Jahre EIPOS"
EIPOS-Chronologie, Grußworte und Grußadressen, EIPOS-Weiterbildungs-Lehrpreis, Würdigungen, EIPOS-Alumni
205 Seiten, EIPOS-Eigenverlag, 2010, ISBN 3-9809371-7-8

HERTEL, G. H. (Hrsg.) und 11 Autoren
Immobilien- und Bauschadensbewertung III
Beiträge aus Praxis, Forschung und Weiterbildung.
165 Seiten, FORUM EIPOS, Band 21, expert verlag, Renningen, 2010,
ISBN 978-3-8169-3019-8

2009

Hertel, G. H.; Lehmann, G.; Oppitz, V. (Hrsg.)
Wissenschaftliche Zeitschrift EIPOS, Jahrgang 2 (2009) Heft 1
Originalbeiträge und Beiträge aus Dissertationen und Master-Thesen, Rezensionen und Würdigungen, EIPOS-Alumni
365 Seiten, expert verlag, Renningen, 2009, ISBN 978-3-8169-2949-9, ISSN 1868-3517

Hertel, G. H. (Hrsg.) und 11 Autoren
Immobilien- und Bauschadensbewertung II
Beiträge aus Forschung, Praxis und Weiterbildung.
270 Seiten mit CD, FORUM EIPOS, Band 18, expert verlag, Renningen, 2009,
ISBN 978-3-8169-2948-2

Hertel, G. H. (Hrsg.) und 13 Autoren
Brandschutz II
Beiträge aus Praxis, Forschung und Weiterbildung
DIN A5, ca. 200 Seiten, mit CD, FORUM EIPOS, Band 19, expert verlag, Renningen, 2009,
ISBN 978-3-8169-2950-5

Hertel, G. H. (Hrsg.) und 10 Autoren
Schutz des Holzes III
Beiträge aus Praxis, Forschung und Weiterbildung
DIN A5, ca. 120 Seiten, mit CD, FORUM EIPOS, Band 20, expert verlag, Renningen, 2009,
ISBN 978-3-8169-2951-2

2008

HERTEL, G. H.; LEHMANN, G.; OPPITZ, V. (Hrsg.)
Wissenschaftliche Zeitschrift EIPOS, Jahrgang 1 (2008) Heft 1
Originalbeiträge und Beiträge aus Dissertationen und Master-Thesen, Rezensionen und Würdigungen, EIPOS-Alumni
333 Seiten, expert verlag, Renningen, 2008, ISBN 978-3-8169-2857-7, ISSN 1868-3517

Wissenschaftliche Beiträge aus Wirtschaftswissenschaft, Geisteswissenschaften, Bau- und Immobilienwirtschaft
Wissenschaftliche Schriftenreihe Immobilienwirtschaft, Heft 2008,
DIN A4, 104 Seiten, Broschur, EIPOS-Eigenverlag, 2008, ISBN 3-9809371-5-1

HERTEL, G. H. (Hrsg.) und 10 Autoren
Schutz des Holzes II
Beiträge aus Praxis, Forschung und Weiterbildung
DIN A5, 108 Seiten, mit CD, FORUM EIPOS, Band 17, expert verlag, Renningen, 2008, ISBN 978-3-8169-2882-9

HERTEL, G. H. (Hrsg.) und 13 Autoren
Brandschutz I
Beiträge aus Praxis, Forschung und Weiterbildung
DIN A5, 190 Seiten, mit CD, FORUM EIPOS, Band 16, expert verlag, Renningen, 2008, ISBN 978-3-8169-2881-2

HERTEL, G. H. (Hrsg.) und 15 Autoren
Immobilien- und Bauschadensbewertung
Beiträge aus Forschung, Praxis und Weiterbildung.
DIN A5, 194 Seiten mit CD, FORUM EIPOS, Band 15, expert verlag, Renningen, 2008, ISBN 978-3-8169-2833-1

FIEDLER, H.-J.
Bodenwissenschaften und Landschaftsökologie Böden, Standorte, Ökosysteme
Soil Sciences and Landscape Ecology Soils, Sites, Ecosystems
Wörterbuch – Dictionary
DIN A5, 270 Seiten, 2. Auflage, FORUM EIPOS, Band 9, expert verlag, Renningen, 2008, ISBN 978-3-8169-2756-3

2007

Wissenschaftliche Beiträge aus Wirtschaftswissenschaft, Geisteswissenschaften, Bau- und Immobilienwirtschaft
Wissenschaftliche Schriftenreihe Management, Heft 2007
DIN A4, 182 Seiten, Broschur, EIPOS-Eigenverlag, 2007, ISBN 3-9809371-6-X

HERTEL, G. H. (Hrsg.) und 12 Autoren
Schutz des Holzes I
Beiträge aus Praxis, Forschung und Weiterbildung
DIN A5, 180 Seiten, FORUM EIPOS, Band 14, expert verlag, Renningen, 2007, ISBN 978-3-8169-2808-9

LEHMANN, G.
Wissenschaftliches Arbeiten
Zielwirksam verfassen und präsentieren
DIN A5, 220 Seiten, 2., durchges. Auflage, mit Layout-Vorschlägen auf CD-ROM, FORUM EIPOS, Band 13, expert verlag, Renningen, 2007, ISBN 978-3-8169-2656-6

2006

Wissenschaftliche Beiträge aus Wirtschaftswissenschaft, Geisteswissenschaften, Bau- und Immobilienwirtschaft
Wissenschaftliche Schriftenreihe Immobilienwirtschaft, Heft 1/2006
DIN A4, 94 Seiten, Broschur, EIPOS-Eigenverlag, 2006, ISBN 3-9809371-3-5

Wissenschaftliche Beiträge aus Wirtschaftswissenschaft, Geisteswissenschaften, Bau- und Immobilienwirtschaft
Wissenschaftliche Schriftenreihe Management, Heft 1/2006
DIN A4, 104 Seiten, Broschur, EIPOS-Eigenverlag, 2006, ISBN 3-9809371-4-3

BRÄKLING, E.; OIDTMANN, K.
Kundenorientiertes Prozessmanagement – So funktioniert ein erfolgreiches Unternehmen
DIN A5, 208 Seiten, FORUM EIPOS, Band 12, expert verlag, Renningen, 2006, ISBN 978-3-8169-25282-6

2005

Wissenschaftliche Beiträge aus Wirtschaftswissenschaft, Geisteswissenschaften, Bau- und Immobilienwirtschaft
Wissenschaftliche Schriftenreihe Immobilienwirtschaft, Heft 1/2005
DIN A4, 92 Seiten, Broschur, EIPOS-Eigenverlag, 2005, ISBN 3-9809371-1-9

LEHMANN, G.
Reden – aber wie?
Empfehlungen für das wirkungsvolle Übermitteln von Gedanken
DIN A5, 146 Seiten
FORUM EIPOS, Band 11, expert verlag, Renningen, 2005

FIEDLER, H.-J.
Boden und Landschaft – Soil and Landscape
Wörterbuch – Dictionary
DIN A5, 190 Seiten, 1. Auflage, FORUM EIPOS, Band 9, expert verlag, Renningen, 2005, ISBN 978-3-8169-2367-1

2004

Akademisches Europa-Seminar
Sammlung von Aufsätzen, Teil III, Januar 2004, DIN A4, 110 Seiten, EIPOS-Eigenverlag, ISBN 3-9809371-0-0

REESE, U.
Verständliche Textgestaltung
Kleiner Leitfaden für Schreiber, die gelesen werden wollen
DIN A5, 138 Seiten, FORUM EIPOS, Band 10, expert verlag, Renningen, 2004, ISBN 978-3-8169-23682-8

2003

HÄßLER, D.
Baupraktische Methoden zur Untersuchung von Rissen an Fassaden
DIN A4, 42 Seiten, Broschur, EIPOS-Eigenverlag, 2003

Akademisches Europa-Seminar AES
Wissenschaftliche Beiträge II
Nr. 34 der EIPOS-Schriftenreihe zur wissenschaftlichen Weiterbildung
Wissenschaftliche Beiträge der Teilnehmer des von EIPOS in Kooperation mit europäischen Universitäten und Hochschulen ausgerichteten Akademischen Europa-Seminar
DIN A4, 94 Seiten, EIPOS-Eigenverlag, März 2003

LEHMANN, G.
Zielwirksam akquirieren
Von der Kontaktaufnahme bis zur Angebotspräsentation
DIN A5, 148 Seiten, FORUM EIPOS, Band 5, expert verlag, Renningen, 2003,
ISBN 978-3-8169-2130-1

2001

LEHMANN, G.
Führungs- und Entscheidungstechniken für das Team
Der Teamführer als Moderator
DIN A5, 128 Seiten, FORUM EIPOS, Band 8, expert verlag, Renningen, 2001,
ISBN 978-3-8169-1996-4

FIEDLER, H.-J.
Böden und Bodenfunktionen
in Ökosystemen, Landschaften und Ballungsgebieten
DIN A5, 598 Seiten, FORUM EIPOS, Band 7, expert verlag, Renningen, 2001,
ISBN 978-3-8169-1875-2

LEHMANN, G.
Das Interview
Erheben von Fakten und Meinungen im Unternehmen
DIN A5, 82 Seiten, FORUM EIPOS, Band 6, expert verlag, Renningen, 2001,
ISBN 978-3-8169-2418-0

2000

LEHMANN, G.
Sachgerecht verhandeln
Der Weg zum Interessenausgleich
DIN A5, 116 Seiten, FORUM EIPOS, Band 4, expert verlag, Renningen, 2000,
ISBN 978-3-8169-1849-3

LEHMANN, G.
Präsentation von Leistungsangeboten
Gute Leistungen gut verkaufen
DIN A5, 93 Seiten, FORUM EIPOS, Band 3, expert verlag, Renningen, 2000,
ISBN 978-3-8169-1771-7

GROßE, H.
Umweltmanagement in der Bauwirtschaft
Methodik und Arbeitshilfen
DIN A5, 105 Seiten, FORUM EIPOS, Band 2, expert verlag, Renningen, 2000,
ISBN 978-3-8169-1773-1

GROßE, H.; EHRIG, S.; LEHMANN, G.
Umweltschutz und Umweltmanagement in der gewerblichen Wirtschaft
EMAS und ISO 14001 in Praxis und Entwicklung – ein Leitfaden
DIN A5, 191 Seiten, FORUM EIPOS, Band 1, expert verlag, Renningen, 2000,
ISBN 978-3-8169-1772-4

Vorankündigungen 2010

Brandschutz III
Beiträge aus Praxis, Forschung und Weiterbildung
FORUM EIPOS, Band 22, expert verlag, Renningen

Schutz des Holzes IV
Beiträge aus Praxis, Forschung und Weiterbildung
FORUM EIPOS, Band 23, expert verlag, Renningen

Vorankündigungen 2011

Wissenschaftliche Zeitschrift EIPOS, Jahrgang 4 (2011) Heft 1
Originalbeiträge und Beiträge aus Dissertationen und Master-Thesen, Rezensionen und Würdigungen, EIPOS-Alumni

Immobilien- und Bauschadensbewertung IV
Beiträge aus Forschung, Praxis und Weiterbildung.

Brandschutz IV
Beiträge aus Praxis, Forschung und Weiterbildung

Schutz des Holzes V
Beiträge aus Praxis, Forschung und Weiterbildung

Wissenschaftliche Zeitschrift EIPOS, Ausgabe 2 (2009) 1
Inhaltsverzeichnis

Beiträge aus der Wissenschaftspolitik

EIPOS richtet Bologna-Kolloquium aus 7
Günter H. Hertel

Exzellenz als Führungsaufgabe einer Universität 11
Hermann Kokenge

Ph.D. Study Programmes – State and Efficiency in the Czech Higher Education System 21
Tomáš Čermák

Die Wirkung der Akkreditierungspolitik in der Tschechischen Republik 32
Jana Geršlová

Applicability of the Czech Doctoral Studies System for the Public
in Germany – Commented Slides – 44
Jindrich Kaluža

Varianz der Zugangsmöglichkeiten zur Promotion – Eine Synopse 50
Hans-Joachim Bargstädt

Der mitteleuropäische Hochschulraum als Basis grenzüberschreitender
wissenschaftlicher Qualifikation 63
Günter H. Hertel

Erfahrungsbericht eines Teilnehmers im promotionsbegleitenden
Weiterbildungsprogramm „Akademisches Europa-Seminar (AES)" des EIPOS e. V. 85
David Hersberger

Wissenschaftliche Originalbeiträge

Finanz- und Wirtschaftskrise! – oder Sinnkrise?
Versuch einer Disputation mit Quellenkritik und Einleitung zu Fachartikeln
in dieser Wissenschaftlichen Zeitschrift – zugleich Aufruf zu weiterer Disputation 90
Günter H. Hertel

Rettet die Wirtschaftspolitik an den Universitäten! 100
Frankfurter Allgemeine Archiv

Die Finanzkrise 103
Horst Albach

Erste Anmerkungen zur Finanz- und Wirtschaftskrise 112
Kurt H. Biedenkopf

Werden Banken und Industrie insolvenzfest?
Insolvenzvermeidung im Spannungsfeld zwischen Aktionismus und Sinnhaftigkeit 124
Dirk Plagemann

Zufall und Notwendigkeit – Über die Unregierbarkeit ökonomischer Verläufe 142
Peter Bendixen

Research, Technology and Innovation Policy and the Convergence Challenge:
Lessons from Complex Systems Science 155
Carlos Aguirre-Bastos, Josef Fröhlich

Mathematische Modelle als Kern betriebswirtschaftlicher Graduierungsprojekte –
Chancen und Risiken 183
Paul-Dieter Kluge

Die zunehmende Notwendigkeit professioneller Immobilienbewertungen von Wohnimmobilien 191
Roland Engelhart

Asset Management von Immobilien – zwei Seiten einer Medaille 198
Thomas Glatte

Wissenschaftliche Beiträge aus Dissertationen, -projekten und Masterarbeiten

Umnutzung sakraler Bauten wie Kirchen und Pfarrhöfe zu öffentlichen Projekten
Eine interdisziplinäre Untersuchung unter Berücksichtigung bautechnischer, baukonstruktiver
und denkmalpflegerischer Aspekte sowie ihrer Bedeutung und Symbolwirkung in der Bevölkerung 215
Klaus Pilz

Examination and development of techniques for the in-situ production of extremely
thin floating screeds in the refurbishment area 237
Alexander Unger

Gesellschaftliches Engagement im Mittelstand – Vom Aktionismus zum strategischen
Führungskonzept 258
Dennis Lotter

Modellierung von Risikoindikatoren zum Management operationaler Risiken im Rahmen eines
Frühwarnsystems, unter besonderer Berücksichtigung des affektiven Commitments im Verlaufe
von Unternehmensfusion- und Akquisition 274
Ramin Romus

Gesonderte Hinweise zur Erstellung der Dissertation und Publikation 284

Rezensionen

Rezension zum Buch „Unternehmerische Verantwortung – Die historische Dimension
einer zukunftweisenden Wirtschaftsethik" des Autors Peter Bendixen 294
von Jana Geršlová

Rezension der Dissertation „Informationsentropische, spektrale und statistische Untersuchungen
fahrzeuggenerierter Verkehrsdaten unter besonderer Berücksichtigung der Auswertung und
Dimensionierung von FCD-Systemen" des Autors Frank Gössel 301
von Ernst Michler

Rezension der Broschüre „Die Finanzmarktkrise – Wie es dazu kam und was nun zu tun ist"
Eine Information der Commerzbank für Ihre Kunden und Mitarbeiter vom Mai 2009 308
von Thomas Kleineidam

Rezension zum Buch „Holz-Brandschutz-Handbuch" unter Federführung der
Autoren Claus Scheer und Mandy Peter 316
von Holger Romberg

Würdigungen und Statistiken

Laudatio zum EIPOS-Weiterbildungs-Lehrpreis 2009 319
Werner Mankel

Absolventen des Akademischen Europa-Seminars 325

Absolventen des Aufbau-Studienganges General Management MBA (FIBAA-akkreditiert) 329

Absolventen des Studienganges Master of Engineering Vorbeugender Brandschutz
(ACQUIN akkreditiert) 336

Absolventen des Aufbau-Studienganges Master of Science (Real Estate) (RICS akkreditiert) 341

Absolventen des Aufbau-Studienganges Master of Science (Facility Management) 344

Absolventen des Bachelor-Studienganges BA in Unternehmensführung 348

Ausgezeichnete EIPOS-Abschlussarbeiten seit 2008 349

Institutionelle Mitgliedschaft von Vereinen beim EIPOS e. V. 351

Neuaufnahmen von institutionellen EIPOS-Mitgliedern 2008 352

Berufungen von EIPOS-Mitgliedern, -Dozenten und -Absolventen seit 2008 353

Veröffentlichungen seit 2000 355

Autorenverzeichnis 362

Wissenschaftliche Zeitschrift EIPOS, Ausgabe 1 (2008) 1
Inhaltsverzeichnis

Beiträge aus der Wissenschaftspolitik

Aus der Rede des Rektors nach der Investitur mit Anmerkungen zur Weiterbildung 7
Hermann Kokenge

Rede des Rektors der VŠB – Technischen Universität Ostrava am 30. Juli 2007 in der
feierlichen Sitzung des Akademischen Konzils zu Beginn des Sommersemesters 2007 15
Tomáš Čermák

Hochschul-Qualitätsmanagement-System – ein Werkzeug (nicht nur) für deregulierte
Hochschulen 25
Günter H. Hertel

Fachkräftemangel in Deutschland – neue Anforderungen an die Weiterbildung? 37
Uwe Reese

Wissenschaftliche Originalbeiträge

Das Geheimnis des Nobelpreises 49
Claus Ascheron

Markt, Staat und (De)Regulierung 63
Günter H. Hertel

Zur Zeitabhängigkeit der Verschuldung 66
Volker Oppitz

Wirtschaftsethik – Ein Fremdkörper in der Ökonomie? 87
Peter Bendixen

Betriebsökonometrische Risikomodelle 98
Volker Oppitz

QES plan – new tool for construction project management from point of IMS 123
Maria Kozlovska

Der Referentenentwurf des Bilanzrechtsmodernisierungsgesetzes (BilMoG) –
Wesentliche Auswirkungen der geplanten Änderungen 133
Daniel Streich

Autorenreferate – Hinweise zum Verfassen 146
Günter Lehmann, Volker Oppitz

Wissenschaftliche Beiträge aus Dissertationen/Dissertationsprojekten/Masterarbeiten

Diversity Management – Anforderungen an den Manager von heute 154
Bernd Benser

Instrumentarien zur Priorisierung von Materialgruppen in der Automobilindustrie 169
Heidi-Viktoria Deptuch

Debitfunktionen 178
Alexander Weiß

Anleihentilgung mit Annuitätsanstieg 196
Hauke Haensel

A qualitative interview research approach to private equity backed succession buyouts
in medium-sized German family businesses 213
Maxim David Littek

Immobilien im Wertschöpfungsprozess eines Produktionsunternehmen – Lebenszykluskosten
und Management von Immobilien in Abhängigkeit der Nutzung 227
Jens Rinneberg

Untersuchungen zum Brandverhalten von Rohrdämmschläuchen bei Verwendung auf
Kunststoffrohren 240
Jan Speer

Rezensionen

Rezension der Dissertation „Bewertung von Zinsbindungsstrategien – Eine Untersuchung der
optimalen Refinanzierungsstrategie bei stochastischer Zinsenwicklung" des Autors Ronny Kunz 257
von Igor Meličerčík

Rezension der Dissertation "Successful Market Entry Strategies for the Graphics Industry
for the Region of CIS/CEE" der Autorin Gerlinde Macholdt 259
von Gerard J. Lewis

Rezension der Dissertation „Wertermittlung von Büro- und Wohnimmobilien mit dem
DCF-Verfahren in der Schweiz und in Deutschland" des Autors David Hersberger 262
von Holger Michaelis und Radovan Jakubcik

Rezension der Dissertation „Investitionsstrategien für Immobilien – Erfolgreiches Verhalten
nach der Options- und Spieltheorie" des Autors Jürg R. Bernet 266
von Volker Oppitz

Rezension zum Buch „Immobilienbewertung" des Autors Roland Engelhart 273
von Martin M. Schnell

Rezension zum Buch „Absatzmarketing in der Immobilienwirtschaft" des Autors Roland Engelhart ... 275
von Helmut Wirth

Rezension der Dissertation „Das europäische Bauhandwerk im Strukturwandel –
Wege in die Zukunft" des Autors Jörg Dittrich ... 277
von Volker Oppitz

Rezension zum Buch „Schutz des Holzes" des Herausgebers Günter H. Hertel ... 282
von Norbert Nieke

Rezension der Dissertation „Ein Beitrag zur videobasierten Verkehrszustandsidentifikation:
Automatische Stauerkennung anhand von Live-Kamera-Bildern des Straßenverkehrs" des
Autors Klaus Peter Döge ... 284
von Günter H. Hertel

Rezension der Dissertation „Termin-Kosten-Korrelation – Einfluss der Technologien auf die
Kosten und Termine als Grundlage der Risikoanalyse für Verkehrsinfrastrukturbauten" der
Autorin Katja Maaser ... 292
von Volker Oppitz

Würdigungen und Statistiken

Absolventen des Akademischen Europa-Seminars ... 301

Absolventen des Aufbau-Studienganges General Management MBA (FIBAA-akkreditiert) ... 305

Absolventen des Studienganges Master of Engineering Vorbeugender Brandschutz
(ACQUIN akkreditiert) ... 312

Absolventen des Aufbau-Studienganges Master of Science (Facility Management) ... 316

Absolventen des Aufbau-Studienganges Master of Science (Real Estate) (RICS akkreditiert) ... 320

Ausgezeichnete EIPOS-Abschlussarbeiten ... 322

Institutionelle Mitgliedschaft von Vereinen beim EIPOS e. V. ... 323

Neuaufnahmen von institutionellen EIPOS-Mitgliedern 2008 ... 324

Berufungen in 2008 ... 325

Veröffentlichungen ... 326

Autorenverzeichnis ... 331

Autorenverzeichnis

BRÄKLING, ELMAR *Prof. Dr.-Ing.*
Fachhochschule Koblenz

FRÖHLICH, JOSEF *Prof. Dr. habil.*
Wirtschaftsuniversität Wien; AIT Austrian Institute of Technology GmbH, Foresight & Policy Department

DIETRICH FÜRST *Prof. Dr. rer. pol. habil. Dipl.-Vw.*

GERŠLOVÁ, JANA *Prof. PhDr., CSc.*
VŠB – Technische Universität Ostrava

HERTEL, GÜNTER H. *Prof. Dr.-Ing. habil.*
Präsident des Europäischen Instituts für postgraduale Bildung an der Technischen Universität Dresden e. V. – EIPOS –

HULVA, TOMÁŠ. *JUDr.*
Advokátní Kancelář Mgr. Antonín Hulva & JUDr. Tomáš Hulva, Opava; Masaryk-Universität Brno; VŠB – Technische Universität Ostrava

JECK, THIEMO *Dr.*
Centrum für Europäische Politik, Freiburg i. Br.

JAROSLAVA KUBÁTOVÁ *Assoc. Prof., Ph.D.*
Palacký Universität Olomouc, Philosophische Fakultät

KUNZE, HARALD *Prof. Dr. sc. oec.*
ABRAXAS, Büro für kreative Leistungen, Weimar

OPPITZ, VOLKER *Prof. Dr. rer. oec. habil.*
Geschäftsinhaber von „Text, Grafik & Software, Wirtschaftsberatung", Dresden

PIBER, PHILIPP *Mag.*
Wirtschaftsuniversität Wien, Institut für Außenwirtschaft und Entwicklung

RÖSLER, MICHAEL *Prof. Dr.*
Hochschule für nachhaltige Entwicklung Eberswalde (FH)

SCHERNGELL, THOMAS *Dr.*
AIT Austrian Institute of Technology GmbH, Foresight & Policy Development Department

SCHMIDT, MANFRED *Prof. Dr.-Ing. habil. EUR ING*
Hochschule Zittau/Görlitz (FH)

SINN, HANS-WERNER *Prof. Dr. Dr. h.c.*
Präsident des ifo Instituts für Wirtschaftsforschunng

STOPKA, ULRIKE *Prof. Dr. oec. habil.*
Technische Universität Dresden

VAN ROOSEBEKE, BERT *Dr.*
Centrum für Europäische Politik, Freiburg i. Br.

VOßWINKEL, JAN S. *Dr.*
Centrum für Europäische Politik, Freiburg i. Br.

WEICHELT, WERNER *Prof. Dr. sc. oec.*
Weiterbildungsakademie Euro Education carriére Gesellschaft Chemnitz

WOLLENBERG, KLAUS *Prof. Dr. rer. pol.*
Hochschule München, Studiendekan der Fakultät Betriebswirtschaft

Europäisches Institut für postgraduale Bildung
an der Technischen Universität Dresden e. V.

EIPOS

Unsere Weiterbildungsangebote und Publikationen

Publikationen z. B. Wissenschaftliche Schriften, Fachbücher, Newsletter

Graduierungen	Heutige Produkte (Auszug)	Akkreditierung
Dr. / Ph.D	■ Akademisches Europa-Seminar (AES) – promotionsbegleitendes Weiterbildungsprogramm – sehr breites Spektrum an Themen aus Unternehmen	Durch akkreditierte Promotionsstudienprogramme kooperierender Universitäten
Master MBA, MSc, MEng	■ MSc Real Estate – Donau-Universität Krems ■ General Management MBA – Donau-Universität Krems ■ MEng Vorbeugender Brandschutz – Hochschule Zittau/Görlitz	RICS FIBAA ACQUIN
Bachelor BA	■ BA Unternehmensführung – Hochschule Zittau/Görlitz	
Fachliche Fortbildung Fachplaner, Sachverständiger	■ Vorbeugender Brandschutz, Gebäudetechnischer Brandschutz ■ Schäden an Gebäuden, Energieeffizienz ■ Bautenschutz und Bausanierung, Holzschutz ■ Immobilienwirtschaft, -bewertung ■ Sicherheitsmanagement, Regionalmanagement, Kommunikationstechniken	Zertifikatskurse, teilweise auch durch AES-Teilnehmer belegbar

EIPOS e. V. | Goetheallee 24 | D-01309 Dresden

Telefon: +49 351 44072-10
Telefax: +49 351 44072-20

E-Mail: eipos@eipos.de
Internet: www.eipos.de

Präsident: Prof. Dr.-Ing. habil. Günter H. Hertel

expert verlag
Erlesene Weiterbildung

Fachbuchreihe Forum EIPOS

Dr.-Ing. Holm Große, Dr.-Ing. Steffen Ehrig
Prof. Dr. paed. habil. Günter Lehmann
Umweltschutz und Umweltmanagement in der gewerblichen Wirtschaft
EMAS und ISO 14001 in Praxis und Entwicklung – ein Leitfaden
2000, 191 S., 26,00 €
ISBN 978-3-8169-1772-4

Dr.-Ing. Holm Große
Umweltmanagement in der Bauwirtschaft
Methodik und Arbeitshilfen
2000, 105 S., 18,80 €
ISBN 978-3-8169-1773-1

Prof. Dr. paed. habil. Günter Lehmann
Leistungsangebote wirksam präsentieren
Gute Leistungen gut verkaufen
2000, 93 S., 18,00 €
ISBN 978-3-8169-1771-7

Prof. Dr. paed. habil. Günter Lehmann
Sachgerecht verhandeln
Der Weg zum Interessenausgleich
2000, 116 S., 19 Abb., 18,00 €
ISBN 978-3-8169-1849-3

Prof. Dr. paed. habil. Günter Lehmann
Zielwirksam akquirieren
Von der Kontaktaufnahme bis zur Angebotspräsentation
2003, 148 S., 22,00 €
ISBN 978-3-8169-2130-1

Prof. Dr. paed. habil. Günter Lehmann
Das Interview
Erheben von Fakten und Meinungen im Unternehmen
2., überarb. Aufl. 2004, 181 S., 19,80 €
ISBN 978-3-8169-2418-0

Prof. Dr. Dr. h. c. mult. Hans Joachim Fiedler
Böden und Bodenfunktionen
in Ökosystemen, Landschaften und Ballungsgebieten
2001, 598 S., 118 Abb., 78 Tab., 41 Übers., 84,00 €
ISBN 978-3-8169-1875-2

Prof. Dr. paed. habil. Günter Lehmann
Führungs- und Entscheidungstechniken für das Team
Der Teamführer als Moderator
2001, 127 S., 44 Abb., 19,80 €
ISBN 978-3-8169-1996-4

Prof. Dr. Dr. h. c. mult. Hans Joachim Fiedler
Bodenwissenschaften und Landschaftsökologie
Wörterbuch – Dictionary
2., neu bearb. u. erw. Aufl. 2008, 268 S., Kt., 54,00 €
ISBN 978-3-8169-2756-3

Dr. paed. Uwe Reese
Verständliche Textgestaltung
Kleiner Leitfaden für Schreiber
2004, 139 S., 24,80 €
ISBN 978-3-8169-2368-8

Prof. Dr. paed. habil. Günter Lehmann
Reden – aber wie?
2005, 146 S., 19,80 €
ISBN 978-3-8169-2367-1

Dr.-Ing. Elmar Bräkling, Klaus Oidtmann
Kundenorientiertes Prozessmanagement
So funktioniert ein erfolgreiches Unternehmen
2006, 207 S., 35,00 €
ISBN 978-3-8169-2528-6

Prof. Dr. paed. habil. Günter Lehmann
Wissenschaftliche Arbeiten
zielwirksam verfassen und präsentieren
2., überarb. Aufl. 2008, 216 S., CD-ROM m. Layout-Vorschlägen, 35,00 €
ISBN 978-3-8169-2834-8

Prof. Dr.-Ing. habil. Günter H. Hertel (Hrsg.)
Immobilien- und Bauschadensbewertung III
Beiträge aus Forschung, Praxis und Weiterbildung
2010, 161 S., 39,80 €
ISBN 978-3-8169-3019-8

Prof. Dr.-Ing. habil. Günter H. Hertel (Hrsg.)
Schutz des Holzes IV
Beiträge aus Praxis, Forschung und Weiterbildung
2010, ca. 160 S., ca. 48,00 €
ISBN 978-3-8169-3035-8

Prof. Dr.-Ing. habil. Günter H. Hertel (Hrsg.)
Brandschutz III
Beiträge aus Praxis, Forschung und Weiterbildung
2010, ca. 160 S., ca. 45,00 €
ISBN 978-3-8169-3034-1

Fordern Sie unser Verlagsverzeichnis auf CD-ROM an!
Telefon: (07159)9265-0, Telefax: (07159)9265-20
E-Mail: expert@expertverlag.de
Internet: www.expertverlag.de

expert verlag GmbH · Postfach 2020 · D-71268 Renningen